동아시아 예술과 미학의 여정

유교문화연구총서 20

동아시아 예술과 미학의 여정

신정근 지음

시간은 늘 귀하고 모자란다.

이번에도 글을 수정하고 정리하면서 한 묶음씩 숨어 있는 시간을 찾을까 두루 돌아보았지만 그러지 못했다. 시간이 항상 어딘가 남아 있으리라 바라지만 결국 어디에도 없는 걸 찾으리라고 하는 허망한 사실을 확인하게 된다. 그래도 "어딘가에는 남아 있겠지!" 또는 "언제 그럴 때가 있겠지!"라며 이루어질 수 없는 기대를 품게 한다. 이게 부질없다는 걸 알며 다시 "어떻게 할까?"라는 이성을 되찾게 된다. 이처럼 기대가 현실이 되지 못하니 나는 결국 하나의 일과 또 하나의 일 사이를 건너가면서 잠깐 머무는 시간에 주목하게 되는 것이다.

자투리 시간을 찾자니 몸이 머무는 이 나라 저 나라에서 원고를 들여다보게 되고, 이곳저곳을 오가는 차나 비행기에서 노트북을 펼치게 되었다. 원고를 보면서 특이한 경험을 하게 되었다. 여정 중에 원고를 보며 차나 비행기가 아닌 글의 세계로 들어섰다. 여행 속의 여행이다. 원고는 그렇게 천천히 채워졌다. 마지막으로 만기당晚器堂에서 자료를 확인하면서 작업을 마무리하게 되었다. 글이 하나로 정리되기까지 참으로 다사다난한 사연을 가지게 되었다. 이 때문에 생각했던 것보다도 출판사에 이야기했던 것보다도 마감을 훌쩍 넘기게 되었다. 한두 번 있는 일은 아니지만 이렇게 미뤄지다가 생각보다 늦게 나오게 되었다. 맺고 끊지를 잘못해 거절할 줄 모르고 맞지 않은 옷을 계속 입고 있는 탓에 작업이 더더욱 늦어졌다. 누구를 탓하랴! 세사를 잘 헤쳐 나가지 못한 어리석음으로 인해 출판이 늦어진 셈이다.

　글은 처음 쓸 때 혼신의 힘을 다하기에 나중에 고칠 일이 없으리라 생각할지 모른다. 나의 글은 쓸 당시에 최선을 다하지만 시간이 지나고 다시 읽어보면 미흡하기 그지없고 오류가 눈에 띄어 얼굴이 화끈거릴 정도이다. 특히 나의 경우는 시간에 쫓겨 글을 쓰기도 하고 혼신의 힘을 다했다고 하더라도 시간이 지나면 글 속의 만족스럽지 않은 부분이 두드러지게 보인다. 내가 이전에 썼던 글은 전부 조산한 미숙아인지 모른다. 이번에도 원고를 검토하면서 서툰 생각을 펼치느라 오류로 드러난 부분, 논지가 성급하게 진행되어 설명이 미흡한 부분, 발표 이후에 새롭게 연구가 진행된 부분, 발표 당시 검토하지 못했다가 최근에 다시 생각을 가다듬은 부분 등을 고치고 보탰다. 이 과정을 거치면서 원래의 글보다 두 배로 늘어난 글도 있고 이전과 논지가 바뀐 곳도 있는 등 전반적으로 짜임새를 갖추게 되었다. 나중에 보면 또 미숙아를 만날지 모른다는 두려움이 여전하다.

　자투리 시간도 주어진 걸로 고마워하면서 지난날 고민했던 흔적에다 그사이에 더 길게 고민했던 결실을 보탰다. 그리하여 글의 내용이 좋아지면 좋아지리라 기대한다. 하지만 아직도 생각이 영글지 못해서 고친 것이 이전보다 오히려 더 나빠질 수도 있다. 중요한 약속이 있는 날에 우리는 공들여 치장하고 성장한 채로 집을 나서려다 거울을 보니 평소보다 더 엉망으로 된 몰골을 보며 속상해하는 심정이 들곤 한다. 이 글도 이러지 않을까 걱정이 앞선다.

　이 글은 동아시아 미학 및 예술과 관련해서 썼던 글을 모았다. 이런 인연으로 '동아시아 예술과 미학의 여정'으로 제목을 정했다. 호기심 등에 주목해서 동아시아에서 예술 공간이 창출되는 과정을 살피고, 기운생동 등 동아시아 예술과 미학에서 널리 쓰이는 핵심 개념의 의미와 그 특성을 살핀다. 이것은 동아시아 예술과 미술을 이해하는 전체적인 얼개에 해당된다. 이러한 얼개를 바탕으로 장자의 미유美遊와 혜강의 성무애락聲無哀樂과 성유선악聲有善惡이 미학과 예술의 역사에서 차지하는 비중을 구체적으로 논의했다. 이어서 우리나라를 포함하여 동아시아의 미학 담론에서 널리 쓰이는 선비(사인)와 풍류 개념의 어원과 의미 맥락을 자료에 근거해서 논의를 진행했다. 선비(사인)와 풍류에 대한 과도한 기대로 인해 학문적 주장과 희망 사항을 엄격하게 구분하려고 했다.

동아시아 예술의 각 장르는 처음에 개별적으로 출현하고 발전하게 되었지만 결국 위진 시대를 즈음하여 보편적 차원에서 합류하게 된다. 예컨대 음악에서 줄 없는 '무현금無絃琴'의 이야기가 그림에서 정신(상상)의 자유로운 전개를 중시하는 '신사神似'와 맞닿고 예술에서 독자적 지평을 가리키는 경계境界로 나아가고 철학(사상)에서 눈에 보이는 구체적 대상을 넘어 '무無'와 '리理'의 세계 근원으로 비상하는 궤적으로 이어진다. 이 궤적은 고스란히 동아시아 미학과 예술의 특성이 된다. 이 책에서 동아시아 미학과 예술의 전모를 밝히지 못했지만 그 일단을 밝혀냈으므로 이를 바탕으로 앞으로 조금씩 나아갈 수 있으리라 다짐한다.

마지막으로 오늘날 인문학 위기 담론의 원인을 분석하고서 '예술 인문학'의 관점에서 인문학이 자생력을 회복할 수 있는 방안을 모색했다. 부록에는 1988년에 썼던 학부 과정의 졸업논문인 「동중서의 천론」을 최소한으로 수정하여 실었다. 원전을 읽으며 머리를 쥐어짜며 느꼈던 한계와 보통 쓰는 200자 원고지보다 훨씬 큰 700자 원고지에다 한 자 한 자씩 글자를 눌러쓰던 질감은 아직도 생생하다. 누구의 도움을 받지 않고 독립적으로 사고하고 글 쓰며 행복을 맛본 시간이었다. 지금도 힘들면 보관 중인 낡은 그 원고지 뭉치를 들여다보곤 한다.

동아시아 미학과 예술의 기원과 발전을 정리하기까지 일일이 밝힐 수 없을 정도로 많은 사람과 만나서 이야기하고 많은 책을 통해 생각을 주고받았다. 이러한 만남은 이 책에 고스란히 담겨 있기도 하고 아직 잘 녹아들지 못한 것도 있다. 앞으로 계속 나아갈 몫이 더 많다. 이 여정을 함께 하고 도움을 준 분들 모두 진심으로 감사드린다. "덕불고 德不孤, 필유린必有隣"은 『논어』에 나오는 좋은 말이 아니라 공부하면서 온몸으로 생생하게 느끼는 촌철살인의 말이다. 이 덕분에 쉽지 않은 여정에서 버틸 수 있다.

2018년 12월
신정근 씁니다

| 차례 |

머리말   5

제1장 동아시아 예술 공간의 창출
  1. 문제 제기   15
  2. 예술 공간의 탄생   19
  3. 『시경』: 정감의 자유 공간을 열다   23
  4. 공자: 고통의 우憂를 넘어 자족의 락樂으로   37
  5. 위진 시대: 다양한 형상화의 길을 열다   50
  6. 18세기 조선: 정사正邪의 포위를 뚫은 호기好奇尙新의 흥미   66
  7. 맺음말   80

제2장 동아시아 예술 미학의 키워드: 치유와 충격, 기묘와 실용, 기운생동
  1. 들어가는 글   85
  2. 동아시아 철학의 배경   86
  3. 치유와 수양, 공자 예술의 키워드   89
  4. 충격, 장자 예술의 키워드   92
  5. 기묘와 실용 그리고 형사形似   101
  6. 기운생동氣韻生動   108
  7. 결론을 대신해서: 무현금無絃琴   112

제3장 **장자의 심미 세계**: 미유美遊로서 미학

    1. 문제 제기   119

    2. 『장자』 '미美' 용례의 간단한 고찰   121

    3. 근대 '미학(감성학)Aesthetics'의 탄생   125

    4. 중국의 '미학' 소개와 초기 연구   129

    5. 장자는 서양 근대의 '미학'을 추구했는가?   133

    6. 장자의 근본 물음은 미학적인가?   146

    7. 맺음말   154

제4장 **「성무애락론」에 내재된 음악 철학의 쟁점 연구**

    1. 혜강의 삶 속으로   161

    2. 논의의 방향   163

    3. 절대 음감absolute pitch의 소유자로서 성인   169

    4. 심성心聲·심형心形·심색心色의 관계   184

    5. 맺음말   197

제5장 **선비 정신과 풍류 문화의 결합 양상**

    1. 문제 제기   201

    2. 선비의 기원과 역사적 현실태   205

    3. 풍류의 기원과 역사적 변용   217

    4. 선비와 풍류의 결합 양상   229

    5. 맺음말   236

제6장 **한국 풍류와 미학의 연관성**

    1. 문제 제기   243

    2. 풍류, 의미의 혼선과 과잉 기대   247

    3. 풍류와 미학의 연결 가능성   258

    4. 맺음말   276

제7장 **예술 인문학의 길: 인문학 위기 담론에서 자생력 담론으로**

    1. 문제 제기   281

    2. 인문학 위기의 실상과 그 원인   283

    3. 후원받는 예술과 자생력을 가진 예술   297

    4. 인문학의 자생력 확보   304

    5. 맺음말   310

참고문헌   313

부록 **동중서의 천론**

    1. 서론   325

    2. 세계(우주宇宙)를 파악하는 방법으로서의 '동류상동同類相動'설   329

    3. 세계의 동질성: 기氣   334

    4. 세계 질서와 가치의 근원 – 천天   347

    5. 결론   358

제1장

동아시아 예술 공간의 창출

요약문

예술적 활동과 아름다움을 추구하는 감성은 인류의 출현과 더불어 있었다. 다만 그 활동과 감성이 언제부터 학문의 틀로 포착될 수 있느냐와 관련해서 다양한 의견이 있을 수 있다. 동아시아 사회도 일찍부터 진리와 선을 추구하면서 동시에 미를 탐구해왔다. 그 과정에서 미의 형식과 특성, 예술의 가치와 방향을 둘러싼 다양한 논의가 존재해왔다. 이 글에서는 예술이 학문, 정치, 경제의 영역과 구분되는 ― 상대적이든 절대적이든 ― 독자적인 영역(세계)을 개척해왔는가를 살펴보고자 한다. 이를 위해 기원전 10세기에 주 나라 시대에서 시를 통해 찾아냈던 문예의 영역과 18세기 조선에서 다양한 영역에서 찾아냈던 독립 공간으로 예술의 영역을 밝혀내고자 한다. 사실 18세 조선의 예술은 학문과 정치 영역에서 답보 상태에 머무르고 있던 한계를 선구적으로 돌파하여 새로운 시대를 열어가는 탈출구와 비상구였다고 할 수 있다.

키워드: 예술, 정치, 자유, 감성, 호기심

1. 문제 제기

학문(예술)은 늘 정치와 긴장 관계를 맺어왔다. 그중 정치는 권력의 유지를 위해 학문과 예술을 통제하고자 한다. 반면 학문은 권력의 견제를 위해 자유를 추구해왔다. 이 때문에 학문은 원래 권력으로부터 일정한 거리를 유지하며 정치의 타락을 비판하고 이상의 실현을 추구해왔다. 즉 학문은 그 특성상 어디에도 예속되지 않는 자유로운 활동을 지향한다. 그렇지 않으면 학문은 정치의 요구에 순응하여 주문 생산에 충실한 시종의 역할을 벗어나지 못하게 된다.

오늘날 학문은 자체의 독립이 침해되지 않는 한 정치와 연대하여 지원을 확보하려고 한다. 이는 분명 학문이 고대부터 이어져 온 빛나는 전통과 상반되는 현상이라고 할 수 있다. 요즘 학문은 현대의 틀을 유지하고 운영하려면 막대한 자원과 제도적 지원을 필요로 한다. 그 결과 예술이 정치로부터 완전한 자유를 선언하지 않은 이상 자원을 배분하는 힘을 가진 정치 영역과 관계를 단절하기가 어렵다. 현대의 학문은 분야를 가리지 않고 생존을 위해서나 발전을 위해서나 연구를 위해서나 대중화를 위해서나 미래의 성장 동력을 모색하기 위해서나 늘 정부와 공공 기관의 재정 지원을 호소하고 있다. 급기야 외부의 재정 지원이 없으면 학문(예술)이 생존할 수 없다고 아우성이다. 자조적으로 '프로젝트 휴머니티'라고 부를 정도이다.[1]

오늘날 학문 중 인문과 예술의 영역도 결코 예외가 아니다. 우리의 경우 이제 다양한 학문 분야의 전문가들이 대통령 선거 과정에 참여하여

---

[1] 신정근, 「인문학의 위기 극복의 길」, 『인문과 예술』 창간호, 2014, 3~25쪽 참조. 2000년 들어 정치권이 '반값 등록금'을 공약으로 제시하자, 등록금의 인상은 억제되었고 대학은 이로 인해 재정이 악화되어 정부 재정 지원 사업에 목을 맬 수밖에 없다고 한다. 대형 프로젝트를 수주하여 대학원생 등록금을 지원하고 연구 과제를 수행할 인력을 채용한다는 논리를 펼친다. 이제 바야흐로 정부의 재정 지원이 없으면 연구가 불가능한 시대가 된 셈이다.

학문의 명성과 성과를 정치 현장에 구현하고 공동체의 발전을 도모하고자 한다. 전문가의 정치 참여만큼이나 재정 지원의 호소는 이제 대학의 재정 자립도를 고려하면 필수불가결한 활동이 되었다. 특히 대학의 등록금 동결 또는 반값 등록금의 쟁점 이후에 대학은 예산의 부족분을 각종 대외 과제의 수주에서 보충하고 있다. 그 보충은 전체 예산의 상당부분을 차지할 정도이니 대학 과제의 수주에 사활을 걸지 않을 수가 없다.[2] 정부를 비롯한 각종 대외 과제의 수주는 대학 평가의 항목으로 자리하면서 학문은 다른 영역과 접촉면을 넓히고 있다. 그렇다면 재정 지원의 의존은 앞으로 반드시 계속되어야 하는지 한번쯤 진지하게 성찰해볼 만한 주제가 되었다고 할 수 있다.[3] 학문의 외부 의존은 권력으로부터 독립을 유지하고 있기에 실행하고 추구할 수 있는 활동을 위축시킬수 있기 때문이다.

긍정적으로 본다면 '지원'은 시장 논리로부터 학문의 생존을 방어하기위해 부득이한 길이라고 항변할 수 있다. 반면 부정적으로 보면 그 무엇으로부터 독립을 지키려고 하는 인문과 예술의 자유로운 정신을 포기하는 길이라고 비판할 수 있다. 또 긍정과 부정의 기능보다 훨씬 더 본질적인 질문을 던질 수도 있다. "외부의 재정 지원이 없어도 인문과 예술이 한순간도 자생할 수 있는 길은 없는 것일까?" 길이 없다면 폐과廢科의 극단적 가능성을 수용하지 않는 한 외부의 재정 지원은 최선이 아니지만 차선으로 고려할 만하다. 길이 있다면 재정 지원의 호소는 학문의

---

2 이런 상황에서 대외 과제의 수주가 예정된다면 대학은 어떤 요구를 들어줄 수 있는 수동의 위치에 놓인다. 2017년에 정국을 뒤흔들어 촛불 혁명으로 이어졌던 국정 농단 사건의 발각도 대학과 정부 사이의 불건전한 거래 의혹에서 단서를 찾았을 정도이다.

3 한중일 인문학의 경우 한국과 중국은 날로 국가 주도의 과제 지원에 목을 매지만 일본은 특수한 사례를 제외하고 연구자들끼리 협력하면서도 자신의 분야에서 고군분투하고 있다. 지금 현재 중국은 아카데미 비즈니스의 가장 큰 손으로 당과 정부의 지원을 받아 발표자만 100명이나 200명 넘는 대규모의 학술대회를 여러 단체에서 거행하고 있다. 학술 대회가 학술의 성과를 발표하는 교류의 장이기도 하고 민족 문화의 우수성을 알리는 선전의 장이기도 하다.

위기를 강조하는 대학과 성장 동력의 발굴을 외치는 정부가 상부상조하는 동맹의 체결로 볼 수 있다.

오늘날 학계에 학술과 과학에다 '진흥'과 '지원' 그리고 '재단'을 붙이는 다양한 합성어를 너무나도 당연시하는 관행이 정착되고 있다. 2009년에 한국학술진흥재단이 한국연구재단으로 옷을 갈아입듯이 앞으로 합성어는 늘어나거나 새로운 조어가 기존의 조어를 대체하는 일이 생겨날 것이다. 보통 인문과 예술 분야에 외부의 재정 지원이 없는 채로 지금의 상황이 계속된다면, 학문의 후속 세대를 양성할 수 없고 그것은 다시 대학 학과의 존폐 위기를 가져오리라는 우울한 전망을 하고 있다. 인문과 예술이 더 이상 자체적으로 생존과 발전을 도모할 수 없기 때문에 재정 지원에 의한 생존권 보장을 요청하는 것이다.

우리는 이처럼 재정 지원을 당연시하는 현상을 주목해야 한다. 재정 지원 사업의 긍정적인 기능에도 불구하고 부정적 기능과 현상이 생겨날 수 있다. 재정 지원이 간섭 없는 보조가 아니라 정책 목표를 달성하기 위한 사업이라면 지원을 받고 학과의 통폐합, 정원의 축소 등 요구 사항을 수용해야 한다. 이렇게 학문의 생태계가 정치 논리에 의해 좌지우지된다면 학문의 자율권은 흔들릴 수밖에 없다.

'지원에 의한 생존권 요구'를 부정적으로 본다면, 인문과 예술이 과거 권력과 자본으로부터 자유를 획득하기 위해 노력했던 빛나는 전사前史를 부정할 수도 있다. 즉 인문과 예술은 그간 누렸던 자유를 포기하고 권력과 자본에게 스스로 투항하여 양측의 주문에 맞는 생산을 거듭할 수 있다. "지원이 없다면 도대체 아무것도 할 수 없단 말인가?"라는 자괴감을 가지게 한다. 그 결과 권력과 자본이 원치 않지만 역사와 인류를 위해 진행해야 하는 연구는 제 목소리를 낼 공간이 줄어들게 된다.

물론 재정 지원에 의한 생존권 요구를 학문이 권력에 투항하는 형태로 예단할 필요는 없다. 학문이 재생의 틀을 가지려면 대학의 '학과'와 '전공'이라는 물적 제도적 기초를 도외시할 수 없다. 학과는 학문이 부당한 간섭으로부터 스스로 자신을 보호할 수 있는 진지이고 시대의 변화와 더불어 발전을 꾀할 수 있는 토대이다. 이러한 과정에서 학과가 없어질 수도 있고 새로 생길 수도 있다. 작금의 상황은 대학과 정부가 주도하고 개별 학문 단위는 제 목소리를 내지 못하고 끌려가는 형세를 보여준다. 이렇게 학문 생태계가 파괴되고 나면 복원할 길도 없고 희망도 없는 암울한 상황이 계속될 것이다.

여기서 재정 지원에 의한 생존권 요구를 외쳐야 하는 엄중한 상황 자체를 선악의 대결로 볼 수는 없다. 다만 재정 지원에만 목매기를 하거나 재정 지원의 성과를 학문 발전의 유일무이한 지표로 착각하여 지원 만능론을 앞세운다면, 그것은 인문과 예술의 자생력을 뿌리째 갉아먹을 수 있다. 인문과 예술이 스스로 할 수 있는 자생력을 키우는 모든 길을 포기하고 재정 지원만을 감로수로 혼동할 것이다. 이것이야말로 인문과 예술의 진정한 위기라고 할 수 있다. 나아가 학문의 정치적 예속이 심화되어 학문은 정치의 주문 생산을 담당하는 하청 업체로 떨어질 수도 있다.

이 글에서는 동아시아에서 예술이 자생적 공간을 창출해나가는 여정을 탐구하고자 한다. 그 과정은 결코 특정 시대의 특정 인물에 의해 단한 번의 시도로 일어난 전대미문의 사건이 아니었다. 또 동아시아 예술은 모든 조건이 충족된 상황에서 작품 활동에만 매진하면 되는 상황에서 꽃을 피우지 않았다. 동아시아 예술은 정부 조직에 예속된 신분에서 규범을 준수하는 제약을 받으면서 활동 공간을 키워왔다. 여기서는 정부 조직에 속하지 않는 자유로운 상태에서 국가의 유목적적 활동으로부터 독립된 예술 공간의 창출에 주목하고자 한다.

2. 예술 공간의 탄생

동아시아의 학술사에서 인문과 예술은 정부 관직과 같은 제도적 지원
에 의해 성장했다. 예컨대 그림은 도화서圖畵署에 의해, 음악은 장악원
掌樂院에 의해, 천문은 관상감觀象監에 의해 학술 활동이 축적되고 그 성
과가 끊임없이 재생산되었다. 조선 후기에 정약용은 낙후된 현실의 고
통을 해결하고 과학 기술을 발전시키기 위해 공조工曹에 이용감利用監의
설치를 주장했다. 민간 차원의 학술 활동이 물적 기반을 갖추지 않아 여
건이 탄탄하지 않은 상황에서 정부 주도의 기관 설립은 어찌 보면 당연
한 제안이라고 할 수 있다.

정약용의 제안은 당시에 호응을 받지 못했지만 시간이 흘러 고종에
이르러 결실을 맺게 되었다. 고종은 1880년에 통리기무아문 산하에 이
용사利用司를 두어 재용財用의 업무를 맡아보게 했다.[4] 이것은 정부 주도
의 학술 활동이라는 전철을 그대로 되풀이하고 있다. 이러한 대응은 오
늘과 겹치는 지점도 있지만 다른 지점도 있다. 오늘날의 학술과 산업은
정부 조직 또는 기구와 대학에 의해서만 주도되지 않는다. 민간 기업은
개별 연구소를 설립하여 과학 기술과 의료 산업의 발전에 막대한 투자를
하여 신기술을 실용화시키고 있다. 그런데도 정부는 전환기의 상황에서
막대한 자원이 소요되는 과학 기술의 발전을 위한 플랫폼 역할을 충실히
수행하며 민간의 참여를 끌어내야 한다. 이렇게 보면 과거 정부 주도의
학술 진흥은 오늘날에도 부분적이고 제한적인 측면에서 유사한 특성을
발휘한다고 할 수 있다. 이러한 상황에서 민간 기업이 정부의 지원만을
목매고 독자적인 연구 개발을 하지 않는다면 어떤 결과가 일어날지 쉽게
예상된다.

4　이경구 외, 『한국의 근현대, 개념으로 읽다』, 서울: 푸른역사, 2016, 31~33쪽 참조.

과거의 경우라고 해서 인문과 예술이 지원에만 목을 매고 있었던 것은 결코 아니다. 때로는 지원 체제의 밖에서 자생력을 키우기도 하고 때로는 지원을 부정하고 새로운 영역을 개척하기도 했다. 예컨대 홍대용은 나경적을 만나 개인적으로 혼천의渾天儀를 제작하고 농수각籠水閣이라는 천문 관측소를 운영했다. 이러한 탐구를 통해 홍대용은 동시대에서 선구적으로 지동설을 주장하게 되었으리라고 할 수 있다. 홍대용의 사례는 정부의 조직이 아니라 민간 영역에서 과학 기술을 탐구하는 경우로 볼 수 있다. 하지만 이러한 활동이 과학사에서 주목할 만한 사건이지만 과학 혁명을 일으킬 사건으로 확대되지 않았다.[5] 개인과 주위 몇몇 사람만이 공유하는 여가 활동으로 간주되었을 뿐이다.

반면 화가·가인歌人·무인舞人 등의 활약에서 보이듯 예술은 민간 영역의 성과가 궁정으로 흘러갈 정도로 독자적인 성과를 냈다.[6] 예술은 제도적 교육만큼이나 천부적 자질이 중요하므로 그러한 인물이 민간에서 활약할 수 있다. 아울러 궁정 사회는 제도화된 예술 이외에 민간에서 가장 성행하고 뛰어난 예술을 감상하려는 의지를 보였기 때문이다. 또 예술은 사람의 감성에 호소하는 만큼 특별한 지식을 가지지 않아도 공감할 수 있는 특유의 장점을 지니고 있다. 이처럼 예술은 민간과 궁정을 소통시킬 수 있는 특성을 지니고 있었다.

이 글에서는 동아시아의 예술이 외부의 지원 체제에 의존하지 않고

---

5   신정근, 「홍대용과 경험 중심의 인식론적 리기관의 재생」, 『철학사상』 13, 2001, 81~112쪽 참조.

6   장법(장파)은 중국 미학을 사회 구조의 차원에서 조정 미학·사인士人 미학·민간 미학·시민 미학으로 구분했다. 초기는 조정 미학이 중심이 되었고, 선진 시대에 이르러 사인 미학이 생겨나서 당송과 명청 시대에 발전과 확장을 보였고, 송명 시대에 시민 미학이 생겨나서 청 제국에서 전환되었다. 반면 민간 미학은 독립적으로 형성되지 못하고, 앞의 세 미학의 기초가 되기도 하고 세 미학을 통해 표현되었다. 네 가지 중에 사인이 미학의 핵심을 이루었다고 주장했다. 장법(장파)張法, 『중국 미학사中國美學史』(제2판), 成都: 四川人民出版社, 2006, 292~293쪽 참조. 그의 주장처럼 민간 미학이 독립된 공간을 개척하지 못했다면 세 가지 미학의 종속 형태로만 존재하게 된다. 바로 이 지점은 나와 의견을 달리하는 부분이다.

자생력을 키워서 자신의 고유한 영역을 일구어낸 결실을 '예술 공간의 탄생'으로 명명하고자 한다. 이 때문에 예술 공간의 창조자는 정부의 지배적 예술관과 충돌하여 위험스러운 상황에 놓일 수도 있고 놓이기도 했다. 이 공간의 탄생은 외부의 어떤 요구에도 영향을 받지 않으면서 창작자와 감상자의 즐거움과 공감을 낳을 수 있었다. 이러한 즐거움과 공감은 재정 지원에 의한 생존권 요구와 달리 자체의 역량으로 예술의 강인한 생명력을 키울 뿐만 아니라 그 어디에도 뿌리를 내릴 수 있는 현재성을 갖는다. 이것은 과거의 역사이기도 하면서 동시에 위기를 겪고 있는 현대 예술의 자생력을 모색하는 데에 시사점을 던져줄 수 있다.

지금까지 동아시아 예술의 연구는 예술이 탄생할 수 있는 사상의 근원을 밝히는 데에 주목해왔다. 이택후(리쩌허우)李澤厚는 유가 · 도가 · 불교 · 굴원 등 4가지를, 성복왕(청푸왕)成福汪은 유가 · 도가 · 불교 · 굴원 · 이지李贄 등의 만명晩明 사조 등 5가지를 예술 탄생의 사상 자원으로 밝혀왔다. 장법(장파)은 유가 · 도가 · 명청 사조가 3대 주류이고, 굴원과 선종이 3대 주류의 보충 역할을 했다고 보았다.[7] 현재 연구는 이들 사상 자원에서 동아시아 예술과 미학의 요소를 찾아내는 방향으로 진행되고 있다. 이러한 연구는 기성의 사상 자원을 중심에 두고 예술 현상을 설명한다는 점에서 의의가 있지만 격언 · 속담 · 풍속 등 민간 요소를 고려하지 않는 점에서 한계를 보여준다.

예술과 미학의 사상 자원이 풍부하게 있다고 해서 그것이 기계적으로 예술의 탄생으로 이어지지 않는다. 예술적 감수성이 어떻게 생겨나며 그것이 억제할 수 없는 본연의 힘을 지녔는지를 설명하지 않으면 안 된다. 즉 예술이 정치 영역에 종속되지 않고 그 자체로 독자적인 영역을

---

7 장법(장파)張法, 『중국 미학사中國美學史』(제2판), 成都: 四川人民出版社, 2006, 293~294쪽 참조. 이 책은 신정근 등의 번역을 거쳐 성균관대학교 출판부에서 발간하고 있는 동아시아 예술미학총서(중국편)의 시리즈 중 한 권에 수록되었다.

구축할 수 있는지 입증해야 한다. 이 때문에 나는 사상 자원의 유무와 종류 자체에 주목하여 논의를 진행하지 않는다. 대신 나는 어떤 예술가가 다양한 사상 자원을 활용하여 어떻게 예술을 탄생시킬 수 있는가라는 물음으로 초점을 이동시키고자 한다. 예술의 탄생은 결국 예술 작품의 창작을 전제로 한다. 예술 작품의 창작은 예술가를 전제한다. 이 때문에 나는 예술가가 자유롭게 활동하며 예술 작품을 창작할 수 있는 예술 공간이 탄생하게 되는 과정을 추적하고자 한다.

이 목적에 도달하기 위해 나는 『시경』, 공자, 위진 시대, 18세기의 조선을 대상으로 논의를 진행하려고 한다. 물론 이밖에도 『장자』, 『초사楚辭』, 지괴志怪와 전기傳奇 소설,[8] 명청 시대의 문학 이론과 소설 등도 충분히 검토해볼 만하다.[9] 이들은 주요 대상에 미치지 않지만 논의 중에 조금씩 언급하고 있다. 검토할 대상 중 『시경』의 일부 시는 시대의 지배적인 도덕을 초월하는 정감을 시가로 표현하며 예술 공간을 넓히고 있다. 공자는 개인적으로나 공동체적으로나 고통의 현실을 살면서도 음악을 통해 고통을 극복하고 쾌락을 누리며 예술의 독자적 세계를 밝히고 있다.

위진 시대의 혜강은 양식화되고 상징적 음악의 규범을 넘어 개인의 정감을 자유롭게 형상화하는 예술 공간을 창출하고 있다. 이 덕분에 죽음의 위기와 순간에도 평정을 잃지 않을 수 있었다. 18세기의 조선에서는 기존에 발견된 도덕과 진리에 안주하지 않고 새로운 세계를 개척하기 위해 새로운 것에 관심을 기울이기 시작했다. 지금 새것이 권장되고 권

---

8 지괴는 오늘날 현실에서 일어날 가능성이 없는 환상을 소재로 하는 산문이다. 이와 관련해서 배형, 정범진 · 김낙철 편역, 『신선과 도사 이야기: 전기傳奇』, 서울: 까치, 1999; 노신(루쉰), 조관희 옮김, 『중국소설사략』, 파주: 살림, 1998 참조.

9 장자와 관련해서 신정근, 「장자의 심미세계, 미학인가 미유인가」, 『유교사상문화연구』 제59집, 2015; 왕개(왕카이)王凱 신정근 외 2인 옮김, 『소요유, 장자의 미학』, 서울: 성균관대학교 출판부, 2013 참조.

리로 보장되지만 당시의 지배 질서로 보면 위험스럽게 간주되었다. 이처럼 새것이 관심을 받으면서 호기심好奇心은 기피의 대상에서 탐닉의 대상으로 바뀌게 되었을 뿐만 아니라 새것 = 낯선 것 = 위험한 것의 등식을 벗어나게 되었다. 새것이 지금의 대안으로 자리할 수 있는 가능성이 열리게 되었다고 할 수 있다.

이처럼 예술 공간이 창출되는 과정을 추적하면서 예술이 자립성을 구축하기 위해 인식과 심미의 세계를 어떻게 찾아가는지를 살펴보고자 한다. 아울러 그것이 어떤 점에서 세계사적인 의의를 가질 수 있는지 검토하고자 한다. 이 과정에서 이주移住, 패전敗戰과 국망國忘을 경험했던 동아시아의 사상과 예술이 "타자와 디아스포라에 내몰린 문화 정체성의 끊임없는 재구축의 여정"의 특성을 가지고 있고, 중국에서 기원했던 동아시아의 문화 자원을 '기원origin'이 아니라 '체제system'의 관점에서 바라보아야 한다는 관점을 전제한다.[10]

3.『시경』: 정감의 자유 공간을 열다

『시경』은 고대 중국의 황하 중하류 유역에서 불리면서 전승된 민요民謠와 각종 의식에 사용된 시가詩歌를 모은 문헌이다. 『시경』은 모두 3백 편이 넘지만 백 단위로 따져 3백 편으로 널리 알려져 있다. 『시경』은 민요와 시가였던 만큼 당연히 일정한 운율을 가진 운문이다. 입에 불려야 하는 만큼 당연하다고 할 수 있다. 『시경』은 그 특성상 소위 『오경五經』 중에 오늘날 예술과 미학의 범주에 가장 잘 들어맞을 만한 문헌이라고

---

10 전자를 위해 신정근, 『철학사의 전환—동아시아적 사유의 전개와 그 터닝포인트』, 파주: 글항아리, 2012를, 후자를 위해 신정근, 「인문(인권) 유학으로서 21세기 동아시아학의 성립 가능성 모색 —儒術·聖學·道學·中華學·國學의 궤적과 함께」, 『대동문화연구』 81권, 2013 참조.

할 수 있다.[11]

『시경』에 수록된 내용이 민요와 시가라고 해서 그 성격이 모두 단일하지 않다. 『시경』의 시는 크게 풍風·아雅·송頌의 체제에 따라 3가지로 분류된다. 간략하게 살펴보면 풍은 황하 중하류 지역의 민간에서 널리 불리다 정부에 의해 수집된 민요이고, 아는 왕실의 사교와 연회 등 다양한 행사에 쓰이던 음악이고, 송은 제사에 쓰이는 악극으로 주로 주족周族 등 특정 종족의 건국 이야기를 담은 신화 등 다양한 요소를 담고 있다.[12] 이러한 다양한 특성을 지닌 『시경』은 상황에 맞는 정감을 표현하고 있다. 그런데 어떻게 『시경』이 자유로운 정감을 표현하고 있는지 살펴보고자 한다.

3.1 진리의 발견

시가는 시적 언어의 특성상 다의적인 해석이 가능하다. 시어는 하나의 특정한 해석을 가능하게 하는 논리적 특성을 지니고 있지 않기 때문이다. 이로 인해 『시경』은 학술사에서 다양한 영향을 주었다. 예컨대 『시경』의 첫 번째 시 「물수리[관저關雎]」를 살펴보자. 하나는 시의 주인공을 문왕과 그의 부인 태사太姒가 처녀일 때를 가리키는 것으로[13] 보고 시가

---

11 보통 『사기』는 사실에 충실한 실록實錄으로 평가받지만 실제 내용을 보면 객관적 사료만이 아니라 구전 설화나 영웅담 등 다양한 요소를 동원하여 역사를 드라마틱하게 재구성하고 있다. 이에 착안하여 『사기』를 예술 역사학의 일종으로 분류한다. 이러한 특성은 사마천이 처음으로 일구어낸 작업이 아니라 『좌씨전』의 경향을 계승했다고 할 수 있다. 이렇게 보면 『좌씨전』도 예술의 영역에 편입될 수 있다. 이와 관련해서 이성규 편역, 『사마천 사기: 중국 고대사회의 형성』, 서울: 서울대학교 출판부, 1987 참조.

12 신정근, 『신정근교수의 동양고전이 뭐길래?』, 서울: 동아시아, 2012, 35~44쪽 참조.

13 주희, 『시경집전詩經集傳』"淑, 善也. 女者, 未嫁之稱. 蓋指文王之妃大姒, 爲處子時而言也. 君子, 則指文王也."

후비의 덕을 읊어서 세상을 교화하고 부부 관계를 바로잡고자 했다[14]고 풀이한다. 인륜을 바탕으로 시를 독해하고 있다. 반면 다른 하나는 군자를 도덕에서 말하는 이상적 인물로 볼 필요가 없고 그냥 사내이고 민중의 사랑을 노래하고 있다고 풀이하기도 한다.[15] 사람은 인륜 속의 존재가 개별 감성을 가진 인간으로 드러나고 있다. 이처럼『시경』은 다양한 해석 가능성으로 인해 학술사에서 다양한 영향을 주었다.

일례로 시가는 엄밀한 논증으로 진행되는 논변의 산문과 달리 운문 형식으로 음송에 편리하게 리듬감을 가지고 있으며 함축적 언어로 진리의 세계를 드러냈다. 이때 시가 언어는 산문 언어와 다른 방식으로 진리의 세계를 드러내는 점에서 경쟁적 관계에 놓이게 한다. 또 서로의 특성을 살린다면 시가와 산문은 역사적으로 상호 보충의 역할을 수행하기도 했다. 동아시아 철학사에서 맹자는 성선性善을 주장한 것으로 널리 알려져 있다. 이 때문에 '맹자' 하면 성선을 연상할 정도이다. 또 이는 순자의 성악과 대비되어 맹자의 상표처럼 간주되고 있다. 그의 주장이 독창적인 것은 맞지만 성선이 무엇 또는 어디에 근거하고 있을지 명확히 밝혀진 게 없다. 그러다 보니 맹자의 성선은 아무런 사상적 배경 없이 평지에 갑자기 우뚝 솟아난 특성을 갖는다.

이 주제와 관련해서 다양한 설명이 가능하겠지만 맹자 본인의 주장이 가장 중요하다. 실제로『맹자』를 보면 그는 성선의 발견에 대해 나름의 근거를 제시하고 있다. 그 근거란 다름 아니라 바로『시경』이라고 할 수 있다.[16] 이 주장이 맞는다면 시가는 진리를 발견하는 통로로 간주될 수 있다.

맹자는 공자와 비슷하게『시경』을 즐겨 읽은 모양이다. 그는 그 과정

---

14 『시경』「모서毛序」"關雎, 后妃之德也, 風之始也, 所以風天下而正夫婦也."

15 안용십, 『詩, 불균을 노래하다』, 서울: 시민인각, 2011, 53~54쪽 참조.

16 신정근, 『사람다움의 발견』, 서울: 이학사, 2005, 486~495쪽 참조.

에서 「대아大雅 · 백성[증민烝民]」에 나오는 다음의 구절에 주목했다.

"하늘(하느님)이 모든 백성을 낳으니 사물이 있으면 나름의 규칙이 있구나! 백성이 떳떳한 성향을 지니고 있으니 아름다운 덕을 좋아하는구나!"[17]

맹자는 이 구절을 읽고서 세상의 모든 존재는 각각 나름대로 따라야 할 규칙을 지니고 있는 것으로 파악했다. 그는 이 시가 두 부분으로 되어 있다고 보았다. 첫째, 하늘이 사람을 포함하여 사물을 낳을 때 나름의 규칙이 있다. 둘째, 그 나름의 규칙은 사람이 굳게 지켜야 할 떳떳한 성향이다. 그 성향은 달리 아름다운 덕이라고 할 수 있다.[18] 나는 맹자가 잡아야 하는 떳떳한 경향성의 병이秉彛, 아름다운 덕의 의덕懿德을 전국 시대에 제시된 성론性論과 결합시켜서 결국 성선을 찾아냈으리라 본다.[19]

사실 글자의 차이를 빼고 내용으로 들어가면 병이와 의덕은 성선과 크게 다른 의미를 전달하지 않는다. 맹자는 『시경』을 반복해서 읊조리다 이 구절을 음미하고서 사물은 각각 나름대로 따라야 할 규칙성을 가지고 있는 것으로 파악했다고 할 수 있다. 물론 성선의 발견은 맹자의 창안이고 이 사실을 부정할 수는 없다. 하지만 병이와 의덕의 내용이 없었더라면 맹자는 더 깊이 사유하고 또 다른 비슷한 구절을 만나고서야 비로소 성선을 발견했으리라.

---

17 『시경』「대아 · 증민」 "天生烝民, 有物有則. 民之秉彛, 好是懿德."

18 조기빈(자오지빈)趙紀彬, 『곤지록困知錄』, 「『논어』와 『묵자』의 '物物' 자의 간단한 해석「論語」『墨子』'物'字簡釋」, 北京: 中華書局, 1963; 1982 2쇄, 163~164쪽 참조.

19 성선의 발견은 철학사에서 분명 특기할 만한 의의를 갖는다. 하지만 맹자는 성선을 자신의 사상이 정초하고 있던 토대로 보지 않았을 수가 있다. 그는 실제로 『맹자』에서 모든 논의를 성선으로 귀결시키지도 않고 또 빈번하게 논의하지도 않는다. 아마 성선은 당송 이후의 유학사에서 불성론佛性論의 대항 담론으로 간주되면서 화려한 각광을 받았다고 할 수 있다.

나아가 사람이 상황에 따라 이리저리 떠밀려 움직이거나 이랬다가 저
랬다 변덕을 부리는 존재가 아니라고 보았다. 즉 사람도 어떠한 지향성
을 가지고 그대로 살아간다는 점을 밝혀냈다. 그는 이 발견을 '성선性善'
으로 선언했던 것이다.[20] 이것은 시가를 통해 진리에 접근할 수 있다는
점을 입증하고 있다.[21] 이는 플라톤이 『국가』에서 원본(이데아)의 복제품
을 모방, 즉 모방의 모방을 일삼는 시인을 미워하면서 이데아에 직접 다
가갈 수 있는 시인을 승인하던 맥락과도 겹친다. 시는 성왕의 언과 행을
기록한 산문, 즉 『서경』과 다르지만 함축적 전달을 통해 그 성인의 언행
을 담고 있는 진리를 표현할 수 있다.

3.2 보편 정감의 표현

　시가는 직설법을 구사하기 어려운 외교 활동과 사교 관계의 의식에서
의사를 명확하게 맺고 끊는 방식이 아니라 우회적으로 표현하는 방식으
로 널리 쓰였다.[22] 시가의 의미 맥락을 안다면 서로 상대가 정확하게 의
사를 표현하지 않아도 무엇을 말하고자 하는지 포착할 수 있기 때문이
다. 이 경우 시가는 의사소통을 도와줄 뿐만 아니라 의견의 불일치로 인

---

20 『맹자』「고자」상 "公都子曰: 告子曰: 性, 無善無不善也. 或曰: 性可以爲善, 可以爲不善. 是
故文武興, 則民好善, 幽厲興, 則民好暴. 或曰: 有性善, 有性不善. 是故以堯爲君而有象,
以瞽瞍爲父而有舜, 以紂爲兄之子, 且以爲君, 而有微子啓, 王子比干. 今曰: 性善, 然則彼
皆非與? 孟子曰: 乃若其情, 則可以爲善矣, 乃所謂善也. 若夫爲不善, 非才之罪也. ……
故曰: 求則得之, 舍則失之. 或相倍蓰而無算者, 不能盡其才者也. 詩曰: 天生蒸民, 有物有
則, 民之秉彝, 好是懿德. 孔子曰: 爲此詩者, 其知道乎! 故有物必有則, 民之秉彝也, 故好
是懿德."
21 공자와 맹자만이 아니라 묵자와 순자도 '시왈詩曰'의 형식으로 『시경』의 구절을 자기 주장의
근거로 제시하고 있다. 이러한 경향은 춘추전국 시대의 사상가에게 한정되지 않고 한 제국 한
영韓嬰의 『한씨외전』으로 이어졌고 유가의 학문 방법론으로 널리 채용되었다. 한영, 임동석
옮김, 『한시외전: 31편의 중국 고사와 함께 읽는 시성』, 서울: 에문서원, 2000 참조.
22 『논어』「자로」"子曰: 誦詩三百, 授之以政, 不達, 使於四方, 不能專對, 雖多, 亦奚以爲?"

한 충돌을 약화시킬 수 있었다. 이해를 바라면서도 오해의 가능성을 열어주는 시가의 특성이기에 가능한 일이다. 이러한 전통은 오늘날 중국 정치 지도자의 언행에서 재연되기도 한다. 즉 외교 행사나 국제 관계와 관련해서 중국의 입장을 시가로 대신 표현하여 긴장 국면을 완화시키곤 했다. 또 제례에서 민족이 나라를 세우는 건국의 서사를 읊기도 한다.

하지만 시가는 일차적으로 자연과 인간사를 소재로 정감을 표현한다.[23] 『시경』은 은유와 상징 등 시적 언어의 특성을 통해 정감을 다양한 방식으로 표출하고 있다. 시가의 은유와 상징 언어는 산문 언어의 명시적 지시 관계와 달리 다의적 해석의 가능성을 열어둔다. 이처럼 고대 사회 특유의 지배적 가치와 규범적 해석, 즉 절대주의가 건재하더라도 시가는 다른 어떤 인문과 예술에 비교해서 그 구속과 억압을 뛰어넘을 수 있는 예술 공간을 창출해낼 수 있다. 시어의 다의성은 언어와 의미의 고정적 관계를 초월하여 새로운 조합을 낳을 수 있기 때문이다. 즉 의미의 고정을 부정하고 새로운 의미를 제시하더라도 해석이 허용될 수 있다. 새로운 조합은 시가 언어에 통속성의 맥락으로 숨어 있다가 통속성에 균열이 생겨 새로움이 부각될 때 그 모습을 드러내게 된다.

이러한 시적 언어는 논리를 통해 의미의 안정성을 앞세우는 산문주의자에게 무책임하기도 하고 끔찍한 재앙으로 여겨질 수도 있다. 반면 산문의 언어는 언어와 의미의 고정적 틀에 갇혀서 문법을 벗어난 말을 나타낼 수 없다. 운문의 시어는 산문 언어의 엄격한 틀을 자유롭게 넘나들 수 있다. 산문의 『춘추』는 논리의 엄정성을 수용하면서 미언대의(微言大義)를 통해 현실의 권력을 엄격하게 비판(심판)하고자 했다. 미언대의는 언어와 의미의 표층 관계로 드러나지 않고 언어와 의미의 특정한 알고리즘에 의해서 진정으로 말하고자 하는 의미를 나타냈다. 따지고 보면 미언

---

23 오전루(우잔레이)吳戰壘, 유병례 옮김, 『중국시학의 이해』, 파주: 태학사, 2003, 19~43쪽 참조.

대의는 산문 형식에서 시가의 다의성을 수용하여서 비판과 풍자를 전달하고자 했다.[24]

앞으로 몇 가지 실례를 통해 『시경』이 준수를 요구하는 사회적 금기를 돌파하고 인간의 보편 정감을 자유롭게 표현하여 예술 공간을 빚어내는지 살펴보자.

「소남召南 · 매실[표유매摽有梅]」에서는 혼기가 찬 여성이 나뭇가지에 남아 있는 매실의 개수를 소재로 순간순간 바뀌는 자신의 정감을 나타내고 있다. 시는 전체적으로 하루바삐 신랑이 나타나 자신을 빨리 데려가 달라는 바람을 담고 있다. 결혼하고 싶어 초조해하는 욕망을 절절하게 나타내고 있다. 하지만 시적 표현은 아무 소리 않고 나의 마음을 알아달라고 뜬구름 잡는 소리를 하지 않고 요즘 대중가요에서 "너 뭐해? 나 데려가 줘!"처럼 듣자마자 의미가 해독되는 직설적 표현과 분명 다르다.

"매실이 떨어져서 열매가 일곱 개 남았네. 나를 찾는 총각님들 길일을 잡아 데려가소. 매실이 떨어져서 세 개만 남았네. 나를 찾는 총각님들 오늘 당장 데려가소. 매실이 다 떨어져 광주리에 주워 담네. 나를 찾는 총각님들 말만 잘하고 데려가소."[25]

독자가 시를 읽어 내려가면 시의 전개에 따라 여성의 마음이 급해지는 속도가 그대로 전해진다. 우리가 7, 3, 0이란 숫자를 20대 후반, 30대 초반, 30대 중반 등으로 환치해서 읽으면 시간의 압박이 강하게 전달된다. 이번에도 짝을 찾지 못하면 결혼을 하지 못하지 않을까 라는 불안

24 김동민, 『춘추 논쟁: 중국 최초의 대일통 제국을 탄생시킨 사유의 격돌』, 파주: 글항아리, 2014 참조.

25 『시경』 「소남 · 표유매」 摽有梅, 其實七兮. 求我庶士, 迨其吉兮. 摽有梅, 其實三兮. 求我庶士, 迨其今兮. 摽有梅, 頃筐塈之. 求我庶士, 迨其謂之."

감과 나를 찾는 사람이 없을지도 모른다는 두려움이 밀려온다. 이렇게 되면 이 시는 오늘날 우리가 주위에서 혼기를 염려하며 결혼을 독려할 때 흔히 듣는 이야기를 그대로 읊고 있는 셈이다.[26] 「매실」에서 아我의 나는 결혼과 관련된 사회 제도와 금기를 지키며 백마를 탄 왕자를 무조건 기다리겠다는 순응을 나타내지 않는다.

아我는 시간의 경과와 더불어 기회의 창문이 조금씩 서서히 닫히는 소리를 듣고 있다. 시간의 경과에 따라 소리의 강도와 지속이 심장으로 그대로 전달된다. 그 결과 아我는 매파를 통해 혼인을 약정하고 그 이후로 길일吉日을 잡아 혼례를 치르는 절차, 즉 도덕의 규칙을 가만히 앉아서 편안히 기다리지 못한다. 오늘 안에 연락이 되길 바라고 마지막에는 그 오늘마저 참지 못하고 말만으로 따라나설 수 있는 절박감을 드러내고 있다. 이 절박감의 강도가 상승하면 상승할수록 금기의 규제력을 뛰어넘으려는 욕망이 꿈틀거리기 시작한다. 사랑하는 임을 위해 사회의 규율과 금기의 체계로서 도덕을 초월할 수 있는 정감을 여과 없이 드러내고 있다.

당시 혼기에 찬 남녀가 결혼하지 못하면 국가가 이 일에 관심을 가지고 중매에 나섰다. 결혼은 인륜의 중대사에 한정되지 않고 자연의 순환에 호응하는 우주적 행위였기 때문이다.[27] 결혼이 음양의 교류에 대응하는 남녀의 정상적인 관계라고 한다면 미혼은 음양의 교류가 이루어지지 않은 비정상적인 관계이다. 이러한 비정상적 관계가 오랫동안 남아 있다면 왕이 우주의 정상적 운행을 방해하는 원인이 되고 그에 대한 책임

---

26 「모서毛序」에서는 여성이 결혼을 서두는 것이 아니라 남녀가 제때에 결혼하는 것으로 풀이하고 있다. "男女及時也. 召南之國, 被文王之化, 男女得以及時也."

27 신정근, 『공자의 숲, 논어의 그늘』, 서울: 성균관대학교 출판부, 2015 참조. 지방 자치 단체나 특정 교단에서 대규모의 '합동 결합식'을 거행하는데, 그 발상이 이러한 문화 전통과 관련이 있을 수도 있다. 결혼이 당사자 중심의 의식이 아니라 제3의 기관에 의해서 특정 목적을 위한 행사로 치러지고 있기 때문이다.

을 지지 않을 수가 없다.

하지만 이런 맥락에서 결혼은 사회 제도와 금기 중에 균열이 쉽게 갈수 있는 영역이다. 결혼의 의미를 과도하게 강조하게 되면 절차와 전통을 따르지 않은 결혼이 나올 수 있다. 성왕으로 간주되는 순舜도 부모의 승인을 받지 않고 결혼하는 용감한 일을 벌였다.[28] 이는 일반적인 사례라기보다 예외적인 상황으로 승인될 수 있다. 「매실」도 결혼을 강하게 염원하는 정감을 그대로 드러냈지만, 이에 대해 시가는 도덕적 제재를 부과하지 않고 이해와 공감을 낳았다. 그만큼 시가 형식을 통해 결혼을 향한 원망을 표출할 수 있는 공간을 창출할 수 있었다.

여기서 아我의 나는 가장 하고 싶은 결혼에 대해 숨죽인 채 마냥 기다리고 있지 않고 시가 예술을 통해 이해와 공감의 장을 넓히고 있다. 시적 화자는 분명 일탈을 꿈꾸고 있지만 이에 대해 우리는 도덕적 비난만할 수 없고 누구라도 그럴 수 있는 확장의 공간을 낳는다. 공감의 장은누구나 처할 수 있는 보편성을 가지고 있고 다른 것에 의해 대체 불가능한 온전성 그리고 오로지 그 자체만을 진실하게 바라는 진정성으로 인해당사자를 넘어 타자로 확장이 일어날 수 있다.

「패풍邶風 · 잣나무 배[백주柏舟]」에는 배가 물결 위에서 이리저리 흘러가는 것을 근심 걱정으로 잠 못 이루는 사람의 심경을 그리고 있다.

"내 마음 거울이 아니니 비춰 볼 수 없고, 형제가 있지만 도움이 되지 않네,
찾아가 하소연한들 노여움만 산다네. 내 마음이 돌이 아니니 굴릴 수 없고,
내 마음 앉은 자리가 아니니 말 수가 없다네. …… 근심 어린 마음 초조하니
하찮은 무리마저 성을 다 내네, 쓰라린 일 많았고 치욕도 적잖이 받았네, 가

---

28 고대의 이상적인 제왕인 순舜도 혼기가 가득 차도록 결혼을 하지 못하자 부모의 동의를 구하
    지 않고 결혼을 했다. 「맹자」 「이루」 상 "孟子曰: 不孝有三. 無後爲大. 舜不告而娶, 爲無後
    也. 君子以爲猶告也."

만히 생각하다 제 가슴만 치네."[29]

「잣나무 배」에서 아我는 선의지를 가지고 있음에도 불구하고 주위 동료만이 아니라 가족의 지지조차 받지 못하며 사회적으로 고립되어 가고 있다. 현실에서 자신을 이해하고 도와주는 사람이 없자 아심我心은 주위 사람과 함께 할 수 있는 울분과 고독감을 겪고 있다. 아심我心이 우심憂心이 되어가고 있다. 이 상황에서 나의 진심을 담아 항의를 전달하거나 진실을 돌아보자고 하소연하는 논변의 언어는 무기력하다. 그 언어는 형제를 비롯하여 주위 사람들에게 전달되지도 이해를 낳지도 못하기 때문이다. 여기서 소수의 발언이 다수의 발언에 둘러싸여 사실을 사실대로 전달하지 못하고 고립되는 상황을 여실히 표현하고 있다.

이제 아我는 논변의 언어를 버리고 시가에 의지한다. 이로써 시가의 언어는 현실과 전혀 다른 반응을 일으킨다. 현실에서 어느 누구도 논변의 언어에 귀를 기울이지 않는다. 이를 통해 나는 고립되어 가고 그만큼 고통이 커진다. 반면 시가 예술에서 아我의 불우不遇와 수모受侮는 공감을 낳는다. 이를 통해 나는 당장 상황을 반전시킬 수 없지만 위로를 받을 수 있다. 이상과 현실, 상식과 몰상식, 정의와 비리, 대화와 폭력의 대립은 사람이 공동체의 삶에서 겪게 되는 불화의 양상들이다.

여기서 정의로운 아我가 부도덕한 권력자로부터 수모를 받을 때, 시가는 역설의 거리만큼 공감을 창조해낼 수 있다. 수모의 질과 양에 비례해서 독자는 시인의 언어에 깊숙이 공감할 수 있기 때문이다. 우심憂心의 아심我心은 고통의 깊이만큼 결코 소멸되지 않고 적대적인 환경 속에서도 표현의 공간을 창출하게 만들었다.

---

29 『시경』「패풍·백주」"我心匪鑒, 不可以茹. 亦有兄弟, 不可以據. 薄言往愬, 逢彼之怒. 我心匪石, 不可轉也. 我心匪席, 不可卷也. …… 憂心悄悄, 慍于群小. 覯閔旣多, 受侮不少. 靜言思之, 寤辟有摽."

「매실」과 「잣나무 배」의 두 시가 다소 소극적이다. 두 시는 자신의 정감을 여과 없이 드러내고 있지만 부재와 고통의 상황을 맞이하기 위해 투쟁을 시도하지 않는다. 『시경』에는 두 시보다 부조리한 사회에 대해 자기 의사를 적극적으로 드러내는 시도 있다. 나아가 현실의 고통을 넘어서 정의로운 세상을 찾아 나서는 탈출과 새로운 세상을 바라는 기획을 그리고 있다. 예컨대 「위풍魏風 · 큰 쥐[석서碩鼠]」에서는 부패한 지도자를 큰 쥐에 비유하면서 살기 좋은 곳을 찾아 떠나겠다는 염원을 그리고 있다. 폭정에 시달리는 백성이 고통을 더 이상 겪지 않고 착취와 고통이 없는 낙원(유토피아)을 스스로 일구려는 소망을 읊고 있다.

"큰 쥐야 큰 쥐야, 우리 기장 먹지 마라. 삼 년이 지났지만 나를 제대로 돌보지 않네. 내 앞으로 너를 떠나 저 낙토樂土(유토피아)를 찾아가리. 낙토를 찾아가서 내 살 곳을 가꾸리."[30]

시는 큰 쥐를 호명하는 일로 시작되고 있다. 이것은 누구에게 이 시가를 들려주려고 하는지 그 대상을 분명하게 나타내는 것이다. 물론 이 대상은 사랑이 아니라 고통의 원인을 가리킨다. 여기서 큰 쥐를 글자 그대로의 의미, 즉 보통보다 엄청 큰 쥐로 읽을 수 있고 또 그렇게 읽는다면 곳간의 곡식이 줄어드는 것을 걱정하는 서민의 고통 이상을 읽어낼 수 없다. 언어의 새로운 조합을 살피면 큰 쥐가 글자 그대로의 의미가 아니라는 점을 포착할 수 있다. 큰 쥐는 바로 놀고먹는 쥐의 특성을 공통으로 가지고 있는 거대한 권력을 겨냥하는 것으로 읽어낼 수가 있다. 큰 쥐 자체는 원래 특정 동물이라는 물리성을 전달하고 있지만 시가에서 그와 전혀 별개의 새로운 의미를 취득하게 된다. 이로써 시인은 누구에게

---

30 『시경』「위풍 · 석서」 "碩鼠碩鼠, 無食我黍. 三歲貫女, 莫我肯顧. 逝將去女, 適彼樂土. 樂土樂土, 爰得我所."

이 시가를 들려주려고 하는지 그 대상을 분명하게 나타낸다.

큰 쥐를 부르고 난 뒤 바로 뒤에 그 죄상을 구체적으로 적시하고 있다. 지도자가 "잘 살게 해준다"고 하니 그 말을 믿고서 시인은 나아지지 않은 현실의 고통을 참고 참았다. 하지만 왕조가 여러 가지 이유로 3년 동안 세금을 거두어 가지만 그에 비해 살림살이가 조금도 나아지지 않았다. 세금과 살림살이가 반비례의 관계에 놓여 있다. 이제 시인은 큰 쥐에 대한 인내의 한계를 느끼게 되었다. 이로써 큰 쥐에 대한 "앞으로 잘 되겠지!"라는 기대가 사라지고 "3년 안에 성과가 있겠지!"라는 믿음이 줄어드는 현상과 비례해서 실망과 불신이 크게 자란다. 바로 이 때문에 「큰 쥐」는 새로운 세상을 꿈꾸는 적극성을 드러내고 있다.

실망과 불신의 끝은 체념이 아니라 지금의 관계를 단절하고 새로운 공간, 즉 낙토를 창출하려는 바람으로 이어지고 있다.[31] 낙토는 현실의 고통과 대비되어 쾌감이 부각되고 떠나려는 여기와 대비되어 살고 싶은 저곳의 이상향으로 구조화된다. 낙토는 이곳의 부재를 대체하는 충만한 이상으로 드러난다. 이를 통해 화자는 현실에 부재한 것을 채운 낙토를 사유하고 추구할 수 있는 동력을 가질 수 있다. 독자도 화자와 비슷한 상황에 놓인다면 저마다의 '낙토'를 꿈꿀 수 있다. 이로써 '낙토'는 현실의 고통에 어찌할 수 없는 체념으로 일관하지 않고 대안을 찾아 나서게 하는 동력이 되고 신세계가 있을 수 있다는 희망이 된다. 이것이 바로 시가 예술이 창출하는 자유의 공간이라고 할 수 있다.

이 낙토는 현실의 고통을 위로해주는 상상의 공간으로서 유토피아이기도 하고, 조건이 충족되면 실현될 수 있는 현실의 공간이기도 하다. 꿈꾸지 않으면 절망을 느끼지만 희망을 가꾸지 않는다. 반면 꿈꾼다는 것은 지금과 다른 그리하여 이곳의 문제가 해결된 세계를 기획하는 것이

---

31 중국의 유토피아와 관련해서 역사적 탐구는 진정염(천정옌)陳正炎 · 임기담(린치탄)林其錟, 이성규 옮김, 『중국대동사상연구』, 서울: 지식산업사, 1990 참조.

다. 이로써 시가 예술은 현실의 고통을 잊고 대체의 세계를 그리는 즐거움을 주면서 동시에 미래를 기획하게 하는 에너지를 준다.

「소아小雅・정월正月」에는 세상살이의 고통을 이겨내지 못하고 자신을 낳아준 부모를 원망하고 있다. 원망의 대상이 위정자에 한정되지 않고 부모로 확장되고 있다. 이는 군신과 부자 관계에 바탕을 둔 전통 사회의 질서 원칙에서 위험스러운 발상이라고 할 수 있다. 도대체 무엇이 시인으로 하여금 위험스러운 시상을 펼치도록 만들었을까?

> "부모님, 나를 낳아 어찌 이리도 나를 힘들게 하는가. 나를 지금보다 먼저 낳거나 아니면 뒤에 낳지. 좋은 말도 입에서 나오고 나쁜 말도 입에 줄줄 나오네. 근심은 더욱 깊어지고 모욕을 당한다네."[32]

「정월」은 「잣나무 배」의 아我와 마찬가지로 시대와 불화를 겪고 있다. 「정월」의 아我도 유언비어로 인해 고통을 당하고 있을 뿐만 아니라 나쁜 말로 인해 수모를 당하고 있다. 고통은 견디면 되지만 수모는 인내의 한계를 시험하게 만든다. 고통은 나를 강하게 만들지만 수모는 나를 지탱하는 힘을 약화시키기 때문이다. 이로 인해 아심我心은 불화의 깊이와 넓이만큼 우심憂心도 깊어진다. 우심은 인내의 임계치가 드러나기 시작한다는 말이다. 이런 시어가 반복되고 있는 현상을 통해 우리는 시에 묘사된 시대가 정의로운 사람이 고통을 겪는 부조리가 만연되었다는 점을 읽어낼 수 있다.

우심憂心의 상황에 놓인 아심我心은 「잣나무 배」처럼 자신을 알아달라는 진심을 표현하는 것에 그치지 않는다. 그만큼 우심이 나를 뒤흔드는 강도가 크다는 것이다. 강도가 크면 시인은 우심을 그냥 흘려 보내지 않

---

32 「시경」「소아・정월」"父母生我, 胡俾我瘉. 不自我先, 不自我後, 好言自口, 莠言自口, 憂心愈愈, 是以有侮."

고 그 원인을 직면하게 된다. 「정월」의 아심은 내가 왜 이러한 불우의 상황에 놓이게 되었는지 근원적인 사유로 나아가게 만들었다. 마침내 아我는 자신을 낳고 기르는 하늘(하느님), 부모와 현재의 고통이 근원적으로 연결되어 있다는 결론에 이르게 되었다. 나를 낳고 기른다면, 지금의 불합리한 상황이 제거되더라도 해야 하는데도 불구하고 언제 끝날지 모를 정도로 계속되고 있기 때문이다. 끝없는 고통이 계속되고 있다면 부모와 하늘은 당연히 현실에 개입하여 상황을 호전시키도록 노력해야 한다. 사랑하는 사람이 고통에 신음하고 있는데도 그대로 내버려둔다면 부모와 하늘의 자격이 있는지 따져물을 수 있다.

이처럼 『시경』에 자신을 낳아준 부모와 하늘(하느님)을 원망하는 시가 많은데, 이를 원천시怨天詩라고 한다. 하늘(하느님)이 모든 것을 낳은 근원에서 불의의 세상에 아무런 힘을 쓰지 못하는 무기력한 존재로 그려진다. 이제 하늘(하느님)은 믿고 의지할 수 있는 신적 존재의 위상을 상실하게 된다. 이로써 시가는 아我를 하늘(하느님), 부모와 연결된 범위를 벗어나 독립적인 존재로서 간주하게 한다. 하늘과 부모를 믿고 의지해도 고통이 없어지지 않으므로 내가 스스로 살 길을 모색하지 않을 수 없다. 여기서 고통의 개인성이 진실하게 드러난다. 고통은 철저하게 개인적이기에 하늘과 부모도 도울 수 없고 스스로 해결해야 한다는 자각을 낳는다.

시가 예술은 고통과 즐거움 등 정감의 직접성과 맞닿으면서 다른 것으로 대체(양도)할 수 없는 진실성을 표현해냈다. 논변의 언어가 위험을 무릅쓰고 정체를 드러내지 않는 한 현실에서 무기력한 반면에 시가의 언어는 현실과 가상의 경계를 넘나들면서 상상, 은유, 상징 등의 장치를 통해 공감과 이해를 낳았다. 이로써 시가는 사람의 정감을 자유롭게 표현할 수 있는 예술 공간을 창출할 수 있었다. 아울러 시가는 지금의 나를 있게 한 근원을 향하는 사유를 일으키는 촉진 작용을 하기도 했다. 이런 측면에서 『시경』은 주로 굴원의 정감을 담은 『초사楚辭』와 함께 사람이 시대와 불화를 겪으면서 느끼는 우를 어떻게 표현하고 또 우에 잠식되지 않기 위해 돌파구를 찾아 나서는 길로 간주되어 왔다.

4. 공자: 고통의 우憂를 넘어 자족의 락樂으로

『논어』를 읽으면 공자와 제자들은 현실에서 다양한 요인으로 인해 고통의 우憂를 경험한다. 『시경』에 나온 우심憂心이 여전히 완전히 해소되지 않고 재연되고 있다고 할 수 있다. 우가 단순히 개인적 문제에 한정된다면 그렇게 주목할 필요가 없다. 하지만 우가 이어지면서 현실과 나 또는 시대와 나의 거리감을 통해 진실과 허위를 구분하고 참다운 나를 찾아가는 원동력이라면 주목하지 않을 이유가 없다. 『논어』를 보면 우가 다양한 경로로 생겨나고 있다. 예컨대 정치의 기회를 얻지 못하는 우, 가난으로 힘겨운 제자를 지켜보는 우, 병으로 요절하는 제자를 바라보는 우, 조국 노 나라가 이웃 강대국인 제 나라에게 한없이 휘둘리는 우 등이 있다.

이제 우는 인간이 삶을 영위하면서 피할 수 없는 기본 감정이 되었다. 물론 이 점 『시경』 「잣나무 배」와 「정월」에서도 이미 확인할 수 있었던 사실이기도 하다. 현실과 이상의 거리가 있는 한 그리고 나와 타자가 함께 어울려서 살아가는 한 사람은 우憂의 감성과 고통으로부터 결코 자유로울 수가 없다. 공자는 여느 사람과 마찬가지로 생활과 세상살이의 우를 겪으면서 무너지지 않고 어떻게 넘어진 자리에서 늘 다시 일어날 수 있었을까? 그것은 생활과 세상살이에서 우를 겪을지라도 또 자족의 락을 끊임없이 느꼈기 때문이리라. 우리는 『논어』에서 우가 더 깊이 파여 절망과 회의로 나아가지 않고 락으로 반전하는 과정을 살펴보고자 한다.

4.1 우빈憂貧에서 우도憂道로

우리는 『논어』에서 현실 삶의 고통을 겪는 대표적인 인물로 공자와 안연을 살펴볼 수 있다. 공자는 평생 자신의 기량을 펼칠 기회를 조국과 외국에서 찾았지만 번번이 실패했고 안연은 공자가 인정하는 높은 학식에도 불구하고 요절하여 기량을 펼칠 시간을 갖지 못했다. 사마천의『사기』「공자 세가」를 보면 이를 대변하는 말이 공자를 "상갓집의 개"로 묘사하는 경우이다.[33] 공자가 누구의 관심도 보살핌도 받지 못하여 더욱더 쓸쓸한 신세가 되는 날의 개로 비유되었으니 그가 삶의 무게를 얼마나 무겁게 느꼈는지 가늠해볼 수 있다.

안연은 오늘날 빈민가에 해당되는 '누항陋巷'에 살았다. 오늘날 산동(산둥)성 곡부(취푸)曲阜시에서 공자의 후손이 살았던 공부孔府의 후원에 있는 화초와 수목의 향기를 뒤로하고서 오른쪽으로 200여 미터만 걸어가면 만날 수 있는 안자 사당, 즉 복성묘復聖廟를 찾으면 그 이름을 만날 수 있다. 복성묘 입구에 서서 오른쪽으로 고개를 돌리면 '누항陋巷'이라고 쓴 패방牌坊이 보인다. 또 복성묘 안에 들어서도 '누항'의 비석이 눈에 들어온다. 이 지역이 바로 공자가 늘 걱정하던 안연의 집이라는 점을 유추할 수 있다.

"참으로 훌륭하구나, 안연은! 대그릇에 담은 밥 한 그릇을 먹고 표주박에 담긴 물 한 모금을 마시면서 달동네에 살고 있구나! 아마 내로라하는 사람들도 그런 생활의 고통을 참고 견디지 못할 터인데 오히려 안연은 그 생활에서 오

---

33 중국에서 2006년에 때 아닌 상갓집 개를 둘러싼 논쟁이 벌어졌다. 북경(베이징)대학 철학과 이영(리링)李零은 『논어』를 현대의 연구 성과를 망라하여 공자의 진면목과 모순을 드러내고자 했다. 이와 관련해서 이영(리링), 황종원 옮김, 『논어, 세 번 찢다[원제: 論語縱橫讀]』, 파주: 글항아리, 2011; 이영(리링), 김갑수 옮김, 『집 잃은 개[원제: 喪家狗: 我讀論語]』 전 2권, 파주: 글항아리, 2012 참조.

는 즐거움을 바꾸려 들지 않는구나. 참으로 훌륭하구나, 안연이여!"[34]

『논어』를 보면 공자가 당시 경제적으로 성공했던 자공子貢에 대비하여 안연의 곤궁한 삶을 언급한 적이 있다.[35] 여기서 일단사일표음一簞食一瓢飮의 식食과 누항陋巷의 주住는 의복과 함께 예나 지금이나 행복을 누릴 수 있는 기본적 생활에 미치지 못하는 삶이다. 이러한 삶을 산다는 것은 그 자체로 고통스러운 삶의 우憂를 겪지 않을 수가 없다. 오늘의 삶이 걱정이고 그 오늘을 살아도 또 내일이 걱정이다. 걱정에서 벗어날 수 없는 삶은 잠깐 웃고 난 뒤에도 걱정의 그늘이 짙게 드리운다. 그 상태에서 벗어나고 싶지만 벗어날 수 없는 상황에 대한 불평, 그 상태를 지속하는 고통으로 인해 낮을 수밖에 없는 삶의 만족도는 지속된다.

하지만 안연은 곤궁한 삶에서 묻어나는 우憂를 락樂으로 승화시켜 자신의 삶을 지속적인 추월을 진행하고 있다. 짧은 구절에서 공자는 안연이 우를 락으로 승화시키는 길을 구체적으로 설명하고 있지 않지만 승화의 결과에 대해 찬탄을 금하지 못하고 있다. 이것은 분명 우를 대면하는 태도와 해결하는 방법이 앞에서 살펴본 『시경』에 비해 진화했다고 할 수 있다. 『시경』에서 시인은 우를 마주하고 고통을 노래했다면 『논어』에서 안연은 우를 겪었지만 그것에 빠지지 않고 정반대의 락으로 전화시키고 있다. 이 전화는 우에 새롭게 대처하는 방법으로 안연에 의해 제시되었다고 할 수 있다.

이 승화는 『시경』에 비해 뚜렷한 특징을 지나고 있다. 자신이 모자라고 불충분한 경계의 외연을 끊임없이 밀어내서 넓히는 추월推越이기도 하고 주위의 사람과 앞서거니 뒤서거니 하면서 보조를 맞추는 추월追越

---

34 『논어』「옹야」 "子曰: 賢哉, 回也! 一簞食, 一瓢飮, 在陋巷, 人不堪其憂, 回也不改其樂. 賢哉, 回也!"

35 『논어』「선진」 "子曰: 回也其庶乎, 屢空. 賜不受命, 而貨殖焉, 億則屢中."

이라고도 할 수 있다. 두 가지의 추월은 일회적인 완성되는 목표가 아니라 평생에 걸쳐 지속적으로 추진하는 과정이다. 두 가지의 추월은 이전의 자아에 대한 부정을 통해 새로운 단계로 비약하는 초월과 다르다. 두 가지의 추월은 기존의 경계를 바탕으로 하여 자신을 끊임없이 확장하는 활동이다.[36]

훗날 송나라 정이程頤는 우를 락으로 승화시킨 안연의 태도를 「안자소호하학론顔子所好何學論」이라는 짧은 산문에서 밝힌 적이 있다. 이에 따르면 안연은 후천적으로 배우기를 좋아하는 호학好學을 통해서 생활의 고통을 잊을 수 있었다. 호학은 나의 한계를 넘어 더 넓은 세상으로 나아가는 길이고 안연은 그 길에서 확장되는 자아를 경험했기 때문이다. 나아가 호학은 "후천적 학습을 통해 성인聖人에 이르는 길"로 제시되고 있다.[37] 이때 안연의 호학은 텍스트를 배우고 익히는 활동에 한정되지 않고 사람이 현재의 나를 넘어 거룩한 존재로 탈바꿈하는 길로 수용되기에 이르렀다. 호학은 후천적 배움의 의미를 최대한으로 확장시키고 있다. 배움은 사람이 현실에서 겪는 고통에도 불구하고 삶에서 자신이 추월하는 사건을 경험하게 하고 경험의 누적으로 인해 도달할 수 있는 경계에 이르게 할 수도 있다.

이 덕분에 후천적 배움은 경계에 이르기까지 성장통을 겪지만 즐거움을 수반하는 유쾌한 활동이 된다. 안연은 후천적 배움을 통해 자신의 한계를 극복하여 이상 인격에 도달하고자 했다. 안연은 성인에 이르는 열망을 집중했기 때문에 생활의 고통을 고통으로 대면하여 무너지지 않을 수 있었다. 이 때문에 안연이 훗날 철학을 하는 사람에게 하나의 모델로

---

36 신정근, 「도덕적 완성에 이르는 네 가지의 길: 추월追越/推越론 정립을 위한 시론」, 『동양철학』 37, 2012, 1~24쪽 참조.

37 주희 편, 『근사록』 「안자소호하학론顔子所好何學論」 "聖人之門, 其徒三千, 獨稱顔子爲好學. 夫詩書六藝, 三千子非不習而通也. 然則顔子所獨好者, 何學也? 學以至聖人之道也. 聖人可學而至與? 曰: 然."

작용할 수 있었다. 안연은 서양 철학에서 밀(Mill)이 "배부른 돼지보다 배고픈 소크라테스가 낫다"고 말할 때의 '소크라테스'와 비슷하다고 할 수 있다. 안연이 공자에게 배운 지식을 가지고 사회 생활을 했더라면 성공할 수 있었겠지만 후천적 배움이 주는 즐거움으로 현실의 고통을 견뎌낼 수 있었다.

공자는 사람인 한 고통을 겪을 수밖에 없다고 보았다. 하지만 그는 삶의 조건이 고통을 주는 근원이 될 수 없다고 보았다.

"군자는 모두 나아갈 길을 찾으려고 하지 제 입에 들어갈 밥을 걱정하지 않는다. 농사를 지어도 굶주림이 그 속에 들어 있지만 배우다 보면 안정적인 생활이 그 속에 보장된다네. 군자는 모두 나아갈 길을 걱정하지 자기 자신의 가난을 걱정하지 않는다네."[38]

"고상함을 기르지 못하고, 학문을 풀어내지 못하고, 정의가 어디에 있다는 걸 듣고서도 달려가지 못하고, 단점이 눈에 보여도 고치지 못한다면 어떻게 될까? 이게 바로 나의 걱정거리인 걸."[39]

공자는 앞에서 먼저 삶의 방향을 모도謀道와 모식謀食, 우도憂道와 우빈憂貧으로 구분하고 있다. 전자는 삶의 초점을 도에 두고서 도를 실현하고자 노력하고 도가 실현되지 않는 상황을 아파한다. 반면 후자는 물질적 소유에 집중하고서 가난을 걱정하고 있다. 공자는 후자가 아니라 전자로 나아가는 방향을 설정했다. 이것이 바로 안연이 일단사일표음一簞食一瓢飮의 식食과 누항陋巷의 주住에 흔들리지 않고 성인이 되는 길로

---

38 『논어』「위령공」 "子曰: 君子謀道不謀食. 耕也, 餒在其中矣, 學也, 祿在其中矣. 君子憂道不憂貧."

39 『논어』「술이」 "子曰: 德之不修, 學之不講, 聞義不能徙, 不善不能改, 是吾憂也."

나아갈 수 있는 원동력과 같다. 여기서 공자는 우憂를 중의적으로 사용하고 있다. 원래 우는 지금의 나에게 있어야 하지만 없거나 부족한 것을 채울 수 없을 때 겪는 감정이다.

공자는 독특한 방향을 제시하고 있다. 통상 우라고 하면 의식주의 부족과 결여를 대상으로 삼기 마련이다. 하지만 공자는 전자의 방향으로 나아가려고 했던 만큼 의식주의 부족과 결여를 우의 상태로 보지 않는다. 의식주의 문제는 해결하고자 해도 반드시 해결될 수 없는 특성을 가지고 있다. 당시가 농업사회였던 만큼 의식주의 해결은 자연 조건에 의존하지 않을 수 없었다. 의식주의 문제는 농사를 짓지 않고 출사와 같이 다르게 해결될 수 있다. 그렇다면 의식주의 비중은 줄어들면서 의식적으로 해결해야 할 새로운 과제가 제기된다. 그것이 바로 삶의 중점을 의식주에서 도로 옮기는 것이다.

공자는 의식주를 해결할 수 있는 새로운 길을 찾아내는 데도 의식주에 골몰하게 되면 모식과 우빈의 길로 나아가게 된다고 했다. 나아가 공자는 사람이 의식주의 만족에 머무르고 앞으로 무엇을 더 할지 생각하지 않는다면 그것은 만족과 충족의 상태가 아니라 또 다른 부족과 결여의 상태에 놓여 있다고 보았다.[40] 이것이야말로 바로 공자가 나아가고자 하는 방향이자 공자를 다른 사람과 구별 짓는 특징이라고 할 수 있다. 아울러 이것이 바로 안연이 앞에서 살펴보았듯이 일단사일표음의 식食과 누항의 주住에 흔들리지 않고 성인을 향한 길로 나아갈 수 있는 원동력과 같다. 여기서 그는 이러한 방향과 특징을 이전에 없던 새로운 언어로 표현했다. 그것이 바로 모도謀道와 우도憂道이다.

위의 인용문에서 모도謀道와 우도憂道는 수덕修德, 강학講學, 사의徙義, 개선改善으로 구체적으로 제시되고 있다. 이전에 도道는 주로 성왕

---

40 『논어』 「학이」 "子曰: 君子食無求飽, 居無求安, 敏於事而愼於言, 就有道而正焉, 可謂好學也已." 『논어』 「양화」 "子曰: 飽食終日, 無所用心, 難矣哉! 不有博奕者乎? 爲之猶賢乎已."

과 관련해서 쓰이면서 나의 삶을 결정하지만 내가 어찌할 수 없는 초월적 특성을 가졌다. 공자는 성왕이 아니라 군자가 그리고 자신의 제자들이 도를 어떻게 실현할지 사고하고 도가 왜 모든 곳으로 확장되지 않는지 우려해야 한다고 했다. 도가 삶에서 가장 우선 순위를 차지하게 된 것이다.

그래서 공자는 모도와 모식謀食, 우도와 우빈憂貧의 삶이 어떻게 다른지 설명하지 않을 수가 없었다. 모식, 즉 의식주의 충족과 만족은 다른 상황에서 유보하거나 양보할 수 있다. 이에 의식주의 충족은 언제나 최우선의 자리에서 물러나게 된다. 이웃과 어울려 살면서 의식주는 특정 상황에서 얼마든지 희생될 수 있다. 예컨대 내가 상을 당한 사람 곁에서 밥을 먹게 되었다고 하자. 밥에 집중하면 양껏 먹을 수 있다. 하지만 옆에 있는 사람에 집중하면 밥이 아니라 옆 사람의 감정을 고려해야 한다.[41] 자신의 만족만큼이나 이웃의 고통을 이해하고 동참하는 것을 바람직하다고 보고 있다. 따라서 의식주의 만족만이 아니라 감정의 충족도 이웃을 배려하기 위해 절제하게 된다. 이 과제가 나와 무관하다고 하더라도 어렵지 않다. 오히려 한 끼의 양보를 통해 사람은 상실의 고통에 처한 이웃의 정감에 공감할 수 있다. 이러한 공감이 인간이면 누구나 겪을 수 있는 상황에 대한 배려이며 이를 통해 위로를 받을 수 있다.

의식주의 만족과 감정의 쾌락은 상황에 따라 적도適度에 맞게끔 절제를 하여 조화를 이루어야 한다.[42] 바로 여기서 시가와 음악의 예술이 새롭게 독특한 영역을 개척할 수 있다. 사람이 모식을 하지만 뜻대로 되지 않아 우빈을 할 수 있다. 사람이 모도와 우도를 한다고 해서 우빈을 무시할 수 없다. 시가와 음악이 사람으로 하여금 모식의 부족과 이로 인한

---

41 『논어』 「술이」 "子食於有喪者之側, 未嘗飽也."

42 『논어』 「학이」 "有子曰: 禮之用, 和爲貴. 先王之道, 斯爲美, 小大由之. 有所不行, 知和而和, 不以禮節之, 亦不可行也."

우빈에 빠지지 않고 모도와 우도로 나아가게 할 수 있다. 여기서 공자는 실제로 우도憂道의 표현을 쓰고 있지만 역설적으로 그것이 락도樂道로 이어질 수 있는 역설적 표현이라는 것을 알 수 있다.

우는 어찌할 수 없음을 인정하는 절망도 영원히 이루어질 수 없는 포기로 인해 갖는 우울증이 아니라 길을 찾아가는 과정에서 심사숙고이다. 심사숙고로 길을 찾는다면 우가 바로 락으로 전화될 수 있다. 이는 시가와 음악이 다른 어떤 것으로 대체될 수 없는 그만의 특징을 가지고 있다는 말이다. 다시 말해 시가와 음악은 모식이나 우빈과 구분되는 세계를 창출하여 그 이전으로 돌아가지 않는 독특한 힘을 가지고 있다.

4.2 예술 경험과 추월의 확장

이제 시가와 음악 예술은 감정의 표현과 결합하게 된다. 이때 시가와 음악이 하나로 결합되어 감정이 표현되는 경우와 감정만 따로 표현되는 경우가 확연히 다르다. 감정은 극단으로 흐를 위험성을 가지고 있다. 반면 시가와 음악이 하나로 결합되어 표현되는 감정은 극단에 탐닉하지 않고 기우뚱한 균형을 유지할 수 있다. 신이라면 절대 평정에 도달하겠지만 사람은 시가나 음악을 통해 감정의 균형을 찾아가게 된다. 기우뚱한 균형은 예술 공간이 축소되지 않고 지속될 수 있는 조건이다. 기우뚱한 균형이 극단으로 기울어지면, 예술 공간은 존재의 기반을 잃어버리고 이해를 둘러싼 적대적인 대립과 갈등이 극대화될 뿐이다. 이 때문에 공자는 시가詩歌와 예악禮樂의 예술에서 감정의 조화와 중용을 강조했던 것이다.[43]

---

43 『논어』「팔일」 "子曰: 關雎, 樂而不淫, 哀而不傷." 『논어』「요왈」 "子曰: 尊五美, 屏四惡, 斯可以從政矣. 子張曰: 何謂五美? 子曰: 君子惠而不費, 勞而不怨, 欲而不貪, 泰而不驕, 威而不猛." 이 때문에 공자의 시가와 음악 예술은 이후 중화와 중용으로 진행되지 않을 수가 없다. 이것은 훗날 "a하지만 b하지 않은" '중용'의 형식 중 하나가 된다. 이와 관련해서 신정근,

그런데 『논어』를 읽어보면 조화와 중용을 강조하던 공자가 스스로 절제의 균형과 통제를 잃어버리고 극단적인 성향을 드러내고 있다. 즉 공자가 중용의 덕목을 위반하는 것처럼 보이는 경우가 있다. 이렇게 되면 공자는 자신이 중용을 강조하고서 스스로 중용을 어기는 모순을 범하는 셈이 된다. 사실이라고 한다면 중용은 공자의 예술에서 별다른 중요성을 갖지 못한다고 할 수 있다. 『논어』의 몇몇 구절을 살펴보기로 하자.

"공자가 제齊 나라에 머물 때 순임금의 소韶 음악을 보고 들을 기회가 있었다. 그가 얼마나 빠졌는지 석 달 동안 고기 맛을 몰랐다. 그러고는 한마디 했다. 음악을 감상하다가 이렇게 될 줄은 전혀 몰랐네."[44]

"안연이 죽었다. 공자의 울음소리가 애간장이 녹는 듯했다. 곁에 따르던 제자들이 만류했다. 선생님 너무 비통해하십니다! 공자가 이야기했다. 내가 그렇게 비통해했는가? 저 못난 사람을 위해 비통해하지 않으면, 도대체 누구를 위해 그렇게 할꼬?"[45]

우리가 영화를 본 뒤에 한동안 자리에서 일어나지 못하는 것처럼 공자는 순임금의 음악인 소를 듣고서 깊은 감동 또는 여운에 빠졌다. 얼마나 감동을 강하게 또는 깊이 받았는지 음악 연주가 끝났지만 그는 연주가 끝난 줄도 몰랐던 것이다. 공자는 공연이 실제로 끝난 줄 알았지만 끝나고 나서 자연스레 이어지는 동작을 하지 못하는 것이다. 그 감동으로 인해 공자는 자신이 일상과 학문 영역 모두에서 강조하던 조화와 균

『중용 극단의 시대를 넘어 균형의 시대로』, 파주: 사계절, 2010 참조.

44 「논어」「술이」 "了在齊聞韶, 三月不知肉味. 曰: 不圖爲樂之至於斯也."

45 「논어」「선진」 "顏淵死, 子哭之慟. 從者曰: 子慟矣! 曰: 有慟乎? 非夫人之爲慟而誰爲?"

형을 잃은 듯이 보였다. 그는 음악을 들으면서 먹고 사는 의식주의 문제에 사로잡히지 않게 되었다. 고기를 먹어도 먹는 둥 마는 둥 하여 도무지 고기에 집중할 수가 없었다.

이것은 음악을 비롯한 예술이 의식주의 현실과 또 다른 세계를 창출할 수 있는 특성을 지니고 있다는 점을 잘 보여준다. 이 새로운 세계에 들어서면서 공자를 비롯한 사람은 자신의 정감을 뒤흔들어 일상생활을 하는 둥 마는 둥 하여 감동의 지속에 저항할 수 없는 상태를 겪었다. 공자는 소韶 음악을 듣고 나서 내면의 평정이 흔들려 조화를 깨는 감동에 계속 빠져 있었다. 그의 몸은 현실에 있으면서 시간의 지배를 받고 있지만 감동 상태는 소 음악이 이끄는 또 하나의 예술 공간으로 들어가서 지속되고 있는 것이다. 감동의 지속이 공연이 끝나서 사람이 일상으로 돌아가려는 자연스러운 귀로를 막고 있다. 여기서 막는 것은 인위적으로 방해물을 둔다는 것이 아니라 일상으로 돌아갈 생각조차 하지 못하는 것이다.

이처럼 음악 공연과 같은 예술 체험으로 인해 다양한 요소의 균형과 절제가 유지되지 않으면 일상의 감정 조화가 일시적으로 또는 오랫동안 깨어진다. 여운 또는 감동을 음미하느라 멍하니 있을 수도 있고 정화를 체험하고서 눈물을 흘릴 수도 있고 큰 소리로 절규할 수도 있다. 평소라도 점잖은 체면에 눈물을 흘리지 않겠지만 예술로 감동을 받아 울면서 우는 것을 느끼지 못하는 것이다.

공자는 소 음악을 관람하고서 석 달 동안 고기 맛을 모를 정도 오래 지속되는 깊은 감정을 느꼈다. 그는 고기를 먹고 있지만 고기인 줄 의식하지 못하거나 고기를 먹지 않아도 찾지 않을 정도로 음악의 공연이 끝났지만 여운이 여전히 공자를 감싸고 있는 것이다. 즉 소 음악을 잘 관람한 것으로 끝나지 않고 일상과 감정의 재편으로 이어진다. 공자는 음악 공연이 끝난 뒤에 평소처럼 고기를 맛있게 먹는 일상으로 돌아가지 못했다. 그는 이 감동의 지속에 대해 "음악이 이럴 줄 몰랐다"라고 말했다. 이는 공자가 기존에 느끼고 생각하고 있던 경계가 허물어지는 것이다. 경계의 소실은 일상과 음악의 단절이 아니라 음악에 대한 새로운 이해라고 할 수 있다. 공자는 소 음악을 통해 자신이 이전에 겪지 못한 확장을 체험하게 되었던 것이다. 따라서 예술 경험은 공자로 하여금 예술을 더 깊이 이해하게 만드는 내적 성장의 사건이 된 셈이다.

공자는 자신의 한계를 넘어서면서 동시에 그 경계를 외부로 밀어내서 "나와 예술의 공유 지대"를 넓히는 확장을 경험하고 있다. 이때 공자의 성장은 과거의 나를 완전히 부정하고 새로운 나를 세우는 부정이 아니라 과거의 나를 끊임없이 확장시켜서 다른 것을 끌어안은 추월推越/追越이라고 할 수 있다. 이렇게 보면 공자의 감동은 중용의 파기가 아니라 더 높은 차원의 중용으로 상승하는 것이다. 즉 그는 중용이 허용되는 범위에서 가장 넓고 큰 외연으로 나아가서 중심을 잃고 넘어지는 듯이 보이지만 결국 복원력에 따라 중심을 회복한다. 이때 그는 기우뚱하게 기울어지면서 다시 상승할 때 나선형의 꼴로 디 큰 범위를 그리게 되므로 중용의 상승이 일어나게 되는 것이다. 중용의 동선을 시각화시킨다면 나선형의 궤적을 그린다고 할 수 있다.

공자는 안연의 죽음을 맞이하고서 소 음악을 들었을 때처럼 비슷한 충격의 반응을 보이고 있다. 반응은 비슷하지만 양상은 확연히 다르다. 공자는 소를 듣고서 멍하니 있어서 일상으로 돌아가지 못했다면 안연의 죽음에서 사회적 지위를 고려하지 않고 울부짖어 주위 사람을 놀라게 할 정도였다. 표현의 강도에서 보면 전자가 자신에게 수렴하며 소극적이라면 후자는 자신을 발산하며 적극적 특성을 보이고 있다.

통상의 상황에서 공자는 조문을 한 뒤에 집으로 돌아와 노래를 부르지 않는 정서적 유대를 보였다.[46] 안연이 죽자 그의 빈소를 찾아서 공자는 통상적인 조문에 보이는 모습과 완전히 달리 인간으로서 처절하게 허

---

46 『논어』「술이」 "子於是日哭, 則不歌."

물어지는 반응을 보였다. 공자는 예에 따라 격식을 차리지 않고 예를 뛰어넘는 파격의 조문을 했던 것이다. 공자 옆에 있던 제자가 그의 낯선 조문 태도에 당황하며 제지하려고 할 정도였다. 이에 대해 공자는 상례가 기본적으로 사람의 죽음을 안타까워하고 슬퍼하는 데에 있다는 점을 그대로 보여줬다.[47]

스승이 사회적 지위와 체면을 가리지 않고 또 자신이 강조한 예식에 따르지 않고서 제자의 죽음에서 목 놓아 운다는 것은 두 사람 사이의 끊을 수 없는 강한 연대가 있다는 것을 나타낸다. 즉 공자는 안연이 죽자 살아 있을 때 느끼지 못했던 유대를 더 강하게 느꼈지만 살아 있을 때의 유대를 더 이상 계속할 수 없었다. 이는 죽음으로 두 사람의 관계가 끝나는 것이 아니라 죽은 사람이 나에게 차지한 의미와 깊이를 새삼 발견하게 된다. 이 때문에 공자는 여느 문상객처럼 빈소에 와서 사자에게 애도하고 상주에게 조문하고 떠나는 것이 아니라 사자와 단단하게 이어진 유대를 이전의 방식으로 더 이상 지속하지 못하는 애절함을 표현하고 있다.

이 통곡도 공자가 살았던 삶의 한 자락에 숨어 있던 에피소드가 아니라 살았을 적에 맺은 유대를 죽어서 어떻게 계속 이어갈 수 있을까 라는 근원적인 새로운 문제 상황을 푸는 계기가 된다. 이는 『시경』의 하늘을 원망하는 원천시에서 시인이 현재 자신이 겪고 있는 고통의 근원을 찾아가서 자신의 실존적 문제를 새롭게 바라보게 되었던 것과 비슷한 경우라고 할 수 있다. 평소라면 하늘을 숭배하고 존경하겠지만 나의 삶이 더 이상 지속될 수 없는 절망의 죽음을 통해 나의 근원을 돌아보게 된다.

공자는 균형과 절제를 통한 조화로 일상에서 사람이 예술과 접촉하는 공간을 유지하게 하고, 감동과 파격을 통한 추월로 사람이 예술과 접촉하는 공간을 깊고 넓히게 했다. 이를 통해 사람은 넓어지고 깊어지게

---

47 『논어』「팔일」 "林放問禮之本. 子曰: 大哉問! 禮, 與其奢也寧儉, 喪, 與其易也寧戚."

된다. 이 과정에서 음악은 사람의 정감이 극단으로 치달아 넘치지 않고
중용을 지키도록 수양하게 하고 또 감동을 받아 정감의 균형이 무너지
는 듯해도 얼마 지나지 않아 더 큰 범위로 복원되어 더 높고 깊은 경계
를 경험하게 된다. 이 과정은 고달플지 몰라도 중용을 지키고 경계에 노
니는 만큼 추월의 쾌감을 느끼게 된다. 이것은 공자가 서恕를 통해 신
분 사회를 살면서 신분과 사회적 지위를 벗어나서 대등한 인간으로 만
날 수 있는 인문의 공간을 개척한 것과 동일한 맥락이다.[48] 내가 싫어하
는 것을 싫어하듯이 타자가 싫어하는 것을 싫어할 수 있다면 싫음의 공
감이 생겨난다. 이런 점에서 통곡의 중용은 서의 공감과 이어진다고 할
수 있다.

공자는 일상, 예술 그리고 인문에서 조화와 추월로 삶의 고통에 굴복
하지 않을 수 있는 공간을 창출(개척)하고 또 지속적으로 확대시키고자
했다. 공자는 이 예술과 인문의 공간을 개척하고서 우憂를 벗어나 락樂
의 세계를 살아가는 자신의 상황을 스스로 표현한 적이 있다.

"한 가지 주제에 깊이 열중하다 보면 밥 먹는 것도 잊어버리고, 나아가는 길
에 즐거워하며 삶의 시름마저 잊어버려서 앞으로 황혼이 찾아오는 것조차 의
식하지 못한다."[49]

안연은 공자가 개척한 예술과 인문의 공간을 유영遊泳한 뒤에 "그만
두고자 하지만 그럴 수 없다"는 탐미의 매력을 노래했다.[50] 두 사람이 살
아서 서로 공감의 시간을 가졌던 만큼 안연은 늘 공자를 향해 나아가며

---

48 신정근, 「도덕 원칙으로 서恕 요청의 필연성」, 『동양철학』 제21집, 2004, 95~118쪽 참조.

49 『논어』 「술이」 "葉公問孔子於子路, 子路不對. 子曰: 女奚不曰, 其爲人也, 發憤忘食, 樂以忘
     憂, 不知老之將至云爾."

50 『논어』 「자한」 "顔淵喟然歎曰: 仰之彌高, 鑽之彌堅. 瞻之在前, 忽焉在後. 夫子循循然善誘
     人, 博我以文, 約我以禮, 欲罷不能. 旣竭吾才, 如有所立卓爾. 雖欲從之, 末由也已."

즐거움을 노래했고 안연이 죽자 공자는 공감의 깊이에 비례하여 통곡할 수밖에 없었다. 공자도 호학에 집중하면서 의식주의 문제가 낳은 고통을 뛰어넘을 뿐만 아니라 죽음으로 향하는 시간의 진행도 의식하지 않을 수 있다. 즉 그는 현실과 시간을 초월하여 호학의 세계로 더 깊이 젖어들어갔던 것이다. 이 세계에서 그는 쾌락을 체험하면서 세계를 다른 방식으로 만나게 되었다. 이것은 『논어』에서 공자와 안연이 호학의 인문과 예술로 창출해낸 공유 지대이자 예술 공간이라고 할 수 있다.

5. 위진 시대: 다양한 형상화의 길을 열다

위진 시대는 정치사에서 춘추전국 시대만큼 혼란의 대명사로 널리 알려져 있다. 유목 민족의 이동으로 인해 황하 유역의 한족 정치 집단은 장강 유역으로 그 무대를 옮겨가게 되었다. 정확히 말하면 옮겨간 것이 아니라 쫓겨난 거라고 할 수 있다. 한족의 입장에서 보면 문명이 생겨나고 꽃핀 영혼의 고장을 잃어버린 디아스포라의 시대라고 할 수 있다. 반면 위진 시대는 동아시아 예술과 미학의 역사에서 커다란 의미를 갖는 것으로 여겨져 왔다. 후한 이래로 정치적 안정성이 깨지고 위·촉·오의 삼국시대로 이어지고 다시 위진 남북조 시대로 진행되면서 정치 권력이 오래가지 못하고 일찍 망하는 현상이 반복되었다. 하지만 오히려 정치 권력의 단명으로 인해 사람이 권력으로부터 분리된 개인으로 독립할 수 있게 되었다.

원래 유학의 소양을 가진 학인學人 또는 사인士人은 공자가 학學과 사仕의 선순환 관계를 말한 이래로 정치에 참여하여 이상을 실현하고자 했다. 그 과정에서 자아의 실현과 공동체의 번영을 추구했다. 정치 영역이 위험의 대명사가 되면서 사람들은 불안한 사회 참여보다 자신의 내면 세계로 눈을 돌렸다. 내면 세계는 그 누구도 침범할 수 없는 안전한 공간이기 때문이다. 이 세계는 전국 시대 맹자가 찾아내고 장자가 확장시킨 이래로[51] 위진 시대에 다시 각광을 받게 되었다. 이러한 개인의 자각을 바탕으로 사인士人은 학문과 정치의 선순환 구조에서 벗어나 새로운 활로를 찾았다. 이 활로가 바로 예술과 미학의 세계였다.

이 세계에서 사인은 공동체와 연관을 맺지 않은 채 자신의 소질을 활짝 열어젖히는 꽃을 피웠다. 그 꽃이 산수화, 서정시 등 다양한 예술의 개화로 이어졌다.[52] 예컨대 산수는 이전에 인물화의 배경으로 작게 그려졌지만 이제 사람은 작아지고 산수가 전경에 드러나는 방식으로 변화가 일어났다. 여기서 우리가 놓쳐서 안 되는 요점이 있다. 우리가 동아시아 예술과 미학의 역사에서 위진 시대가 갖는 독특한 지위를 인정한다고 하더라도 이 시대가 이전 시대와 연속되는 측면을 놓쳐서는 안 된다. 개인의 자각이 중요하다고 하더라도 그것은 완전히 처음으로 등장한 새로운 측면만이 아니라 이어받은 계기를 무시할 수 없기 때문이다.[53]

5.1 자유의 공간으로서 심의 재발견

이런 측면에서 우리는 위진 시대가 왜 예술사에서 독특한 지위를 가지게 되었을까 라는 물음을 새롭게 던질 수밖에 없다. 위진 시대가 정치적으로 불안해지자 사람들은 다양한 방식으로 대응했다. 풍도馮道는 5왕조 11천자를 섬기며 20년 넘게 재상을 지냈다.[54] 그는 왕조의 멸망

---

51 신정근, 『맹자와 장자, 희망을 세우고 변신을 꿈꾸다』, 서울: 성균관대학교 출판부, 2014 참조.

52 미술 분야와 관련해서 조송식, 『산수화의 미학』, 파주: 아카넷, 2015 참조.

53 마소호(마사오후)馬小虎, 『위진 이전 개체 '자아'의 발전魏晉以前個體'自我'的演變』, 北京: 中國人民大學出版社, 2004 참조.

54 도나미 마모루礪波護, 임대희 · 허부문 옮김, 『풍도의 길』, 고양: 소나무, 2003; 람지객(란즈커)藍知客, 박찬철 옮김, 『참모의 진심, 살아남은 자의 비밀』 고양: 위즈덤하우스, 2017 참조.

에 대한 책임보다 현실 권력의 안정화에 초점을 두었다. 권력의 살육과 광기를 막는 것도 실패한 정치를 책임지는 것만큼이나 중요하다고 보았던 것이다. 반면 혜강嵇康은 위魏 나라 종실과 결혼하여 중산대부中散大夫에 제수되었지만 위 나라를 대체하려는 사마司馬씨의 집단에 의해 죽음을 맞이했다.[55] 혜강은 정치에 적극적으로 참여하지 않았지만 진실과 무고의 조작에 분연히 반대했다. 참을 수 없는 것을 참게 되면 자신을 지킬 수 없기 때문이다. 이렇게 보면 풍도와 혜강은 후한 시대 이후 분열기를 살아가는 사인의 두 유형을 대변한다고 할 수 있다.

한 제국까지 고대 성왕의 언행을 기록한 경전은 현실의 다양한 문제 상황을 해결할 수 있는 지적 보고였다. 현실에서 기존의 매뉴얼로 풀 수 없는 문제가 생기면 경에서 근거를 찾아 해결의 실마리를 모색했다. 경이 특정 상황을 예시하지 않았다는 점에서 오늘날의 성문법과 다르지만 문제 해결의 핵심 근거가 된다는 점에서 불문법과 비슷한 기능을 수행했다. 이를 경전에 달통하여 실용에 발휘하는 통경치용通經致用이라고 할 수 있다. 아울러 경은 현실이 극악한 상황으로 치달을 때 방어를 펼칠 수 있는 근거가 되기도 했다. 아무리 현실의 잔인한 권력도 오랫동안 권위를 인정받고 있는 경을 정면으로 부정하기 쉽지 않기 때문이다. 이를 경전에 바탕을 두고 현실 사회를 변화시키는 이경화금以經化今이라고 할 수 있다.[56]

이처럼 과거에 경전은 회의와 이견을 허락하지 않는 절대적 권위를 지니고 있었다. 오늘날의 상황에 견주면 경전은 현실의 문제가 생기면 의거해야 할 헌법과 법률의 기능을 수행했다. 특히 『춘추』는 실제로 유

55　공의(콩이)孔毅, 정용선 옮김, 『죽림칠현과 위진명사』, 서울: 인간의기쁨, 2014 참조.

56　손효(순샤오)孫曉, 김경호 옮김, 『한대 경학의 발전과 사회 변화』, 서울: 성균관대학교 출판부, 2015 참조. 순샤오에 따르면 한 제국의 학문은 통경치용通經致用의 기치를 내걸며 정치 영역에 참여하여 현실의 실용을 도모하고자 했다.

무죄의 심리와 도덕적 선악을 결정하는 중요한 전거로 사용되었다. 후한 시대 이후로 경전에 대한 주석과 해석은 상당히 진전되어 진 제국의 분서갱유의 후유증으로 초래된 학문의 공백 상태를 보충하게 되었다. 정현鄭玄은 하나의 경에만 머물지 않고 여러 경의 의미를 밝히는 통경지사通經之士로 명성을 얻었다.

하지만 한 제국의 경학이 진 제국의 분서갱유가 남긴 상처를 극복해갔지만 현실은 더욱더 혼란을 더해갔다. 위진 시대에 이르러 지금까지 경經을 읽고 이해하여 그 내용을 현실에 적용하여 질서를 유지하려는 통경치용의 지적 시도를 근원적으로 회의하게 되었다. 이제 경은 현실을 담아낼 수 있는 역량을 상실한 것이다. 경의 질서와 현실의 혼란 사이에 그 거리가 벌어지면 벌어질수록 경의 권위는 실추되었고 현실의 권력은 포악해졌다. 현실의 권력이 포악이 강도를 더해갔지만 사인과 백성의 존중을 받지 못했다. 참으로 역설적인 현상이다. 한 제국의 초기는 텍스트의 실종으로 복원에 수많을 시간을 보냈지만 정작 텍스트가 복원되자 현실은 경전으로부터 저만큼 멀어졌다.

이제 『시경』의 원천시처럼 믿고 따르기만 하면 질서를 부여한다는 경을 회의하는 상황에서 경을 대체하는 새로운 돌파구를 찾아야 했다. 그결과 경학은 『노자』『장자』『주역』을 연구하는 '현학玄學'으로 대체되었다.[57] 경학은 이제 그 의미가 다 드러나서 더 이상 파내야 할 자원이 바닥나서 관심을 끌지 못하고 세 책에 담긴 현학은 세상을 구원할 깊고 깊은 의미를 담고 있다고 간주되었다. 이렇게 새롭게 주목을 받게 된 텍스트에 주목하여 현학을 '삼현학三玄學'으로 부르기도 했다.

완적阮籍은 『장자』의 지인至人에서 돌파구를 찾았다. 그는 지인에 의거해서 포악한 현실이 시작되기 이전의 세계를 찾아 나섰다.

57/ 현학의 주요 인물의 사상과 관련하여 정세근 외, 『위진 현학』, 서울: 예문서원, 2001, 19~43쪽 참조.

"저 자잘한 사람들은 스스로 포악한 세상을 귀중하다고 생각하는데, 그 세상이 이처럼 보잘것없다는 것을 어찌 알겠는가! 저들은 세상 사람들과 세속적 출세를 다투지만 그런 출세는 실제로 떠받들 만하지 않다. 또 세상 사람들과 물질적 부를 다투지만 그런 부는 실제로 우선시할 만하지 않다. 반드시 세상을 초월하고 무리와 관계를 끊고 세속을 내버리고 홀로 떠나, 태시(위대한 시작)의 이전에 올라 까마득하고 고요한 처음을 살핀다. 바깥이 없는 무한을 두루 돌아다니려고 하고 뜻이 드넓어지며 스스로 느긋해진다."[58]

완적의 대인은 자칫 공자와 맹자의 군자를 떠올릴 수 있지만 실제로 장자의 지인에 가깝다. 이는 그가 쓴 글의 내용과 개념에서 잘 나타난다. 내가 세상 사람들과 부귀富貴를 차지하기 위해 다툴 때 그 가치는 누구에게도 양도할 수 없으므로 선취해야 하는 귀중한 대상이다. 내가 부귀의 가치를 돌아보지 않게 되면 세속의 권위도 초라하게 된다. 부귀는 무엇도 넘볼 수 없는 절대의 자리가 아니라 상황에 따라 얼마든지 다르게 평가될 수 있는 상대적 권위를 지니고 있을 뿐이다. 당시 완적은 부귀로부터 거리를 두고 또 다른 의미의 세계를 찾았다.

완적의 대인은 부귀를 상대적 자리로 끌어내린 뒤에 초세절군超世絶群, 유속독왕遺俗獨往이라는 자신의 길을 찾아냈다. 대인은 이제 부귀의 소유를 중심으로 돌아가는 세속을 떠나 태시太始와 물막沕漠의 근원으로 돌아가고자 했다. 이 근원은 『시경』「위풍·석서」에서 고통의 이곳을 떠나 평화의 저곳으로 가고자 했던 낙토樂土의 발견과 맥을 같이 한다. 이런 점에서 시대의 차이를 떠나서 고통의 현실을 벗어나 구원을 찾고자 하는 인간의 공통된 열망과 기획을 읽어낼 수 있다. 그럼에도 태시와 물

---

58 『완적집』「대인선생전大人先生傳」 "彼匀匀者, 自以爲貴夫世矣, 而惡知夫世之賤乎玆哉! 故與世爭貴, 貴不足尊. 與世爭富, 富不足先. 必超世而絶群, 遺俗而獨往, 登乎太始之前, 覽乎沕漠之初, 慮周流於無外, 志浩蕩而自舒." 완적, 심규호 옮김, 『완적집』, 서울: 동문선, 2012 참조.

막은 낙토가 가진 공간성의 의미를 탈각하고서 훨씬 추상화의 길로 나아가고 있다.

그렇다면 세속을 떠나 태시太始와 물막物漠의 근원으로 어떻게 나아갈 수 있을까? 위진 시대에서는 『주역』『노자』『장자』 등의 현학玄學에 주목했다. 제자백가가 춘추전국 시대에 활동했다고 하더라도 모두 시대에 각광을 받지 못했다. 어떤 경우에 소수에 의해 명맥은 유지되지만 그 존재가 묻혀 있다고 할 수 있다. 위진 시대의 사인은 하필이면 왜 이들 책에 주목하게 되었을까? 그것은 『오경五經』으로 통칭되는 경이 더 이상 가치와 덕목의 근원으로서 현실을 규제하고 안내할 수 있는 권위를 잃어버렸기 때문이다. 『역경』은 『오경』 중의 하나이지만 특정 성인이 부각되지 않고 특정한 가치와 덕목을 구조화시키지 않는다는 점에서 예외적인 대접을 받았다.

『오경』은 시공간으로 짜인 세상의 출현 가능성을 전제하고서 질서를 구조화시키려고 했다. 한 제국까지 『오경』이 질서의 구조화에 한계를 드러냈다면 사람들은 세계 또는 문명의 발생과 기원으로 돌아가서 앞으로의 미래를 이야기하지 않을 수가 없다. 세 가지 책은 세계가 모습을 드러내기 이전을 다루고 있다는 점에서 꽉 막힌 세상의 출구를 나가서 새로운 시작을 여는 입구로 간주되었던 것이다. 위진 시대의 사인은 더 이상 이미 전개된 세상을 보수할 수 없다고 보고 전개되기 이전의 상황에서 세상을 새롭게 형성하고자 했다. 이렇게 보면 위진 시대의 사인은 새로운 창조자의 관점에서 세상을 조망하고 기획한다고 할 수 있다.

예술 공간의 탄생과 관련해서 놓쳐서 안 되는 지점이 있다. 그것은 바로 마음의 생산성이다. 경의 권위와 현실의 권력에 대항하여 새로운 시작을 탐구하려면, 기존의 있던 것에 얽매이지 않고 새로운 것을 자유롭게 창출할 수 있는 미지의 세계를 찾지 않을 수가 없다. 그곳이 바로 심心이다. 심은 맹자가 공을 들여 찾아낸 신천지였다. 하지만 그는 심을 도덕적 변화를 일구어내는 특정한 진지로 제한시켰다.[59] 이를 통해 심은 사람이 도덕 사회를 만들어낼 수 있는 동력이기도 하지만 다른 가능성을 배제하고 오로지 성선性善의 실현을 위해 닫힌 구조물이 되었다. 이 중에 장자는 후자에 주목했다.

장자는 마음의 능동성과 생산성의 측면에서 맹자와 동의하지만 다른 길을 걸어간다. 그는 마음이 특정한 가치를 대변하는 배제적 특성에 동의하지 않았다. 원래 마음은 특정한 가치로만 연결시킬 수 없는데도 그렇게 하면 마음은 현실 권력이 사람을 통제하는 방식과 마찬가지로 통제를 받는 수동의 자리로 떨어지게 된다. 이러한 상황에서 마음은 더 이상 누구도 간섭할 수 없는 독자성을 갖지 못하고 자율성을 잃어버리고서 현실의 권력과 경의 권위를 수용하는 식민화 현상이 벌어진다고 보기 때문이다.

이러한 현상은 역설적인 결론이다. 심이 원래 독자적 세계를 지키고자 발견한 영역인데 다시금 통제를 받는 상황에 놓이기 때문이다. 마음이 스스로 하고자 하는 것을 하는 것이 아니라 해야 하는 것을 하게 된다. 해야 하는 것이 바로 사회가 요구하는 것이라면 심은 식민지가 된다. 장자는 이를 한 방향으로 굳어버린 닫힌 마음, 즉 '성심成心'으로 바라보고 있다.[60] 성심은 자신이 동일한 폐쇄 회로의 궤적을 돌게 한다. 성심은 다양한 방향을 인정하지 않고 자신이 지키고자 하는 특정한 가치와 피드백을 주고받는 폐쇄 회로의 궤적을 돌게 한다.

장자는 성선을 실현하는 마음의 구조화를 허물어뜨린다. 이를 위해 그는 성선의 특정한 궤적이 아니라 주관에 의해 영향을 받지 않은 자연

---

59 이와 관련해서 신정근, 『맹자와 장자, 희망을 세우고 변신을 꿈꾸다』, 서울: 성균관대학교 출판부, 2014 참조.
60 『장자』「제물론」 "夫隨其成心而師之, 誰獨且無師乎?"

의 길, 즉 천리天理를 따라 도는 정신의 자유 여행을 제안한다.[61] 이 자유 여행은 훗날 여러 문헌에서 예술 창작과 감상에 핵심 개념으로 자리하게 되는 신유神遊이다. 심이 저장의 어감이 강한 반면에 신은 자유로운 이동의 어감이 강하다. 따라서 신유의 정해진 길을 따라 돌며 생긴 마음의 관행과 기억에서부터 벗어나 끊임없는 변신과 무한한 상상으로 이어지는 놀이이다. 이 놀이는 끊임없이 기억을 쌓아 거대한 집체(성채)를 이루어 그것을 훼손할 수 없는 자아의 정체성으로 간주하는 것이 아니다.

이 놀이는 이전의 경험이 다음 경험에 작용하면 더 이상 자유롭지 않기 때문에 기억의 축적을 목표로 하지 않는다. 기억을 목표로 하게 되면 신유神遊는 저장을 특성으로 하는 심유心遊와 차이를 갖지 못한다. 이 놀이는 기억에 대해 망각으로 대응하고, 쌓기에 대해 비우기로 대응하는 역발상의 방식으로 진행된다.[62] 신은 귀중하다고 생각하는 것을 쌓아 두는 창고가 아니라 사방이 뻥뻥 뚫려 자유자재로 드나드는 신전을 닮았다. 장자의 경계를 넘나드는 자유로운 여행은 고대의 분묘에 즐겨 나타나는 각종 변형變形과 변신變身을 뒷받침하는 신화적 사유와 연결된다.[63]

위진 시대에는 이렇게 마음의 생산성과 능동성을 찾아내면서 그 구조의 안정화를 역설한 맹자보다 마음의 경험을 저장하지 않고 경계를 허물어 자유롭게 변신을 거듭하는 장자를 소환했다. 맹자의 심에는 성왕이 왕좌에 있을 때 전통의 가치나 권력의 지향을 내면 세계로 흡수할 가능성이 있다. 반면 장자의 신은 축적의 구조를 쌓지 않으므로 내면 세계

---

61 『장자』「양생주」"方今之時, 臣以神遇, 而不以目視, 官知之而神欲行, 依乎天理."

62 『장자』「인간세」"若一志, 無聽之以耳, 而聽之以心. 無聽之以心, 而聽之以氣! 耳止於聽, 心止於符, 氣也者, 虛而待物者也. 唯道集虛, 虛者, 心齋也."

63 변신의 이야기는 『초사』에서 굴원의 여행으로 구체화되고 『산해경』에서 사람과 동물이 구분되지 않은 신화로 형상화된다. 아울러 장사(창사)長沙 마왕퇴(마왕두이)馬王堆의 발굴에서 이러한 형상화가 당시 사람들의 의식에서 어떻게 반영되었는지를 알 수 있다. 이와 관련해서 굴원 屈原, 권용호 옮김, 『초사』, 파주: 글항아리, 2015; 정재서 옮김, 『산해경』, 서울: 민음사, 1996; 악남(웨난)岳南, 이익희 옮김, 『마왕퇴의 귀부인』 전 2권, 서울: 일빛, 2001 참조.

의 독자적 공간을 빚어내는 데에 도움이 되었기 때문이다. 장자는 노자와 함께 사회의 질서와 마음의 관행이 만들어낸 단단한 구조물을 해체할 수 있는 역동성을 제안하고 인식론적인 전환을 촉진할 수 있기 때문이다. 이 때문에 위진 시대의 현학에서 『오경』 대신에 『노자』 『장자』를 중요 텍스트로 읽게 되었다고 할 수 있다. 이는 위진 시대에 널리 퍼진 개인과 개인, 개인과 공동체의 불안한 관계를 극복하고 개인의 평안한 공간을 일구고자 하는 열망을 반영하고 있다. 장자는 노자와 함께 사회의 질서와 마음의 관행이 만들어낸 단단한 구조물을 해체할 수 있는 역발상을 제안하고 인식론적인 전환을 촉구할 수 있었기 때문이다.

이러한 위진 시대의 지적 문화적 풍토에서 왕필王弼은 언어에 대해 실로 대담한 모험을 감행했다. 공자만 해도 언어는 진리를 담아내는 그릇이면서 동시에 진리 그 자체이기도 했다. 이 때문에 공자는 당시 성인聖人의 말씀을 대수롭지 않게 여기는 세태에 놀라움을 금하지 못했다. 공자는 고대의 지혜와 기억을 전하는 성인의 말씀을 진리로 두렵게 받아들였지만 당시 사람들은 수많은 말씀 중에 하나로 간주하여 특별한 권위를 부여하지 않았기 때문이다.[64] 이 현상은 성인의 말씀을 진리로 보는 공자와 그렇지 않은 동시대인의 차이이다. 나아가 이 차이는 성인의 언어를 바라보는 관점의 분리이다. 아울러 이후에 새롭게 등장할 언어관의 예고이기도 하다. 언어가 진리를 담고 있는 신성성을 넘어 개인의 다양한 의사를 전달하는 평범성으로 나타나게 되었다. 이는 전쟁과 외교의 접점을 기막히게 찾아내던 종횡가에서 화려하게 발휘된 적이 있다.

왕필은 공자식 언어관에 대한 강력한 비판을 시작했다. 이 비판은 공자가 활약하던 시대에 성인의 말씀을 가볍게 여기는 맥락과 다르다. 공자 시대의 소인은 성인의 권위를 인정하지 않는 반면에 왕필은 언어 자

---

64 『논어』 「계씨」 "孔子曰: 君子有三畏, 畏天命, 畏大人, 畏聖人之言. 小人不知天命而不畏也, 狎大人, 侮聖人之言."

체에 대한 맹목적 신뢰를 부정했기 때문이다. 왕필의 언어 비판이 공자 시대의 소인의 태도보다 훨씬 근본적인 지점을 향하고 있다고 할 수 있다. 소인은 성인이 사용한 언어의 특별한 권위를 부정했지만 왕필은 언어의 한계를 명확하게 주장하고 있다. 왕필은 도대체 언어가 무엇이길래『오경』의 한 자 한 자를 목숨처럼 여기며 숭배해야 하느냐고 되묻는다. 이것은 공자의 언어관에 깃든 일종의 신비주의에 대한 비판이기도 하고 한 제국의 학문 관행으로 굳어진 경학經學, 즉 훈고학에 대한 거리 두기라고 할 수 있다.

먼저 왕필이 기대고 있는 장자의 언어를 살펴보자. 장자는「소요유」에서 "언어(이름, 명명)는 실재의 손님이다."(名者實之賓)라는 테제를 밝혔다. 여기서 언어는 실재에게 주인의 자리를 물려주고 손님의 자리로 내려서게 되었다. 이로써 언어는 호랑이 없는 굴에 여우가 왕 노릇한다는 속담처럼 실재를 대신하여 기세등등하게 군림했지만 이제 대역의 정체가 들통나게 된 것이다. 장자는 언어가 실재보다 더 주인 행세를 하는, 본말이 전도된 상황을 비판했다.

당시 언어가 가치와 도덕을 담고 있다고 간주되었다. 따라서 사람은 가치와 도덕을 직접 만나지 못하고 언어를 통해 간접 만났다. 이 상황이 계속되면서 언어는 가치와 도덕을 실현하는 존재이자 일체로 여겨졌다. 이로 인해 언어가 사람을 위해 존재하지 않고 사람이 언어를 위해 존재하는 형국이었다. 이에 대해 장자는 언어가 더 이상 주인이 아닌 손님의 자리에 있을 뿐이라고 선언했다. 아울러 손님 자리는 임시적이고 일시적인 특성을 가지므로 언제든지 폐기되고 대체될 수 있는 수단에 지나지 않는다. 언어의 전락이라고 할 수 있다.

장자는 또「외물」에서 물고기를 잡았으면 통발을 버린다는 득어망전得魚忘筌을 통해 언어의 한계를 주장했다. 통발이 물고기를 잡는 도구의 기능을 다하고 나면 잊어버리듯이 언어도 실재에 이르는 도구로서 기능을 다하고 나면 잊는다. 언어는 통발처럼 용도를 다하면 잊히는 도구에 지나지 않는다. 이것은 언어가 더 이상 실재와 하나가 되지 않고 실재에 이르는 길을 안내하는 수단에 지나지 않는다는 점을 밝히고 있다. 장자는 언어와 그 언어관에 의해 구조화된 의미의 그물망을 찢어 실재實在로 직접 나아가려는 기도를 나타낸다. 언어와 의미에 집착하면 할수록 우리는 실재로 다가서는 것이 아니라 언어와 의미에 의해 촘촘하게 엮인 그물에 걸려 꼼짝을 못하게 되기 때문이다.[65]

왕필은 장자의 이러한 맥락을 이어받아 언어가 본질이 아니라 수단이라는 점을 명시적으로 표현하고 있다.

"언어는 형상을 밝히는 길이지만 형상을 터득하면 언어를 잊는다. 형상은 의미를 담아내는 길이지만 의미를 터득하면 형상을 잊는다."[66]

왕필은 언어와 형상, 형상과 의미를 중층적 관계를 통해 언어의 특성을 드러내고 있다. 먼저 언어는 의미에 직접 다가가지 못하고 의미를 구체화시킨 형상을 통해 간접적으로 다가갈 수 있다. 이때 언어는 형상을 밝히고 나면 더 이상 주목을 받지 못하고 망각의 대상이 되어버린다. 다음으로 언어를 통해 드러난 형상이 사람으로 하여금 의미에 다가가게 한다. 이때도 형상은 언어가 수행했던 역할처럼 의미를 드러내고 나면 더이상 주목을 받지 못하고 망각의 대상이 되어버린다. 의미에 가까운 형상의 운명이 이럴지언정 의미에서 한 단계 더 멀리 떨어진 언어의 운명은 더더욱 수단의 자리로 떨어지게 된다. 이로써 이전까지 의미(실재)와 동격으로 간주되어온 언어는 의미와 직접 관계를 맺지 못할 뿐만 아니라

---

65 신정근, 「장자의 심미 세계, 미학인가 미유美遊인가?」, 『유교사상문화연구』 제59집, 2015, 145~165쪽 참조.

66 『왕필집』 「주역약례周易略例 명상明象」 "言者所以明象, 得象而忘言. 象者所以存意, 得意而忘象."

도구로서 이전에 누려왔던 빛나는 영광을 잃어버릴 수밖에 없다.

이제 사람은 언어를 숭배할 필요가 없고 의미로 안내하는 형상을 터득하고 나면 언어를 떠날 수 있다. 사실 언어와 형상, 형상과 의미의 관계가 일의적이고 고정되었다고 생각하면 사람은 매순간 가치를 담은 언어를 학습하고 급기야 숭배할 수밖에 없다. 반면 언어와 형상, 형상과 의미의 관계가 다의적이고 유동적이라고 생각하면 사람은 의미를 얼마든지 다양한 방식으로 전달할 수 있다는 점을 자각하게 된다. 이를 통해 언어와 형상, 형상과 의미의 관계만이 아니라 언어와 사람, 권력과 언어의 관계가 역전될 수 있다.

언어의 소유는 더 이상 권력의 소유를 함축하지 않고 그 역도 마찬가지이다. 언어의 소유는 의미(실재)에 이르는 다양한 길 중의 하나로 새로운 자리를 부여받게 되었다. 이러한 귀결은 위진 시대 이후에 철학과 미학에서 언어 이외에 각종 도상 · 상수 · 문학 · 회화가 학문 영역의 새로운 시민으로 등장하는 현상과 맞닿아 있다.[67] 언어 이외의 길을 통해 언어의 한계를 극복하고자 했기 때문이다. 이것이 위진 시대에 이르러 개인과 예술의 재발견을 낳는 원동력이었다고 할 수 있다.

5.2 도식화된 언어를 넘어 실재와 진정으로

왕필은 장자의 언어 비판을 수용해서 다시금 언어는 실재와 결코 동일하지 않고 실재에 잠시 기댔다가 떠나는 손님에 불과하거나 실재의 의미를 구체화시킨 형상에 이르는 길이라고 보았다. 이것은 오로지 언어(주석)에 의해서만 『오경』의 의미 세계에 도달할 수 있다고 주장하는 경학

---

67 이 때문에 위진 시대의 학술 세계에서 『오경』 중 『역경』이 유일하게 살아남을 수 있었다. 『역경』도 언어를 담고 있지만 괘상卦象을 풀이하는 이차의 지위에 있기 때문이다. 이후에 전기소설, 서정시, 산수화, 소옹의 상수 등이 나타나는데, 이는 모두 왕필에서 시작되었던 언어 비판과 긴밀하게 연결되어 있다고 할 수 있다.

의 사다리와 관행을 걷어 차버리는 것이다.

나아가 문법에 따라 만들어진 언어가 아니라 문법으로 가둘 수 없는 정신의 자유 여행, 즉 형상과 도상 그리고 상상의 활동이 사람을 실재로 안내할 수 있다는 새로운 통로를 제시한 것이라고 할 수 있다. 이러한 발견은 위진 시대에 무엇이 실재인지를 끊임없이 되물었기 때문에 생겨난 결과라고 할 수 있다. 즉 언어 비판은 결국 실재 비판으로 이어질 수밖에 없기 때문이다.[68] 이로써 『오경』의 언어와 그 의미에서 인간과 실재로 향하던 고정된 길이 닫히고 둘 사이의 위상에도 역전이 일어났다.

왕필은 언어를 비판했던 만큼 실재에서 현상으로 나아가는 방식으로 세계 질서를 확립하고자 했다. 이는 현상을 추상하여 실재로 다가가는 기존의 방식과 완전히 상반된다. 왕필이 탑다운 트랙이라면 과거는 버텀업 트랙이라고 할 수 있다.

"본질(실재)을 높여서 현상을 자라게 하고 모체를 지켜서 자식을 보존한다. 모체를 지켜서 그 자식을 보존하고 본질을 높여서 현상을 거느린다. 본질을 거느려서 현상을 통제한다. 무에 따라 유를 통제하고 과(적음)에 따라 다(많음)를 다스리고 정(고요함)으로 동(움직임)을 제어한다."[69]

왕필은 성인이 구체적인 상황에서 케이스 바이 케이스로 제시했던 언행을 들먹이지 않는다. 그는 더 이상 사례에 주목하여 실재를 구성하고자 하지 않았다. 그는 언어의 인도를 따르지만 전적으로 그에 의존하지

---

68 여기서 다룰 수 없지만 위진 시대의 숭유崇有와 귀무貴無 논쟁은 바로 실재 논쟁이라고 할 수 있다. 즉 무와 유 중에 어느 쪽이 실재인가를 두고 뜨거운 논쟁을 벌였다. 이것이 위진 현학의 중요한 특징이라고 한다면 언어 비판이 실재 비판으로 이어졌다고 할 수 있다.

69 『왕필집』 「노자지략老子指略」 "崇本以息末, 守母以存子. 守母以存其子, 崇本以舉其末. 舉本統末, 以無統有, 以寡治多, 以靜制動."

않는다. 그는 언어의 인도에서 비약하여 정신의 자유로운 활동을 통해 도달할 수 있는 실재(의미)에 주목한다. 그는 실재에 도달한 다음에 『오경』의 언어와 현실로 내려오는 활강을 시도한다. 그는 실재가 펼쳐 보이는 새로운 세계상을 그리고 있다.

왕필은 언어를 소유하고 『오경』의 해석을 주관하는 학문 권력을 초월하여 자신이 언어와 형상을 매개하면서도 초월하는 길을 걸으며 스스로 본질을 규정하는 세계를 개척한 것이다. 즉 왕필은 권력의 언어로 세계와 인간을 규정하는 것이 아니라 인식 또는 심미로 찾아낸 본질(실재)로 현실과 세계를 재규정하는 것이다. 위상의 전위는 전국 시대의 원기元氣 논의에서부터 집적되다가 위진 시대의 현학에 의해 절정에 이른 인식과 심미의 자유로운 활동이 찾아낸 성취라고 할 수 있다.

혜강은 왕필 등이 개척한 인식과 심미 세계를 공유하면서 음악과 관련해서 새로운 모험을 감행했다. 그는 음악과 감정 그리고 정치와 도덕 사이에 감응론적感應論的 사유를 철저하게 비판했다. 감응론의 음악에 따르면 슬픔과 기쁨의 음악은 그 음악을 듣는 사람에게 상응하는 반응을 일으키고 사회와 정치에서도 동일한 효과를 일으킨다는 것이다.[70] 얼핏 감응론의 세계는 음악을 비롯한 예술의 세계를 존중하는 듯 보인다. 예술은 현실의 사람에게서 유의미한 효과를 낳는 특성을 가지고 있기 때문이다. 하지만 여기서 음악과 예술은 자체의 특성을 펼치는 독자성을 갖지 못하고 정치와 도덕의 목적을 실현하는 도구의 위치에 놓인다. 유의미한 효과가 사회 질서의 유지를 필요한 가치의 생성이라고 한다면 예술은 정치의 요구를 실현하는 도구에 머물게 된다. 이 때문에 음악과 예술은 정치나 도덕과 분리되지 못하고 일체를 이루게 된다.

혜강은 소리(음악)가 천지의 작용과 오행의 상호 관계에서 일어나는

---

70 신정근, 「혜강의 '성무애락론'에 내재된 음악철학의 쟁점」, 『유교사상문화연구』 제32집, 2008, 323~349쪽 참조.

자연 현상이지 의미와 의도를 담은 감응 현상이 결코 아니라고 선언했다.[71] 소리(음악)는 특정한 방식으로 반응과 작용이 약속한 대로 일어나도록 예정되어 있지 않다. 그렇게 예정되어 있다면 학습의 결과이지 자연스러운 음악 감상의 효과라고 할 수 없다. 대신에 혜강은 소리(음악)가 좋고 사람의 마음에 흡족하면 자연스럽게 좋아하는 반응을 나타내게 된다고 주장했다.

음악(소리)에 대한 혜강의 이러한 선언은 선악善惡과 화복禍福의 인과 관계가 전혀 작동하지 않는 사회 현상과 연관성이 있다. 거악巨惡은 물론이고 소악小惡마저 사회의 어떠한 제재를 받지 않고 제 마음대로 활보하고 있고 선인善人은 말해도 존중받지 않으며 사회의 재앙에서 신음하고 있었다. 역사적으로 살펴보면 한 제국이 정치적 안정을 누릴 때 사람은 효제孝悌 덕목으로 공동체의 추천을 받아 자신의 기량을 펼치는 기회를 잡을 수 있었다. 이 당시는 선악과 화복의 인과 관계가 나름대로 작동했다고 할 수 있다. 후한 말과 위진 시대에 이르러 선악과 화복은 아무런 상관성을 가지지 못하고 선인이 화를 당하고 악인이 복을 누리는 상황에서 감응론은 더 이상 사회 질서를 생산하고 예술혼을 불사르는 기제가 될 수 없었다.

이러한 상황에서 혜강은 자연과 문화를 예리하게 구분하고서 문화에 의해 착색된 자연이 아니라 오히려 문화가 일어나기 이전의 원초적인 자연을 찾아내고자 했다. 그것은 즐거운 음악을 들으면 즐거워지고 슬픈 음악을 들으면 슬퍼지기에 '문화적 패턴'에 따라 음악을 듣는 것이 아니다.

---

71 『혜강집』「성무애락론聲無哀樂論」"夫天地合德, 萬物貴生, 寒暑代往, 五行以成. 故章爲五色, 發爲五音. 音聲之作, 其猶臭味在於天地之間. 其善與不善, 雖遭遇濁亂, 其體自若, 而不變也. 豈以愛憎易操, 哀樂改度哉?"

"슬픔과 즐거움은 그 자체적으로 정감의 자극으로 인해 일어나지 성음과 아무런 관련이 없다."[72]

혜강의 주장은 "슬픈 음악이 있다", 즉 "슬픈 음악을 들으면 슬퍼진다"라는 사실을 부정하지 않는다. 혜강은 슬퍼해야 할 때 슬퍼하도록 강요하고 즐거워해야 할 때 즐거워하도록 강요하고 다른 대응을 "인간답지 못하다"라고 비판하는 도식 사회와 감응론적 예술을 비판하고자 했다. 이런 감응론의 사회에서 만인이 특정 음악을 듣고 다들 즐거워하는데 한 사람이 어리둥절하다면 '비정상인'으로 규정될 것이다. 사실 그 사람은 그런 음악을 듣고 왜 즐거워하지 공감하지도 못하고 만안의 즐거움을 이해하지도 못했을 뿐이다. 그 사람은 그런 음악을 감상할 줄 모른다고 할 수 있지만 비정상이라고 할 수는 없다. 하지만 감응론의 사회에서 이 사람은 앞에서 보았듯이 비정상으로 낙인찍힐 수도 있다. 이 비판을 통해 음악을 비롯하여 예술은 도식과 상징을 통해 예정된 수순으로 창작하고 체험하는 것이 아니라 마음, 정감의 반응을 따라 창작하고 체험하는 것으로 전위轉位를 하게 된다.

이 전위는 음악에만 한정되지 않는다. 그림은 배경에 머물던 산수가 전면으로 나오고, 정면 중앙을 차지하던 인간은 화폭의 구석으로 밀려나는 전위를 이루게 되었다. 이것이 오늘날 산수화로 불리는 그림의 탄생이다. 그림의 구성이 달라지면서 무엇을 어떻게 그릴지 관련해서 변화 또는 혁명이 일어난 것이다. 맹자의 말에 따르면 성인은 지금 여기를 지나거나 머무는 것만으로 질서를 생성한다는 과화존신過化存神의 위력을 발휘할 때 화면의 전면을 채운 성인의 초상화는 예술 가치를 창출할 수 있다.[73] 하지만 성인이 부재할 뿐만 아니라 존재한다고 하더라도 선

---

72 『혜강집』「성무애낙론」 "哀樂自當, 以情感而後發, 則無係于聲音."

73 『맹자』「진심」상 "孟子曰: 霸者之民驩虞如也, 王者之民皞皞如也. 殺之而不怨, 利之而不庸,

악과 화복의 전도된 현실에 무기력하다면, 성인의 초상화는 그냥 해당 인물의 기록으로 존재할 뿐 더 이상 예술이 되지 않는다. 이와 달리 성인 대신에 화폭의 중앙을 차지한 산수는 천지의 합덕合德으로 끊임없이 만물을 낳는 무한한 생명력을 재현한 것이라고 할 수 있다.

시도 건국 영웅, 왕조의 역사성, 도성의 번성과 화려 그리고 궁중 인물의 소소한 애환을 읊던 방식에서 『시경』의 원천시에 드러났던 개인의 감성과 영혼을 다시 불러내는 서정시가 등장했다. 이것이 오늘날 한시라고 알려진 장르의 출생이다. 이것은 개인이 즐거워하라는 대로 즐거워하고 슬퍼하라는 대로 슬퍼하는 것이 아니라 즐거우면 즐거워하고 슬프면 슬퍼하는 인간의 탄생을 나타낸다. 사람은 길들어져서 과도하게 사회화된 존재가 아니라 개성을 찾아서 양도할 수 없는 감성의 소유자가 되었다고 할 수 있다. 여기서 마음은 전국 시대부터 찾아낸 생산성과 창조성에다 언어와 텍스트를 대신하여 인식과 심미를 형상화시키는 길을 열었다. 그 길을 타고 위진 시대에는 이전과 구별되는 음악·시·그림 등의 예술 공간을 열어젖혔다.

6. 18세기 조선: 정사正邪의 포위를 뚫은 호기好奇尙新의 흥미

주희朱熹는 위진 시대 왕필의 철학적 모험을 바탕으로 자기 시대의 도교와 선종 문화를 섭렵하고서 12세기에 유학을 도학道學 또는 성학聖學의 이름으로 재정립했다. 도학의 기본 정조는 락樂보다 우憂로 기울어진다. 도학자는 세상에 성인의 도를 완전히 실현하고자 하지만 세상과 그 도의 거리가 쉽게 좁혀지지 않았기 때문이다. 아니 도학자가 생각하기

民日遷善, 而不知爲之者. 夫君子, 所過者化, 所存者神, 上下與天地同流, 豈曰小補之哉!"

에 성인의 도를 이해하는 사람이 많아지지 않아 세상과 도의 거리가 점점 멀어졌는지도 모른다. 도학은 멀어질 수 있는 현실을 그대로 수용하지 않고 역전의 전략을 세웠다. 이러한 전략은 미발未發의 근원과 이발已發의 현상 두 세계를 통합하는 경敬과 연결되게 되었다. 경은 도와 거리를 멀어지게 하는 욕망에 휘둘리지 않게 감시하기도 하고 어떠한 상황에서도 자신을 지킬 수 있는 원동력을 제공하기도 한다. 이 때문에 주희의 기획은 '신 없는 구원'에 이르는 독특성을 드러낸다. 사람은 초월적 신을 경배하지 않고 오로지 자신의 노력으로 이발의 의식 흐름을 통제하고 미발의 근원으로 다가가기 위해 한 치도 흐트러지지 않는 경건성을 유지하기 때문이다.[74]

하지만 이 경건성은 따뜻함이 적거나 따뜻함(유쾌함)을 잃은 근엄함, 엄숙함, 엄격함을 주된 정조로 하는 특성으로 이어진다. 경건성이 리理의 신성성을 존중할 수 있지만 인간을 선과 악의 엄격한 이분법에 가두어버린다. 결국 경은 사람이 악으로 흐르는 위기를 근원적으로 차단하고 선으로 향하도록 집중하고 있기 때문이다. 이로 인해 세상은 선과 악으로 나뉘지 않는 여백이 없고 이것 아니면 저것의 날카로운 대립이 일어나는 현장이 된다.

현실에서 도덕의 세계를 넓히고자 하지만 역설적으로 그 세계가 아주 편협하게 줄어들 수도 있다. 이로써 선도 아니고 악도 아니어서 도덕과 무관한 또 다른 세계가 생겨날 수 없기도 하고 포섭할 수 없는 것이다. 선과 악의 경계가 선명하여 선에서 조금만 벗어나도 인정받을 수 없는 예민한 세상이 되었다. 이러한 세상은 조금만 실수해도 큰일이 일어날 듯 버럭 호통부터 치는 칼 같은 '할아버지'를 연상시킨다.

---

74 경의 역사적 전개와 관련해서 신창호, 『경敬이란 무엇인가』, 파주: 글항아리, 2019 참조.

6.1 도학의 경건성 그리고 문학과 갈등

도학의 경건성은 문학을 포함한 예술에서 문이재도론文以載道論과 작문해도론作文害道論으로 나타났다.[75] 전자는 무릇 문학이니 예술은 하나같이 도학의 이념을 표현해야지 그 자체의 논리나 감정 표출로 이어져서 안 된다는 주장이다. 후자는 사대부가 문장을 짓지 않을 수 없지만 작문에 절제하지 않다 빠지게 되면 오히려 도학의 이념을 해치게 된다는 주장이다. 두 주장은 같은 목소리를 다른 언어로 나타낼 뿐이다. 넓게는 예술 좁게는 문학은 제 목소리를 내지 못하고 철저하게 도학의 이념을 전달하는 통로로 여겨지고 있다.

도학의 선구자인 주돈이周敦頤는 문예가 기술이고 도덕이 본질이라는 이분법에 바탕을 두고 앞에서 말한 대로 문장이 도를 표현하는 수단이라고 보았다.[76] 정이程頤는 제자가 문장을 짓는 것이 도에 방해가 되느냐고 묻자 대뜸 방해된다고 대답했다. 두 사람 모두 도학의 경건성을 엄격히 준수하는 인물이라고 할 수 있다. 도를 지키려는 결의가 단호하고 굳건할수록 시선은 고정되어 주위를 둘러볼 여유를 갖지 못한다.

"문장을 지으면 생각을 집중하지 않으면 글이 뛰어나지 않는다. 반면 생각을 집중하면 뜻이 문장에만 얽매이게 된다. 작문이 어찌 천지와 함께 위대한 작용을 함께 할 수 있겠는가?"[77]

---

75 송나라 도학자道學者들의 문학관은 박석, 『송대의 신유학자들은 문학文學을 어떻게 보았는가』, 서울: 역락, 2005 참조.

76 『통서通書』「문사文辭」 "文所以載道也. 輪轅飾而人弗庸, 徒飾也. 況虛車乎? 文辭, 藝也. 道德, 實也. 篤其實而藝者書之, 美則愛, 愛則傳焉."

77 『이정집二程集』『하남정씨유서河南程氏遺書』권18 "問: 作問害道否? 曰: 害也. 凡爲文, 不專意則不工. 若專意則志局於此. 又安能與天地同其大也?"

문장의 창작과 도의 생각은 결코 양립될 수 없는 대립으로 간주되고 있다. 경계가 너무나도 선명하다. 고압의 전류가 흘러 가까이 다가서도 불꽃이 튀는 철책을 연상시킨다. 주희를 위시하여 도학의 기획자들은 공자가 터를 다지고 제자백가들과 함께 경쟁하던 BC 6세기 체제의 후반부 이래로 미증유의 혼란이 장기간 지속되었다고 생각했다. 그들은 이 혼란을 극복하기 위해 도가 전승된 계보를 도통道統으로 규정하고 세계를 선과 악, 도덕과 반도덕의 이분법으로 파악했다. 그들은 욕망과 이욕으로 움직이는 현실에 인륜 도덕을 실현하기 위한 뜨겁고 강렬한 열정을 지니고 있었다.

　반면 그들은 『논어』에서 묘사되고 있는 공자의 생활에서 보이듯 음악을 듣고 고기 맛을 잃고, 시를 읽고 지으며 손뼉을 치고, 노래를 부르며 합창하는 또 하나의 세계에 동참하려고 하지 않았다. 아니 그들은 이 세계를 그다지 달갑게 여기지 않은 듯했다. 도학자는 도에 진실하고 집중했던 만큼 세계와 사람에 대해 각박하고 엄격한 태도를 견지했다. 도학자들은 일반 사람들이 도학의 세계에 들어오도록 열렬히 초청하고 있지만 사람들은 그들의 서슬퍼런 기세에 눌려 가까이 다가가지 못하고 있다. 도학의 확장은 역설적으로 도학자들이 막고 있었는지도 모른다. 그들은 공자를 닮고자 했지만 예술의 분야에서 분명 공자로부터 멀어지고 있었다. 같은 유학의 범주에 있다고 하더라도 예술과 문학에 대해 공자는 향유하고 여유를 부렸다면 주희는 경계하고 인색했다고 할 수 있다.

　여기서 다른 세계에 눈을 감고 오로지 도덕을 향해 나아가는 도학자의 삶은 신만을 향해 기도하는 사제의 모습과 중첩된다. 그들은 사원에 살지 않지만 사원에 사는 사제와 비슷하게 살고자 했다. 달리 표현하면 그들은 극단적으로 말해서 일상과 사회를 도덕의 사원으로 재편성하여 신성한 곳으로 만들고자 했을지 모르겠다. 도학의 기획에서 악기를 연주하며 노래하며 웃음을 터뜨리는 유학의 길은 자꾸만 좁아져 갔다. 그 길이 있다고 해도 주변으로 밀려나거나 순수하지 못한 샛길로 여겨졌다. 이 때문에 도학의 기획에는 신적 존재가 없지만 결국 신의 얼굴이 크게 부각되었고 표정表情이 살아 있는 인간의 얼굴이 작았던 것이다.[78]

도학자는 아니지만 문학과 예술에 대한 송나라의 새로운 인식을 살펴볼 만하다. 소철은 자신의 정체성을 찾기 위해 여행을 하고 명사를 찾아 인터뷰하기도 했다. 그는 아버지 소순, 형 소식이 나온 집안 내력으로 문학에 관심을 가졌다. 하지만 그는 문학이 성인이 되고자 하는 유학자의 열망을 충족시켜 줄 수 있는지 고민했다. 이 고민은 도학자들이 성인이 되는 학문과 문학의 양립 가능성을 날카롭게 차단하는 사유의 결과 아주 다르다고 할 수 있다. 소식은 워낙 문학의 베이스에서 인생의 방향을 고려했던 만큼 긍정의 시선을 가지고 있었다.

"소철은 나면서부터 글쓰기를 좋아하여 이와 관련해서 깊이 생각했다. 생각건대 글(문장)은 기(기개)가 드러난 것이다. 글(문장)은 후천적으로 배워서 능수능란하게 될 수 없지만 기(기개)는 후천적으로 길러서 탁월하게 이를 수 있다."[79]

도학자들은 사람이 선천적으로 성인이 될 수 있는 가능성을 타고 태어난다고 생각한다. 하지만 사람은 세속적 욕망으로 인해 그 가능성을 잃거나 잊을 수 있다. 이에 도학자들은 사람이 후천적으로 배워서 사람다운 사람이 될 수 있다고 생각했는데 이미 앞에서 살펴본 「안자소호하학론顔子所好何學論」의 "성인가학이지聖人可學而至"로 표현할 수 있다. 이를

---

78 이러한 특성은 도학道學의 내재적 속성이기도 하지만 도학을 위학僞學으로 매도했던 시대의 탄압으로 인해 생겨난 대응일 수도 있다.

79 소철, 「상추밀한태위서上樞密韓太尉書」 "轍生好爲文, 思之至深, 以爲文者氣之所形. 文不可以學而能, 氣可以養而致." 이 글은 소철이 젊은 시절 태위 한기韓琦를 만나기 위해 쓴 편지이다. 소철은 문장과 기의 관계를 논의하고 기를 기르기 위해 맹자의 호연지기와 사마천의 천하주유를 모범으로 삼아 실행했다.

달리 또 표현한다면 학이성인學以成人 또는 학이성성學以成聖이라고 할 수 있다. 달리 말해서 사람은 후천적 학습으로 거룩한 성인이 될 수 있다는 것이다. 이때 학습은 유학의 텍스트 의미를 탐구하는 이론적 활동만이 아니라 수양을 통해 기질을 변화시키는 실천적 활동을 포함했다.

소철은 문학 활동을 하면 그 과정에서 성취감을 느꼈지만 도덕적 삶과 무관하다는 결론에 이르게 되었다. 문학적 성취가 뛰어나다고 해서 자동적으로 도덕적 위인이 되지 않을 뿐만 아니라 문학적 성취가 낮다고 해서 도덕적 실패자라고 할 수 없다. 즉 문학과 도덕 사이에 엄밀한 인과 관계나 밀접한 상관 관계가 없었다. 이것이 바로 인용문에서 나타나듯이 "글은 후천적으로 배워서 능수능란한" 작가(성인)에 이를 수 없다는 말이다. 도학자들이 소철의 주장을 들었는지 몰라도 문학이 성인되기와 무관하다면 그들이 더더욱 문학에 긍정적인 시선을 던질 수가 없다. 이 주장은 후천적으로 배워서 성인이 되려고 하는 도학의 기획과 정면으로 배치된다. 그런데도 소식은 글이 기를 표현하고 사람은 기를 단련할 수 있다고 생각하므로 도학과 문학의 실낱같은 희망의 끈을 놓지 않고 있다.

조선은 '유교의 나라'를 만들겠다는 기치로 1392년에 건국된 나라이다. 정도전은 왕이 전면에 나서지 않고 재상 정치를 추진하여 한양을 바탕으로 유교의 국가를 세우고자 했다. 정도전은 이러한 기획을 『조선경국전朝鮮經國典』의 집필과 경복궁의 건축에 빼곡하게 설계했다.[80] 역사적으로 살펴보면 조선에서 건국을 전후로 하여 수용 또는 전래된 도학道學은 먼저 이황李滉으로 대표되는 학습學習의 시대를 거친다. 이어서 도학은 다시 사칠논쟁四七論爭과 인물성동이논쟁人物性同異論爭처럼 해석解

---

80 정도전, 한영우 옮김, 『조선경국전』, 서울: 올재클래식스, 2014 참조. 정도전의 글을 신세식으로 확인하려면 정병철 옮김, 『삼봉집』 전4권, 파주: 한국학술정보, 2009 참조.

釋과 논쟁論爭의 시대를 거치면서 심화되고 확장되었다.[81] 이제 도학은 수용과 전래의 단계를 넘어서 자체 발전과 자체의 특성을 드러내게 되었다고 할 수 있다.

6.2 정사正邪를 넘어 흥미의 신세계 발견

18세기에 이르면 이전과 상황이 달라진다. 먼저 학습과 논쟁을 거친 도학의 960년 체제가 왜란과 호란에 제대로 대응을 하지 못했다는 반성 작성이 일어났다. 이를 바탕으로 동아시아가 각자 중화中華의 중심지로 자처하는 1644년 체제가 모습을 드러냈고 도학의 추상적 이념과 가치를 현실과 접목시키기 위한 교훈서敎訓書 등이 대량으로 간행되었다. 주희가 편집했던 『소학小學』만이 아니라 조선에서 편집한 『동몽선습童蒙先習』 『격몽요결擊蒙要訣』 등이 널리 읽혔다.[82] 이렇게 보면 18세기의 조선 지성계는 960년 체제의 이론화를 정교하게 하는 작업이 여전히 진행되면서도 중원의 지배 세력 교체와 더불어 중화의 가치가 상대화되어 경쟁하는 1644년 체제가 가동되었다. 이를 조선 중화주의라고 말하기도 한다. 청 제국은 중화의 가치 체계를 수호할 자격이 없으므로 조선이 명 제국이 하다 그만둔 역할을 수행해야 하고 또 수행할 수 있다는 것이다.[83]

소위 조선 중화주의는 현실에서 청 제국과 충돌하면서 위기를 겪는다. 청 제국은 종이 호랑이가 아니라 자신의 세력으로 동아시아의 질서를 새롭게 재편하고자 했다. 이러한 세력의 충돌 과정에서 조선은 망국

---

81 금장태, 『한국유학의 탐구』, 서울: 서울대학교 출판부, 1999; 이한, 『논쟁으로 본 조선』, 파주: 청아출판사, 2014; 2쇄 2015 참조.

82 김향은, 「조선 시대 아동 교육서를 통해 본 전통 아동교육 원리」, 『민족문화연구』 39권, 2003 참조.

83 이와 관련해서 정옥자, 『조선 후기 조선 중화사상 연구』, 서울: 일지사, 1998 참조.

에 가까운 절망적인 상황을 맞이했다. 청의 실체를 모른 척 이기고 싶다는 희망적 사유를 이길 수 있다는 근거 없는 자존감으로 이끌어갔다가 비극적 결말을 마주했던 것이다. 노신(루쉰)의 정신 승리법이 조기에 나타난 실례라고 할 수 있다. 동아시아의 정세가 조선의 의지와 달리 전개되자 자족성을 대변하던 조선 성리학은 북쪽의 청을 배워야 한다는 새로운 북학의 논리를 마주하게 되었던 것이다. 조선 중화주의가 중화 문명을 수호하는 세상의 중심을 선언했지만 현실에서 그 선언을 뒷받침할 수 있는 힘을 갖추지 못했다. 조선의 입장에서 보면 의지와 현실, 욕망과 질서의 괴리라고 할 수밖에 없다.

여기에 그치지 않고 18세기의 조선 지성계는 한층 더 복잡한 양상을 드러냈다. 서학西學이 전래되어 사대부만이 아니라 중인과 기층민이 천주天主를 믿으면서 제사를 거부하기 시작했다. 서학이 처음에 조선을 비롯하여 동아시아에 없던 과학을 소개하여 새로운 지식인의 지위를 차지했다. 시간의 경과와 더불어 선교사들은 과학을 넘어 종교를 전파하면서 제사의 거부처럼 유교적 의례와 충돌을 일으키게 되었다. 심지어 천주의 신앙을 지키기 위해 순교를 주저하지 않은 일이 생겨났다. 이는 훗날 종교 박해 또는 탄압으로 평가받았다. 아울러 조선이 청 제국과 외교 활동을 하면서 연행사들이 북경과 열하를 경험하면서 청淸을 함께 살 수 없는 야만인이 아니라 배워야 할 학습 대상으로 간주하는 북학北學이 모습을 드러냈다. 이제 조선은 서양과 청을 새롭게 인식하게 되면서 세계를 더 이상 문명과 야만의 도식으로 바라보지 않고 문명과 문명의 대화로 볼 수 있는 상황에 놓이게 되었다.[84]

여기서 18세기의 조선은 "중화 가치의 수호자로 상호 경쟁하는 1644년 체제를 넘어서는 대안을 찾거나 아니면 도학의 960년 체제 또는

---

84 이와 관련해서 마테오 리치의 『천주실의』에 주목한 연구도는 송영배, 『동서 철학의 충돌과 융합』, 서울: 사회평론, 2012 참조.

1644년 체제를 공고하게 지키느냐?"라는 전환점에 놓이게 되었다. 이 전환점은 다양한 관점에서 접근이 가능하지만 1792년(정조 16년)에 정점에 이르렀던 문체반정文體反正을 중심으로 살펴보고자 한다.[85] '문체' 하면 사상보다 문예에 어울리는 주제라고 생각할 수 있다. 사실 맞는 말이다. 하지만 문체반정의 논쟁은 현실에서 줄곧 문체에만 한정되지 않고 정체政體·심체心體·성체性體 등과 연결되어 진행되었다. 즉 문체는 사건의 시발점이면서 다른 영역으로 확전해가는 도화선이었다고 할 수 있다.

정조는 고문古文을 이상으로 여기면서 자신의 문체론을 펼쳤다.

"문체는 시대에 따라 같지 않은데, 한 세대 안에서도 자주 바뀌기도 한다. 시대에 높이 받는 것이랑 문체의 흥망성쇠는 일찍이 정치와 연관되지 않은 적이 없었다. 도를 담은 문장이 가장 뛰어나다. 비록 그 아래에 해당된다고 하더라도 반드시 문장에 학식을 담아내야 그 아름다움이 밖으로 드러나게 된다. 이렇게 되면 순조로움을 찾지 않아도 저절로 문장이 순조롭고, 기발함을 찾지 않아도 문장이 저절로 기발하게 된다."[86]

정조의 말에서 "관도지문貫道之文", "학식적중學識積中"에 주목하면 그의 방향이 어디로 향하고 있는지 쉽게 알아차릴 수가 있다. 앞에서 살펴본 바에 따르면 정조는 문이재도론을 긍정하고 있다. 그는 재도론의 조건 아래에서 '순문順文'과 '기문奇文'을 구별하고 있다. 이 논법에는 결국 도를 중심에 둔 재도론을 넘어선 기문奇文을 인정하지 않겠다는 단호한

---

85 간략한 일지는 이한, 『논쟁으로 보는 조선』, 파주: 청아출판사, 2014; 2쇄 2015, 371~373쪽 참조.
86 정조(이성), 『홍재전서弘齋全書』 권49 「책문策問 2·문체文體」 "大抵文體隨世不同, 而一世之間, 亦或屢變, 惟時之所尙, 而其盛衰興替, 未嘗不與政通矣. 貫道之文尙矣. 雖其下者, 必也學識積於中, 而英華發於外, 不求順而自順, 不求奇而自奇."

주장으로 이어진다. 실제로 정조는 재도론을 넘어선 기문을 쓰면 과거 시험의 자격을 박탈하는 강경한 조치를 취하기도 했다.[87] 과거 시험의 자격 박탈은 사대부가 공식적으로 활동할 수 있는 기회와 특권을 상실하는 중차대한 조치라고 할 수 있다. 이제 사대부는 순문을 창작하여 관직 생활을 계속할지 아니면 기문을 고수하여 관직의 외부로 나갈지 선택해야 하는 상황에 놓였다고 할 수 있다. 이러한 전개에서 보이듯 문체가 문체에 한정되지 않고 정체로 이어지고 있다.

정약용도 정조의 주장에 동조하여 재도론을 벗어난 기문을 패관잡서稗官雜書로 규정하고 그것의 폐해를 천재天災와 지재地災에 맞먹는 인재人災에 비유했다. 문체는 단순히 글쓰기의 지극히 개인적인 스타일이 아니라 체제의 유지와 직결되는 핵심 의제가 되었다. 그의 인재론人災論은 결국 정이의 작문해도론과 상통한다고 할 수 있다. 인재와 해도는 같은 말의 다른 표현이라고 할 수 있다. 도대체 문체가 어떻게 체제 문제로 비화될 수 있을까? 그 안에는 간단하지만 않은 복잡한 계기가 들어 있을 것이다.

인재론의 일단을 살펴보면 다음과 같다. 음탕한 말과 추잡한 이야기는 사람의 심령心靈을 뒤흔들어놓고, 삐딱한 분위기와 요사한 내용은 사람의 지식을 헷갈리게 하고, 황당하고 괴이한 줄거리는 사람의 오기傲氣를 자극하고, 번듯하지만 엉성한 문장은 사람의 장기壯氣를 해친다. 이 때문에 패관잡서를 청소년이 읽으면 경사經史 공부를 대수롭지 않게 여기고, 재상은 조정의 일을 소홀히 하고, 부녀자가 읽으면 해야 할 일을 내팽개칠 것이라는 해악을 경고했다. 따라서 그는 패관잡서를 분서焚書하고 수입하는 자를 엄벌에 처하자고 주장했다.[88]

---

87 이와 관련해서 자세한 문맥은 김용심, 『문체반정文體反正, 나는 이렇게 본다』, 파주: 보리, 2012 참조.

88 정약용, 『여유당전서與猶堂全書』 제8권 「대책對策 · 문체책文體策」 "臣以爲彗孛虹霾, 謂之

패관잡서는 단순히 책에 불과한 것이 아니라 사람의 본분을 망각하게 하고 질서를 뒤흔드는 원인으로 지목되고 있다. 이렇게 보면 정조와 정약용은 도학의 960년 체제 또는 중화학中華學의 1644년 체제를 강화시켜서 소설을 읽는 위험한 새로운 현상을 방비하고자 했다. 문체반정의 원인을 제공했던 박지원의 생각은 정조나 정약용의 입장과 크게 달랐다. 그는 함께 어울리던 박제가의 『초정집楚亭集』에서 서문을 쓰면서 법고法古와 창신創新의 상관성을 통해 문장을 짓는 기준을 분명하게 제시했다.

법고파는 옛것을 흉내 내고 본뜨면서도 부끄러워할 줄 모르고, 창신파는 괴이하고 황당한 글을 늘어놓으면서도 두려워할 줄을 몰랐다. 다시 말해서 법고파는 옛 자취에 얽매이는 병통을 갖고, 창신파는 법도를 지키는 않은 한계를 갖는다. 박지원은 당시 법고파와 창신파가 모두 문제가 있다는 것을 지적했다. 그는 법고를 하면서 변화를 알고, 창신을 하면서 기준을 갖는 법고창신法古創新을 대안으로 제시하고 있다.[89] 법고창신을 지키면 금문今文과 고문古文을 이분법적으로 구분하여 "금문은 나쁘고 고문이 좋다"는 단순한 인식을 벗어날 수 있다. 이렇게 보면 박지원은 18세기의 상황에서 1644년 체제를 대체하는 새로운 기획을 하고자 했던 것이다.

18세기 조선에서 일군의 지식인들은 도대체 무엇 때문에 과거 응시의

天災. 旱潦崩渴, 謂之地災. 稗官雜書, 是人災之大者也. 淫詞醜話, 駘蕩人之心靈. 邪情魅跡, 迷惑人之智識. 荒誕怪詭之談, 以騁人之驕氣. 靡曼破碎之章, 以消人之壯氣. 子弟此而芑籬經史之工, 宰相業此而弁髦廟堂之事, 婦女業此而織紝組紃之功遂廢矣. 天地間災害. 孰甚於此! 臣謂始自今, 國中所行. 悉聚而焚之. 燕市貿來者. 斷以重律. 則庶乎邪說少熄, 而文體一振矣."

89 박지원, 『연암집燕巖集』 권1 「초정집서楚亭集序」 "爲文章如之何? 論者曰: 必法古. 世遂有儗摹倣像而不之恥者. 是王莽之周官, 足以制禮樂, 陽貨之貌類, 可爲萬世師耳. 法古寧可爲也? 然則刱新可乎? 世遂有怪誕淫僻而不知懼者. …… 法古者, 病泥跡. 刱新者, 患不經. 苟能法古而知變, 刱新而能典. 今之文, 猶古之文也."

자격을 제한받으면서도 패관잡서의 세계에 뛰어들었을까? 이것을 어떻게 설명할 수 있을까? 먼저 정조14년에 발생했던 살인사건을 살펴보기로 하자. 한 전기수傳奇叟(책을 읽어주는 사람)가 담뱃가게 앞에서 소설을 구성지게 읽었고, 많은 사람들이 그 소리를 듣고 있었다. 이야기가 주인공이 억울한 죽음을 맞이하는 상황에 이르자, 듣던 사람 중 한 명이 "눈을 부릅뜨고 입에 거품을 물면서 풀 베던 낫을 들고 앞으로 달려들어 책 읽는 사람을 쳐서 그 자리에서 죽게 했다."(『조선왕조실록』, 1790년 8월 10일 기사) 정조가 항간에 있던 일이라며 살인 사건을 대신들에게 들려주었다. 왜 그랬을까? 패관잡서, 즉 오늘날 소설의 위험성을 경고하기 위해 이야기를 한 것이다.[90] 살인자는 현실과 소설의 세계를 구분하지 못한 것이다.

도대체 여러 사람이 보는 앞에서 살인 사건이 일어날 수 있었을까? 정조의 시대를 지탱했던 인물 중의 한 명인 채제공(1720~1799)의 말을 들어보자. 당시 남성만이 아니라 아녀자들이 패설(소설)을 읽는 대열에 합류했다. 그로 인해 인기 있는 소설책을 베껴 사람들에게 빌려주고 돈을 받는 직업이 생겨날 정도였다. 소설의 인기는 오늘날 대중 스타가 누리는 인기에 뒤지지 않을 정도였다. "아녀자들은 앞뒤 따져보지 않고 비녀와 팔찌를 팔거나 동전을 빚내서 앞을 다투어 소설책을 빌려 읽었다. 소설책을 읽느라 베 짜는 일조차 잊어버리곤 했다."[91]

물론 채제공이 소설의 폐해를 강조하려다가 그 인기를 과장했을 수도

---

90 이승원, 「소설 읽어 준 사람, 이렇게 살해됐다 [서평] 이승원이 쓴 〈사라진 직업의 역사〉」(2912.06.25일자 기사) http://www.ohmynews.com/NWS_Web/view/at_pg.aspx?CNTN_CD=A0001748609 이 이야기는 심노숭沈魯崇(1762~1837)의 『남천일보南遷日錄』「언문소설」에 보다 자세하게 소개되고 있다. 문제의 소설은 『임장군전』이고, 살인의 발단은 김자점이 임경업 장군을 모함해서 죽게 만드는 이야기였다.

91 채제공, 『번암집樊巖集』권33 「여사서서如四書序」 "竊觀近世閨閤之競以爲能事者, 惟稗說是崇. 日加月增, 千百其種. 儈家以是淨寫, 凡有借覽, 輒收其直 以爲利. 婦女無見識, 或賣釵釧, 或求債銅, 爭相貰來, 以消永日, 不知有酒食之議組紃之責者往往皆是."

있다. 더 솔직히 말하면 그는 왜 사람들이 소설에 탐닉하는지 이해하지 못했을 수도 있다. 하지만 우리는 아녀자들을 유례를 찾을 수 없을 정도로 소설 읽기로 끌어들인 광풍狂風의 원인이 무엇인지 따져보지 않을 수가 없다. 그것은 소설의 허구 세계가 현실 세계가 주지 못하는 흥미興味를 주고 재미를 자아내기 때문이다. 이것은 지금까지 느껴보지 못했던 새로운 영역에서 생겨난 일이다. 운문『시경』이 자유의 공간을 창출했다가 산문 소설도 이제 스토리를 바탕으로 긴장과 흥미를 자아내서 현실과 소설을 구분하지 못하게 했다. 변화되어야 하지만 변화되지 않은 현실과 달리 소설은 일어났으면 하는 일을 일어나게 할 수 있다. 이로 인해 소설은 무료하고 답답한 현실을 탈출할 수 있는 또 하나의 세계였던 것이다.

이러한 흥미의 세계는 18세기 조선에 불어닥친 호기상신好奇尙新의 풍토로 인해 확대되었다. 기존의 것은 너무나도 익숙하여 새로운 관심을 불러일으키지 못한다. 반면 새로운 것은 시선부터 사로잡으면서 그 이질성으로 인해 수집과 소유라는 새로운 욕망을 추동했던 것이다. 구체적으로 말해서 당시 호기상신은 보지 못했던 생물生物과 사물事物, 가보지 못했던 지리地理, 나와 다른 사람에 대한 관심이 증대되었다.[92] 호기상신은 왜 960년 체제와 1644년 체제에서 수용되지 못했을까?

비판이 허용되지 않는 상황에서 사람은 '지금 여기'와 다른 세상을 어떻게 꿈꾸고 기획할 수 있을까? 그것은 새로운 것을 내치지 않고 환대하는 일에서 시작된다. 호기상신은 호기심好奇心처럼 새로운 것을 향하는 멈출 수 없는 열망을 전제한다. 다음 페이지를 읽지 않고 읽기를 그만둘 수 없는 소설처럼 새로운 것은 사람을 유인하는 치명적인 속성을 가지고 있다. 작문해도론의 입장에서 보면 이 속성은 정사正邪의 도식에서 사邪에 속할 수밖에 없다. 이에 따르면 시와 마찬가지로 소설도 세상에서 한

---

92 장진성, 「조선후기 회화의 문화적 호기심好奇心」, 『미술사논단』 제32호, 2011.6 참조.

자리를 차지할 수 있는 당당한 시민권을 획득할 수 없었다. 소설은 당장 압수하여 폐기처분해야 할 대상이었다.

반면 호기상신好奇尙新의 입장에서 보면 이 속성은 정사正邪의 정을 확대할 수도 있을 뿐만 아니라 정사의 협애한 도식으로만 단정할 수 없다. 전자는 호기상신이 정과 결합할 수 있는 가능성을 갖게 되는 반면 후자는 호기상신이 독자적인 예술 공간을 확보할 수 있는 가능성을 갖게 된다. 전자이든 후자이든 정과 사의 경계는 이제 칼날처럼 좁게 날이 서 있지 않고 넓고 개방적일 수 있는 새로운 국면에 놓이게 되었다. 호기상신은 정사의 도식을 초월하여 또 하나의 세계를 찾아냈던 것이다. 이것은 분명 다른 세기에서 유례를 찾아보기 어려운 18세기의 새로운 성취라고 할 수 있다.

그런데도 18세기의 호기상신은 왜 이전과 다른 새로운 체제를 완성시킬 수 없었을까? 18세기 조선의 호기상신好奇尙新은 과학科學이 아니라 박물학博物學의 지식에 머물렀기 때문이다.[93] 과학은 정오正誤를 입증할 수 있는 근거를 제시할 수 있다. 아무리 태양이 돈다고 하더라도 지구가 도는 것을 확인하면, 천동설은 더 이상 지탱할 수 없다. 과학적 지식은 새로운 세상을 여는 진원지가 되는 것이다. 이처럼 호기상신이 과학으로 나아갔더라면 도학의 960년 체제와 중화학의 1644년 체제는 실로 대전환의 시대를 맞이했을 것이다. 하지만 18세기의 호기상신은 다른 것을 즐기고 색다른 것을 반기는 박물학적博物學的 서사敍事(이야기)에 머물렀기 때문에 도학의 960년 체제와 중화학의 1644년 체제에 심각한 타격을 줄 수 없었다. 호기상신好奇尙新은 소설을 베껴 책을 빌려주는 산업을 만들어냈지만 새로운 세상을 여는 변혁의 진원지가 될 수 없

---

93 선교사宣敎師들에 의해 동아시아에 지동설地動說이 소개되었을 때 유럽과 같은 종교 재판이 일어나지 않았다. 서양은 천체론과 신학이 연결되어 있기 때문에 지동설은 시대의 균열을 가하는 송곳적 역할을 수행했다. 반면 농아시아에서 천동설天動說은 어느 순간 슬그머니 지동설로 바뀌었다. 이것은 18세기 동아시아가 과학科學을 대하는 상징적인 측면을 나타낸다.

었다. 역설적으로 보면 960년 체제와 1644년 체제의 힘이 그만큼 강했다고 할 수 있다.

그럼에도 불구하고 18세기의 호기상신은 도도한 정사正邪의 논리를 펼치며 불이익을 부과하고 투항을 권하는 요구에 직면했지만, 자신의 글을 결코 포기하지 않았다. 그로 인해 조선의 18세기는 동아시아의 역사에서 문화, 예술, 인문의 새로운 공간을 열어젖힌 시기로 평가받을 만하다.

7. 맺음말

보통 동아시아의 예술 공간은 위진 시대에 시작되었거나 갑자기 넓혀졌다고 한다. 그것은 위진 시대가 예술사에서 갖는 커다란 의미를 강조하는 측면에서 의미가 있다. 하지만 이 주장에 따르면 원시 예술과 위진 시대 이전의 예술 활동은 의미를 가질 수가 없다. 따라서 이러한 주장은 과장에 기초한 허위에 해당되지 진실한 학설이라고 할 수 없다. 이 글에서는 동아시아 예술 공간의 기원을 따지지 않으므로 예술의 정의, 원시 예술의 개막을 다루지 않았다. 여기서 문자로 기록된 문헌을 중심으로 다루므로『시경』에서부터 논의를 시작하려고 한다.

문헌 연구에서 출발하면 동아시아 문헌에서 예술 공간은『시경』에도 똬리를 틀고 있었다. 그 공간은 현실의 삶에 수시로 끼어드는, 밀어내지만 어느 틈에 옆에 굳건히 버티고 있는 우憂를 락樂으로 바꿀 수 있는 동력이자 희망이었다. 그 공간이 없다면 사람은 말해서 풀어버리고 싶은 욕망마저 가질 수 없다. 삶이 우의 감옥이 된다. 이솝 우화의「임금님 귀는 당나귀 귀」를 보면 말하고 싶은 욕망이 얼마나 참기 어려운지 어떠한 금기와 권위를 넘어 말할 수밖에 없다는 사실이 잘 나타나고 있다.

『시경』은 성왕의 언행과 교훈이 진리로 인정되고 다른 목소리가 들리는 않은 고대 사회에서 침묵하는 다수의 소리를 담고 있다. 『시경』, 특히 풍 부분에는 시인과 작가의 이름은 알려지지 않지만 성왕의 언행과 교훈으로 포획되지 않는 사람의 다른 목소리 또는 여과되지 않는 날것의 소리가 들린다. 이는 고대 사회의 예술 공간으로 봐도 무방하다. 그 예술 공간은 다시 마음의 생산성과 창조성을 만나면서 비약적으로 확대되었다. 그 확대는 단순히 영역의 확장만이 아니라 마음이 인식과 심미에서 다양한 형상화를 가능하게 한다는 미증유의 체험이자 확신이었다.

이렇게 본다면 동아시아는 『시경』 이래로 아我와 아심我心의 분투에 의해 끊임없이 예술 공간을 확장해온 과정이었다고 할 수 있다. 이러한 아와 아심은 현실의 권력과 기성의 학문 권위에도 굴복하지 않았을 뿐만 아니라 외부의 지원에도 목매지 않고 자유로운 세계를 지키고자 했다. 이러한 자유로운 활동에 의해 창출된 예술 공간은 앞에서 살펴보았듯이 공자에 의해 음악으로 확장되었고, 위진 시대에 이르러 언어 비판을 통해 현학으로 고양되었고, 왕양명의 치양지 이후로 감성의 지위가 활발해지면서 18세기의 동아시아에서 도덕적 가치의 그늘에 숨죽이던 흥미와 재미를 낳는 심미의 취향이 더 이상 양도할 수 없는 권리로 등장하기 시작했다.

이렇게 보면 동아시아의 예술 공간은 도덕적 가치와 협력하거나 경쟁하는 양면 전략을 통해 늘 존재했다고 할 수 있다. 이는 동아시아의 문헌을 철학 사상에만 기울어지지 않고 문화 예술로 읽어내야 하는 이유가 되기도 한다. 나아가 동아시아의 전통적 예술 공간은 21세기의 시공간에서도 도전에 맞서 새롭게 확장되어야 할 것이다. 이것이 이 글에서 다루지 못한 한계이기도 하고 앞으로 나아갈 과제이기도 하다.

제2장

동아시아 예술 미학의 키워드: 치유와 충격, 기묘와 실용, 기운생동

요약문

동아시아 예술과 미학은 그 특징을 보여주는 다양한 개념이 있다. 처음에 특정 예술의 한 장르에서 시작되었다가 예술과 미학의 일반으로 확대되기도 한다. 예컨대 의경 또는 경계는 처음에 문학에서 주로 논의되다가 이제 동아시아 미학과 예술의 심미 세계를 가리키는 일반적인 개념으로 자리 잡게 되었다. 동아시아 미학과 예술의 전모를 밝히기에는 아직 연구 성과가 축적되어야 할 곳이 참으로 많다. 지금은 동아시아 예술과 미학의 주요 개념의 의미 맥락과 특성을 현대 언어로 충실하게 번역하고 소개하여 현대인과 소통할 수 있는 기반을 갖추어야 한다. 이 글에서는 동아시아 예술과 미학에서 널리 쓰이는 치유와 충격, 구체와 추상, 기운생동의 의미와 그 특징을 살펴보고자 한다. 이러한 작업의 목적에 따라 기존의 학술적 글쓰기와 달리 사전적 의미 풀이의 특성을 갖게 되었다.

키워드: 치유, 충격, 형사, 실용, 기운생동

1. 들어가는 글

철학은 언어를 통해 진眞을 밝히려고 하고 예술은 작품(선·색채·몸·동작·소리·질감 등)을 통해 미美를 드러낸다. 목표를 기준으로 살펴보면 철학과 예술은 분명히 같다고 말할 수 없다. 철학은 참을 인식하고자 하고 예술은 아름다움을 표현하고자 한다. 인식은 정신적 행위이기는 하지만 표현처럼 특정한 매질을 통해 작품을 만들지는 않는다. 표현은 생각과 관련이 되지만 반드시 언어적 진술로 드러나지 않아도 된다. 즉 철학자가 표현을 못한다고 욕을 얻어먹지 않고 예술가가 말을 잘 못한다고 엉터리로 간주되지 않는다.

철학은 사유의 결과를 사고의 판단과 언어의 문장으로 드러낸다. 이와 달리 음악은 음과 화성으로, 회화는 색과 구도로, 무용은 몸짓과 표현 그리고 그 조합으로, 건축은 입체와 디자인으로, 조경은 배치와 식재 등으로 반드시 표현하고자 하는 것을 형상화시키게 된다. 형상화의 결과가 작품이다. 목표를 드러내는 길과 방식을 보면 철학과 예술은 다르다. 그래서 현행 학문의 분류에 따르면 철학과 예술은 소속 대학과 학부가 다르고 교과 과정이 같지 않다. 둘은 소속과 운영 방식이 다르므로 그에 따라 요구하는 것도 다르다.

동아시아의 학문을 보면 철학과 예술 사이에 칸막이가 없다. 예컨대 『논어』를 보면 공자는 애초부터 철학과 예술이라는 구분 의식을 가지고 있지 않을 뿐만 아니라 그 둘을 자주 뒤섞어서 말하고 있다. "아침에 제 갈 길, 즉 도道를 알아차렸으면, 저녁에 죽게 되더라도 괜찮다"[1]라며 참된 것을 향한 갈구를 말하고 있다. 또 공자가 제 나라에 머무를 때 순임금의 소韶 음악을 보고 들을 기회가 있었다. 그는 얼마나 열중했는지 석

---

1 『논어』 「리인」 "朝聞道, 夕死可矣." 『논어』의 번역은 신정근, 『공자씨의 유쾌한 논어』, 파주: 사계절, 2009; 2011 3쇄 참조.

달 동안 고기 맛을 몰랐다. 그러고는 한마디를 했다. "악을 감상하다가 이렇게 될 줄은 전혀 몰랐네."[2] 공자는 아름다운 것에 대해 예민하고 깊은 감수성을 드러내고 있다.

여기서 우리는 공자에게서 어떻게 철학과 예술이 별다른 충돌 없이 하나로 결합할 수 있을까 라는 물음을 던질 수 있다. 만약 철학과 예술의 결합이 공자만이 아니라 장자라든지 다른 사상가들에게도 공통적으로 나타나는 일이라고 한다면 우리는 위 질문을 좀 더 일반적인 꼴로 바꿀 수 있다. 즉 "동아시아의 철학과 예술은 어떻게 하나로 결합하는가?"

이어서 우리는 동아시아 예술에서 공통의 주제를 살펴보고자 한다. 형사와 신사 그리고 기운생동이 그 대상이다. 얼핏 보면 이 주제는 회화예술에 어울리는 것으로 간주할 수 있다. 하지만 이것은 예술이 예술로서 승화되기 위해서 거쳐야 할 공통의 주제를 다루고 있다. 우리는 아이가 마구잡이로 그린 그림과 아무렇게 흔드는 율동을 예술이라고 하지 않는다면, 예술은 "무엇을 가져야 하는가?"라는 질문을 거치지 않을 수 없다. 형사와 신사 그리고 기운생동은 그러한 공통 질문을 해당되는 관문이라고 할 수 있다.[3]

2. 동아시아 철학의 배경

예술이 영감과 작품에 대한 의존도가 강하다면 철학은 사유와 텍스트에 대한 의존도가 강하다. 물론 선불교가 문자에 집중하지 않는 불립문

---

2 『논어』「술이」 "子在齊聞韶, 三月不知肉味, 曰: 不圖爲樂之至於斯也."

3 이 글의 목적은 동아시아 예술과 철학의 결합 가능성과 동아시아 예술의 공통 주제를 다루는 데에 있다. 이 중에서 전자는 한국춤무대예술학회의 제3회 국내학술대회 〈중국의 문화와 공연예술〉에서 발표했던 내용을 보완한 것임을 밝혀둔다.

자不立文字을 주장하여 텍스트의 비중이 도구에 한정될 정도로 간단하게 취급되는 경우도 있다. 철학은 기본적으로 텍스트를 읽고서 사유를 조직화하는 데에서부터 출발한다고 할 수 있다.

동아시아 철학의 대표 문헌을 들자면 '경經' 자가 들어가는 책을 꼽을 수 있다. 『역경』『서경』『시경』 등이 여기에 속한다. 『춘추春秋』는 경문經文이 얼마 되지 않아 의미가 잘 전달되지 않으므로 『공양전』『곡량전』『좌씨전』과 같은 전문傳文을 함께 보아야 한다. 그 밖에 『예기禮記』의 책 제목에는 '경' 자가 들어 있지 않지만 다른 경과 같은 지위를 누린다.[4] 훗날 이러한 경의 서적을 연구하는 것을 '경학經學'이라고 한다.

경 다음으로 '자子'로 알려진 인물들의 서적이 쏟아져 나오게 되었다. 이른바 제작백가의 출현이라고 할 수 있다. 관자·공자·맹자·노자·장자 등이 여기에 해당된다. 훗날 이러한 자의 서적을 연구하는 것을 '자학子學'이라고 한다. 이 때문에 공자의 『논어』를 제외하고 대부분 『노자』 『맹자』『장자』처럼 사람 이름과 책 이름이 같다.

경학에서 자학으로 변화는 여러 가지의 중대한 의미를 함축하고 있다. 기본적으로 경학은 시대가 아득히 먼 상고의 사회를 배경으로 한다면 자학은 역사 시대로 진입하여 보통 사람이 각자의 사고를 중시하는 사회를 반영하고 있다. 그 변화의 의미는 다음과 같다.

첫째, 삶의 단위와 영역의 변화이다. 경학에는 종족을 중심으로 하는 씨족과 지역 공동체가 등장한다. 자학에는 씨족과 지역의 공동체가 더 큰 단위로 통합되면서 국가가 등장하게 된다. 국가도 처음에는 씨족 연합체의 성격을 띠다가 차츰 중앙 집권적 관료 국가로 탈바꿈하게 된다.

둘째, 시대를 이끄는 주체의 변화이다. 경학 속의 주인공은 단연 성왕

---

4   경학사와 관련해서 서복관(쉬푸관)徐復觀, 김철운·유성선 외 옮김, 『중국 경학사의 기초』, 춘천: 강원대학교 출판부, 2007 참조. 동아시아 고대 문헌의 내용과 동아시아 문화의 형성과 관련해서 『신정근교수의 동양고전이 뭐길래?』, 서울: 동아시아, 2012 참조.

聖王이다. 이들의 지식은 풍부해서 어떠한 문제 상황을 만나더라도 척척 해결해낼 수 있다. 간혹 지식이 부족할 경우 주위에 그들을 도울 만한 사람들로 넘쳐난다. 이들의 의지도 참으로 굳건해서 한 번 하기로 한 것은 반드시 현실화가 된다. 즉 이들은 "꿈은 언젠가 이루어진다"라고 하기보다는 더 "꿈꾸면 곧 현실이 된다"라고 할 수 있다. 그들은 개인적인 차원만이 아니라 공동체의 차원에서도 탁월한 능력을 발휘했다. 이런 측면에 볼 때 성왕은 선지자, 메시아, 구원자의 특성을 갖는다고 할 수 있다. 따라서 같은 시대를 살아가는 성인이 아닌 보통 사람들은 성왕이 제시하는 길을 그대로 모방하면 모든 문제가 해결되었다고 할 수 있다.

자학 속의 주인공은 경학과 사정이 다르다. 자학의 주인공은 성왕을 조금이라도 닮은 인물도 있지만 성왕과 견줄 수 없는 인물도 있다. 예컨대 아침에 5시에 일어나야지 하면 성인은 아무런 의지의 갈등을 겪지 않고 5시에 일어나지만 보통 사람은 5시에 일어났다가 "5분만 더 자야지!" 하다가 결국 1시간, 2시간을 넘겨버린다. 자학의 주인공은 자신을 어느 정도로 통제할 수 있는 군자와 통제하기가 쉽지 않은 소인으로 나뉜다.

앞에서 살펴본 두 가지의 변화는 결코 예사롭지 않다. 특히 두 가지 변화를 이상 사회의 실현과 연관해서 검토하면 커다란 차이를 드러낸다고 할 수 있다. 경학 시대는 성왕의 모범과 비성인의 모방으로 현실을 이상으로 가꿀 수 있다. 자학 시대는 소인을 어떻게 해서 군자로 탈바꿈하거나 탈바꿈시킬 수 있을까 라는 물음을 가지게 된다. 이렇게 보면 제자백가는 경학에 없던 소인을 어떻게 바라보아야 하는가를 두고 그 해결책을 찾는 사유의 여정이자 결실이라고 할 수 있다.

공자는 소인이 수양을 통해서 군자가 되는 치유와 수양에 초점을 두면서 철학과 예술이 결합되는 지점을 찾았다. 반면 장자는 소인과 군자의 구분을 규범화하는 기도를 반대하면서 철학과 예술의 불가분리성을 주장했던 것이다.

3. 치유와 수양, 공자 예술의 키워드

오늘날 문화 예술에 관심을 갖는 사람이라면 자연스럽게 동양 고전 또는 동아시아 철학에서 문화 예술을 어떻게 이야기하고 있을까 라는 궁금증을 품게 된다. 이러한 관심은 금방 실망으로 바뀌게 된다. 과거의 동아시아 철학에는 오늘날처럼 분과학문의 체계가 없기 때문이다. 그렇다면 동아시아의 사상가들은 오늘날 문화 예술에 해당되는 분야에 전혀 관심을 가지지 않았을까? 그건 아니다.

오늘날 문화 예술에 해당되는 동아시아 철학의 개념이나 주제를 통해서 그 의미를 엿볼 수 있다. 도道 · 덕德 · 문文 · 질質 · 예禮 등은 맥락에 따라 얼마든지 오늘날의 문화 예술과 결부시켜 다룰 수 있고, 악樂 · 화畵 · 서書 · 시詩 · 곡曲 · 무舞 · 희戲 등은 현대의 음악 · 회화 · 서예 · 문학 · 희곡 · 무용 · 연극 등과 직접적으로 연관되는 내용을 말하고 있다. 예컨대 유희재劉熙載(1813~1881)는 『예개藝槪』에서 문文 · 시詩 · 부賦 · 사곡詞曲 · 서書 등으로 예술을 분류하기도 했다.[5]

여기서는 『논어』와 『예기』 「악기」에 나오는 음악을 통해 문화 예술의 의미를 살펴보자. 동아시아 철학은 처음부터 사람을 움직이는 힘을 탐구했다. 이는 "어떻게 하면 다른 사람과 나의 의지를 같게 하여 세계에 질서를 부여할 수 있을까?"라는 물음으로 바꿀 수 있다. 이와 관련해서 어떤 이는 물질적이고 물리적인 힘으로 사람을 자신의 마음대로 좌지우지할 수 있다고 보았고 어떤 이는 비물질적이며 도덕적인 힘으로 사람을 움직일 때 지속적이며 조화로운 사람 관계를 유지할 수 있다고 보았다.

『논어』와 『예기』는 물리적이고 물질적인 힘이 일시적인 집중을 가져올 수 있지만 역학 관계의 변화에 따라 강자와 약자가 끊임없이 뒤바뀌는

---

5   이와 관련해서 유희재, 윤호진 · 허권수 옮김, 『역주 예개』, 서울: 소명출판, 2010 참조.

혼란이 거듭된다고 보았다. 공자는 힘의 강약에 따라 사람이 지배하고 복종하는 사회를 넘어서고자 했다. 이를 위해 공자는 오늘날의 문화 예술 중 음악의 힘을 당대의 누구보다도 먼저 알아차린 사람이었다.

공자의 제자였던 자유는 무성武城 시장(군수)이 되어서 관청에 늘 악기 연주를 곁들인 노랫가락이 들리게 했다. 이는 우리가 명상 음악을 듣고서 차분해지거나 감미로운 음악을 듣고서 축 처진 심신을 달래는 것과 비슷하다. 유학에서는 이를 현가지성弦歌之聲이라 하는데, 오늘날 말로 하면 음악 정치 또는 문화 예술의 정치라고 할 수 있다. 공자는 악기의 음과 사람의 노랫소리가 듣는 사람의 심신을 안정시킬 수 있다고 보았을 뿐만 아니라 어떤 윤리적 정감과 가치를 일깨워줄 수 있다고 보았다. 이 고사는 정읍의 무성서원에는 현가루絃歌樓로 이어졌다.

훗날 『예기』「악기」에서는 공자의 이러한 관점을 확장시켜서 "예악과 형정이 궁극적으로 동일하여 사람의 마음을 하나로 같게 할 수 있다"라고 보았다.[6] 이는 음악이 지역적 차이를 가진 풍속을 자발적으로 조금씩 바꾸어서 각자에게 어울리는 조화로운 세계를 이룩할 수 있다는 음악의 교육적 기능을 강조한 것으로 볼 수 있다. 이것이 바로 음악 예술의 치유이다. 음악을 통해 과불급으로 인해 고통을 치유하여 주위 사람들에게 녹아들어 어울리게 된다. 현대의 관점으로 보면 목적주의 예술론이라고 할 수 있다. 근현대의 목적주의 예술론은 음악을 특정한 계급, 민족의 이해 관계로 환원시키므로 공자의 목적주의와 다르다고 할 수 있다.

다른 이야기도 있다. 공자가 제 나라에 가서 신화 전설에 나오는 순 임금의 소韶 음악을 듣고서 석 달 동안 고기 맛을 몰랐다고 한다. 소는 순이 세웠다고 하는 우虞 나라의 건국 과정을 담은 일종의 국가라고 할

---

6 『예기』「악기」 "禮以道其志, 樂以和其聲, 政以一其行, 刑以防其姦. 禮樂刑政, 其極一也, 所以同民心, 而出治道也."

수 있다. 공자가 소를 듣게 되자 먹고 사는 일상의 행위와 그 의미가 사라지고 그 자리에 음악이 주는 새로운 의미 세계가 생겨나고 있다. 이것은 음악에 미쳐서 학교를 그만두는 현대판 뮤지션의 행로와 닮았다고 할 수 있다.

『예기』를 보면 "오직 음악만이 거짓으로 꾸밀 수 없다"[7]라고 한다. 이것은 음악의 감수성과 희열은 다른 어떤 것이 끼어들어서 왜곡할 수 없을 정도로 강력하면서 순수하다는 것을 입증하고 있다. 이것이 바로 음악 예술의 수양이다. 공자는 언어와 텍스트를 통해 터득할 수 없었던 것을 소 음악을 들으면서 자신에게서 가다듬어지고 자라는 수양의 유쾌한 경험을 하게 되었다. 이로 인해 그 감동이 소 음악을 듣고 나서 금방 사라지지 않고 석 달이라는 긴 시간 동안 지속되었던 것이다. 그 감동의 지속은 지속으로만 끝나지 않고 이전에 경험하지 못한 새로운 지평으로 올라서게 만든다. 왕국유(왕궈웨이)는 이를 훗날 의경 또는 경계로 규정했다.

동아시아 철학에서 음악을 포함하는 문화 예술은 공동선의 가치를 배양하는 교육 기능도 있지만 개인적 감수성을 극대화시키는 내면의 창조 에너지를 표현할 수 있었던 것이다. 이것이 바로 공자가 예술에서 체험한 치유와 수양의 쾌감이라고 할 수 있다. 「악기」의 마지막에 보면 말이 부족하면 길게 노래 부르고 노래가 부족하면 어느 사이에 손과 발이 춤을 춘다고 한다. 문화 예술은 그 어떤 것도 억누를 수 없는 무한한 자유의 영혼을 드러내는 것이다.

---

7   『예기』「악기」 "唯樂不可以爲僞."

4. 충격, 장자 예술의 키워드

공자는 「악기」와 함께 오음을 음악 예술을 익히고 감상하는 최상의 기준으로 간주한다. 노자는 오음영인이롱五音令人耳聾을 부정한다. 소리(음악)는 오음의 틀로 완전히 담아낼 수 없을 뿐만 아니라 오음의 틀로 갇히면 오히려 소리(음악)를 온전히 즐기지 못한다. 그것이 바로 귀가 먹게 된다는 역설적 주장으로 이어졌다.[8] 이러한 주장은 공자와 「악기」의 관점을 가진 사람에게 충격으로 다가온다. 충격은 자신이 믿는 것과 거리가 크면 클수록 더 강하게 느끼게 된다.

4.1 노자의 대음에서 장자의 천뢰로

노자는 대음희성大音希聲을 통해 제도화되고 양식화된 음악이 사람의 진실한 마음을 담아내지 못한다고 비판했다.[9] 공자와 「악기」의 논리에 따르면 대음이면 자연히 다른 어떤 경우보다 잘 들려서 큰 감동을 주게 된다. 이에 대해 노자는 최상의 음악이란 귀에 들리지 않는다는 역설적 주장을 던지고 있다. 그는 기존의 음악에 빠진 사람들에게 "그것이 과연 진정한 음악인가?"라는 물음을 던진 셈이다. 그는 이렇게 커다란 충격을 주어 사람들로 하여금 음악의 정체를 새롭게 생각해보게 만들었던 것이다. 여기서 노자는 대음이 무엇인지 그 정체를 더 이상 다루지 않는다. 이것은 훗날 장자에게로 이어진다. 이처럼 음악 예술에서 공자가 수양과 치유를 강조하는 반면 노자와 장자는 충격을 내세운다.

음악을 하는 사람들에게는 충격이 전부가 아니다. 그들은 충격을 받

---

8 「노자」 12장 "五色令人目盲, 五音令人耳聾, 五味令人口爽, 馳騁田獵令人心發狂, 難得之貨令人行妨. 是以聖人爲腹不爲目. 故去彼取此."

9 「노자」 41장 "大方無隅, 大器晩成, 大音希聲, 大象無形."

앉음에도 불구하고 음악을 계속해야 한다. 그들은 이어서 "그렇다면 도대체 어떻게 음악을 해야 하는가?"라는 질문을 품을 수밖에 없다. 물론 노자는 "그건 음악 하는 사람들이 알아서 할 일이다."라며 자신과 선을 그을 수 있다.

어떻게 하면 노자가 문제를 제기했지만 해답을 제시하지 않는 논의를 이끌어 갈 수 있을까? 즉 "어떻게 해야 진실한 음악을 할 수 있는가?" 우리는 이 실마리를 장자에서 찾을 수 있다. 존재의 평등성을 다루고 있는 「제물론齊物論」에 보면 그는 '인뢰人籟' '지뢰地籟' '천뢰天籟' 등을 이야기하고 있다.[10] 뢰가 통소를 가리키므로 세 가지는 각각 사람의 통소, 땅의 통소, 하늘의 통소라고 할 수 있다.

오늘날 통소는 대로 만든 악기 중의 하나로 구멍이 위쪽에 다섯 개, 아래쪽에 하나가 나 있다. 통소는 세로 방향으로 불어서 소리를 내는데, 주로 독주 악기로 쓰인다. 이 통소가 장자의 통소인지 확인할 수는 없지만 인뢰는 사람이 만든 통소를 가리킨다.

「제물론」은 다소 엉뚱하게 남곽자기와 안성자유 두 사람의 안부 이야기로 시작된다. 남곽자기가 책상에 몸을 기대고 앉아서 하늘을 향해 한숨을 내쉬었는데, 그 모습이 마치 멍하니 몸도 마음도 놓아버린 듯했다. 옆에 있던 안성자유는 남곽자기의 태도를 말라버린 나무와 꺼진 재, 즉 고목사회枯木死灰로 보인다며 뭔가 큰일이 생겼는지 물었다. 이에 남곽자기는 "내가 스스로 무엇을 하려는 자아를 잊었다[오상아吾喪我]."라면서 통소 이야기를 끄집어내고 있다.

인뢰는 사람이 대나무로 만든 통소를 불 때 내는 소리를 가리킨다. 장자에 따르면 바람은 땅이 내쉬는 숨결인데, 지뢰는 바람이 공간을 지나면서 내는 온갖 자연음을 가리킨다. 바람이 깊은 계곡, 나무 구멍 등을

<hr>

10 『장자』「제물론」 "子綦曰. 偃, 不亦善乎? 而問之也! 今者吾喪我, 汝知之乎? 汝聞人籟, 而未聞地籟,, 汝聞地籟, 而未聞天籟夫!"

지나면서 내는 소리를 말한다. 지뢰는 나무와 땅에 난 구멍으로 바람이 지나가면서 나는 퉁소를 가리킨다. 장자는 이러한 지뢰의 소리를 실로 다양한 의성어를 통해서 표현하고 있다.

"괄괄, 쌩쌩, 탁탁, 후루룩, 야야, 아아악, 윙윙, 지지배배. 앞의 바람이 획획 불어대면 뒤의 바람이 따라서 윙윙 소리를 낸다. 산들바람에 가볍게 응하고 회오리바람에 크게 응한다. 태풍이 잦아들면 모든 구멍이 조용해진다."[11]

인뢰와 지뢰의 구별은 쉽게 된다. 인뢰는 악기 소리이고 지뢰는 산과 강을 찾으면 여기저기서 들려오는 자연의 소리이다. 천뢰는 도대체 무엇일까? 천뢰는 세계의 만물이 개별적으로 도와 짝이 되어 살아가는 취만부동吹萬不同의 방식을 가리킨다.

"부는 소리가 만 가지로 서로 다르지만 제각각 제 소리를 내게 된다. 잘하든 못하든 모두 제 스스로 움직여서 나아가는데, 울부짖게 하는 것이 그 누구인가?"[12]

이것은 천뢰를 묘사하는 부분이다. 개별 존재는 모두 외부 요인이나 외적 자극에 따라 움직이는 것이 아니라 내적 움직임에 따라 자발적으

---

11 『장자』 「제물론」 "山陵之畏佳, 大木百圍之竅穴, 似鼻, 似口, 似耳, 似枅, 似圈, 似臼, 似洼者, 似汚者, 激者, 謞者, 叱者, 吸者, 叫者, 譹者, 宎者, 咬者. 前者唱于, 而隨者唱喁. 冷風則小和, 飄風則大和, 厲風濟則衆竅爲虛." 『장자』에서 의성어와 의태어의 번역은 참으로 중요하다. 특히 장자는 의미와 대상 사이의 일의적인 관계를 부정하기 때문이다. 이런 점에서 의성어와 의태어는 '의미 없는' 또는 '의미를 전달하기에 부족한' 기호가 아니라 '의미를 대신하는' 또는 '의미를 풍부하게 하는' 기호인 것이다. 장자는 숱한 의성어와 의태어로 자신의 철학과 예술을 표현하고 있다. 물론 의태어와 춤의 형상화 사이에 풀어야 할 문제가 많이 남아 있지만 의태어는 장자의 예술을 춤으로 형상화시킬 수 있는 중요한 모티브가 될 수 있다.

12 『장자』 「제물론」 "夫吹萬不同, 而使其自己也, 咸其自取, 怒者誰邪?"

로 움직인다. 이때 취吹는 그렇게 개별 존재가 자신의 바람대로 다르게 소리 내고 노래하는 것인 반면 노怒는 스스로 나아가는 흐름에 끼어들어 개별 사물의 흐름을 뒤흔들어서 흥분하게 만드는 것이다. 천뢰는 사람이 언어로 말하고 동물이 울음으로 말하면서 제각각의 소리를 내는 것이다.

이렇게 보면 인뢰는 형식화되고 제도화된 음악이고 지뢰는 바람에 절대적으로 의존하는 음악이다. 인뢰와 지뢰는 결국 제도와 사물에 구속된 음악이다. 즉 노자가 부정하는 음악이다. 천뢰는 존재가 구속받지 않고 상황마다 각자의 방식으로 노래를 부르는 것이다. 이는 어른과 아이가 즉흥에 따라 음정 박자 무시하고 제멋대로 불러도 사람들이 깔깔 웃고 즐기는 자유로운 음악이며 풍요로운 예술인 것이다. 이렇게 보면 장자는 노자의 대음희성을 천뢰로 발전시켜 이 세상의 모든 존재가 각자 자신의 소리를 내고 있다고 말한다. 결국 장자의 우주는 음악 우주라고 할 수 있다.

4.2 장자의 천뢰에서 박지원의 구도무우九渡無虞로

장자는 천뢰를 통해 노자가 침묵했던 자유로운 대음의 정체를 드러냈던 것이다. 장자의 음악 우주가 훗날 다시 한 번 정확하게 다시 연주된 적이 있다. 박지원이 베이징에서 열하로 가는 여정에서 겪었던 글에서 나온다. 그는 『열하일기』 「산장잡기 · 일야구도하기」에서 한밤중에 아홉 차례 강을 건너며 다양한 소리를 들었다.[13] 이 소리는 장자의 퉁소 중에 지뢰에 해당된다고 할 수 있다. 하지만 박지원은 물이 바위와 부딪치며 나는 소리를 듣고 싶은 대로 듣지 않고 소리 나는 대로 듣기를 말하

---

13 『열하일기』 「일야구도하기」의 번역은 한국고전번역원의 한국고전종합DB에 수록된 이가원의 글을 부분적으로 수정했다.

고 있다. 이는 장자가 말하는 천뢰의 취만부동吹萬不同을 닮았다.

"하수는 두 산 틈에서 나와 돌과 부딪쳐 싸우며 그 놀란 파도와 성난 물머리
와 우는 여울과 노한 물결과 슬픈 곡조와 원망하는 소리가 굽이쳐 돌면서, 우
는 듯 소리치는 듯 바쁘게 호령하는 듯, 항상 장성을 깨뜨릴 형세가 있었다.
전차戰車 만 승乘과 전기戰騎 만 대萬隊나 전포戰砲 만 가架와 전고戰鼓 만
좌座로서는 그 무너뜨리고 내뿜는 소리를 족히 형용할 수 없을 것이다. 모래
위에 큰 돌은 흘연히 떨어져 섰고, 강 언덕에 버드나무는 어둡고 컴컴하여 물
지킴과 하수 귀신이 다투어 나와서 사람을 놀리는 듯한데 좌우의 교리蛟螭가
붙들려고 애쓰는 듯싶었다."[14]

박지원은 하수를 건너면서 굉음을 들었다. 이 소리는 그가 평소에 듣
던 소리의 크기를 넘어서는 압도적인 느낌을 전달했다. 그는 전쟁터에
서 사람의 귀를 멍할 정도로 큰 소리를 내는 전차·전기·전포·전고 등
으로 흉내 낼 수 없다고 묘사했다.

"혹은 말하기를 '여기는 옛 전쟁터이므로 강물이 저같이 우는 거야.' 하지만
이는 그런 것이 아니니, 강물 소리는 듣기 여하에 달렸을 것이다. 산중의 내
집 문 앞에는 큰 시내가 있어 매양 여름철이 되어 큰비가 한 번 지나가면, 시
냇물이 갑자기 불어서 항상 거기車騎와 포고砲鼓의 소리를 듣게 되어 드디어
귀에 젖어 버렸다. 내가 일찍이 문을 닫고 누워서 소리 종류를 비교해 보았
다. 깊은 소나무가 퉁소 소리를 내는 것은 듣는 이가 청아한 탓이요. 산이 찢
어지고 언덕이 무너지는 듯한 것은 듣는 이가 분노한 탓이요. 뭇 개구리가 다

---

14 『열하일기』「산장잡기山莊雜記 · 일야구도하기一夜九渡河記」"河出兩山間, 觸石鬪狠, 其驚
濤駭浪, 憤瀾怒波, 哀湍怨瀨, 犇衝卷倒, 嘶哮號喊, 常有摧破長城之勢. 戰車萬乘, 戰騎萬
隊, 戰砲萬架, 戰鼓萬坐, 未足諭其崩塌潰壓之聲. 沙上巨石, 屹然離立, 河堤柳樹, 窅冥鴻
濛, 如水祇河神, 爭出驕人, 而左右蛟螭, 試其挐攫也."

투어 우는 듯한 것은 듣는 이가 교만한 탓이요. 대 피리가 수없이 우는 듯한 것은 듣는 이가 노한 탓이요. 천둥과 우레가 급한 듯한 것은 듣는 이가 놀란 탓이요. 찻물이 끓는 듯이 문무文武가 겸한 듯한 것은 듣는 이가 고상한 탓이요. 거문고가 궁宮과 우羽에 맞는 듯한 것은 듣는 이가 슬픈 탓이요. 종이 창에 바람이 우는 듯한 것은 듣는 이가 의심나는 탓이다. 모두 바르게 듣지 못하고 특히 흉중(마음)에 먹은 뜻을 가지고 귀에 들리는 대로 소리를 만든 것이다."[15]

어떤 이가 형용할 수 없이 큰 굉음의 원인을 전쟁터라고 말했다. 박지원은 이 주장을 받아들이지 않았다. 이 주장은 혜강의 「성무애락론」을 논의하면서 살펴본 『예기』 「악기」의 '성유애락'에 해당된다. 혹자는 소리에서 전쟁터와 연관되는 음악 외적 요소를 제시하고 있다. 이는 「성무애락론」에서 진객이 제기했던 설명을 닮았다. 박지원은 이 설명을 받아들이지 않았다. 그는 듣고 싶은 대로 듣는 것이 아니라 들리는 대로 듣는다면서 자신이 산중 생활에서 경험했던 개울물 소리 이야기를 논의하고 있다.

예컨대 개울의 물소리가 종이 창이 바람에 파르르 떨 듯이 울게 느껴진다면 이것은 듣는 사람의 마음에 의심하는 곳이 있기 때문이다. 즉 자신이 의심을 하고 있다 보니 물소리가 종이로 된 창이 파르르 떨리는 것처럼 들리는 것이다. 그는 산중 생활에서 물소리를 8가지로 잘못 들을 수 있는 사례를 제시하고 있다. 소리를 잘못 듣는 원인으로 그는 "흉중

---

15 『열하일기』 「산장잡기山莊雜記 · 일야구도하기一夜九渡河記」 "或曰: '此古戰場, 故河鳴然也.' 此非爲其然也. 河聲在聽之如何爾. 余家山中, 門前有大溪, 每夏月急雨一過, 溪水暴漲, 常聞車騎砲鼓之聲, 遂爲耳崇焉. 余嘗閉戶而臥, 比類而聽之. 深松發籟, 此聽雅也. 裂山崩崖, 此聽奮也. 群蛙爭吹, 此聽驕也. 萬筑迭響, 此聽怒也. 飛霆急雷, 此聽驚也. 茶沸文武, 此聽趣也. 琴諧宮羽, 此聽哀也. 紙牕風鳴, 此聽疑也. 皆聽不得其正, 特胸中所意設, 而耳爲之聲焉爾."

(마음)에 먹은 뜻을 가지고 귀에 들리는 대로 소리를 만"들어냈다[特胸中所意設, 而耳爲之聲焉爾.]고 주장하고 있다.

"지금 나는 밤중에 한 강을 아홉 번 건넜다. 강은 새외塞外로부터 나와서 장성을 뚫고 유하楡河와 조하潮河·황화黃花·진천鎭川 등 모든 물과 합쳐 밀운성 밑을 거쳐 백하白河가 되었다. 나는 어제 두 번째 배로 백하를 건넜는데, 이것은 하류下流였다. 내가 아직 요동에 들어오지 못했을 때 바야흐로 한여름이라, 뜨거운 볕 밑을 가노라니 홀연 큰 강이 앞에 당하는데 붉은 물결이 산같이 일어나 끝을 볼 수 없으니, 이것은 대개 천리 밖에서 폭우暴雨가 온 것이다. 물을 건널 때는 사람들이 모두 머리를 우러러 하늘을 보는데, 나는 생각하기에 사람들이 머리를 들고 쳐다보는 것은 하늘에 묵도默禱하는 것인 줄 알았더니 나중에 알고 보니, 물을 건너는 사람들이 물이 돌아 탕탕히 흐르는 것을 보면, 자기 몸은 물을 거슬러 올라가는 것 같고, 눈은 강물과 함께 따라 내려가는 것 같아서 갑자기 현기가 나면서 물에 빠지는 것이기 때문에 그들이 머리를 우러러 보는 것은 하늘에 비는 것이 아니라, 물을 피하여 보지 않으려 함이다. 또한 어느 겨를에 잠깐 동안의 목숨을 위하여 기도할 수 있으랴. 그 위험함이 이와 같으니, 물소리도 듣지 못하고 모두 말하기를 '요동 들은 평평하고 넓기 때문에 물소리가 크게 울지 않는 거야.' 하지만 이것은 물을 알지 못하는 것이다. 요하遼河가 일찍이 울지 않는 것이 아니라 특히 밤에 건너보지 않은 때문이다. 낮에는 눈으로 물을 볼 수 있으므로 눈이 오로지 위험한 데만 보느라고 도리어 눈이 있는 것을 걱정하는 판인데, 다시 들리는 소리가 있을 것인가? 지금 나는 밤중에 물을 건너는지라 눈으로는 위험한 것을 볼 수 없으니, 위험은 오로지 듣는 데만 있어 바야흐로 귀가 무서워하여 걱정을 이기지 못하는 것이다."[16]

---

16 『열하일기』「산장잡기山莊雜記·일야구도하기一夜九渡河記」"今吾夜中一河九渡. 河出塞外, 穿長城會楡河潮河, 黃花鎭川諸水, 經密雲城下, 爲白河. 余昨舟渡白河, 乃此下流. 余

그렇다면 왜 사람들은 들리는 대로 듣지 않고 듣고 싶은 대로 듣는 것일까? 박지원은 낮과 밤으로 강을 건너며 사람들의 형태를 관찰했다. 사람들이 낮에 강을 건너면 수면을 보지 않고 고개를 들어 하늘을 바라보았다. 박지원은 처음에 사람들이 하늘(하느님)에게 조용히 "무사히 강을 건너게 해 달라!"고 기도하는 줄 착각했다. 알고 보니 사람들이 배를 타고 강물을 보면 현기증이 나서 잘못하다 물에 빠질까 봐 하늘을 바라봤던 것이다.

또 사람들은 낮에 강을 건너고서 물소리가 어떤지 물으면 소리가 나지 않더라도 말한다는 것이다. 낮에는 사람들의 눈이 흔들리고 출렁이는 위험스러운 광경에 쏠리다 보니 실제로 강물 소리를 듣지 못하는 것이다. 반대로 밤에 강을 건너면 눈이 보이는 게 없으니 낮과 반대로 소리에 집중하다 보니 두려워하게 되는 것이다. 박지원은 낮과 밤에 강을 건너는 차이를 관찰하면서 사람이 보고 듣는 감각에 휘둘리는 특성을 예리하게 포착하고 있다.

"나는 이제야 도道를 알았도다! 마음이 어두운 자는 귀와 눈이 누累가 되지 않고, 귀와 눈만을 믿는 자는 보고 듣는 것이 더욱 밝혀져서 병이 되는 것이다. 이제 내 마부가 발을 말굽에 밟혀서 뒤쪽 수레에 실리었으므로, 나는 드디어 혼자 고삐를 늦추어 강에 띄우고 무릎을 구부려 발을 모으고 안장 위에 앉았으니, 한 번 떨어지면 강이나 물로 땅을 삼고, 물로 옷을 삼으며, 물로 몸을 삼고, 물로 성정을 삼으니, 이제야 내 마음은 한 번 떨어질 것을 판단한 터

未入遼時, 方盛夏, 行烈陽中, 而忽有大河當前, 赤濤山立, 不見涯涘, 蓋千里外暴雨也. 渡水之際, 人皆仰首天, 余意諸人者仰首默禱于天, 久乃知渡水者, 視水洄駛洶蕩, 身若逆溯, 目若沿流, 輒致眩轉墮溺, 其仰首者非禱天也, 乃避水不見爾. 亦奚暇默祈其須臾之命也哉. 其危如此而不聞河聲, 皆曰'遼野平廣, 故水不怒鳴.' 此非知河也. 遼河未嘗不鳴, 特未夜渡爾. 晝能視水, 故目專於危, 方惴惴焉, 反憂其有目, 復安有所聽乎? 今吾夜中渡河, 目不視危, 則危專於聽, 而耳方惴惴焉, 不勝其憂."

이므로 내 귓속에 강물소리가 없어지고 무릇 아홉 번 건너는 데도 걱정이 없어 의자 위에서 좌와坐臥하고 기거起居하는 것 같았다. 옛날 우禹는 강을 건너는데, 황룡黃龍이 배를 등으로 떠받치니 지극히 위험했으나 사생의 판단이 먼저 마음속에 밝고 보니, 용이거나 지렁이거나 크거나 작거나가 족히 관계될 바 없었다. 소리와 빛은 외물外物이니 외물이 항상 이목에 누가 되어 사람으로 하여금 똑바로 보고 듣는 것을 잃게 하는 것이 이 같거늘, 하물며 인생이 세상을 지나는데 그 험하고 위태로운 것이 강물보다 심하고, 보고 듣는 것이 문득 병이 되는 것임에랴! 나는 또 우리 산중으로 돌아가 다시 앞 시냇물 소리를 들으면서 이것을 증험해 보고 몸 가지는데 교묘하고 스스로 총명한 것을 자신하는 자에게 경고하는 바이다."[17]

사람들은 감각에 휘둘리기 때문에 강을 건널 때 낮에 물소리를 듣지 못하고 밤에 물소리를 듣고 싶은 대로 듣고서 물에 빠질까봐 두려워하는 것이다. 박지원은 이런 사실을 알고 나서 도를 터득했다[지도知道]며 유레카를 외쳤다. 박지원은 배가 물을 이기지 못하면 물에 빠지게 되고 그렇게 되면 어떻게 해야 한다는 사실을 인정하게 되니까 감각이 주는 자극에 의해 더 이상 과도하게 두려워하지 않게 되었다.

그는 이 발견을 통해 "빠져봤자 강이니 이제 강이 걸어가는 땅이 되고 입는 옷이 되고 버틸 수 있는 몸이 되고 흘러가는 성정으로 받아들이게 되면서[一墜則河也, 以河爲地, 以河爲衣, 以河爲身, 以河爲性情]" 더 이상 "귀에 물소리가 위험스럽게 들리지 않고 하룻밤에 아홉 차례 강을 건넜지만

---

17 『열하일기』 「산장잡기山莊雜記·일야구도하기一夜九渡河記」 "吾乃今知夫道矣! 冥心者, 耳目不爲之累. 信耳目者, 視聽彌審, 而彌爲之病焉. 今吾控夫, 足爲馬所踐, 則載之後車, 遂縱鞚浮河, 攣膝聚足於鞍上, 一墜則河也, 以河爲地, 以河爲衣, 以河爲身, 以河爲性情, 於是心判一墜, 吾耳中遂無河聲, 凡九渡無虞, 如坐臥起居於几席之上. 昔禹渡河, 黃龍負舟至危也, 然而死生之辨, 先明於心, 則龍與蜿蜓, 不足大小於前也, 聲與色外物也, 外物常爲累於耳目, 令人失其視聽之正如此, 而況人生涉世, 其險且危, 有甚於河, 而視與聽, 輒爲之病乎! 吾且歸吾之山中, 復聽前溪而驗之, 且以警巧於濟身, 而自信其聰明者."

아무런 걱정이 없었다[耳中遂無河聲, 凡九渡無虞]"라고 술회했다. 그는 자신의 체험을, 황룡이 배를 등으로 떠받치는 위험에 처했지만 태연했던 우 임금의 이야기에 견주었다. 죽고 사는 문제를 더 이상 마음 졸이지 않으니 감각에 보이는 것이 우 임금을 두렵게 할 수 없었다.

박지원은 큰 소리를 내며 배를 이리저리 마구 흔드는 강을 건너면서도 감각에 휘둘리지 않고 오히려 도를 터득하고 그에 따라 태연하게 길을 갈 수 있었다. 그는 자신의 천뢰를 불었던 것이다. 박지원의 「일야구도하기」는 여기에 끝이 난다. 그는 『장자』를 인용하지 않지만 내용상으로 「양생주」에 나오는 포정해우의 이야기와 「인간세」에 나오는 안연의 심재랑 닮아 있다.[18] "이중수무하성耳中遂無河聲"은 「양생주」의 "눈으로 보지 말고[不以目視]" "신으로 만나라[神遇]"와 같고 「인간세」의 "귀로 듣지 말고 마음으로 듣지 말며" "기로 들어라"는 주장과 같다. 이렇게 보면 「일야구도하기」는 장자의 천뢰를 문학적으로 구현해낸 수작이라고 할 수 있다.

5. 기묘와 실용 그리고 형사形似

나는 베이징을 단기간 여행하기도 하고 1년간 살아보기도 했다. 짧게 있으면 중요한 곳을 중심으로 훑어보고 지나가서 베이징의 속살을 다 들여다보지 못한다. 1년간 살면서 시간 나는 대로 외국인이 가는 곳만이 아니라 베이징 사람들이 가는 곳을 찾아다녔다.

베이징의 노사(라오스)老舍 차관茶館에서 차를 마시는 도중에 변검(비엔

---

18 『장자』「양생주」 "方今之時, 臣以神遇, 而不以目視, 官知之而神欲行, 依乎天理."『장자』「인간세」 "仲尼曰: 若一志, 無聽之以耳, 而聽之以心, 無聽之以心, 而聽之以氣! 耳止於聽, 心止於符. 氣也者, 虛而待物者也. 唯道集虛. 虛者, 心齋也."

리엔)變臉을 보게 되었다.[19] 처음 보았을 때 신기했고 두 번째 보아도 신기했다. 손으로 얼굴을 가리든 듯하더니 얼굴에 있던 가면이 순식간에 바뀌었다. 집중하면 알 수 있겠지 해서 변검(비엔리엔)의 동작을 뚫어지게 쳐다보다 워낙 동작이 빠르게 일어나서 도무지 어떻게 하는지 알 수가 없었다. 비밀을 밝히려는 노력을 그만두고 순식간에 얼굴 그림이 바뀌는 장면을 보는 것만도 즐거웠다. 특히 우리나라에서 없던 공연이라 신기하기까지 했다.

또 고궁 근처의 유리창을 돌아다니다가 내화호內畵壺를 보게 되었다.[20] 그냥 다 그린 그림을 벽에다 붙인 줄 알았다. 그림 그리는 과정을 살펴보니 내화가內畵家 세필을 유리병 안에 집어넣고서 천천히 놀리면서 그림을 그렸다. 그냥 종이나 비단 위에도 그리기 힘든 일인데 절대로 불리한 상황에서 그림을 그리니까 놀라웠다. 붓을 놀리기가 쉽지 않은 조건인데 그린 그림이 참으로 아름다웠다.

내화호의 기원은 좀 지저분하다. 청 제국 시절에 코 담배가 유행했다. 코 담배를 즐겨 피우던 사람이 돈이 떨어지자 유리병의 가루를 긁어서 담배를 피웠다. 그 과정에 유리병 안의 긁힌 자국이 장난이 아니라 '예술'로 승화되었다고 한다. 내화호는 기원과 달리 지금 회화의 영역을 넓혀서 신비한 느낌을 준다.

흔히들 중국의 문화가 '자연스러움'을 강조한다고 말한다. 변검(비엔리엔)과 내화호를 보면 중국의 문화에도 실로 '교巧' '기奇' '묘妙' '신神' 등 교묘하고 신기하며 기교하고 신묘한 특징이 있다는 것을 부정할 수 없을

---

19 오늘날 전통춤은 기원을 찾아가면 전근대 연희演戲에 바탕을 두고 있다. 근대 학문 분류에 따라 춤(dance)이나 무용舞踊으로 불린다. 연희와 춤/무용의 큰 차이는 기계의 요소가 있느냐 없느냐에 있다. 앞으로 동아시아 춤의 정체성과 관련해서 '기예'의 측면에 대한 고려가 필요하다.

20 내화호內畵壺의 기원과 전개 등 기본 내용과 관련해서 http://baike.baidu.com/view/188585.htm 참조.

〈사진 1〉 내화가 일정(이딩)—丁의 작품(출처: www.baidu.com)

듯하다.

　중국의 고대 예술 중에도 미술(회화)은 교巧의 특성을 가장 잘 드러내는 분야로 여겨졌다. 미술은 화가가 사람의 눈에 보이지 않던 것을 보이게 만드는 '창조'를 해내기 때문이다. 인류의 초기에 미술은 마침 마술사가 "짠!" 하고 외치니 방금 없던 것이 나타나거나 있던 것이 다른 것으로 바뀌는 것처럼 신비한 느낌을 주었다. 이 때문인지 몰라도 인류가 초기 동굴에 살면서 벽화를 남기기도 하고 암벽에다 그림을 새기는 암각화가 종종 발견되고 있다.

미술은 예술의 다른 장르에 비해서 장점을 가지고 있다. 음악과 무용은 순간에 끝나지 않지만 공연하는 시간과 더불어 사라지는 순간의 예술이다. 조각과 건축도 시간의 영향을 덜 받지만 들고 다닐 수가 없다. 특히 석재로 된 작품은 외부의 충격이 없는 한 1,000년을 넘기는 경우도 많다. 미술은 한 번 완성이 되고 나면 소멸되지 않고 일정 기간에 보존되어 시간의 영향을 상대적으로 덜 받는다. 보존 처리의 기술이 늘어나서 그림이 시간을 초월하는 기간이 점점 더 길어지고 있다. 벽화의 경우는 1,000년과 10,000년을 넘기기도 한다.

벽화와 암각화는 공간을 벗어날 수가 없다. 미술 작품이 비단, 나무 등을 소재로 한다면 이동이 용이하게 된다. 미술 작품은 힘들이지 않고 손상 없이 공간의 한계를 뛰어넘을 수 있다. 미술은 다른 예술 장르에 비해 오래 전부터 옮겨 다닐 수 있는 이동성을 가졌다. 음악은 녹음과 녹화의 기술이 나오면서 비로소 현장을 벗어나 CD나 필름으로 공연을 감상할 수 있게 되었다. 이처럼 미술은 시간과 공간의 영향을 덜 받으면서 창조의 특성을 보이므로 '교'의 대표적 사례라고 할 수 있다. 이렇게 보면 동아시아 예술이 자연스러움을 강조한다고 생각하지만 그와 다른 기묘함을 중시하는 흐름이 있었다고 할 수 있다.

제자백가는 자신들이 바라는 이상을 실현할 사회의 밑그림을 그리는 데에 골몰했다. 그들은 그림을 전문 주제로 삼아 화론을 전개하지 않았지만 논증 과정에서 그림 이야기를 즐겨 끌어들였다. 그중에서도 한비는 왕족 출신으로 전국 시대의 문헌을 광범위하게 섭렵하여 무수한 이야기를 알고 있었다.

『한비자』「외저설좌상外儲說左上」의 경우 편의 '저설儲說'이라는 제목에서 보이듯 각종 이야기를 모아놓고 있다. 맹자, 장자와 마찬가지로 한비는 이야기를 단순히 소재로 보지 않고 자신의 사상을 전개하는 핵심 방법으로 삼고 있다. 나는 이를 일찍이 동아시아 철학이 '이야기 철학'의 형식으로 시작되었다고 말한 적이 있다.

한비는 그림과 관련해서 흥미 있는 두 가지 이야기를 전하고 있다. 하나는 젓가락 그림[화협畫筴] 이야기이고, 다른 하나는 가장 그리기 어려운 그림[최난화最難畫] 이야기이다.

첫 번째 이야기를 살펴보자. 주周 나라 군주를 위해 젓가락에 그림을 그리는 화가가 있었다. 그는 왕의 지원을 받고서 3년 만에 젓가락 그림을 완성했다. 왕은 그 소식을 듣고 한걸음에 달려가서 완성품을 보고서 실망했다. 겉보기에는 집에 굴러다니는 여느 옻칠한 젓가락과 다를 바가 조금도 없었던 것이다.

화가는 왕의 화난 얼굴을 보고서 제안을 했다. 10여 미터 높이의 담장을 쌓아서 팔 척尺의 크기 구멍을 뚫어서 그곳으로 아침 햇살을 통과시켜서 젓가락을 관찰해보라고 했다. 시키는 대로 해보니 젓가락에는 만화경처럼 용과 뱀, 새와 짐승, 수레와 말 등 만물의 형상을 다 갖추고 있었다. 그때서야 왕은 실망하던 마음을 거두고 기뻐하며 화가를 칭찬했다고 한다.

이 이야기를 전하면서 한비는 한마디 했다.

"젓가락에 그림을 그리는 공은 참으로 미묘하고 어려운 일이 아닐 수 없다. 하지만 그 쓰임은 보통 옻칠한 젓가락과 하나도 다를 바가 조금도 없다."[21]

눈치가 빠른 분은 눈치를 챘겠지만 화협畫筴은 오늘날 내화호와 비슷하다. 아니 그보다 더 정교했으면 정교했지 못하다고 할 수 없다. 이러한 '교巧'의 전통이 오래전부터 있었다고 할 수 있다. 하지만 한비는 '용用', 오늘날 말로 하면 실용의 관점에서 단칼에 화협의 가치를 부정해버

---

21 『한비자』「외저설좌상外儲說左上」"此畫筴之功非不微難也, 然其用與素髹筴同."

린다.

두 번째 이야기를 들어보자. 제 나라 왕의 식객 중에 화가가 있었다. 두 사람은 무엇을 그리기가 어려운가를 주제로 이야기를 나누게 되었다.

어느 날 왕이 화가에게 질문을 던졌다. "그림 중에 무엇을 그리기가 가장 어려운가요[畵孰最難者]?"

화가가 대답했다. "개나 말 그리기가 가장 어렵습니다[犬馬最難]."

이어서 물었다. "무엇을 그리기가 가장 쉬운가요?"

화가가 대답했다. "귀신과 도깨비 그리기가 가장 쉽습니다[鬼魅最易]."

왜 그런지 묻지 않았는데도 화가가 그 이유를 설명했다.

"개나 말은 사람이 익숙하게 알고 있는 대상입니다. 아침저녁으로 눈앞에 보이므로 닮게(똑같이) 그리지 않을 수 없으므로 어렵습니다. 귀신과 도깨비는 특정한 꼴이 없고 눈앞에 보이지 않으므로 그리기가 쉽습니다."[22]

한비는 이 이야기를 들려주고서 아무런 코멘트를 달지 않았다. 앞의 화협에 비해서 이야기가 전달하는 내용이 쉽다고 생각한 모양이다. 개와 말 그림은 닮았는지 안 닮았는지 그 여부를 판별할 만한 보편 기준이 있다. 화가(전문가)만이 아니라 일반 대중도 그 기준을 적용할 수 있기 때문에 개와 말 그리기가 어려운 것이다. 반면 귀신과 도깨비는 내(화가)가 그렇게 보았다고 하면 다른 사람이 뭐라고 할 수 없으므로 아무렇게나 그려도 문제가 되지 않는다.

---

22 『한비자』 「외저설좌상外儲說左上」 "夫犬馬, 人所知也, 旦暮罄於前, 不可類之, 故難. 鬼魅, 無形者, 不罄於前, 故易之也."

한비는 두 그림 이야기를 통해서 그림 자체보다도 자신이 무용과 추상의 가치 세계가 아니라 실용과 구체의 욕망 세계에 서 있다는 지평을 보여주고 있다. 예술이든 무엇이든 현실에서 실용성이 없고 판정의 기준이 없다면 아무런 가치가 없다는 것이다. 아울러 한비의 이야기는 그림을 비롯하여 예술이 무엇을 지향해야 하는지 그 방향을 알려준다. 개와 말을 그리기가 어렵지만 잘 그리면 그림이 훌륭하다는 평가를 받을 수 있다. 이것은 후대의 용어로 말하면 예술 대상의 구체적 형상을 그대로 재연하는 형사形似에 초점을 두어야 한다는 점을 말한다.

한비의 실용과 구체를 예술에다 적용할 수 있다. 예술도 구체를 대상으로 삼아서 실용에 이바지해야 비로소 그 존재 의의를 가질 수 있다. 그렇지 않다면 사상과 마찬가지로 회화 예술도 존재할 이유가 없다는 것이다. 한비가 실용과 형사를 강조했지만 노자와 장자는 철학과 미학에서 무용無用의 가치를 역설했다.

이렇게 보면 장자의 무용에 대한 역설은 한비를 정면으로 겨냥하고 있다는 것을 어렵지 않게 알 수 있다. 또 산수화 또는 수묵화가 도화원에서 기록을 위해 그리는 계화界畵에 비해 주류를 형성하면서 형사를 넘어선 신사神似를 중시하게 되었다. 이로써 고대의 문화 예술에 있었던 기묘함과 실용 그리고 형사를 중시하는 전통이 미학과 예술의 역사에서 비주류로 떨어지게 되었다.

오늘날 중국 정부는 내화호를 국가급 비물질 문화 유산, 즉 국가의 무형 문화재로 지정해서 보호하고 있다. 보호가 자존을 낳지는 않는다. 실용과 무용, 형사와 신사의 도식에서 후자의 절대적 우위가 아니라 각각 그에 어울리는 평가를 받아야 한다. '교'를 하는 사람도 예술과 미학의 시민권을 확보하면 좋겠다.

최근 우리나라에서 민화가 전통적인 동양화 또는 한국화보다 많은 사람들의 각광을 받고 있다. 민화를 단순한 특성으로 말하기가 쉽지 않지만 기교와 실용 그리고 형사에 가까운 특성을 보여주고 있다. 이런 측면

에서 민화의 인기는 동아시아의 예술과 미학에서 자연과 무용 그리고 신
사 쪽으로 기울어진 운동장을 조금 되돌리는 계기가 될 수 있으리라 예
상해본다.

6. 기운생동氣韻生動

다른 예술과 달리 그림은 대상을 화폭에다 재연시킬 수 있다. 원시 사
회에서부터 그림은 '실물'과 같은 영성을 가진 것으로 간주되었던 것이
다. 즉 그림에 해코지하면 그 대상이 고통을 겪는다고 보았다. 물론 재
연은 재료, 기법 등에서 옛날이 오늘에 미칠 수는 없다. 예컨대 극사실
주의 작품의 경우 사진 이상으로 사물을 섬뜩하리만치 정확하게 재연해
낸다. 이는 분명 그림이 다른 예술에 비해서 갖는 탁월한 강점이라고 할
수 있다.

동아시아의 회화가 사물의 재창조를 중시했지만 실물을 일대일 대응
처럼 그리는 것을 목표로만 삼지 않았다. 아이가 입체를 입체로 그리지
는 못한다. 하지만 아이는 평면 위에 그려진 입체를 살아 있는 존재로
여긴다. 마치 아이맥스 영화, 3D 영화, 3D TV를 보면 화면 안의 캐릭
터가 화면 밖으로 튀어나오는 입체감을 준다. 밖으로 나오지 않는 줄 알
면서도 깜짝 놀라게 된다.

그림도 형체들의 조합으로 인해 독특한 분위기를 자아내게 할 수 있
다. 예컨대 오도자吳道子의 〈지옥변상도地獄變相圖〉는 사람으로 하여금
먼저 음산한 분위기에 압도되게 만들면서 괴이한 묘사를 통해서 공포를
자아낸다. 우리가 여름철 공포 영화를 보면 오싹한 느낌이 든다. 물론
영화는 음악 효과와 함께 오싹한 느낌을 자아내지만 오도자의 그림은 음
악이 없는 데도 그와 같은 효과를 거둘 수 있었던 것이다. 전하는 이야
기에 따르면 오도자가 경공사景公寺 중문 동쪽 벽에 〈지옥변상도〉를 그

리자 사람들이 그걸 보고서 무서워하며 고기를 먹지 못했다고 한다.

동아시아의 그림에서는 무엇을 가장 높이 쳤을까? 어떤 그림이 가장 뛰어난 작품이라고 생각했을까? 이와 관련해서 사혁謝赫이 『고화품록古畵品錄』에서 논한 육법六法을 살펴볼 만하다.

"비록 그림에 여섯 가지 원칙이 있다고 해도 모두 다 갖춘 경우는 적다. 옛날부터 지금까지 각각 한 가지 분야에 뛰어났을 뿐이다. 그렇다면 여섯 가지 원칙이란 무엇인가? 첫째가 기운생동이고 둘째가 골법용필이고 셋째가 응물상형이고 넷째가 수류부채이고 다섯째가 경영위치이고 여섯째가 전이모사이다."[23]

전이모사는 앞선 시대 뛰어난 화가의 그림을 베끼거나 기술을 자기 것으로 습득하는 것을 말한다. 경영위치는 화면의 구도를 잡아서 대상을 제자리에 배치하는 것을 말한다. 수류부채는 대상의 종류에 따라 채색을 어울리게 하는 것을 말한다. 응물상형은 사물의 꼴에 따라서 화폭에 본 뜨는 것을 말한다. 골법용필은 붓을 자유롭게 사용하여 골기가 두드러지게 나타나도록 하는 것을 말한다.

그림을 전문으로 그리지 않더라도 그림이 이루어지는 과정을 떠올리면 다섯 가지의 이야기를 어느 정도 이해할 수 있다. 다섯 가지는 추상적인 설명이 아니라 구체적인 작업과 결과를 설명하므로 감을 잡을 만하다. 하지만 기운생동에 이르면 사정이 확 달라진다.

기운생동은 동아시아 회화사에서 가장 중요한 가치로 여겨져 왔다. 기氣는 하나하나의 사물이 생명력을 갖게 되는 에너지이다. 그렇다고 해

---

23 『고화품록古畵品錄』 "雖畵有六法, 罕能盡該. 而自古及今, 各善一節. 六法者何? 一氣韻生動是也, 二骨法用筆是也, 三應物象形是也, 四隨類賦彩是也, 五經營位置是也, 六傳移模寫是也."

서 기가 그림에서 살아 있는 생물로만 묘사되는 것은 아니다. 지리산의 고산목과 한라산의 구상나무처럼 **빼빼** 말라비틀어진 모습으로 그려질 수 있다. 잎이 다 떨어진 겨울의 나무가 봄에 언제 그랬냐는 듯이 활기를 뿜어내지 않던가? 기는 꼭 푸르거나 살아 있는 모습으로 드러나는 것이 아니다.

운韻은 사물의 연관으로 인해 자아내는 고상한 분위기와 음악적 정취를 말한다. 그림 속에 계곡물이 있으면 거기에 물소리가 나는 것이다. 계곡이 깊으면 계절에 따라 바람의 세기가 다르게 느껴질 것이다. 나무나 바위에 새가 앉아 있다면 어딘가에 있을 제 짝을 부르느라 지저귀는 새소리가 날 것이다. 이처럼 운은 그림에서 주로 청각 영상을 통해서 전체적으로 음악성을 높여준다.

이렇게 보면 기운은 화폭에 그려진 대상이 실제로 생명이 없는 물질의 질감에 불과하지만 화가의 재창조를 통해서 살아 있는 생명력을 갖추면서 고상하고 음악성이 흐르는 분위기를 자아내는 것을 말한다. 화가에 의해서 그림에 기운이 흐르게 되면 그림은 그려진 화폭으로 제한되지 않고 화폭을 넘어 그려지지 않은 무한한 자연으로 확대되어간다.

이 확대 과정은 세계가 핏기가 없어서 죽은 것이 아니라 기와 운이 통해서 살아서 움직이는 느낌을 준다. 그래서 동아시아의 전통 회화를 액자에 넣고 또 위에 유리를 덮으면 그 느낌이 살아나지 않는다. 동물원에 갇힌 동물처럼 액자 속에 갇힌 그림은 핏기를 잃어버리는 것이다.

기운생동의 의미를 온전히 느끼고 이해하기는 어렵다. 그렇다고 전혀 느낄 수 없을 정도로 고원한 것은 결코 아니다. 두 가지 차원으로 생각해보자. 첫 번째는 물리적 차원의 기운생동이다. 프로야구의 코리안 시리즈에서 한 팀이 초반부터 7, 8점의 대량 득점을 하고 상대 팀이 이렇다 할 공격을 보여주지 못하면 경기는 진행되지만 맥이 **빠져** 있다. 선수는 시합을 벌이고 있지만 승부가 이미 기운 뒤라 관중도 흥이 나지 않고 선수도 힘이 나지 않고 감독도 이렇다 할 반전의 길을 찾지 못한다. 반면 점수가 엎치락뒤치락할 경우 상황이 정반대이다.

선수의 한 동작 한 동작이 절도가 있고 파워가 넘치며 관중은 손에 땀을 쥐며 순간순간에 몰입한다. 경기장은 선수들의 동작 하나에 따라 거대한 생명체가 숨을 내쉬듯이 술렁이다가 가라앉고 가라앉았다가 순식간에 달아오른다. 중계 방송을 하는 보도자는 흥분을 억누르는 모습이 역력하다. 후자가 바로 기운생동의 현장이라고 할 수 있다. 이 기운생동은 신체의 반응으로 나타나고 다른 사람과 공유할 수 있는 특징을 갖는다. 이 때문에 물리적 차원의 기운생동이라고 할 수 있다.

다음으로 생명 차원의 기운생동을 살펴보자. 낡고 떨어진 옛 사진을 한번 살펴보자. 처음 사진을 보는 순간 그 속의 인물이 누구인지 언제 찍은 것인지도 분명하지 않다. 모든 게 어렴풋하고 희미하다. 계속 들여다보면 하나씩 실마리가 풀리기 시작한다. 이렇게 시선이 머무는 자리를 따라 기억이 되살아나면서 희미한 색은 윤기가 흐르게 되고 무뚝뚝한 인물은 말을 걸 태세로 입을 씰룩거리고 조용하던 배경은 졸졸 흐르는 시냇물과 바람이 부는 계곡을 되살려낸다.

또 영화 볼 때를 생각해보라. 처음에 잔뜩 긴장해서 화면을 응시한다. 뭔가 흥미를 자아내는 게 없으면 관객은 서서히 맥이 빠지기 시작한다. 급기야 콧소리를 내면서 조는(자는) 사람도 생겨난다. 갑자기 자극적인 음향 효과와 함께 이야기의 전개가 빨라지면서 뭔가 일이 벌어질 듯한 장면이 나오면 졸던 사람도 일어나게 되고 다시 허리를 꼿꼿하게 세워서 한 장면도 놓치지 않으려는 듯 화면을 뚫어지게 쳐다보게 된다. 자신이 숨을 쉬는 것조차도 느끼지 못한다. 감동으로 인해 우는 사람조차 있다. 이도 기운생동으로 인해 일어난 감상이라고 할 수 있다.

이 상황에서 사람은 정감에서 균형을 잃고 흔들려서 더 이상 무덤덤하게 있을 수가 없다. 감동의 흥분이 신체적으로 나타날 수도 있지만 반대로 아무런 동요를 보이지 않지만 내면의 깊은 울림을 느낄 수 있다. 이를 통해 사람은 말라빠진 나무에 새싹이 돋아나듯이 생명이 고양되는 상쾌함을 느끼게 된다. 이 때문에 생명 차원의 기운생동이라고 할 수 있다.

그림·사진·영화만이 아니라 건축·음악·공예·연극 등에서도 손가락 끝이 짜릿짜릿하고 소름이 끼치며 전율을, 작가가 표현하기도 하고 관중이 느끼기도 한다. 이것은 기운생동이 있다고 말할 수 있다. 봄가을 간송 미술관에서 펼치는 전시회를 가볼 일이다. 그곳에서 기운생동을 주는 그림 한 점을 만난다면 '나'는 더없는 기쁨을 느끼리라. 화가가 그림에 회화적으로 재창조했던 기운생동을 보는 '내'가 고스란히 다시 재연할 수 있는 것이다. '나'에게 그런 그림은 무엇일까?

7. 결론을 대신해서: 무현금無絃琴

동아시아의 음악 이야기를 보면 무현금無絃琴, 즉 '줄 없는 거문고' 이야기가 많이 나온다. 음악의 지식이 있건 없건 줄 없는 거문고는 악기가 될 수가 없다. 무현금은 악기가 될 수 없으니 자연히 음악과 관련이 없다고 할 수 있다. 이러한 추론이 상식적일 뿐만 아니라 의심을 제기할 필요가 없이 옳다.

동양의 음악사를 보면 줄곧 '줄 없는 거문고'가 일종의 최고 음악적 경지 또는 음악의 완성을 나타내는 말로 자주 쓰이고 있다. 노자의 대음희성大音希聲이 또 다른 버전이라고 할 수 있다. 이런 인식의 전환이 도대체 어떻게 가능하고 또 일어날 수 있었을까? 공자는 음악의 조성에 따라 좋은 음악과 나쁜 음악을 구분하고 후자를 금지해야 한다고 생각했다. 이런 공자까지만 해도 음악하면 악공이 악기를 사용해서 내는 소리로 생각했다. 하지만 노자의 '대음희성'과 장자의 '천뢰天籟'와 '함지咸池' 악론 그리고 혜강의 '성무애락'과 '성유선악' 이후로 음악의 전제가 기본적으로 뒤흔들리게 되었다.

노자와 장자는 기존의 음악이 아무리 최고의 음악적 표현을 해낸다고 하더라도 결국 한계를 지닐 수밖에 없다고 보았다. 현악기이든 타악기이든 악기는 재질, 구조, 연주법을 벗어날 수 없다. 징이 큰 쇳소리를 내지만 거문고와 같은 현악기의 끊어지는 듯 이어지는 듯한 애절한 소리를 낼 수는 없다. 그 반대도 마찬가지이다. 연주가가 솜씨가 뛰어나고 악기가 잘 만들어졌다고 하더라도 한 악기로는 그 악기로 낼 수 있는 소리 이상을 낼 수가 없다.

도공이 가마에 구워낸 그릇을 뚫어지게 쳐다보고 "이거 아냐!" 하면서 망치로 그릇을 깨버리듯이 우리는 어떤 악기 소리를 들어도 한 악기를 통해서 듣고 싶은 모든 소리를 다 들을 수 없다. 여기까지 생각이 미치게 되자 사람들은 도대체 "소리는 어디에서 나는 것일까?"라는 의문을 가지게 되었다.

공자는 당연히 "소리는 악기에서 난다"라고 생각했다. 노자와 장자는 공자의 생각에 의문을 제기했던 것이다. 이로써 '대음희성'과 '천뢰' 이야기는 소리는 어디에 기원하며 음악이란 무엇인가라는 정의를 새롭게 고민하게 만들었다.

공자 이후로 순자와 『예기』「악기」의 지은이는 소리가 기본적으로 악기에서 난다는 공자의 주장을 받아들이면서도 악기의 소리는 사람의 마음(의식) 흐름과 이어져 있다는 통찰을 했다. 연주자는 사람의 마음 흐름을 읽고 그것을 악기로 옮겨서 소리를 만들어내는 것이다. 이로부터 심금心琴이란 말이 생겨난 것이다. 또 지음知音의 고사도 단순히 청음 능력을 말하는 것이 아니라 이심전심의 완전한 소통을 나타내는 것이다.

줄 없는 거문고는 마음-악기-소리의 연관성에 마음의 음악성을 절대화시키는 것이다. 진정한 음악은 소리와 악기가 아니라 모든 악기와 소리를 담고 있는 마음 자체의 움직임이라는 것이다. 그러니 무현금, 즉 악기가 제 모양을 갖추지 않아 물리적 소리를 내지 못하지만 마음에서 모든 음악적 형상화가 이루어진 상태가 최고의 음악인 것이다.

〈그림 2〉 이경윤, 〈월하탄금도〉

이렇게 보면 음악의 무현금은 그림에서 형사가 신사로 전이되는 현상과 겹칠 수 있다. 예술이 보이는 것에서 보이지 않는 것으로 중심을 옮길 때 음악에서 무현금 이야기가, 그림에서 신사의 우위가 논의된 것이라고 할 수 있다. 이경윤의 〈월하탄금도〉는 무현금이 음악과 미술이 만날 수 있는 계기와 공통 지점을 잘 보여주고 있다.[24]

---

24 이경윤은 '무현금'을 〈월하탄금도月下彈琴圖〉(견본 수묵, 31.2 24.9cm 고려대 박물관 소

〈월하탄금도〉는 기본적으로 그려넣어야 하는 예술인데 그려야 하는 것을 그리지 않고 그렸다고 선언하고 있다. 이것은 그리지 않고 다 그렸다고 할 수 있는 묘사 방식으로 변화를 나타낸다. 그러면 빼곡하고 세밀하고 정확하게 그려야만 그리는 것이 아니라 오히려 그려야 할 것을 빼는 과정을 통해 그리고자 하는 것을 그리는 것이라고 할 수 있다. 이 지점이 바로 신사와 무현금이 만나는 또는 상통하는 통로라고 할 수 있다.

동아시아의 전원 시인으로 알려진 도연명(365~427)은 일찍 줄 없는 금을 읊었다고 술회한 적이 있다.

"음률을 몰랐지만 줄 없는 금을 늘 곁에 두고서 술이 적당하게 되면 금을 어루만지며 제 마음의 소리를 읊었다."[25]

조선 시대 서경덕도 「줄 없는 거문고'에 새기는 글[無絃琴銘]」을 지었다.

"거문고는 있지만 줄이 없으니 몸을 남겨주고 쓰임을 없앴네. 참으로 또 다른 쓰임을 없앤 게 아니니 고요함 속에 온갖 움직임을 담고 있네. …… 거문고의 줄을 쓰지 않지만 그 줄을 줄 노릇하게 하네. 음률 밖의 소리에서 나는 거문고의 본래 음을 듣네."[26]

도연명은 음률을 모른다고 고백하고 있다. 그래서 실제로 금을 연주하는 탄금彈琴이 아니라 어루만지는 무금撫琴 또는 농금弄琴을 하고 있다.

장)에서 그리고 있다. 성종의 제8왕자 익양군 회의 증손이다. 무현금은 음악만이 아니라 회화의 주제이기도 했던 것이다.

25　소통蕭統, 「도연명전陶淵明傳」 "淵明不解音律, 以畜無絃琴一張, 每酒適, 輒撫弄以寄其意."

26　서경덕, 『화담집』 「무현금명無絃琴銘」 "琴而無絃, 存體去用. 非誠去用, 靜其含動. …… 不用其絃, 用其絃絃. 律外宮商, 吾得其天."

그가 탄금을 못하기 때문에 마음에서 일어나는 흥취나 감흥을 금 연주로 형상화시킬 수는 없다. 그렇다고 마음에서 일어나는 감흥을 음악적으로 즐길 수는 있다. 어찌 보면 도연명은 시인이자 문인이지만 그의 감흥이 언어로 포착되지 않고 음악적으로 포착되는 계기를 나타내고 있다.

서경덕은 불용기현不用其絃과 율외궁상律外宮商이 참다운 음악으로 다가가게 한다고 주장한다. 이는 현이 없는 금, 즉 금이무현琴而無絃의 체를 남기고 용을 버리는 존체거용存體去用이다. 그의 표현을 통해서 무현금이 음악과 미술의 만남에 국한되지 않고 음악과 미술의 예술과 철학(사상)의 만남으로 이어지고 있다. 서경덕은 있어야 할 현이 없는 무현금으로 음악적 경지에 이를 수 있듯이 언어와 흔적을 넘어 철학적 본체로 나아가야 한다고 제안하고 있기 때문이다.

무현금을 연주하라고 하면 화음을 내는 방식으로 연주할 수가 없다. 소리가 나지 않지만 어루만지는 것이 마음의 현을 연주하는 것이고 마음의 그림을 그리는 것이고 마음의 성정을 드러내는 것이다. 이는 예술이 장르를 넘어서 만날 수 있고 학문이 분야를 넘어서 융합할 수 있는 상징이라고 할 수 있다.

장자의 심미 세계:
미유美遊로서 미학

요약문

우리는 오늘날 학자만이 아니라 일반인도 '미학'이라는 말을 즐겨 사용한다. 아울러 미학을 동아시아학의 다양한 사상가나 분야에 적용하여 여러 가지 조어를 하고 있다. 예컨대 유가 미학, 도가 미학, 공자 미학, 장자 미학 등이 그 실례이다. 서양에서 미학은 탄생부터 이성 인식에 대비되는 감성 인식에 기원을 두고 있다. 이것은 서양의 학술사에서 이성과 감성 사이에 내재해 있는 뿌리 깊은 대립을 반영하고 있다. 이성은 감성을 배제하려고 했고 감성은 지속적으로 복권의 기회를 엿보면서 상호 대립의 역사가 장기간 진행되었다. 반면 동아시아의 지적 전통에는 감성과 이성의 대립이 그다지 심각하지 않다. 그렇다면 "동양의 지적 전통에서 '미학'이 성립할 수 있을까?"라는 질문을 던질 수 있다. 이 글에서는 이 질문을 장자에 한정해서 "장자 미학이 성립할 수 있을까?"라는 주제를 탐구하고자 한다. 장자는 자연의 전개 과정에서 감정 이입을 배제하려고 했고, 또 대大와 소小의 개념 쌍에서 어느 한쪽의 규범성을 긍정하지 않았다. 이러한 기준에서 보면 단일한 학문적 규범을 전제하는 '장자 미학'의 조어는 차이를 긍정하는 장자의 근본 정신과 합치하지 않는다. 이런 점에 장자의 근본 정신과 심미 세계의 특징을 함께 살리기 위해, '미학' 대신에 '미유美遊'와 '미도美道'의 개념을 제안하고자 한다. 이 글에서 장자에 '미학'이 없다는 점을 주장하는 것이 아니라 '미학'이 있다고 하더라도 '미유'와 '미도'의 맥락에서 이해해야 장자의 취지와 부합될 수 있다는 점을 밝히고자 한다.

키워드: 장자, 미학, 미유美遊, 감성 인식, 쾌감

1. 문제 제기

'미학'의 관점에서『장자』를 접근하여 연구할 수 있을까? 지금 학계의 상황을 고려하면 이 질문은 쓸데없기도 하고 어리석기도 하다. 왜냐하면 이미 '장자 미학'이 탐구의 주제로서 학문의 일원으로 당당히 제자리를 차지하고 있기 때문이다. 대학원 교과 과정에 장자 미학 또는 도가 미학의 강좌가 개설되고 있고 연구자는 장자 미학을 주제로 학술적 글쓰기를 하고 있다. 장자 미학은 학계에서 부정할 수 없는 사실로 건재하다. 이에 따르면 앞에 던진 질문은 이미 한 나라의 시민권을 가지고 있는 사람에게 "당신이 이 나라의 국민이냐?"라고 묻는 꼴이다. 이 점만 고려하면 이 질문의 제기 자체가 참으로 어리석게 보인다.

사실『장자』는 원래 미학의 전문서가 아니지만 이미 오래전부터 미학의 연구 대상으로 간주되어 왔다. 그 결과 학술 성과를 모아둔 데이터베이스에 '장자 미학'을 입력하면 수없이 많은 자료를 확인할 수 있다.[1] 이러한 사정은 우리나라에 한정되지 않고 중국과 일본 그리고 다른 나라

---

1   지금 새로운 연구 활동을 그만두었지만 현대 중국 미학의 대표적인 연구자인 이택후(리쩌허우)李澤厚는『미의 역정』에서 별다른 논증 없이 유가와 도가를 중국 미학을 대표하는 상호 보완적인 관계로 설정하고 있다. 이러한 관점은『화하미학華夏美學』을 비롯하여 그의 많은 저작에서 그대로 이어지고 다른 중국의 학자들도 그대로 수용한다. 따지고 들면 이택후(리쩌허우)의 연구는 금방 허점이 보일 정도로 이론적 바탕이 강력하지 않다. 예컨대 그는 선진 시대 제자백가의 등장의 공통된 원인으로 '이성 정신'의 발견을 꼽았다. 제자백가의 사상이 이성과 일치되지 않는다고 하더라도 이성은 중요한 특성이라고 할 수 있다. 이와 달리 그는 "인식이나 모방을 중시하는 것이 아니라 정감이나 느낌을 중시하기 때문에, 이는 중국의 철학의 철학 사상과 서로 일치하고 있다."라고 주장한다. 선진 시대 유가와 도가 등의 제자백가가 이성 정신을 발견했다고 해놓고 금세 정감과 느낌을 중시한다고 말한다. 이 두 주장은 적어도 모순이거나 모순이 아니라면 더 충분한 설명을 필요로 한다. 하지만 그는 모순의 해결과 충분한 설명의 시도에 노력을 보이지 않았다. 결국 그의 말에 따르면 유가와 도가 등의 제자백가는 이성과 정감을 같이 중시한 셈이니, 그가 말하는 '미학'은 이성과 정감 중 어느 쪽과 연결되는지 알 수가 없다. 이렇게 보면 이택후(리쩌허우)는 동아시아 미학 연구의 기틀을 다졌다는 공로에도 불구하고 보충하고 수정할 과제를 수없이 남겼다는 양면적 평가로부터 자유롭지 못하다.

에도 그대로 적용될 수 있다. 이런 상황에도 불구하고 장자 미학이 가능할까 라고 질문을 던지면 이미 수행되고 있는 학문 활동을 부정하는 듯한 인상을 준다. 하지만 장자 미학의 연구가 당연하고 관행으로 자리 잡았다고 하더라도 학문의 특성상 그 근거를 끊임없이 다시 물을 수 있다. 특히 장자에게 '미학'이 낯설게 느껴질 만큼 둘의 조합이 가능한지 가능하다면 어떻게 가능한지 살펴보지 않을 수가 없다. 이러한 문제 제기를 통해 기존의 학문 관행에 대해 정당화를 요구할 수 있고 또 이 과정을 통해 '장자 미학'이 나아갈 방향을 정립할 수 있다.

이 문제 제기는 1980년 서양 철학 또는 서양 미학 전공자들이 동양 철학 또는 동양 미학 연구자에게 "동양에도 철학 또는 미학이 있는가?"라며 공격하는 질문과 다르다. 그들은 서양 철학과 미학을 절대 기준으로 삼아 그와 비슷한 내용이 없으면 '철학'과 '미학'이라는 말 자체를 쓸 수 없다는 주장을 주저하지 않았다. 반면 동양 철학과 미학 전공자는 철학과 미학의 이름으로 무엇을 어떻게 할 수 있는지 자기 점검의 과정을 거치지 않고 그냥 연구해왔으니 연구한다는 타성을 보이기도 했다. 따라서 이 글은 전자의 오만이 아니라 후자의 타성에 대한 문제 제기라고 할 수 있다.[2]

그렇다고 이 문제 제기는 이미 진행 중인 '장자 미학'의 연구를 폐기 처분하자는 말은 아니다. 장자 미학이라는 이름으로 관행적으로 진행되어온 학문 활동이 과연 장자가 하고자 했던 심미와 창작 활동을 제대로 대변할 수 있는지 반성해보고자 한다. 이를 위해 우선 고대이든 근대이든 '학'은 나름의 규범과 그 체계를 전제한다. 장자가 모든 학의 규범과 그 체제를 부정한다면 장자의 미에 대한 창작과 감상은 다른 대안이 필

---

2   1990년대 포스트모더니즘의 대두로 서양 철학과 미학의 동아시아 철학과 미학에 대한 공격이 다소 누그러졌다. 양 진영의 연구가 축적되면서 대화의 가능성이 모색되기에 이르렀다. 건설적인 대화와 생산적인 논의를 위해 동아시아 철학과 미학이 타성에 의존하지 않고 자기 점검의 질문에 해답을 내놓아야 한다.

요하다. 본문에서 자세히 논의하겠지만 '미학'의 대안으로 '미유美遊' 또
는 '미도美道'를 검토하고자 한다. 이러한 논의가 성공적으로 진행된다면
장자가 미 자를 사용했을 뿐만 아니라 미에 대해 정립하고자 했던 주장
을 밝힐 수 있다. 물론 후자는 오늘날 미학의 이름으로 배당이 되겠지만
『장자』에서 오늘날 '미학'을 대체하는 다른 용어로 활용되고 있다는 점을
보여줄 것이다.

2.『장자』'미美' 용례의 간단한 고찰

『장자』를 들추면 많지는 않지만 '미美' 자가 쓰이고 있다. '미' 자가 없
다면 사정이 좀 복잡해진다. 미 자에 대응할 만한 다른 용어나 미의식을
함축하는 문맥을 찾아야 한다. 다행히『장자』에 '미' 자가 쓰이고 있으므
로 그 용례를 살펴보면 어떤 특징이 있는지 파악할 수 있다. 여기서 세
가지 용례를 통해 그 특성을 간단히 살펴보고자 한다.

「제물론」에 보면 "모장毛嬙과 서시西施는 당시 사람들이 하나같이 아
름답다고 여기는 인물이다."[3]라며 '미' 자가 나온다. 바로 이어서 물고기
가 두 사람을 보면 물 속 깊이 숨고 새는 높이 날아가고 사슴은 빨리 도
망간다는 내용이 나온다. 이 이야기는 심미보다 인식에 초점이 있지만
장자의 미에 대한 일단의 시각을 엿볼 수 있다. 우리는 모장과 서시의
미가 많은 사람의 환대를 받기에 자연히 모든 사람이 두 사람의 아름다
움을 좋아하리라 예상할 수 있다.

이에 대해 장자도 특별히 반대의 의견을 달지 않는다. 하지만 두 사람
의 아름다움은 한갓 인간에게 적용될 뿐이지 다른 존재에게 위협으로 여

---

3 「상사」「제물론」 毛嬙.西施, 人之所美也. 魚見之深入, 鳥見之高飛, 麋鹿見之決驟, 四者孰
   知天下之正色哉!"

겨진다는 특이한 해석을 내놓는다. 두 사람은 어류나 조류에게 아름다움으로 다가가지 않고 자신을 해칠 수 있는 존재로 비추어진다. 두 사람의 아름다움 자체는 어류 등에게 아무런 작용을 하지 못한다. 장자는 '미인'의 사례를 통해 미가 있다고 하더라도 보편성을 갖지 못하고 특수성에 지나지 않는다는 점을 밝히고 있다.

「천도」에 "자연처럼 다듬지 않고 수수하면 세상에 무위의 그와 아름다움을 겨룰 사람이 없다."[4]라며 '미' 자가 나온다. 인용문에 박소樸素가 나오고 이 구절의 제일 앞에 허정虛靜과 염담恬淡, 적막寂漠과 무위無爲가 나온다. 이 용어는 모두 적극적으로 무엇을 한다는 것이 아니라 인위적인 활동을 자제한다는 맥락을 나타낸다. 이러한 특성을 고려하면 「천도」에 나오는 미는 특정한 의미 형식으로 장식하고 창작하는 방향도 아니고 누구도 상상할 수 없는 천재적 발상의 표현도 아니다. 그 미는 사람이 가급적 손을 대지 않고 자연의 있는 그대로와 연결되는 특성을 보여주고 있다. 그 결과 미는 공유하는 것이므로 어떠한 경쟁이 일어나지 않는다.

「지북유」에 "하늘과 땅에는 커다란 아름다움이 있지만 나서서 말하지 않는다"고 하면서 "성인은 그러한 하늘과 땅의 아름다움에 바탕을 둔다"[5]라는 맥락에서 미 자가 쓰이고 있다. 「천도」에서 보았던 박소樸素의 미가 「지북유」에서 천지의 미로 훨씬 분명하게 드러나고 있다. 「천도」와 「지북유」의 미는 분명 사람이 중심이 되어 미를 창조하는 것이 아니라 천지가 원래부터 가지고 있는 미를 감수하고 향유하는 측면에서 다루어지고 있다. 여기서 미는 사람이 주체적으로 창작하고 표현하여 일구어낸 특정한 꼴의 작품에서 약간 벗어나 있다. 천지는 사시나 만물과 함께 규

---

4 『장자』,「천도」"夫虛靜恬淡, 寂漠無爲者, 天地之平, 而道德之至, 故帝王聖人休焉. …… 樸素而天下莫能與之爭美."

5 『장자』,「지북유」"天地有大美而不言, 四時有明法而不議, 萬物有成理而不說. 聖人者原天地之美, 而達萬物之理. 是故至人無爲, 大聖不作, 觀於天地之謂也."

칙에 의해 운행·순환·생성을 보여주며 자기 주장을 하지 않지만 그 자체가 바로 아름다움으로 드러나고 있다.

우리는 세 가지 용례를 통해 '장자 미학'의 성립 가능성과 특성을 단정할 수는 없다. 아직도 살펴볼 사항이 많이 남아 있기 때문이다. 그럼에도 미는 천지와 결부되어 쓰이며 사람의 손과 의식이 가미되지 않는 원초의 상태나 자연 그대로의 사실과 관련된다고 할 수 있다. 여기서 적어도 『장자』에 미 자의 용례가 있다는 점에서 '미학'은 연구가 가능한 것으로 보인다. 장자가 미학을 몰랐다고 하더라도 미의 존재를 알고 있기 때문이다. 아마 동아시아 미학의 연구자들도 『장자』에 미 자가 쓰인다는 사실에 주목해서 '장자 미학'의 연구가 가능하다고 생각하는 듯하다. 이러한 주장은 분명 나름의 타당성을 갖는다. 하지만 미 자의 존재가 미학의 성립을 입증한다고 단정할 수 없다. 미의 현상과 사실에 관심을 둔다고 해서 바로 미학을 정립한다거나 미학의 이론을 주장하려고 했다고 할 수 없기 때문이다.

따라서 『장자』에 미 자의 용례가 있다고 하더라도 우리는 다시 "'미학'의 각도에서 『장자』에 접근하여 연구할 수 있을까?"라는 질문을 던지지 않을 수 없다. 왜냐하면 단순히 '미' 자 또는 그와 유사한 개념이 『장자』에 나온다고 해서 그것에 근거해서 곧바로 "『장자』를 미학의 관점에서 연구할 수 있다"고 말할 수 없기 때문이다. 『장자』를 미학의 관점에서 연구하려면 '장자 미학'이 가능하다는 근거를 찾아야 한다. 그렇지 않고 '장자 미학'이 이미 현실의 학계에서 통용되고 있으므로 그것이 가능하다고 한다면, 근거 없는 연구에 불과하다. '장자 미학'이 통용되고 있다고 존재의 정당성을 획득할 수 없다. 이것은 악惡이 있다고 해서 그 악이 정당화되지 않는 것과 마찬가지이다.

미학의 사정은 철학의 경우에도 그대로 적용된다. 동아시아 각국은 이미 학제와 학문 용어로 '철학'을 사용하고 있다. 학과도 있고 학회도 있고 연구자도 있다. 이와 달리 구미의 학계는 지금 나아지고 있다고 하지만 동아시아 지적 전통의 결실을 '철학'으로 부르지 않는다. 예컨대 하버드대학에서 동아시아 사상으로 박사학위를 받았다고 하더라도 그것은 철학과의 학위가 아니라 하버드옌칭연구소의 학위이다. 이는 구미의 대학은 서구 문화의 지적 전통과 동아시아의 지적 전통을 동등하게 고려하지 않기 때문이다.

구미에서는 동아시아의 지적 전통을 기껏 '사상thought'으로 규정할 뿐 '철학Philosophy'으로 인정하지 않고 있다.[6] 동아시아의 지적 전통에서는 Philosophy처럼 실용과 실천으로부터 한 걸음 벗어나 관조하는 이성이 세계의 근원에 대한 지혜를 탐구하는 지적 생태계가 활성화되지 않았기 때문이다. 특히 유학의 지적 전통은 인륜과 일상을 벗어나는 순간 그 학문을 허학虛學으로 규정한다. 실학實學을 표방하는 한 동아시아의 학문은 자신의 지적 전통을 '사변의 철학'으로 규정하는 데에 별다른 저항 의식을 드러내지 않는다.

'미학', 특히 '장자 미학'도 마찬가지이다. 그 개념이 통용된다고 해서 그 존재의 정당성이 저절로 입증되지 않기 때문이다. 서구의 미적 전통과 다른 동아시아의 미적 전통에서 "'장자 미학'이 가능한가?"라는 물음에 해답을 찾아야 한다. 따라서 이 질문은 어리석은 것이 아니라 오히려 장자의 심미 세계가 가진 특징을 제대로 살려내는 시도라고 할 수 있다. 학문 연구는 기존의 학문 문법(관행)을 전제하고서 전문적 대화를 진행하는 측면과 시대 상황에 따라 당연시되는 사유의 근거를 회의하는 측면을 가지고 있다. 이 글은 후자에 속하는 글이다.

아울러 고대와 근대의 학문은 그 특성상 규범성을 갖는다. 특히 근대의 분과 학문은 학적 규정을 따르면 누구나 도달할 수 있는 재연 가능성을 중시한다. 재연 가능성이 없다면 근대의 분과 학문으로 인정받기가

---

6 나성, 「중국철학 연구에 관한 구미 학계의 최근 추세 및 그 방법론 연구: 중국 고대철학에 대한 세 가지 시각」, 『대동철학회지』 3, 1999 참조.

쉽지 않다. 장자처럼 사유와 심미 세계에서 다양성과 차이를 긍정하는 경우에 학문의 규범성이 장자 미학에서 논란을 일으킬 수 있다. 미의 규정성으로서 미학은 장자의 사유와 심미 세계에 정합적이지 않을 수 있다. 이와 관련해서 우리는 「천도」와 「지북유」에서 다룬 천지의 미가 인간의 주관적 감성을 강조하는 근대의 미학과 양립 가능한지 따져보지 않을 수가 없다.

3. 근대 '미학(감성학)Aesthetics'의 탄생

학문으로서 '미학'의 탄생은 '철학'과 견줄 수 없을 정도로 늦다. '철학'은 고대 그리스에서 변하지 않는 원리를 이성적으로 탐구하는 정신 활동을 가리켰다. 이 당시 '미학'의 용어는 없었지만 미美에 대한 관심조차 없었다고 할 수는 없다. 원시 시대라고 해서 사람이 아름다움에 대한 관심이 없다고 할 수 없다. 벽화와 암각화에 새겨진 선과 색은 복합적 계기를 함축하고 있겠지만 그 중 아름다움의 고려와 동경으로 보지 않고 설명할 수가 없기 때문이다. 고대 그리스에서 미는 아름다운 사물 · 형태 · 색채뿐만 아니라 사고, 관습에도 쓰였다. 미美는 아직 선善과 분리되지 않은 채 객관적인 세계를 모방한 것과 관련해서 사용했다.[7] 이는 당시의 미가 학으로 정립되지 않은 채 사람들이 일상적으로 관심을 두거나 예술의 창작과 감상에 고려 요인으로 간주되고 있었던 실정을 반영한다.

'미학'은 바움가르텐(1714~1762)이 『성찰』(1735)과 『미학』(1750)에 처음으로 등장했다. '미학' 개념이 18세기에 나타났다고 해서 이전에 미(아

---

7 타타르키비츠, 손효주 옮김, 『미학의 기본 개념사』, 고양: 미술문화, 1999, 2009 3쇄, 155~157쪽 참조.

름다움)에 대한 탐구가 없었던 것은 아니다. 하지만 18세기의 미학은 이전의 탐구와 달리 '미美'를 '학學'으로 탐구한다는 점에서 차이를 보이고 있다. 학은 미와 미 아닌 것의 경계를 나누는 규범성을 갖는다는 말이다. 즉 미가 어떤 특성과 요건을 갖출 때 학의 대상이 되는 것이다. 이처럼 학적 규범성의 유무는 미가 관심사로 머무르느냐 아니면 미학으로 상승하느냐를 가늠하는 중요한 기준이 된다. 이렇게 보면 서구의 고대나 동아시아의 고대는 처지가 같다고 할 수 있다. 둘 다 학적 규범성을 갖추지 않았지만 미에 대한 관심과 논의를 진행해왔기 때문이다.

학문 세계에서도 잘 나가거나 못 나가는 부침이 있기 마련이고 시대에 따라 새로운 학문이 등장하기도 한다. 예컨대 심리학은 오늘날 있기 때문에 오래된 학문으로 보여도 실제로 19세기 후반에 독립 학문으로 모습을 선보였다. 심리학은 원래 인간의 의식과 사고를 다루는 인식론의 영역으로 간주되다가 심리 현상을 관찰 가능한 활동으로 환원하면서 비로소 과학으로 독립하게 되었다.

그렇다면 바움가르텐은 왜 18세기에 이르러 '미학'을 주장하게 되었을까? 우리는 서구의 전통적인 지적 전통과 18세기의 학문 풍토에서 해답의 실마리를 찾을 수 있다. 18세기의 철학과 예술에서 두 가지 요구 사항이 생겨났다. 철학에서는 이성적 인식보다 하위에 있는 인식 능력을 규명하고자 했고, 예술에서는 시학詩學을 비롯하여 예술을 이론적으로 정당화하려는 움직임이 있었다.[8] 즉 철학에서는 이성 이외에 인식을 낳은 능력을 찾게 되었고, 예술에는 창작과 심미의 근원과 과정을 논의하게 되었다. 이 과정에서 감성은 철학과 예술이 만날 수 있는 접점으로 등장했다.

이러한 철학과 예술의 움직임은 결국 전통적으로 이어지던 이성과 감

---

8   김수현, 「바움가르텐」, 미학대계간행회 편, 『미학의 역사』, 서울: 서울대학교 출판부, 2007; 3쇄 2008, 259~275쪽 참조.

성의 대립을 반영하고 있다. 그리스 이래로 '철학'은 이성이 논리적 사고에 따라 불변의 원리 또는 본질을 밝히는 활동이었다. 그래서 철학은 학문 중의 학문으로 여겨졌다. 감성은 오히려 이성적 인식을 왜곡하거나 교란하는 원인으로 여겨졌다. 이러한 경우에 우리가 흥분한 사람더러 "좀 이성적으로 검토해보라!"라고 일상적으로 조언하는 사례에서도 납득할 만하다. 감성이 올바른 판단과 정확한 인식을 방해한다고 하면 당연히 배제할 수밖에 없다. 따라서 사람이 세계나 존재의 본질을 파악하려면 인식 과정에서 감성을 배제해야 했다. 이러한 연유로 감성은 학문의 세계에서 거주할 수 있는 시민권을 갖지 못했다. 이러한 대립에 의하면 시를 비롯하여 음악, 회화 등의 예술은 일차적으로 감성과 관련을 맺고 있기 때문에 모두 '학學'이 될 수가 없었다.

바움가르텐은 18세기의 예술의 요구를 수용해서 『성찰』서문에서 "철학과 시 짓기의 학문은 종종 완전히 상반되는 것이라고 여겨져 왔지만, 나는 양자가 사실 지극히 친밀한 결속을 맺고 있다는 것을 드러내고자 한다."라고 저술 동기를 밝혔다. 바움가르텐은 기존의 학술사에 전제하던 관점을 벗어나 철학과 시가 상반되지 않고 친밀한 관계에 있다는 발상의 전환을 선언했다. 바로 이러한 전환의 밑바탕에는 감성에 대한 사고의 전환이 자리하고 있다. 부끄러움과 죄책감을 통해 진실한 자아를 만날 수 있고 공포를 통해 인간의 한계를 체험할 수 있고 아름다움을 통해 참다움에 가려졌던 존재의 새로운 진면목을 들여다볼 수 있다.

이렇게 되면 감성은 올바른 판단과 심오한 인식을 가능하게 하는 원동력이 될 수 있다. 이러한 의미 맥락에 따르면 바움가르텐의 '에스테틱스Aesthetics'는 오늘날 '미학'으로 불리고 있지만 실제로 '감성학感性學'에 해당된다고 할 수 있다. '에스테틱스aesthetics'는 바움가르텐이 '감성적 인식에 관한 학scientia cognitionis sensitivae'의 이름을 짓기 위해 감성을 뜻하는 고대 그리스어인 아이스테시스aisthesis로부터 만들어낸 '에스테티카'aesthetica'라는 학명에서 유래하고 있기 때문이다.[9] 예술의 미 美가 이성보다 감성에 관련이 된다는 점에서 '감성학'을 '미학'으로 옮기 는 것도 무리가 없다.

바움가르텐이 '에스테틱스Aesthetics'의 개념을 만들어냈다면 칸트 (1724~1804)는 '미학'의 이론적 토대를 다졌다. 칸트는 '미학'이 감성과 관련된다는 점에서 바움가르텐에 동의하지만 인식에 관여한다는 점에서 그에 동의하지 않았다. 칸트는 『판단력 비판』에서 미학이 개념과 논리를 통해 얻게 되는 인식이 아니라 주관적으로 느끼는 쾌락과 관련된다고 보 았다.[10] 이러한 주관적 감정은 이랬다저랬다 하는 일시적인 기분이거나 사람에 따라 종잡을 수 없는 자의적인 감정의 반응이 아니다. 칸트는 '무 관심적 쾌감das interesselose Wohlgefallen', '무목적적 합목적성Zweckm igkeit ohne Zweck' 등을 통해 주관적이면서 보편적으로 '아름답다'라는 취미 판단이 가능하다는 것을 밝혔다.

미적 대상이 물질적 관능적 욕망으로 인해 아름답게 느껴지거나 거리 에 따라 쾌락과 불쾌가 달라진다고 하면, 미적 판단은 순전히 주관적일 뿐 보편적일 수가 없다. 사람마다 다르게 느끼는 쾌와 불쾌를 가지고 미 에 대한 주장을 할 수가 없다. 결국 목소리가 큰 사람이 아름답다고 주 장하는 것에 동의하는 길만이 남거나 각자 뭐라고 하든 간에 나만 아름 다우면 그만이라는 관점이 나올 뿐이다. '무관심적 쾌감'은 욕망에서부 터 벗어나고 미적 대상에 대해 일정한 거리를 두고서 느낄 수 있는 쾌감 이다.

---

9 오병남, 『한국민족문화대백과사전』, 「미학」 항목.(출처: http://encykorea.aks.ac.kr/ Contents/SearchNavi?keyword=미학&ridx=0&tot=59) 이와 관련해서 자세한 논의는 오 병남, 「근대 미학 성립의 배경에 관한 연구」, 『미학』 제5권 1호, 1978; 이창환, 「바움가르텐 미 학 사상의 재평가」, 『미학연구』 창간호, 1995; 김광명, 「바움가르텐과 칸트에 있어 '에스테틱' 의 의미」, 『칸트연구』 5, 1999 참조.

10 이와 관련해서 칸트, 백종현 옮김, 『판단력비판』, 파주: 아카넷, 2009 참조.

관심(이해)이 끼어들면 모든 사람이 공감할 수 있는 판단이 어렵다. 사람은 각자 이해가 걸린 곳에 관심을 두므로 집중되기도 하고 집중되더라도 공감할 수가 없다. 그리하여 칸트는 관심(이해)을 떠난 쾌락을 제시하여 사람이 공감할 수 있는 바탕을 마련하고자 했다. 아울러 미적 대상은 그 자체의 객관적 특성에 의해 쾌감을 주는 것이 아니라 주관적 형식에 따라 쾌감을 가져온다. 이때 무목적적 합목적성은 주관적 형식이 통일성을 갖도록 하는 반성 원리로서 "다양한 요소들이 어떤 하나를 향해 합치되어 있게끔 한다."[11]

4. 중국의 '미학' 소개와 초기 연구

중국에서는 독일인 선교사 파베르Emst Faber가 1878년에 중문으로 『독일 교육의 대강을 논하다[大德國學校論略]』[12]를 출판하면서 서양 '지학 智學'(지혜의 학)의 교과 과정을 소개하면서 '미학美學'이라는 용어을 처음으로 사용했다.[13] 강유위(캉유웨이)康有爲는 1897년 자신이 구입했던 일본어 책의 서목을 정리한 『일본서목지日本書目志』에서 '미학'이라는 용어를 사용했다.[14] 하지만 아직 '미학'은 서양 학문의 일종으로나 서적의 분

---

11 하선규, 「칸트」, 미학대계간행회 편, 『미학의 역사』, 서울: 서울대학교 출판부, 2007; 3쇄 2008, 299~328쪽 참조.

12 『독일 교육의 대강을 논하다[大德國學校論略]』는 중판에서 제목이 『유럽 학교의 대상을 논하다[泰西學校論略]』 또는 『서양 국가의 학교[西國學校]』로 고쳐졌다.

13 일본과 한국의 미학 개념 소개와 관련해서 민주식, 「니시 아마네西周의 서구 미학의 이해와 수용: '미학aesthetics'의 번역어를 중심으로」, 『일본연구』 15, 2011; 신나경, 「서구 근대 미학의 수용에서 '미적 범주론'의 양상과 의미: 한국과 일본의 초창기 미학을 중심으로」, 『동양예술』 제31호, 2016 참조.

14 황흥도(황싱타오)黃興濤, 「'미학' 개념과 서양 미학의 중국 최초의 전파'美學'一詞及西方美學 在中國的最早傳播」, 『문사지식文史知識』 2000 第1期.

류 대상일 뿐 학문적으로 탐구되지 않았다. 여기서 '미학' 용어는 인용된 경우이지 독자적인 의미 맥락에서 사용된 것은 아니다. 따라서 '미학'은 학술계의 용어로 처음 등판했지만 아직 담론을 형성할 정도로 친숙한 개념이 아니었다.

미학의 연구는 왕국유(왕궈웨이)王國維(1877~1927)에 이르러 개시되었다. 그는 1898년 고향을 떠나 상해(상하이)上海로 와서 나진옥(뤄전위)羅振玉이 세운 동문학사東文學社에서 서구의 신학문을 배웠다. 그는 당시 여건상 독학이 자연스러웠고 후지타 도요하찌藤田豊八와 타오카 사요지田岡佐代治로부터 영어와 일본어 등의 어학과 수학과 물리 등을 배웠다. 당시 두 선생이 철학을 전공했던 터라 왕국유(왕궈웨이)도 그들을 통해 칸트와 쇼펜하우어를 알게 되었고 다시 서양의 철학과 미학을 만나게 되었다.[15] 이러한 맥락에서 그가 '미학美學'을 연구할 수 있는 환경을 가졌고 이를 바탕으로 최초로 연구했다는 평가를 받는다.[16]

하지만 중국의 20세기 초 '미학' 연구는 허약한 지평 위에 놓여 있었고, 그것이 오늘날에도 영향을 미치고 있다. 첫째, 왕국유(왕궈웨이)는 1902년 무렵 거의 독학으로 칸트의 『순수이성비판』과 쇼펜하우어의 『의지와 표상으로서의 세계』를 읽었지만 읽어도 이해할 수 없었다. 지금도 『순수이성비판』은 독학하기에 어려운 책으로 유명한데 그에 대한 연구가 아직 본격화되지 않은 상황에서 독학을 했으니 그 어려움은 짐작하기가 어렵지 않다. 이러한 사정 때문인지 그는 기나긴 독학의 시간을 들여서 1907년에 이르러서야 칸트의 『순수이성비판』을 비롯하여 그의 윤리학과 미학을 읽고서 막히는 것이 적어졌다고 한다.[17] 왕국유(왕궈웨이)의

15 류창교, 『왕국유 평전』, 경산: 영남대학교 출판부, 2005.

16 장계군(장치췬)章啓群, 『백년중국미학사략百年中國美學史略』, 北京: 北京大學出版社, 2005 참조.

17 『해녕왕정안선생유서海寧王靜安先生遺書 四』「自序」, 류창교, 위의 책, 374쪽.

이해는 토론과 검증을 거치지 않는 자기 확신에 토대를 두고 있었다. 왕국유(왕궈웨이)가 『홍루몽평론紅樓夢評論』에서 서양의 철학과 미학 개념을 원용하여 우미優美(우아미優雅美)와 장미壯美/굉장宏壯(숭고미崇高美)을 제시하기도 하고, 『인간사화人間詞話』에서 중국 시가에 담긴 '경계'의 미의식을 밝혀내려고 했지만, 이론적 완성도와 엄밀성은 부족한 채로 남아 있다.[18]

둘째, '미학'은 종교에 대한 대안인 '미육美育'으로부터 관심이 촉발되었다. 청 제국이 영국과 아편전쟁에서 패배한 뒤로 당시 사람들은 자신을 이긴 서양의 힘을 탐구하기 시작했다. 중국에 없고 서양에 있는 것이 무엇인지 대차대조표를 작성했다. 이를 바탕으로 중국이 모자라는 것을 보충해야 당장 서양의 힘을 극복하지 못한다고 해도 미래를 기약할 수 있기 때문이다. 그 결과 중국은 사람마다 차이가 있지만 국교로서 종교, 무기 제작 기술로서 과학, 정치 제도로서 민주주의 등에 주목했다. 다양한 시도 중에 강유위(캉유웨이)는 국교로서 종교의 부재에 중점을 두고서 공자의 사상을 공자교孔子敎로 만들려고 기도했다. 강유위(캉유웨이)는 종교에 초점을 맞추었다고 한다면 이에 맞서 왕국유(왕궈웨이)와 채원배(차이위안페이)蔡元培는 "미육으로 종교를 대체하자[以美育代宗敎]"라고 주장했다.[19] 채원배(차이위안페이)는 미육美育이 종교에 비해 자유롭고 진보적이고 보편적이라는 점을 차별상으로 제시했다.[20] 양쪽은 종교 대 미육

---

18 왕국유(왕궈웨이)의 '경계境界' 개념과 관련해서 류창교 옮김, 『세상의 노래 비평 인간사화』, 서울: 소명출판, 2004 참조. 경계 또는 의경意境 개념의 전반적 이해를 위해 포진원(푸전위안)浦震元, 신정근 외 옮김, 『의경, 동아시아 미학의 거울』, 서울: 성균관대학교 출판부, 2013 참조.

19 장계군(장치췬)章啓群, 『백년중국미학사략百年中國美學史略』, 北京: 北京大學出版社, 2005, 55~61쪽 참조. 번역본으로 신정근 외 옮김, 『중국 현대 미학사』, 서울: 성균관대학교 출판부, 2013, 31~32쪽 참조.

20 채원배(차이위안페이)蔡元培, 「미육으로 종교를 대신하자以美育代宗敎」, 文藝美學叢書編輯委員會 編, 『蔡元培美學文選』, 北京: 北京大學出版社, 1983, 179~180쪽 참조.

의 대립을 이룰 정도로 서로 다른 길을 걸어갔다.

중국 근대의 '미학' 소개와 연구를 살펴보면, 그것은 학문적 요구에서 탄생한 것이 아니라 사회적인 목적에 의해 소개되고 권장되고 있다. 미학이 동아시아의 미적 전통의 맥락에서 수용되지 않고 사회적 위기를 타개할 수 있는 방안으로 간주되고 있다. 여기서 이러한 현상을 성찰하지 않으면 미학은 연구가 아니라 동원의 대상이 된다. 왕국유(왕궈웨이)는 이러한 현상의 불건전함을 나름대로 자각했던 모양이다. 그는 「근래 학술계를 논하다論近年之學術界」라는 글에서 학문의 독립성을 강조하면서 말미에 "학문(학술)이 하나의 목적으로 여겨지지 않고 발달할 수 있었던 일은 아직 없었다. 학문의 발단은 그 자체의 독립성에 달려 있다. 우리나라의 오늘날 학술계는 한편으로 중국과 외국의 틀을 깨야 하고, 다른 한편으로 정치의 수단으로 여기지 않아야만, 발달하는 미래가 있을 것이다!"라고 말했다.[21]

그런데 왕국유(왕궈웨이)는 학문(학술)의 독립성을 말하면서 미육의 가치를 역설했다. 하지만 미육의 '육育'이 계몽을 위해 개인이 주체가 되지 않고 국민 교육을 위해 개인이 아닌 다른 집단, 예컨대 국가가 주체가 된다면 미육의 독립성은 보장될 수 없다. 개개인이 미의 감수성을 자율적으로 키우는 것과 국민이 국가가 필요한 미의 감수성을 키우는 것은 완전히 다르다. 전자는 개인이 주체가 될 수 있지만 후자는 개인은 교육의 대상일 뿐이다. 이를 정확히 인식하지 못하면 개인과 국가를 구별하지 않고 동일시하는 오류를 범할 수 있다. 특히 후자의 육은 특정한 방식으로 길러지는 훈육과 양육을 의미하게 된다. 아울러 '미육'은 용어가 다르지만 전근대에 있었던 '악교樂敎' '예교禮敎' '시교詩敎'와 겹쳐지는 의

---

21 왕국유(왕궈웨이)王國維, 「근래 학술계를 논하다論近年之學術界」, 『정암문집靜庵文集』, 瀋陽: 遼寧敎育出版社, 1997, 114~115쪽, "未有不視學術爲一目的而能發達者, 學術之發達, 存于其獨立而已. 然則吾國今日之學術界, 一面當破中外之見, 而一面毋以爲政論之手段, 則庶可有發達之日歟!"

미를 갖는다.

악 · 예 · 시를 미로 묶을 수 있고 육育과 교敎의 의미 차이가 그리 크지 않기 때문이다. 악교를 악육樂育으로, 시교를 시육詩育으로 바꾼다고 하더라도 의미의 상실이 그렇게 많이 일어나지 않는다. 왕국유(왕궈웨이)는 학문의 독립성을 내세웠지만 미육이 근대의 중국인 탄생에 기여할 수 있지만 그 근대인의 중국인이 시대와 국가의 가치에 다시 종속될 수 있는지 철저하게 검토하지 못했다고 할 수 있다. 그가 진정으로 미학의 독립성을 강조하고자 했다면, 미육 대신에 개인의 자유로운 향유로 이어지는 미감美感에 주목했어야 했다. 이런 측면에서 보면 근대 초기의 미학은 서양의 미학이 탄생할 때 감성이 이성적 인식에 대해 가졌던 팽팽한 긴장 관계를 가지지 못했다고 할 수 있다.

5. 장자는 서양 근대의 '미학'을 추구했는가?

우리는 2장에서 서양 미가 '미학'으로 탄생하게 된 맥락을 스케치해봤다. 이에 따라 우리는 '장자 미학'의 가능 근거를 물을 수 있다. '장자 미학'이 가능하려면 다음의 조건이 필요하다. 첫째, 바움가르텐에서 보이듯 장자는 이성과 감성이 대립해온 지적 전통 위에서 감성적 인식을 기획해야 한다. 둘째, 칸트에서 보이듯 장자는 감성이 주관적이면서 보편적일 수 있는 '무관심적 쾌감'의 존재를 밝히고, 선험적 형식의 통일성을 위해 '무목적적 합목적성'을 주장해야 한다. 적어도 근대 미학의 기준에서 보면 장자가 적어도 이 두 가지 조건을 충족시킬 때 '장자 미학'이 가능하다고 할 수 있다. 그렇지 않으면 근대 미학의 맥락에서 '장자 미학'이 불가능하다고 할 수 있다.

바움가르텐과 칸트의 미학 이외의 다른 미학이 가능할 수 있다. 이에 따라 우리는 꼭 위의 기준에 따라야 하는가 라는 반론을 제기할 수 있다. 어떤 기준이 없으면 '장자 미학'의 성립 여부를 논의할 수가 없다. 다른 기준이 없는 한 미학이 처음으로 등장했던 18세기의 맥락에서 장자 미학의 성립 가능성을 따져보고자 한다. 미학은 원래 서양 18세기의 지적 맥락에서 제기된 독특한 특징과 배경을 가지고 있다. 이 맥락에서 넓게는 동아시아 미학, 좁게는 장자 미학의 성립 가능성을 성찰해보지 않을 수가 없다. 그래야 어떤 점에서 18세기 서구의 미학과 다르고 같은지가 밝혀져야 동아시아 미학 또는 장자 미학의 성립 가능성을 확인할 수 있기 때문이다.

5.1 감성과 감성적 인식

장자가 18세기 서양의 근대 미학과 같은 탐구를 하려고 했다면 가장 기본적으로 감성의 존재를 긍정해야 한다. 바움가르텐이 말하듯이 긍정된 감성이 개념과 논리를 떠나서 인식을 가능하게 해야 한다. 아니면 칸트가 말하듯이 감성이 주관적이며 보편적인 쾌감을 주어야 한다. 그렇지 않으면 '감성적 인식에 관한 학scientia cognitionis sensitivae'과 '무관심적 쾌락das interesselose Wohlgefallen'의 존재를 밝혀낼 수 없다. 이를 밝혀내지 못하다고 미의 학문, 즉 미학이 존재한다고 할 수 없다. 이를 위해서 우리는 먼저 『장자』에서 감정의 존재를 다루는 부분에 주목하지 않을 수가 없다.

『장자』「덕충부」를 보면 장자와 혜자惠子는 '감성'에 대해 이야기를 주고받고 있다. 둘 사이의 이야기를 통해 장자가 감정을 어떻게 파악하고 있는지 살펴보기로 하자. 혜자가 장자에게 먼저 "사람은 본래 감성이 없을까?"라고 물었다. 장자는 혜자가 생각하기에 의외로 간단하게 "그렇다"고 대답했다. 혜자는 깜짝 놀라며 "사람이면서 감성이 없다면 어떻게 사람일 수 있느냐?"라며 강하게 반발했다. 혜자는 감정 없는 사람이란 불가능할 뿐만 아니라 그런 사람은 사람이 아니라고 생각했다. 아마도 그는 장자의 무정이 쌀쌀맞고 인정이 없다는 뜻의 매정하다는 맥락으로 받아들인 모양이다. 혜자의 이런 반응은 그렇게 이해하기가 어렵지 않다. 사람이 이별을 겪고 나면 아무런 감정의 동요가 없다기보다 슬픔으로 인해 충격을 받는 상황을 쉽게 연상할 수 있다.

장자는 "사람이 도道에 따라 얼굴을 갖추고 천天(자연)에 따라 몸을 갖추고 있는데, 어떻게 사람이 아니라고 할 수 있느냐?"라며 반문했다. 장자는 감정의 유무가 아니라 다른 기준을 제시하며 사람의 특성을 설명하면서 혜자의 반론에 대응했다. 즉 얼굴의 모貌와 몸의 형形이라는 새로운 기준을 제시하면서 이 두 기준을 충족하면 당연히 사람이라고 주장했다. 장자는 일단 사람을 몸 중심으로 설명하고 있다. 혜자는 장자의 설명에 납득하지 않고 다시 한번 더 "사람이라고 한 이상 어떻게 감성이 없을 수 있겠느냐?"라고 물었다. 다시 묻는다는 것은 장자의 대답에 동의할 수 없다는 의사를 나타내고 있는 것이다.

이번에는 장자는 문제의 초점을 개념의 정의로 바꾼다. 그는 "혜자의 '무정無情'이 자신이 말하는 '무정'과 다르다"라고 전제한 뒤에 "자신의 '무정'은 사람이 호오好惡로 인해 안으로 몸을 다치지 않고 늘 천天(자연)에 따르며 삶에 덧보태려고 하지 않는다."라고 풀이한다. 장자는 사람이 호오의 감정을 느끼지 않는다는 말이 아니라 호오가 몸을 손상시키지 않는다는 점에서 무정이다. 앞서 살펴본 이별이 음식을 먹지 못해 건강을 해칠 수 있는데, 이것이 바로 호오로 인한 내상의 문제라고 할 수 있다. 사람이 감정을 조금도 느끼지 못하는 나무토막과 같은 존재가 아니라 감정을 느끼더라도 그로 인해 몸을 아프게 하지 않는다는 뜻이다. 이어서 장자는 사람이 저절로 그렇게 바뀌는 자연의 흐름에 보조를 맞추므로 어떤 식으로는 하고 어떤 식으로는 하지 말아서 생명을 늘리려고 하지 않는다는 점에서 무정이다.

이렇게 되면 장자가 혜자에게 서로 무정의 개념이 다르다고 한 의미가 분명해진다. 혜자는 장자가 무정이라고 했을 때 사람이 기뻐도 기뻐

할 줄 모르고 슬퍼도 슬퍼할 줄 모르는, 글자 그대로 감정을 느끼지 못하는 로봇과 같다고 생각했던 듯하다. 장자는 혜자와 달리 자신의 무정이란 감정을 조금 느끼지 못한다는 뜻이 아니라 감정을 느끼더라도 그로 인해 몸을 손상하거나 자연을 위배하고서 생명을 늘리려는 욕망을 갖지 않는다는 뜻이다. 즉 장자의 무정은 감정에 느끼더라도 감정으로 인해 고통을 겪거나 새로운 욕망을 추동하지 않는다는 뜻이다. 이런 맥락을 고려하면 장자는 오히려 감정으로부터 자유를 말한 것이지 감정의 존재를 부정했다고 할 수 없다.

혜자는 두 차례에 걸친 장자의 해명에도 불구하고 도와 천에 의해 주어진 삶(생명)에다 후천적으로 뭔가 덧보태는 익생益生의 필요성을 요청했다. 이렇게 되면 혜자는 장자가 제기했던 호오(감정)로 인한 내상과 자연을 거스른 익생의 문제에 대응해야 하지만 답이 없다. 호오(감정)의 표출이 인간다운 특성의 표현일 수도 있지만 심신의 생명을 갉아먹을 수 있고 자연을 거스른 익생이 역설적으로 생명을 손상하는 손생損生을 낳을 수 있기 때문이다. 혜자의 입장에서 자신이 장자를 성공적으로 논박했다고 할 수 있지만 장자의 입장에서 보면 혜자는 대답해야 할 사항에 침묵하고 있는 셈이다. 반면 장자는 도와 천에 의해 주어진 삶(생명)이 내재적 완결성을 가지고 있으므로 외부와 접속하여 삶을 키우고 늘리려는 기도를 부정했다.[22]

장자는 「양생주」에서 '익생益生'으로 나아가지 않고 도와 천(자연)에 따른 삶을 제시하고 있다. 진일秦失(秦佚)은 친구 노담老耼이 죽자 조문을 갔다. 진일이 세 번 곡을 한 뒤 조문을 마치려 하자 제자가 진일에게

---

22 『장자』「덕충부」 "惠子謂莊子曰: 人故無情乎? 莊子曰: 然. 惠子曰: 人而無情, 何以謂之人? 莊子曰: 道與之貌, 天與之形, 惡得不謂之人? 惠子曰: 旣謂之人, 惡得無情? 莊子曰: 是非吾所謂情也. 吾所謂無情者, 言人之不以好惡內傷其身, 常因自然而不益生也. 惠子曰: 不益生, 何以有其身? 莊子曰: 道與之貌, 天與之形, 無以好惡內傷其身. 今子外乎子之神, 勞乎子之精, 倚樹而吟, 據槁梧而瞑. 天選之形, 子以堅白鳴!"

절친한 친구의 조문을 그렇게 간단하게 해도 되는지 물었다. 진일은 크게 실망한 듯이 자신이 조문할 때 보았던 정경을 설명했다. 빈소 안의 늙은이는 제 자식을 잃은 듯이 아파하고 젊은이는 제 부모를 잃은 듯이 슬프게 곡을 하고 있었던 것이다.

진일은 생과 사가 좋아하고 슬퍼할 일이 아니라 때에 따라 왔다가 가는 변화의 과정일 뿐이라고 보았다. 이에 따르면 "때를 편안하게 여기며 흐름에 따라가는" 안시처순安時處順할 뿐 "슬픔과 즐거움을 집어넣어 울고불고 할 필요가 없는" 애락불능입哀樂不能入하게 된다. 여기서 사람이 슬픔과 즐거움을 느끼지도 못한다는 뜻이 아니라 일마다 슬픔과 즐거움의 감정을 이입하여 처리하지 말라는 주문이다. 그렇지 않으면 오히려 "천(자연)으로부터 달아나고 정을 어기는" 둔천배정遁天倍情이 된다.[23]

장자는 혜자와 대화에서 '무정無情'을 말했지만 실제로 정情을 부정한 것은 아니다. 그의 무정이 사람을 도와 천으로부터 멀어지게 하여 신身을 다치게 하고 생生을 덧보태는 방향으로 나아가는 것을 반대하는 것이다. 이러한 측면은 실제로 배정背情과 같은 뜻의 배정倍情에서 잘 나타난다. 감정을 부정했다면 감정을 배반한다는 배정의 용어를 사용할 수 없기 때문이다. 사람의 정이 안시처순으로 이어지는 과장을 방해하지 않는다면 굳이 부정될 이유가 없다. 물론 호오와 애락哀樂의 정은 이입의 과정을 통해 사람으로 하여금 둔천배정遁天倍情으로 이끄는 위험성을 지니고 있다. 앞서 말했듯이 감정이 위험성을 초래할 가능성이 있다고 해서 감정을 제 길로 살리지 못하고 등을 진다고 단정할 수는 없다. 바로 그 때문에 장자는 인정할 감정을 제대로 드러내지 못할 위험성을

---

23 『장자』「양생주」"向吾入而弔焉, 有老者哭之, 如哭其子. 少者哭之, 如哭其母. 彼其所以會之, 必有不蘄言而言, 不蘄哭而哭者. 是遁天倍情, 忘其所受, 古者謂之遁天之刑. 適來, 夫子時也. 適去, 夫子順也. 安時而處順, 哀樂不能入也, 古者謂是帝之懸解."

지적하기 위해 '배정'을 비판하고 위험을 지적하면서 이입으로 문제를 낳을 위험성을 줄이기 위해 '무정'을 요구했다.

정리하면 장자는 감성을 부정하지 않았다. 그는 위험한 감성으로부터 멀어져야 하고 감정을 제대로 드러낼 수 있다고 말했다. 여기서 장자가 감정을 긍정한다고 하더라도 애락불능입哀樂不能入에서 보이듯 쾌락을 가져오는 감성의 독자적 지위를 주장하지 않았다. 아울러 장자가 긍정하는 감정이 어떻게 감성적 인식을 가져올 수 있는지 아직 분명하지 않다. 이렇게 보면 장자는 18세기 근대의 '에스테틱스Aesthetics'에서 고민했던 감성의 지위를 대변하려고 했다고 볼 수는 없다.

이러한 결론에도 불구하고 장자가 말하는 배정이 아니라 무정의 감정은 어떤 것인지 검토할 필요가 있다. 장자가 실제 감정을 긍정한다고 하지만 그의 긍정은 혜자를 납득시키기 못했던 것처럼 쉽게 다가오지 않는다. 여기서 뜨거운 감정과 차가운 감정을 통해 장자와 혜자의 감정에 대한 차이를 설명할 수 있다. 혜자에 따르면 사람이 감정을 느끼고 그 감정에 따라 슬프고 즐거워하며 이어서 그에 상응하는 방식으로 행동할 수 있다. 장자에 따르면 사람이 감정을 느끼지만 그 감정이 과잉된 행동으로 이어지거나 감정이 사태의 판단에 영향을 끼치지 않는다. 이런 점에서 혜자가 열정熱情의 뜨거운 감정을 말한다면 장자는 냉정冷情의 차가운 감정을 말한다고 할 수 있다.

5.2 선험적 형식

칸트에 따르면 개념에 의하지 않더라도 감성은 선험적 형식에 따른 취미 판단을 가능하게 한다. 취미 판단은 어떤 것이 아름답다고 할 때 그렇게 느껴서 판단하는 사람의 개별 경험을 진술하는 형식이다. 물론 '어떤 것'은 판단의 대상을 가리키고 '아름답다'는 술어는 대상과 일치하는 개념이 아니라 판단하는 개인이 느끼는 쾌 또는 불쾌의 마음 상태,

즉 주관의 감정이다.[24] 아름다움에서 오는 쾌감은 공통감에 바탕하고 있으므로 다른 정신적 활동에서 느끼는 감성과 달리, 주관적이면서도 보편적인 특성을 가질 수 있다.

장자는 취미 판단이 주관 보편성을 갖는가라는 문제를 탐구하지 않았다. 하지만 그는 사람이 사태에 대해 감정이입하여 내상을 받지 말자고 했지만 호오와 애락의 감정을 느끼는 사실 자체를 부정적으로 보지 않았다. 따라서 호오와 애락의 감정이 공통감에 바탕을 둔 취미 판단으로 이어질 수 있는지 살펴볼 수 있다. 이 물음을 장자가 지知에 대해 어떤 논의를 펼치는가를 통해 살펴보고자 한다. 장자의 지는 사람이 대상과 접촉하거나 경험하고서 갖는 정서적이고 인지적인 반응을 가리킨다. 인지적 반응은 개념에 바탕을 둔 논리적 판단으로 진행되는 반면에 정서적 반응은 개별 경험에 바탕을 둔 미감적 판단으로 진행될 수 있다. 전자는 인식에 해당되고 후자는 심미에 해당된다. 이런 우회 과정을 통해『장자』에서 선험적 형식에 따라 주관 보편성을 갖는 취미 판단이 가능할지 살펴보고자 한다. 가능하다면 칸트의 기준에서 장자 미학이 성립한다고 할 수 있다.

사람은 외부 대상과 접촉하여 지식을 갖기도 하고 감정을 느끼기도 한다. 이처럼 사람은 지식을 통해 대상의 정체를 파악하고 감정을 통해 태도를 드러내게 된다. 그런데 장자는 대상의 정체를 파악하는지에 대해 부정적인 태도를 보여준다.

"덕德은 명예 때문에 흐리게 되고, 지知는 경쟁에서 생겨난다. 명예는 서로 헐뜯는 것이고, 지는 서로 다투는 도구이다. 두 가지는 모두 흉기이니 두루

---

24 여유신, 「칸트 미학에서 취미판단의 주관적 보편성과 공통감」, 『칸트연구』 제22집, 2008, 30쪽 참조.

돌아다니게 해서는 안 된다."[25]

　장자에 따르면 지는 대상의 본질을 규정하는 것도 아니고 이해관계를
떠난 가치 중립적인 것도 아니고 현실을 규제하는 초월적인 것도 아니
다. 지는 경쟁에서 살아남기 위해 현실에 즉각적으로 적용되어 유용한
성과를 거두어야 하는 것이다. 그 결과 사람은 지의 소유를 통해 경쟁에
서 우위를 차지할 수 있다. 지는 더 치열한 경쟁으로 내모는 만큼 사람
에게 재앙을 가져오는 원인이 된다.[26] 따라서 지는 사람으로 하여금 무
지에서 벗어나 진리를 얻게 하는 길이 아니고 쾌감을 통해 얽매이지 않
고 타자와 조건 없이 이어지는 일체감을 얻는 길도 아니다.
　사람이 지를 가지게 되면 무지로부터 해방되는 것이 아니라 오히려
그 지로 인해 경쟁과 고통을 겪게 된다. 그래서 장자는 지로부터 해방되
어야 한다는 주장을 한다. 지는 가져야 할 것이 아니라 버려야 할 것이
다. 공자는 「대종사」에서 장자가 배치해놓은 안연과 가상 대화에서 경쟁
과 대립의 원인이 된 지를 가지지도 말아야 하며 이미 있던 것조차 내다
버려야 할 것으로 말하고 있다.[27] 이렇게 보면 장자는 한두 곳에 지를 부
정적으로 보는 것이 아니라 책 전체에서 일관되게 지가 경쟁과 연결되는
흉기로 간주되고 있다. 이처럼 지가 부정적인 결과만을 낳는다면 지가
주관적 보편성을 갖는 취미 판단을 낳을 수 없다.
　누군가 "이것이 아름답다"고 하더라도 다른 사람은 이해 관계에 따라
공감을 하지 않고 "그것이 도대체 뭐가 아름다운가? 저것이 아름답다."
라며 새로운 주장을 펼칠 것이다. 이렇게 되면 무수한 주관적 개별 판단

25　『장자』「인간세」"德蕩乎名, 知出乎爭. 名也者, 相軋也. 知者也, 爭之器也. 二者凶器, 非所
　　以盡行也."
26　『장자』「덕충부」"故聖人有所遊, 而知爲孼, 約爲膠, 德爲接, 工爲商. 聖人不謀, 惡用知?"
27　『장자』「응제왕」"无爲名尸, 无爲謀府. 无爲事任, 无爲知主. 體盡无窮, 而遊无朕. 盡其所受
　　乎天, 而无見得, 亦虛而已. 至人之用心若鏡, 不將不迎, 應而不藏, 故能勝物而不傷."

은 가능하지만 주관적 보편 판단은 불가능해진다. 장자가 지를 흉기로 본다고 해서 그것으로 끝나지 않는다. 흉기로서 지를 떠난다면 사람은 어떻게 해야 할까 라는 새로운 문제 상황에 놓이게 된다. 이와 관련해서 '좌망坐忘'을 살펴볼 만하다. 안연이 '좌망'에 대해 깨달음을 얻었다고 공자에게 말했다. 이에 공자는 안연이 터득했다는 좌망의 경지가 어떤지 설명을 요구했다. 안연은 좌망을 다음처럼 나름대로 해명했다. "팔다리와 몸을 늘어뜨리고 눈과 귀의 작용을 물리치고 육체를 잊고 지를 내버려 대통大通(세계와 완전한 소통)과 같아지는 것을 좌망이라 합니다." 공자는 안연의 '좌망'을 듣고서 "대통과 같아지면 선호가 없어지고, 대통으로 바뀌면 고정불변이 없어진다. 자네는 과연 참으로 훌륭하구나! 나 역시 자네 뒤를 따라야겠다."라고 말했다.[28]

좌망의 결과가 대통이다. 대통에 이르면 사람은 신체, 감각의 지각 그리고 이성의 사고와 추론에 의존하지 않는다. 신체, 감각, 이성을 제외하고 사람이 대상을 경험하고서 지각하고 느끼고 추론할 수 있는 창을 가질 수 있을까? 제3의 길이 없다면 사람은 오로지 본능 또는 반사에 따라 세계와 접촉하는 길밖에 없는 듯하다. 그런데 안연이 하나씩 제거하는 과정을 설명했지만 구체적으로 어떻게 대통에 이를 수 있는지 설명하지 않았다. 여기서 실제로 신체 · 감각 · 이성의 작용을 의존하지 않으면 그 결과 저절로 대통에 이른다면 제3의 길을 찾을 수 없다. 세 가지에 의존하지 않더라도 새로운 가능성이 있다면 장자는 신체, 감각과 이성의 작용을 부정하지만 반사나 본능과 다른 제3의 길을 제시할 수 있다. 이제 제3의 길이 있다면 그것이 어떻게 주관 보편성을 갖는 취미 판단을 가능하게 하는지 살펴보아야 할 상황이다.

「양생주」의 포정해우庖丁解牛의 이야기를 통해 논의를 이어가 보자.

---

28 『장자』「대종사」 "仲尼蹴然曰: 何謂坐忘? 顔回曰: 墮肢體, 黜聰明, 離形去知, 同於大通, 此謂坐忘. 仲尼曰: 同則無好也, 化則無常也. 而果其賢乎! 丘也請從而後也."

장자는 이 이야기에서 19년 동안 소를 해체했지만 칼을 바꾸지 않고 쓰던 칼을 그대로 사용하는 포정을 묘사하고 있다. 칼날에 전혀 손상이 없어서 바꿀 필요가 없기 때문이다. 이 이야기는 사실이라기보다 상상에 의해 지어낸 문학일 수 있다. 중요한 것은 실제로 가능할까가 아니라 장자는 어떻게 그런 일이 일어난다고 설명하는 것일까에 달려 있다. 포정은 소를 잡으면서 목시目視, 즉 눈으로 보고 판단해서 칼을 움직이지 않는다. 그는 감각으로 전달되는 데이터에 의존하지 않고 철저하게 신우神遇, 즉 소를 신으로 마주한다.

흥미롭게도 그는 신우만으로 설명이 부족했다고 느꼈는지 부연하고 있다. 감각이 지(접촉)하고 신이 나아가며 소의 몸에 자연적으로 난 결을 따라 칼을 놀린다.[29] 이 주장은 두 가지 측면에서 놀랄 만하다. 먼저 소를 잡으면서 눈을 사용하지 않는다니 불가사의하게 여겨질 정도이다. 다음으로 장자는 전체적으로 지를 부정하지만 여기서 지를 긍정하고 있다. 두 번째의 경우 잘 들여다보면 용법의 차이를 확인할 수 있다. 앞에서 지는 단독으로 쓰이면서 모謀와 같은 문맥으로 쓰이고 있으므로 지식·꾀·술수의 의미를 갖는다고 할 수 있다.

여기서 지는 앞에 관官이 주어로 쓰이고 있다. 이 지知는 사람이 정신적 능력을 발휘하여 탐구하는 결과물로서 욕망을 이루어주는 지식을 말하지 않고 감각이 대상을 경험하여 냉정하게(차분하게) 일러주는 것을 가리킨다. 이렇게 관지官知를 따라 의리依理와 신행神行이 일어나게 된다. 즉 신은 칼이 소의 몸에 난 틈새로 지나가야 이끌어간다. 여기서 지가 소를 아름답게 해체하는 과정에 방해가 되지 않고 사람이 소 잡는 작업을 일종의 예술 행위로 보고 놀라고 즐길 정도로 아름답게 수행하도록 이끌어간다. 만약 소의 해체를 일종의 공연 예술로 보거나 아니면 예술 창작으로 바꿔서 검토한다면 지는 적어도 여러 사람이 아름다움을 공감

---

29 『장자』「양생주」 "方今之時, 臣以神遇, 而不以目視, 官知之而神欲行, 依乎天理."

할 수 있는 주관적 보편성으로 나아갈 가능성을 가지고 있다.

과연 지는 주관적 보편성을 일구어낼 수 있을까? 이와 관련해서 장자가 신이 어떻게 작용한다고 보는지 다시 살펴볼 필요가 있다. 관지官知와 의리依理를 매개할 수 있는 "신神이 대상과 만나서 앞으로 나아간다"라는 신우神遇는 중요하다. 신우는 탐구의 축적물로서 지를 부정하지만 냉정한 감각이 길을 열어주는 맥락에서 긍정되면서 반사나 본능이 아닌 제삼의 길을 나타내기 때문이다. 우리는 이 신우를 포정해우가 아니라 다른 경우에 사람이 어떻게 세계와 접촉하도록 하는가를 살펴보자. 첫째, 「제물론」에 보면 마음은 세계와 접촉하기 이전에 어떠한 선입견을 가지고 있지 않아야 한다. 그러한 선입견이 있다면 먼저 경험했다는 이유로 뒤에 경험할 사태를 규정하게 된다. 같은 경험이라도 선후의 순서 때문에 앞의 경험이 뒤의 경험을 규제하는 부당한 일이 일어나게 된다. 장자는 이를 성심成心으로 부르며 그러한 마음의 활동을 부정적으로 규명하고 있다.[30]

둘째, 마음은 과거의 경험을 기억하여 그 기억으로 이후의 경험을 규제하려고 한다. 마음은 사람의 욕망을 일으켜서 소유욕을 낳고 의지를 발휘하여 방향을 낳는다. 마음은 주어지는 것을 분류하는 것에 그치지 않고 대상을 적극적으로 구성하려고 한다. 예컨대 사람은 생사生死와 관련해서 그것을 자연의 변화 과정으로 냉정하게(담담하게) 받아들이지 못하고 호오를 개입시킨다. 즉 생(삶)을 좋아하므로 어떻게 해서든지 삶의 시간을 늘리려고 하고, 사(죽음)를 싫어하므로 어떻게 해서든지 죽음의 시간을 늦추려고 한다. 감정의 이입이 욕망과 의지를 발생하여 사태의 전개를 왜곡하게 되는 것이다. 사람이 "자신의 마음 때문에 도道를 버리고 개인의 욕망 때문에 天을 돕지 않는 것이다."[31] 이렇게 보면 장자는

---

30 『장자』「제물론」 "夫隨其成心而死之, 誰獨且無師乎?"
31 『장자』「대종사」 "是之謂不以心捐道, 不以人助天, 是之謂眞人."

신우神遇를 기억과 욕망을 가진 마음의 작용과 구별하고 있다.

셋째, 장자는 '심재心齋'에서 신우의 작용을 더 뚜렷하게 표현하고 있다.

"뜻을 하나로 모으고 귀로 듣지 말고 마음으로 들어라. 마지막으로 마음으로 듣지 말고 기氣로 들어라! 귀는 소리를 들을 뿐이고 마음은 범주와 맞출 뿐이다. 기는 마음을 텅 비워서 사물을 만나는 대로 응대한다. 도道는 오직 텅 빔 속에 깃든다. 텅 빈 것이 마음의 재계이다."[32]

장자는 안연을 통해 지금까지 논의와 마찬가지로 귀의 감각, 마음의 의식(지성)에 신뢰를 보이지 않는다. 여기서 특이하게도 신을 등장시키지 않고 기의 작용을 긍정하고 있다. 귀는 소리를 듣고 정보를 제공하고 마음은 기억과 형식에 견주는 역할 이상을 수행하지 못한다. 귀는 사람이 교감하고 공감하는 상황을 이끌지 못하고 마음은 새로운 것과 변화를 있는 그대로 수용하기가 어렵다. 그래서 장자는 안연의 말을 통해 이청耳聽에서 심청心聽으로 다시 심청에서 기청氣聽으로 이어지는 일련의 발전 과정을 서술하면서 기로 응대하는 방식을 제시하고 있다. 기는 허이대물虛而待物, 즉 마음과 달리 텅 비어 있어서 쌓인 기억과 형식이 없는 채로 대상을 응대한다. 기는 사물을 있는 그대로 받아들였다가 다시 그대로 돌려주므로 의식에 쌓이지 않고 이전의 경험에 의해 해석과 평가되지 않는다. 따라서 어떠한 대상도 변형과 왜곡의 위험성에 놓이지 않는다.

이렇게 되면 기청의 허虛와 심재의 재齋는 의미상으로 같은 맥락을 전달하게 된다. 이에 허자심재虛者心齋로 귀결될 수 있다. 아울러 이러한 상황에서 도집道集이 일어난다. 마음이 기억과 형식에 들어맞는지 살피

---

32 『장자』「인간세」"仲尼曰: 若一志, 無聽之以耳, 而聽之以心. 無聽之以心, 而聽之以氣! 耳止於聽, 心止於符. 氣也者, 虛而待物者也. 唯道集虛. 虛者, 心齋也."

는 과정, 달리 말해서 마음에 뭔가가 들어 있는 심부心符의 상태에 도가 깃들지 않는다. 반면 마음과 달리 작용의 기청의 상태에 도가 깃들게 된다. 이렇게 보면 장자는 마음이 결국 주관적 능동성을 발휘하여 보편타당한 판단을 내릴 수 없고 규제적이며 구성적인 활동을 해서도 안 된다. 할 수 있다고 한다면 그것은 변형과 왜곡이 일어날 뿐이다.[33] 마음 대신 기가 쌓고 기억하는 방식이 아니라 허물고 비우는 방식으로 작용할 때 도가 깃들 수 있다.

장자는 마음의 주도적인 작용에 주목하지 않는다. 아울러 선험적 형식에 견줄 만한 심부心符를 부정하고 있다. 이와 달리 장자는 마음이 주관적 활동을 멈추고 기가 텅 비우는 방식으로 작용하는 좌망坐忘과 심재心齋의 상태에서 사람이 세계와 대통大通과 도집道集이 이루어질 수 있는 신우의 자유롭고 진실한 작용을 말하고 있다. 이렇게 보면 장자는 감성이 주관적이며 보편적인 판단을 위한 선험적 형식을 긍정했다고 볼 수 없다. 오히려 선험적 형식이 신우의 자유로운 전개를 훼손한다고 본다. 다만 기청과 심재의 도집은 달리 해석할 가능성이 있다. 개개인의 심부는 왜곡을 낳지만 개개인의 도집은 공감을 낳을 수 있기 때문이다. 현재 심재가 도집으로 나아가는 과정에 대해 허虛 이외의 설명이 없다. 이에 대한 추가 논의가 있거나 찾아야 하므로 지금 도집의 평가는 유보할 수밖에 없다.

정리하면 감성 인식과 선험적 형식이 기준이 된다면, 장자가 근대 미학을 추구했다고 보기가 어렵게 된다. 현재 도집의 평가를 유보하는 상태에서 말한다면 장자는 신우와 기청이 주관적 보편성을 이끌어낼 수 없지만 객관적 진실성이 가능하다고 할 수 있다.

---

33 바로 이 지점은 장자와 맹자의 마음에 대한 상반된 관점을 나타낸다. 맹자는 마음의 특정한 성향을 키우고자 했고, 장자는 끊임없이 욕망을 낳은 마음의 지향성을 비우고자 했다. 이와 관련해서 신정근, 『맹자와 장자, 희망을 세우고 변신을 꿈꾸다』, 서울: 성균관대학교 출판부, 2014 참조.

6. 장자의 근본 물음은 미학적인가?

지금까지 논의를 보면 적어도 바움가르텐과 칸트가 제시했던 서양의 근대 미학으로 보면 '장자 미학'은 성립된다고 보기가 어렵다. 앞에서 밝혔듯이 장자는 바움가르텐처럼 이성적 인식에 대비되는 감성적 인식을 밝히려고 하지도 않았고, 칸트처럼 감성의 쾌감을 주지만 주관적이며 보편적인 판단을 위한 선험적 형식을 규명하려고 하지 않았기 때문이다. 장자는 애락과 호오의 감정이 이입되면 사실을 왜곡하고 내상으로 이끌 수 있다며 냉정을 요구했다. 냉정冷情을 필요 이상으로 쌀쌀맞게 대하는 매정하다의 뜻으로 오해해서 안 된다. 또 그는 심心이 왜곡으로 이끌 가능성이 있는 반면 신神과 기氣가 객관적 진실성으로 이끌 수 있다고 본다.

물론 고대에 미의 본질을 탐구해왔고 근대 이후로 주관의 심미로 방향이 전환된 뒤에 다양한 미학 이론이 나왔기 때문에 바움가르텐과 칸트의 미학만을 기준으로 삼을 수는 없다.[34] 따라서 이제 우리는 "장자를

---

34 장자와 칸트를 비교하는 논문으로 송종원, 「인식론적 방법으로서의 '상상력'에 대한 시론: 『장자』 텍스트에 드러난 '상상력'의 역할에 대하여」, 『철학과 문화』 제21집, 2010; 김영건, 「도가 철학과 칸트의 심미성」, 『철학논집』 제20집, 2010; 신정원, 「장자 인식론의 미학적 사유: 장자와 칸트의 대상 인식을 중심으로」, 『인문과학』 66, 2017 등이 있다. 세 논문 중 신정원의 글이 본고의 방향과 많이 겹친다. 신정원은 서론에서 "장자와 칸트를 미학적 인식, 특히 그들의 대상 인식을 통해 비교하며 상상력과 합목적성으로 그들 간의 연결 고리를 찾으려 한다."(139쪽)고 밝힌다. 이 작업이 성공적으로 진행되면 장자 미학의 성립 가능성이 밝혀질 수 있다. 실제로 본문에서 칸트와 장자의 인식이 독립적으로 서술되면서 비교 연구의 완결성이 드러나지 않는다. 상상력이 장자의 대상 인식에서 중요하다는 점을 들어서 칸트의 대상 인식을 공통 분모를 가지고 있다는 서술만으로 이 논문의 목표를 달성했다고 보기는 어렵다. 특히 모종삼(머우중싼)牟宗三의 "도가로부터 예술 경계가 열렸다"(145쪽)는 주장과 진고응(천구잉)陳鼓應의 "외적 세계에 관한 지식은 인간의 정신적인 영역에 도움을 줄 때에만 의미가 있기 때문에 그가 중시하는 지는 주체적인 것이다"(145쪽)라는 주장은 검증과 논의가 필요하다. 이견이 있을 수도 있고 좀 더 심화된 논증이 부족하므로 그대로 인용하여 근거로 제시할 수 없다고 본다. 장자에서 주체적인 지가 가능하지도 않고 예술 경계와 미는 같지 않기 때문에 추가적인 논의가 필요하다.

'미학'으로 접근하려면 어떻게 해야 할까?"라는 질문을 다시 던지지 않을 수가 없다. 먼저 다음의 길은 배제해야 한다. '미美' 자의 용례만을 제시하며 '장자 미학'의 존재를 외치는 길이다. 용어의 존재가 반드시 학의 존재를 전제하지 않기 때문이다. 용례 분석에만 의존하여 미학의 존재를 당연하게 여긴다면 필요 충분 조건을 다 만족시킨다고 할 수 없다. 용례 분석에만 그치지 않고 미학의 존재 증명으로 나아갈 수 있는 미학의 성립 조건을 제시하지 않을 수가 없다.

바움가르텐이나 칸트의 근대 미학과 다른 미학을 준거로 장자에 접근할 수 있다.[35] 아울러 장자 철학의 근본 물음에서 출발해서 미학과의 상관성을 다시 살펴볼 수 있다. 나는 전자가 입증되려면 도집道集에 대한 정교한 논의가 필요하므로 여기서 후자의 길에서 장자와 미학의 상관성을 밝히려고 한다. 그렇다고 하더라도 '미학'은 감성에 바탕을 두고 있다는 점을 도외시할 수는 없다. 그렇지 않으면 개념에 따른 인식 활동과 심미 활동을 구분할 수 없기 때문이다. 우리는 장자의 근본 물음에 출발하여 앞서 살펴본 신우神遇가 공감과 이어질 수 있는지 살펴보고자 한다.

이러한 신우의 실례는 「소요유」 첫 부분에 나오는 곤鯤과 대붕大鵬의 변신에서 찾을 수 있다. 곤은 어류라는 분류 틀에 갇혀 있지 않고 형질 변경을 통해 조류로 변신을 해냈다. 종 사이의 변화를 말하고 있다. 이 이야기를 처음 들으면 포정해우와 마찬가지로 반신반의할 수 있다. 이러한 변신 이야기를 신화나 상상에 의한 자유 연상free association으로 간주할 수 있다. 하지만 변신은 사물을 구성하는 기가 끊임없이 바뀐다

---

35 칸트의 상상력만이 아니라 유희(놀이) 개념에 주목해서 장자 미학의 성립 가능성을 검토해볼 만하다. 아니면 장자 용어 중 도道를 존재 인식이 아니라 심미와 감성의 측면에서 논의해볼 수 있다. 『장자』에는 분명 미학의 요소가 있는 만큼 그 존재를 입증하기 위해 다양한 시도가 필요하고 가능하다고 말 수 있다. 나는 심새와 면결된 도집道集과 관련해서 미학적 논의를 다음 기회로 미루고자 한다.

는 장자의 기화氣化를 전제하면 얼마든지 일어날 수 있는 사태이다. 기화의 시간 간격이 짧으면 종의 재생만 일어나지만 긴 간격을 압축하면 종 간의 변화도 설명할 수 있다. 어떻게 보든 변신은 놀이play의 특성을 가지고 있다. 또 「제물론」에 나오는 호접몽胡蝶夢도 마찬가지로 변신 이야기의 일종이다. 이는 꿈이라는 특수성이 있지만 곤과 대붕의 변신보다 더 극적이다. 곤과 대붕이 동물 사이의 변신이라면 호접몽은 사람과 동물 사이의 더 큰 차이를 가진 변신을 보여주고 있기 때문이다. 그 내용에 따르면 장주가 꿈에 나비로 되었다고 할 수도 있고, 반대로 나비가 꿈에 장주로 되었다고 할 수도 있다.[36]

변신의 테마는 장자만이 아니라 제자백가에게 공통으로 나타난다. 상앙은 백성이 국가의 요구를 충실하게 수행하여 개인의 욕망을 이루는 존재로 변하기를 기획했다. 공자와 맹자는 사람이 이해에 충실한 소인에서 인륜을 중시하는 군자로 거듭나야 한다고 주장했다. 이들은 목적이 다르지만 화化의 주제를 공유하고 있다. 그 중에 장자의 변신은 종 간의 변화라는 점에서 독특하면서 획기적이라고 할 수 있다. 변신의 맥락을 따져보면 맹자는 개인의 인격적 발달을 계몽으로 바라보는 반면, 장자는 이종의 변신을 기화의 놀이(유희)로 보고 있는 것이다.

장자가 말하는 기화에 바탕을 둔 변신은 어디에 초점이 있을까? 그는 존재가 기氣에 의해 끊임없이 변화, 즉 기화하므로 어떤 기준으로 개별 존재들의 우열을 평가할 수 없다고 보았다. 개별 존재들이 지금의 형태가 계속되지 않으므로 언제 어떤 형태가 될지 모른다. 개별 존재가 시간의 순서를 달리해서 사람이 개로 되고 개가 사람으로 바뀐다면 지금 개와 사람 중에 누가 더 좋다고 말할 수가 없다. 즉 모든 존재는 임시적 존재에 지나지 않으므로 지속을 전제로 하는 평가는 일어날 수가 없다. 이러한 변신의 강조는 장자의 동시대 다른 사상가의 주장에 대한 비판이라

---

36 『장자』「제물론」 "不知周之夢爲胡蝶, 胡蝶之夢爲周與?"

고 할 수 있다.

예컨대 당시 상앙商鞅 등의 법가는 부국강병만이 살길이라고 외쳤고 공자 등의 유가는 군자(대인)가 소인을 계몽시켜야 한다고 목소리를 높였다.[37] 상앙은 귀족과 백성을 모두 부국강병의 목적에 동원하기 위해 상벌 체제에 바탕을 둔 변법變法을 실시했다. 귀족과 백성은 국가(군주)가 중심이 되어 추진하는 부국강병에 이바지하면 보상을 받고 그렇지 않으면 처벌을 받았다. 보상과 처벌은 각각 사람이 사회적으로 유능하고 쓸모 있는지 아니면 무능하고 쓸모없는지를 식별하여 판정하는 사건이었다. 사람들은 보상과 처벌 이외에 다른 길이 있을 수 없는 막다른 상황에 놓였다.

여기서 사람은 처벌의 위험을 벗어나 보상의 기회를 잡으려고 부지런히 움직일 수밖에 없었다. 이처럼 보상과 처벌의 시스템이 정상적으로 작동하려고 하면 변신을 하지 않은 사람을 전제로 해야 한다. 변신하지 않고 그 자리에 그 역할을 계속하는 사람은 과제를 부과받아 수행 실적에 따라 평가를 받는 대상이다. 이 대상이 다른 존재로 바뀌면 보상과 처벌의 시스템이 작동할 수 없다. 일단 이 시스템을 받아들이게 되면 과제의 정확한 부과와 결과의 엄정한 평가의 측면이든 평가자와 수행자 모두 더 많은 이익을 위해 움직이게 된다.

장자는 상앙이 그린 세계를 전혀 다른 시각에서 바라보았다. 전쟁이 일어나면 건장한 사람은 징집이 되어 좋든 싫든 상관없이 모두 전장으로 나아가야 한다. 반면 지리소支離疏와 같은 장애인은 징집 면제가 될 뿐만 아니라 곡식과 땔감을 받는다.[38] 상황의 역전이 일어난다. 평소 건장한 사람이 지리소를 놀릴 수는 있지만 막상 징집을 당하게 되면 지리소

---

37 신정근, 『신정근교수의 동양고전이 뭐길래?』, 서울: 동아시아, 2012 참조.

38 『장자』 「인간세」 "支離疏者, 頤隱於臍, 肩高於頂, 會撮指天, 五管在上, 兩髀爲脅. …… 上有大役, 則支離以有常疾不受功. 上與病者粟, 則受三鍾與十束薪."

제3장 장자의 심미 세계: 미유美遊로서 미학 149

를 부러워하게 된다. 전장에 나갈 경우 건장한 사람은 늘 생명의 위험을 느끼며 불안한 생활을 할 수밖에 없지만 추한 지리소는 살던 곳을 떠날 필요가 없이 천수를 누리며 편안하게 생활할 수 있다. 이를 통해 장자는 보상과 처벌의 시스템에서 이익을 극대화시켜 부국강병을 주장하는 법가의 가치를 전복시킬 때 더 행복하다는 역설적 결론을 끌어내고 있다.

장자는 「덕충부」에서 지리소의 실례를 확장시켜 "덕이 뛰어난 점이 있으면 외형은 묻혀 보이지 않는 대상이 된다."[39]라고 결론을 내렸다. 이와 관련해서 그는 왕태王駘와 애태타哀駘它를 제시했다. 왕태는 형벌을 받아 다리가 잘렸지만 사회에서 높은 명성을 얻고 사람들이 앞다투어 찾아와서 배우려고 했다. 왕태는 실제로 가르치지 않았지만 사람들은 가득 얻어서 돌아가서 노 나라에서 공자와 학생을 반분할 정도였다. 애태타는 못생겨서 보는 사람이 깜짝 놀랄 정도였지만 당시 여성들은 그의 첩이 되려고 애를 쓸 정도였다. 장자는 외모를 빌려 사회적으로 선호하는 가치가 얼마나 허망한 것으로 전락될 수 있는지 여실히 보여주고 있다. 이 모든 것이 충격이다.

앞에서 말했듯이 공자는 사람을 이익을 밝히는 소인과 도의를 지키는 군자(대인)로 구분한다. 소인은 군자의 계몽을 받아서 자기 변신을 이루어내야 한다. 소인은 그 자체로 존재 가치가 있는 것이 아니라 대인으로 바뀌어 가는 만큼 인격을 높이고 가치를 획득하게 된다. 공자는 이러한 인격의 고양을 사람이 자신의 능력을 계발시키게 되고 미적 감수성을 제고시킬 수 있다고 보았다. 장자는 「마제」에서 나오는 백락伯樂의 이야기를 통해 공자식의 인격 고양과 미감의 제고가 훌륭한 말 조련사로 탈바꿈되지 않는다고 보았다. 나아가 그는 사회적 평판이 반드시 진실하지 않고 얼마나 허위를 담고 있는지 신랄하게 비판했다. 이에 따르면 백락은 최고의 조련사가 아니라 최대의 말 살육자가 된다. 즉 그는 야생마가

---

39 『장자』 「덕충부」 "德有所長, 而形有所忘."

자신의 습성을 버리고 사람을 태우는 제2의 습성을 가지도록 훈련을 시키는 과정에 수많은 말을 다치게 하거나 죽인 사람일 뿐이다. 장자는 공자가 존재의 개별적 차이를 인정하지 않고 동일성으로 환원하여 평가하는 선善의 폭력을 행사했다고 비판했다.

장자는 「제물론」과 「추수」에서도 상대적인 차이를 절대적인 차이로 확대해석하는 폭력의 시각을 끊임없이 비판하고 있다. 「제물론」에서 장자는 사람들의 눈에 크게 차이를 가진 한센병 환자와 서시西施의 실례로 든다.[40] 사람들은 보통 겉으로 드러난 면에 영향을 받아 한센병 환자에게는 다가가려고 하지 않고 피하려고 하지만 서시한테는 예쁘다며 서로 다가가려고 한다. 둘도 변화의 관점에서 보면 특정한 시간에 주목하는 반응일 뿐이다. 지금 서시가 예쁘게 보여 사람의 환심을 사지만 얼마 지나지 않아 나이 들면 길을 걸어가도 누구도 쳐다보지 않을 수 있다. 지금의 상태가 계속되리라고 가정하면 서시와 다른 상태에 있는 사람이 힘겨워할 수 있지만 변화를 전제하면 상태가 어떻게 전개될지 모른다.

「추수」에서 장자는 하백河伯이 처음 자신이 세상의 모든 아름다운 것을 다 가졌다고 생각하다가 북해北海에 이르러 그 생각이 깨쳐나가는 경험을 묘사하고 있다.[41] 하백은 강의 입장에서 보면 자신보다 더 큰 것이 없다고 생각하며 우쭐댄다. 이러한 하백은 북해에 이르는 순간 자신과 비교할 수 없는 크기에 압도된다. 하백은 소에 비해 크지만 자신보다 큰 하백에 비해 왜소하기 그지없다. 북해도 마찬가지이다. 사람이 이러한 상대적 차이를 절대적 차이로 착각하면서 비교의 차이를 비뚤어진 자만심의 근거로 내세우지만 변화의 진실 앞에 금방 무기력해진다. 이렇게

---

40 『장자』 「제물론」 "故爲是擧莛與楹, 厲與西施, 恢恑憰怪, 道通爲一. 其分也, 成也. 其成也, 毁也. 凡物無成與毁, 復通爲一."

41 『장자』 「추수」 "秋水時至, 百川灌河, 涇流之大, 兩涘渚崖之間不辯牛馬, 於是焉河伯欣然自喜, 以天下之美爲盡在己. 順流而東行, 至於北海, 東面而視, 不見水端, 於是焉河伯始旋其面目, 望洋向若而歎曰: 野語有之曰: 聞道百以爲莫己若者, 我之謂也."

보면 변화만이 진실하므로 특정 국면을 영원한 현재로 착각하여 특정 가치의 우위를 내세워서는 안 된다.

장자는 변화만이 사실이며 변화의 한 국면을 고정시켜서 그것에 대해 이분법의 평가를 내리는 것이 얼마나 우스꽝스럽게 보이는지 생생하게 묘사하고 있다. 「변무」에서 물오리의 다리가 짧다고 여겨서 길게 이어붙이면 오히려 불편하고, 학의 다리가 길다고 여겨서 짧게 잘라주면 아파한다.[42] 장자는 존재가 원래 가지고 태어난 상태를 그대로 받아들여야지 그것을 특정한 방향과 가치에 따라 재단하는 시도를 비판하고 있다. 즉 장자는 모든 존재가 차이를 지니고 있음에도 불구하고 내재적인 참(생명)을 훼손당하지 않아야 하는 점을 역설하고 있다. 이런 점에서 보면 공자의 인의仁義만큼 사람을 괴롭히는 것이 없다. 이것은 장자가 동일성으로 환원하는 공자의 도덕을 비판하는 지점이다.

장자의 공자 비판은 '장자 미학'의 모색에도 반가운 이야기는 아니다. '미학'은 미의 근원과 특성을 밝히는 학적 시도이다. 장자는 모든 것이 끊임없이 변하는 과정에 있다고 보고 있으므로 미도 변화의 자장을 벗어날 수 없다. 변화의 과정에서 무엇이 미인지 아니면 무엇이 미에 나오는 쾌감을 주는 것인지도 밝혀낸다고 하더라도, 그것은 일시적인 명명에 지나지 않는다. 일시적인 명명을 넘어서는 순간은 개별 존재는 예외 없이 동일성을 향해 직행하는 운동을 하지 않을 수가 없다. 아울러 미학은 미의 학이 지니고 규범을 학습하고 내화內化하는 과정을 필요로 한다. 내화의 과정은 존재의 일부를 전체로 확대시키는 왜곡의 운동이기도 하다.

이런 점에서 보면 장자는 노자와 마찬가지로 객관적이며 유일한 미美

---

42 『장자』 「변무」 "彼至正者, 不失其性命之情. 故合者不爲騈, 而枝者不爲岐. 長者不爲有餘, 短者不爲不足. 是故鳧脛雖短, 續之則憂. 鶴脛雖長, 斷之則悲. 故性長非所斷, 性短非所續, 無所去憂也. 意仁義其非人情乎! 彼仁人何其多憂也?"

를 향해 직행하는 학學으로 미학을 말할 수 없다. 미학의 규범성은 미를 편협한 틀에 가둘 수 있다. 이는 노자의 오색·오음·오미에 대한 비판에서 잘 나타난다. 사람은 자신이 겪는 다양한 색·소리·맛의 세계를 분류하고 선호하는 특성을 드러낼 수 있다. 이 자체가 문제를 드러내지 않지만 세상의 모든 색·소리·맛을 그 틀에 가두어서 평가하려고 하게 되면 왜곡이 일어난다.[43] 기존의 노래에서 보면 랩은 그냥 읊조리는 소리에 지나지 않아 노래가 아니라고 할 수 있지만 랩을 즐기는 사람은 생각이 다르다.

　장자는 분명히 미에 대한 관심과 탐구를 한다. 그것은 미에 이르는 복수의 방향을 인정할 뿐만 아니라 미美와 다른 방향, 즉 추醜마저도 허용하는 학學일 뿐이다. 예컨대 지리소처럼 미의 대상으로 고려하지 않는 대상이 이해와 경쟁에 갇힌 사람보다 오히려 아무런 편견을 가지지 않고 자연에 따른 삶을 살아갈 수 있다.[44] 오늘날 보통 혐오스럽고 거북한 대상을 예술의 대상으로 승화시켜서 새로운 미를 느끼게 하는 작품을 볼 수 있다. 이렇게 보면 장자는 오히려 미의 지평을 확대시키고 있는 셈이다. 그의 미학이 가능하다고 하더라도 그것은 결코 대문자의 '에스테틱스Aesthetics'가 될 수 없고 소문자의 '에스테틱스aesthetics'일 수밖에 없다. 즉 장자 미학은 미의 유일한 근거를 밝히는 탐구가 아니라 유일한 미를 추구하려는 학에 깃든 허위와 기만 그리고 반생명反生命을 비판하는 데에 초점이 있다고 할 수 있다. 이렇게 복수와 이로異路를 허용하는 미를 긍정한다면, 그것을 미로 나아가는 길이라는 점에서 '미도美道'이고 미와 유쾌하지만 한 번밖에 없는 즉흥적인 놀이(유희)를 벌인다는 점에서 '미유美遊'라고 할 수 있다. 우리는 학문의 이름으로 이미 쓰

---

43 『노자』 12장 "五色令人目盲, 五音令人耳聾, 五味令人口爽."

44 노자와 장자의 미추 논의화 관련해서 조민환, 『중국 철학과 예술정신』, 서울: 예문서원, 1997 참조.

고 있는 미학을 폐기할 수는 없다고 하더라도 그 미학이 미도와 미유의 맥락에서 재해석될 때 장자가 탐구하고자 했던 미의 관심에 다가갈 수 있을 것이다.

7. 맺음말

현대 학문의 기원은 서양에 있다. 하지만 그 학문이 지역을 뛰어넘어 세계 학문이 된 지 벌써 오래이다. 서양의 외부에서 서양에 기원을 둔 학문이 통용되고 있다. 철학과 미학은 동아시아의 근대화 시기에 서양에서 수입된 학문이다. 이렇게 수입된 학문은 지금 동아시아 학문을 분류하고 그 성과를 지원하고 재생산하는 문법이 되었다. 21세기 들어 학제간 연구와 융복합이 학문 연구의 추세가 되면서 기존의 학문 분류가 재검토의 대상이 되고 있다. 하지만 아직 새로운 학문이 완전한 틀을 갖추지 않은 상황에서 서양에 기원을 둔 학문의 문법은 여전히 유효하다.

하지만 우리는 동아시아의 철학과 미학이 가능한지 끊임없이 되묻지 않을 수가 없다. 원래 동아시아의 철학과 미학이 없었던 만큼 어떤 지점에서 서양의 철학이나 미학과 합류할 수 있는지 살펴볼 필요가 있다. 아울러 동아시아 철학과 미학이 서양에 기원을 둔 철학과 미학의 미래를 열어줄 수 있는 자원이 될 수도 있다. 이를 통해 동아시아가 서양의 학문을 일방적으로 수용하는 단계를 넘어 서양의 학문과 대화하며 새로운 미래를 공동으로 열어갈 수 있기 때문이다. 예컨대 현대 서양 철학이 더 이상 연구할 것이 없다는 위기 상황에서 『노자』와 『장자』가 새로운 길을 열 수 있는 실마리로 검토되었다.

이런 점에서 '장자 미학'도 습관적인 사용을 넘어 그 정당성을 되묻지 않을 수가 없다. 사실 장자는 노자와 마찬가지로 미학만이 아니라 모든 후천적 학문으로부터 일정한 거리를 두었다. 학은 근원적으로 규범적 특성을 가지고 있기 때문이다. 장자는 「소요유」에서 배만큼 아주 큰 박을 둘러싼 오석지호五石之瓠의 이야기를 소개하고 있다. 이 이야기는 장자 미학 또는 장자 미유 또는 미도의 특성에 대해 시사하는 바가 크다. 혜시가 위魏 나라 왕으로부터 박씨를 선물받아 심었더니 배만큼 큰 박이 열렸다. 그는 박을 딴 뒤에 물 그릇으로 쓰려고 했지만 무거워서 적절치 않고 바가지로 쓰려고 했지만 깊이가 얕아서 적절치 않았다. 그는 사용처를 몰라 쩔쩔매다가 결국 오석지호五石之瓠를 깨버렸다.[45]

장자는 혜시의 이야기를 듣고서 자신의 의견을 제시했다.

"장자가 말했다. 당신은 큰 것을 쓰는 데에 참으로 서투네. 내가 들은 이야기를 하나 하겠네. 송 나라에 물일을 해도 손이 안 트는 약을 잘 만드는 사람이 있었다네. 그는 가족과 함께 대대로 솜을 물에 빠는 일을 가업으로 해왔다네. 어떤 나그네가 그 소식을 듣고 찾아서 약의 비법(기술)을 백금에 사겠다는 제안을 했다네. 기술자는 가족을 모아 의논을 했다네. '우리는 대대로 솜 빠는 일을 해왔지만 수입이 몇 푼 되지 않는다. 이 기술을 팔면 하루아침에 백 음을 받을 수 있다. 팔도록 하자.' 나그네가 약의 비법을 가지고 오 나라 왕을 찾아가 유세했다. 월 나라가 오 나라를 쳐들어오자 오 나라 왕은 이 사람을 장군으로 삼았다. 마침 겨울에 오 나라가 월 나라 군사와 수전을 하여 월 나라에게 대승을 거두었다. 오 나라 왕은 일정한 지역을 할당하여 봉지로 하사했다. 이렇게 보면 손을 트지 않는 기술은 똑같지만 어떤 사람은 봉지를 받고 어떤 사람은 솜 빠는 일을 벗어나지 못했다. 비법(기술)을 쓰는 방법이 달랐기 때문이다. 지금 당신은 5석씩이나 담을 수 있는 박이 있다면 도대체 왜 그 속을 파내 큰 술통 모양의 배를 만들어 강과 호수에 띄워 물놀이

---

45 『상사』「소요유」惠子謂莊子曰: 魏王貽我大瓠之種, 我樹之, 成而實五石, 以盛水漿, 其堅不能自擧也. 剖之以爲瓢, 則瓠落無所容. 非不呺然大也, 吾爲其無用而掊之."

하지 않고 납작해서 아무것도 담을 수 없다고 걱정만 하는가. 당신은 마음이
꽉 막혀 있구려."[46]

장자는 혜자가 큰 것을 쓰는 데에 서툴다며 '졸어용대拙於用大'라고 비
판했다. 이것은 『노자』에서 살펴보았던 오색·오음·오미처럼 규범의 규
제력에 갇혀서 그것을 벗어난 것을 상상하지 못하는 내용과 비슷하다.
혜자는 박으로 실용품을 만들어야겠다는 생각에 얽매여 있다 보니 다른
것을 전혀 상상하지 못하고 큰 박을 깨서 부숴버렸다. 있는 것이 쓸모가
없으니 없는 것과 마찬가지이기 때문이다.

장자는 혜자를 위해 송 나라 기술자 이야기를 들려주고 있다. 송 나라
기술자는 물일을 해도 손이 트지 않은 기술을 가지고 있지만 늘 사용하
던 방식에 익숙하여 그 기술을 다르게 사용할 수 있는 길을 상상하지 못
했다. 한 나그네는 기술을 알자마자 군사에 응용할 수 있다는 생각이 들
어 거금을 주고 기술을 샀다. 결국 나그네는 장군이 되고 봉지의 소유자
가 되어 출세했지만 기술자는 받은 돈을 다 쓰고 나면 결국 이전의 가업
으로 돌아올 것이다. 이 이야기에서 솜 빠는 일을 하는 송 나라 기술자
는 혜자에 대응하고 나그네는 장자에 대응한다.

두 사람은 왜 차이가 나는 걸까? 그것은 이야기 말미에 나오는 마음이
기성의 사고로 꽉 막혀서 다른 길을 상상할 수 없는 유봉지심有蓬之心에
원인이 있다. 여기서 나는 장자 미학이 특정 규범에 갇히면 유봉지심을
드러내게 되어 미학의 내용과 방향을 편협하게 제한할 수 있다고 생각
한다. 큰 것을 쓰는 데에 서툴지 않은 부졸어용대不拙於用大를 하려면 꽉

---

46 『장자』「소요유」"莊子曰: 夫子固拙於用大矣. 宋人有善爲不龜手之藥者, 世世以洴澼絖爲
事. 客聞之, 請買其方以百金. 聚族而謀曰: '我世世爲洴澼絖, 不過數金. 今一朝而鬻技百
金, 請與之.' 客得之, 以說吳王. 越有難, 吳王使之將, 冬與越人水戰, 大敗越人, 裂地而封
之. 能不龜手, 一也. 或以封, 或不免於洴澼絖, 則所用之異也. 今子有五石之瓠, 何不慮以
爲大樽而浮乎江湖, 而憂其瓠落無所用? 則夫子猶有蓬之心也夫!"

막힌 유봉지심을 걷어내야 한다. 이것이 바로 내가 제안했던 미유와 미도의 특성을 갖는 장자 미학이라고 할 수 있다.

제4장

「성무애락론」의
음악 철학의 쟁점 연구

요약문

혜강嵇康(223262)의 「성무애락론」은 진객과 동야주인이라는 가설적인 주인공의 논쟁으로 구성되어 있다. 진객은 '성유애락'을 옹호하고 동야주인은 '성무애락'을 옹호한다. '성유애락'은 소리(악음樂音과 자연음)와 감정·정치의 상통설을 긍정하는 것이다. 이에 맞서서 동야주인은 소리에는 듣기 좋고 나쁨의 '성유선악聲有善惡'을 긍정할 뿐 상통설을 부정한다. 우리는 논의 과정이 간명하게 진행되고 논쟁이 동야주인의 일방적인 승리로 끝났으리라 예상할 수 있다. 하지만 「성무애락론」은 그 속에 성인 존재의 긍·부정 그리고 심성·심형 관계에 대한 음악 철학의 복합적인 특성이 내재되어 있다. 이 글에서는 재구성의 방법론을 통해 진객과 동야주인이 절대 음감의 소유자인 성인을 어떻게 규정하는지, 심성心聲 상통설에 맞서 심성 이궤설異軌說이 어떻게 논의되는지를 살펴보고자 한다.

키워드: 혜강, 감정, 성인(절대 음감의 소유자), 상통설, 이궤설

1. 혜강의 삶 속으로

혜강嵇康(223~262)이 살았던 삶의 후반기는 조曹씨의 위魏 나라
(220~265)와 사마司馬씨의 서진西晉(265~317) 나라가 교체하던 시기에
해당된다. 그가 이 시간대를 선택하지 않지만 앞날이 순탄하지 않으리
라는 전망을 갖게 만든다. 혜강은 위 나라 종실과 결혼하여 중산대부中
散大夫에 제수되었는데, 이는 그의 미래가 어떻게 될지 알려주는 신호가
되었다. 그는 격변기를 아슬아슬하게 헤쳐 나갔지만 결국 위魏 나라 다
음의 새로운 진 나라가 주도하는 정국에서 살아남지 못했다.

혜강의 일생은 그보다 훗날에 활동하며 파란만장한 삶을 살았던 풍도
馮道(882~954)와 비교해볼 수 있다. 풍도는 한 왕조가 아니라 5왕조에
걸쳐 11명의 천자天子를 섬기며 20년 넘게 재상을 지냈다. 혜강이 한 왕
조를 넘기지 못하고 단명했지만 풍도는 5왕조를 무사히 항해했으니 극
적으로 대비된다고 할 수 있다. 외부자의 시선에서 보면 처세의 지혜에
주목하겠지만 실존의 결단에서 보면 혜강과 풍도는 각각 다른 선택을 통
해 자신의 인생을 살아갔다고 할 수 있다. 혜강도 어떻게든 살려고만 했
다면 선택의 여하에 따라 굳이 배신과 타락이라는 평가를 듣지 않으면서
도 얼마든지 생을 연장할 수 있었을 것이다.[1]

혜강 조상의 삶을 보면 혜강의 선택과 참으로 대조적이다. 그의 조상
은 원래 회계會稽 상우上虞(오늘날 절강(저장)浙江성 상우(상위)上虞) 사람이
었지만 피비린내 나는 복수극을 피하기 위해 북쪽으로 도망을 갔고 마지
막으로 초군譙郡 질현銍縣(오늘날 안휘(안후이)安徽성 숙주(쑤저우)宿州)의 혜
산嵇山 자락에 정착했다. 그들은 자신들의 과거 흔적을 지우기 위해 성

---

1 왕효의(왕사오이)王曉毅, 『혜강 평전嵇康評傳: 한위풍골漢魏風骨盡 죽림유한장竹林遺恨
   長』, 南寧: 廣西敎育出版社, 1994; 1995 2쇄. 혜강의 사적에 대한 간략한 소개로는 혜강,
   한흥섭 옮김, 『혜강집』, 서울: 소명출판, 2006 후반부에 실린 해제를 보라. 풍도와 관련해서
   도나미 마모루礪波護, 임대희·허부문 옮김, 『풍도의 길』, 고양: 소나무, 2003 참조.

씨마저 해嵆에서 혜嵇로 바꾸었다. 그의 조상은 고향과 가족의 성까지 바꾸는 변신을 통해 생존을 도모했던 것이다. 가족의 생존을 위해 모두 쉽지 않은 선택을 했던 것이다.

혜강의 인생 역정과 자신의 조상들이 고향을 등지면서 했던 지향을 비교하면 분명히 다른 삶의 자취가 보인다. 혜강의 조상이 살기 위해 도피를 선택했다면 그는 자신의 뜻을 펼치기 위해 숨지 않고 불구덩이 속으로 뛰어들었다고 할 수 있다. 그는 전근대 사회에서 개인의 운명을 순식간에 바꿀 수 있는 궁정 사회를 피하지 않았다. 그렇다고 그는 궁정 사회의 권력 놀음에 탐닉하여 출세를 목적으로 하지 않았다. 그는 궁정 사회에 참여했지만 그 세계의 불안과 타락으로부터 한 발 떨어져서 죽림竹林에서 독특한 정신 세계를 일구었다. 이로 인해 그는 훗날 철학사에서 죽림칠현竹林七賢으로 일컬어졌다. 죽림칠현은 위진 시대의 사상계 향방을 이끌어가던 지도자 그룹이라고 할 수 있다.

정치적 전환기에 혜강의 친구였던 산도山濤가 조曹씨에서 사마司馬씨로 주군을 바꾸면서 동승을 요청했다. 이 제안은 혜강의 정치적 생명을 연장할 수 있는 동아줄을 내미는 것과 마찬가지였다. 혜강은 그 제안의 의미를 충분히 알고 있었지만 그것을 거절했다. 이에 그치지 않고 그는 산도에게 한 통의 절교 편지를 썼다. 혜강은 이 편지를 쓰면서 앞으로 맞이할 험난한 정치적 국면을 어느 정도 예상했으리라. 그는 이 제의를 주방장이 동물을 잡느라 혼자 손에 피를 묻히기 싫어서 다른 사람을 끌어들이는 짓에다 비유했다.[2]

혜강의 인생을 결정짓는 또 하나의 일이 그를 기다리고 있었다. 친구 여안呂安이 이복형 여손呂巽에게 무고를 당했다. 혜강은 불의를 보면 참지 못하는 성격을 가졌다. 그는 친구를 위해 구명 작업에 나섰다. 혜강은 여손에게 그간 저지른 비행을 신랄하게 공격하는 절교의 편지를 보냈

---

2   이때 쓴 글이 『혜강집』에 「여거산원절교서與山巨源絶交書」라는 제목으로 남아 있다.

는데, 이 일로 그는 심지어 구속되기도 했다.[3] 인맥이 정치적 생명의 보험이었던 시대에, 혜강은 중요한 시기에 거듭 보험 계약을 해지했던 것이다. 결국 일련의 편지 사건은 자신의 죽음 시간을 앞당기게 되었던 셈이다.[4]

이처럼 혜강은 장애물을 만나면 뒤로 물러나거나 옆으로 돌아가기보다는 이해를 초월하여 정면으로 부닥치는 직진의 삶을 살았다고 할 수 있다. 이러한 삶은 그의 학문 세계에서도 여실히 드러난다. 그는 유가와 도가의 분류 틀에 얽매이지 않고 둘의 경계를 자유롭게 넘나드는 창조의 길을 걸어서 현학玄學을 일구어냈다.[5] 혜강을 제대로 평가하려면 학파의 분류가 아니라 그가 하고자 했던 지향에 초점을 맞추어야 한다.

2. 논의의 방향

이 글에서는 혜강의 다른 글도 다루지만 주로 그의 음악 예술론이 담긴 「성무애락론」을 분석하고자 한다.[6] 「성무애락론」은 주로 음악을 다루지만 이를 통해 혜강이 추구하고자 하는 예술과 미학의 세계를 만날 수 있다. 이러한 예술과 미학의 세계는 혜강이 활약했던 위진 시대이기에

---

3 이때 쓴 글이 『혜강집』에 「여여장제절교서」라는 제목으로 전해지고 있다.

4 혜강과 사마씨, 산도, 종회 등과 얽힌 복잡한 관계와 관련해서 조검민(자오지엔민)趙劍敏, 곽복선 옮김, 『죽림칠현, 빼어난 속물들』, 서울: 푸른역사, 2007 참조.

5 박낙규는 혜강의 이상 세계를 구현하는 길을, 도가적 원리와 유가적 방법의 종합으로 설명한다. 박낙규, 「고대 중국의 유가와 도가 악론樂論의 기본 관점」상·중, 『낭만음악』제4권 제2호(통권14호), 1992; 『낭만음악』제5권 제2호(통권 18호), 1993을 보라.

6 「성무애락론」은 모두 여덟 문답으로 되어 있다. 출처를 밝힐 때 간명성을 위해 2Q나 3A 식의 약어를 사용한다. 숫자는 여덟 문답 중 몇 번째 문답인가를 나타내고, Q는 진객의 질문을, A는 동야수인의 대답을 가리킨다. 채十성의 전략을 구사하므로 관련 원문을 일일이 밝히지 않고 핵심 논지나 논증 부분을 각주에서 밝힌다.

가능한 측면을 가지고 있다. 역사적으로 보면 정치적 혼란기에는 사상적 자유 공간이 넓어진다.

한 제국에서 이전의 문헌 자료를 정리하며 도서관의 분류 목적으로 학파 개념을 만들어냈다. 한 제국 이후로 춘추전국 시대에 존재했던 학파 분류가 이전만큼 커다란 의미를 갖지 않았다. 상호 통합되기도 하고 새로운 시대 상황에서 자연스레 해체되기도 했다. 예컨대 음양가는 공동의 자산이 되었고 종횡가는 관료로 변신하게 되었다. 또 유가는 제국의 운영을 뒷받침하는 사상 문화로서 화려한 각광을 받으며 학계의 주역으로 부각했다. 한 제국 말기에 이르러 유가의 위력이 약화되었다고 하지만 유가 문헌의 교양으로 관료가 된 사람이 다수가 있는 상황에서 학문의 월경越境이 아직 자연스럽지 않았다.

이러한 사상적 풍토에서 혜강은 학파의 분류에 아랑곳하지 않고 자신의 독특한 학문과 예술 세계를 구축했다. 특히 그의 「성무애락론」은 길게 사오백 년 군림해온 음악 사상의 지배 담론, 즉 『예기』「악기樂記」[7]의

---

7   원래 『역경』처럼 음악 관련 문헌이 『악경樂經』이 있다고 한다. 전국 시대 당시 이미 『악경』은 전해지지 않고 그 내용의 일부가 『예기』 속의 「악기樂記」로 전해지고 있다. 문헌의 등급에서 보면 기記는 경보다 훨씬 낮다. 기는 단순히 기록물 또는 기의 집적물이란 뜻인 반면 경은 절대불변의 기준, 영원한 원칙이라는 뜻이다. '악기'는 『예기』 속의 편명으로 간주되기도 하고 『악경』의 원형을 간직하고 있는 자료로 간주되기도 한다. 후자의 경우 『악기』는 다시 악본樂本·악론樂論·악시樂施·악언樂言·악례樂禮·악정樂情·악화樂化·악상樂象·빈모가賓牟賈·사을師乙·위문후魏文侯 등 모두 11편으로 구분된다. 움베르트 에코가 『장미의 정원』에서 아리스토텔레스의 『시학』 2권 「희곡편」을 중심으로 이야기를 풀어나가고 있다. 나는 에코의 착상에 도움을 받아 『악경』의 상실을 『장미의 정원』과 비슷한 글을 써볼 수 있다고 생각한다. 『악경』의 상실은 단순히 텍스트의 실전이 아니라 악樂에 담긴 고대 씨족제의 유쾌한 기억을 지우고 예禮를 바탕으로 국가(제국)의 통제를 강화시키는 과정에서 일어난 사건으로 확대 해석할 수 있다. 이렇게 보면 악이 『예기』에 들어와 있는 것도 의미심장한 사건이라고 할 수 있다. 『예기』에서 예와 악이 상보적이라고 말하지만 쾌감을 노래하던 악이 도대체 왜 규율과 규제를 말하는 예와 함께 있어야 하는지 질문을 던질 수 있기 때문이다. 몇 년 전부터 이를 소설화해야겠다고 공언한 뒤 조금씩 구상하고 준비할 뿐 아직 본격적으로 착수하지 못하고 있다. 여건이 되면 언젠가 해야 할 과제로 설정하고 있다. 이처럼 동아시아의 학술사에는 흥미로운 관점과 수법으로 새롭게 시도해볼 만한 소재가 널려 있다.

세계를 정면으로 부정하곤 파경破鏡의 모험을 감행했다. 나아가 그는 금
琴의 창작과 연주에도 남다른 예술적 경지를 열었고 죽음의 순간에도 금
을 연주했다. 이는 음악을 듣는 데에도 심취하기도 하고 여럿이 어울려
노래를 부르며 악기를 연주했던 공자와도 비슷한 측면이라고 할 수 있
다. 즉 혜강은 공자와 다른 음악의 예술 세계를 가졌지만 음악을 즐기는
측면에서도 아무런 차이가 없었다.

위진 시대의 현학玄學은 한 제국의 사상사를 지배했던 경학經學을 대
체한 새로운 주류 학문이었다. 둘은 초점과 층위에서 서로 다르다. 경학
은 춘추전국 시대의 분열기 동안 빈번한 전쟁과 방화 그리고 탄압으로
인해 제대로 전승되지 못한 『역경』 『시경』 『서경』 등 경經의 의미를 밝히
는 것을 목표로 삼았다. 텍스트를 복원하여 그 의미를 밝혀서 현실 세계
를 운영할 원칙을 찾고자 했다. 경학에 통달하여 현실의 실용을 풀어가
자는 통경치용通經致用이 경학의 지향을 압축적으로 잘 나타낸다.

현학은 밝혀진 경학의 의미 체계를 바탕으로 한다. 이 점에서 현학이
경학과 연속되는 측면이라고 할 수 있다. 반면 현학은 경학에 밝혀낸 의
미 체계만으로 세계의 본질 담론에 적절하지 않다고 보았다. 이에 현학
은 『주역』 『노자』 『장자』의 세 가지 문헌에 담긴 독특한 의미 체계를 발굴
하여 세계의 근원과 본질의 규명을 목표로 삼았다.[8] 현학에서는 이 목표
가 바로 현실과 어떻게 접점을 갖는지 초점을 두지 않았다. 경학은 현실
의 정치와 연동되어 있다면 현학은 현실의 정치와 일정한 거리를 유지하
고 있었다.

이로써 현학은 경학의 축적된 자료를 바탕으로 하지만 결국 그것의
한계를 넘어서려는 시도였다고 말할 수 있다. 이 시도는 간단히 말해서
현상론적인 사회학(정치학)적 설명 체계에서 본질론적인 철학적 탐색의

---

8   혜강 이외의 현학가의 사상을 알아보려면 정세근 외, 『위진 현학』, 서울: 예문서원. 2001 참
    조.

차이라고 할 수 있다. 이렇게 보면 혜강의 삶과 학문 그리고 예술은 월경과 파경으로 이어지는 파격적인 특성을 드러낸다고 할 수 있다.

이 글에서 나는 혜강의 사상 세계 중 「성무애락론」을 중심으로 그의 음악 철학에 나타난 특징을 살펴보려고 한다. 지금까지의 연구 성과를 검토해보면 혜강의 음악 미학은 서너 가지의 공통된 결론에 이르게 된다.[9]

첫째, 혜강의 음악 미학은 위진 현학의 정신적 지향과 연결되어 있다. 그는 세속적 욕망에 거리를 두고 전통과 성인보다는 마음에 깃든 내면의 목소리에 귀를 기울이고 자유롭고 거침없이 처신했다.[10] 둘째, 혜강은 정치의 교화, 도덕의 가치로부터 독립적인 음악을 주장했다. 이런 관점을 자율적 음악관으로 규정하면서 혜강을 서양 음악사의 한슬릭E. Hanslick(1825~1904)과 비교를 시도하기도 했다.[11] 셋째, 혜강의 음악 미학은 도가 음악론의 영향을 받았다. 오성五聲을 사회 계급이나 세계 질서의 상징으로 간주하지 않고 무미無味나 평담平淡의 특성을 강조했다.[12]

---

9   혜강의 음악 사상과 관련해서 대표적인 연구자로 한흥섭을 들 수 있다. 그는 학위 논문에서 이후의 연구 작업에서 전근대의 음악 사상의 전체상을 밝히려고 애쓰고 있다. 한흥섭, 「혜강의 성무애락론 연구」, 홍익대학교 박사학위논문, 1995를 들 수 있다. 이 글은 나중에 『중국 도가의 음악 사상』, 서울: 서광사, 1997로 출간되었다.

10 박낙규, 「육조시대 예술론의 특징 고찰」, 『미학』 제11집, 1986; 혜강, 한흥섭 옮김, 『성무애락론』, 서울: 책세상, 2002 참조.

11 '자율적 음악'이란 결론은 여러 연구자들에게 공통적으로 보이지만 혜강과 한슬릭의 비교 연구는 이경희, 「혜강과 한슬릭의 음악 미학 비교 고찰」, 『한국음악사학보』 제29집, 2002를 보라. 중국에도 이런 경향의 연구로는 두위(두웨이)杜衛, 「혜강과 한슬릭의 미학사상 비교嵇康與漢斯立克音樂美學思想比較」, 『학술월간學術月刊』, 1990. 9期; 정아림(청야린)程亞林, 「음악자유형식론音樂自由形式論: 성무애락론신탐聲無哀樂論新探」, 『문예이론연구文藝理論研究』1991年 2期 등이 있다. 하지만 8A의 '간이지교簡易之敎'·'무위지치無爲之治'·'무성지악無聲之樂'을 적극적으로 해석하면 혜강의 음악이 정치로부터 독립되었지만 철학(현학)과 합일되는 특징을 드러낸다. 이런 점에서 자율적 음악론에 대한 일종의 제약이 가해질 필요가 있다. 지금까지 혜강 연구에서 이점을 지적한 경우는 없었는데, 이와 관련해서 별고에서 상론할 예정이다.

12 박소정, 「혜강과 완적의 음악론: 성무애락론과 악론을 중심으로」, 『도교문화연구』 제18집,

넷째, 「성무애락론」은 『예기』 「악기」로 대변되는 음악 미학과 상반되는 특징을 드러냈다. 「성무애락론」에서 동야주인東野主人이 반박하는 진객秦客의 주장이 「악기」에 근거를 두고 있다.[13] 이런 측면에서 혜강은 「성무애락론」에서 「악기」의 성'유'애락聲'有'哀樂과 자신의 성'무'애락聲'無'哀樂 사이의 지상 논전을 펼치고 있는 것이다.[14]

이러한 연구 성과는 각각 「성무애락론」의 기본 특징을 밝혀내는 데에 일조를 했을 뿐만 아니라 위진 시대 예술과 미학의 특성을 해명하는 데에 크게 기여했다. 아울러 『예기』 「악기」와 「성무애락론」의 차이가 규명되면서 유가와 도가의 예술이 어떤 점에서 다른지도 논점을 형성하기에 이르렀다. 하지만 「성무애락론」은 짧은 분량임에도 불구하고 그 속에 등장하는 두 대화자의 음악 사상이 선명하게 부각되지 않고 있다. 물론 두 대화자는 혜강이 논지 전개를 위해 설정한 일인이역이지 실제로 두 사람이 아니다. 이러한 현상의 원인은 다음과 같다.

첫째, 진객 논지의 핵심에 자리하고 있는 성인聖人의 의미가 명확하게 분석되지 않고 있다. 성인은 철학 사상에서 가치의 발견자라는 특성을 갖지만 음악 예술에서 새로운 특성을 갖는다. 이것이 구분되지 않은 채 그냥 '성인'으로 거론하게 되면 혜강의 음악 예술론에 제대로 드러나지 않는 측면이 있다. 둘째, 심성心聲·심형心形·심색心色 관계에 대한 차이가 어떤 음악 철학의 의의를 갖는지 해명되지 않고 있다. 혜강은 「악기」와 마찬가지로 음악과 마음의 연관성을 주장하지만 양자의 대응 방식

2003 참조.

13 「성무애락론」의 첫 번째 문답에서 진객은 '전론前論'이란 말로 『예기』 「악기」, 『여씨춘추』 「적악適樂」에 나오는 구절을 인용하면서 자기 주장의 기원을 밝히고 있다. 동야주인은 이를 부정함으로써 이후에 이루어질 논지의 방향을 제시하고 있다.

14 이 이외에도 「성무애락론」과 위진 현학이 연결되는 지점에 대한 논의로는 채중덕(차이중더)蔡仲德, (修訂版) 『중국음악미학사中國音樂美學史』, 北京: 人民音樂出版社, 2003; 2005 2쇄 부록 1 참조.

을 독특하게 설명한다. 이렇게 되면 「성무애락론」에서 마음의 특성이 밝혀지고 또 마음이 소리 등으로 어떻게 외화되는지 구명되어야 그의 음악 예술이 제대로 드러날 수 있다.[15]

이 글에서 나는 초점을 각각 성인(절대 음감의 소유자)의 긍·부정, 심성 心聲 관계에 두고 논의를 진행하고자 한다. 하지만 이 글은 성인과 심성 논의가 동아시아 철학 사상의 일반적인 문맥에서 어떻게 제기되고 전개 되었다가 혜강의 음악 철학과 예술론으로 흡수되는지 그 맥락을 추적하고 있다.

이 작업이 성공적으로 된다면 「성무애락론」이 흔히 동야주인에 진객 에 대한 싱거운 승리가 아니라 화해할 수 없는 두 음악관의 팽팽한 대립으로 읽힐 수 있을 것이다. 나는 「성무애락론」이 진객과 동야주인의 논쟁으로 되어 있는 형식에 착안해서 그들의 주장을 논점별로 재구성해서 둘의 차이를 해명하는 방식으로 논의를 이끌어가려고 한다.[16] 아울러 『예기』 「악기」와 「성무애락론」의 차이도 그대로 드러날 것이다. 이 과정을 동행하려면 두 자료를 한 번쯤 읽지 않을 수가 없다. 먼저 조남권·김종수가 옮긴 『동양의 음악 사상 악기』(민속원, 2001)와 한흥섭이 옮긴 『성무애락론』(책세상, 2002)을 만난다면 앞으로 보다 흥미로운 동행이 될 것이다.

---

15 이 이외에도 혜강이 정情 등의 용어를 다의적으로 사용한다든가 논지의 구도를 성무애락과 성유애락의 대결로 축소시키는 데에서 원인을 찾을 수 있다. 이로써 정작 혜강이 추구하는 음악의 본질이 주된 관심에서 멀어지게 되었다.

16 내가 본 「성무애락론」 문헌 자료는 『중국철학사자료간편中國哲學史資料簡編 양한兩漢-수당 부분隋唐部分』下冊, 北京: 中華書局, 1990; 은상(인샹)殷翔·곽전지(궈취안즈)郭全芝 注, 『혜강집주嵇康集注』, 合肥: 黃山書社, 1986; 채중덕(차이중더)蔡仲德 注譯, 『중국미악미학사中國音樂美學史 자료주역資料注譯』, 北京: 人民音樂出版社, 2004; 한흥섭 옮김, 『성무애락론』, 『혜강집』 등이다.

3. 절대 음감absolute pitch의 소유자로서 성인

3.1 쟁점의 소개

제목에서 어느 정도 암시하듯이 혜강은 「성무애락론」에서 '성무애락'을 주장하는 논의를 펼친다. 그의 글은 '성유애락聲有哀樂'을 주장하는 진객과 그것을 부정하는 동야주인의 문답으로 논의가 진행되고 있다. 동야주인은 혜강의 입장을 대변하고 진객은 『예기』「악기」의 관점을 대변한다. 성유애락은 글자 그대로 "소리에는 슬픔과 즐거움이 담겨 있다"는 뜻이다. 즉 소리와 감정을 분리하지 않는 주장이다.

하지만 이 주장은 여기에 제한되지 않고 그 안에 다양한 주장을 함축하고 있다. 즉 "소리(음악)는 듣는 사람에게 특정한 감정을 유발시킬 수 있다.""소리(음악)는 개인의 심성 나아가 사회적 풍속을 좋은 쪽으로도 나쁜 쪽으로도 변화시킬 수 있다.""소리(음악)는 특정한 정치적 상황 — 번영, 혼란 그리고 몰락— 을 재현 또는 반영한다." 이처럼 다양한 주장을 대변하고 있다.[17] 성유애락이 부정된다면 "소리에는 슬픔과 즐거움이 담겨 있다"만이 아니라 함축된 주장도 부정된다. 따라서 성유애락과 성무애락의 대결은 단순한 명제의 대립이 아니라 음악관 또는 음악 사상의 대립이라고 할 수 있다.

논의의 구도로 보면 진객은 당연히 자신이 주장하는 성유애락을 입증해야 했다. 전체적으로 논의의 방향이 바뀌는 5Q-A 이전, 즉 1Q-A에서 4Q-A까지 그는 탁월한 음악 이해의 능력을 지닌 역사적 인물을 제시하는 것으로 성유애락의 입증을 대신하고자 노력하고 있다. 얼핏 생

---

17 음악은 문학 작품의 내용이나 전설, 개인의 생애 등에 대한 주제를 구현하려는 표제標題 음악 program music과 순수하게 음의 구성에만 관심을 갖는 절대 음악(또는 순음악)으로 구분할 수 있다. 이 밖에도 음의 묘사를 목석으로 하는 묘사 음악이 있다. 진객이 말하는 음악은 국가의 흥망성쇠, 문화 영웅의 활약상을 다루므로 표제 음악에 가깝다고 할 수 있다.

각하면 그런 사람이 있다는 것과 성유애락의 입증은 관련이 없는 것으로 보인다.

이에 대해 진객은 사람을 두 부류, 즉 보통 사람과 특별한 사람으로 나누어서 논증을 진행하는 전략을 구사하고 있다. 보통 사람은 소리(음악)를 들어도 그 속에 담긴 의미를 읽어낼 수 없다. 반면 특별한 사람은 소리(음악)를 듣기만 해도 그 속에 담긴 정치적 상황만이 아니라 사람에게 어떤 영향을 끼쳤고 끼칠 수 있는지를 읽어낼 수 있다. 이제 그는 보통 사람과 특별한 사람의 차이를 굳게 지키고자 모든 사람과 성유애락의 연관성을 주장하는 전칭 판단을 포기한다. 그는 특별한 사람이 한 사람이라도 있다면 성유애락을 이해할 수 있으므로, '성유애락'의 진리성이 증명될 수 있다는 것이다. 그렇게 되면 성유애락은 특칭 판단으로 변모하게 될 것이다. "어떤 사람은 소리에 담긴 많은 정보를 이해할 수 있다."

이제 진객의 논증에 동원하는 구체적 사례를 살펴보자. 1Q에서 춘추시대의 공자와 오 나라의 계찰季札의 음악 감상의 경험을, 2Q에서 백아伯牙와 종자기鍾子期의 고사, 안연顔淵의 경험 등 7사례를, 3Q에서 종자기 등 2가지 사례를, 4Q에서 갈로葛盧의 소 울음의 의미 해독, 사광師曠의 초나라 군세의 예언, 양설모羊舌母의 손자 앞날의 예측 등 3가지 사례를 제시하고 있다. 이를 합하면 모두 14사례가 된다. 이중에 공자·계찰·종자기의 예증이 되풀이되고 있으므로 이를 제외한다면 진객은 모두 10가지 사례를 통해서 성유애락을 입증하려고 노력하고 있다.

진객은 이러한 특별한 존재를 가리키는 말을 다양하게 표현하고 있다. 예컨대 '선청찰자善聽察者'(2Q, 2A), '신명자神明者'(2Q), '선청善聽'(2Q, 2A), '신묘독견神妙獨見'(2Q), '기청奇聽'(2A), '식미識微'(2Q, 2A), '묘찰妙察'(2Q), '촉류觸類'(2A), '능자能者'(2Q), '고인古人'(2A), '독견獨見'(3Q), '청성자聽聲者'(3A), '찰정자察情者'(3A), '현인賢人'(3A), '신심독오信心獨悟'(4Q) 등이 사용되고 있다. 대체적으로 이들이 소리를 잘 듣고서

그 속에 담긴 미묘한 의미와 음악적 정보 그리고 사회 정치적 연관성을 실수 없이 포착해낼 수 있다. 반대로 특별한 음악적 능력이 없는 존재를 '불능자不能者'(2Q), '암자闇者'(3Q)라는 말로 가리키고 있다. 이 말은 그 자체가 음을 들을 능력도 없을 뿐만 아니라 음악의 내적 외적 진리에 어두워서 듣고서도 뭐가 뭔지 모르는 청각 장애인을 가리키고 있다.

동야주인은 이러한 진객의 주장에 맞서 성무애락을 입증하려고 한다. 성무애락은 글자 그대로 "소리(음악)에는 슬픔과 즐거움이 담겨 있지 않다"라는 뜻이다. 소리(음악)와 감정은 별개의 것이라는 말이다. 나아가 이 주장은 '성유선악聲有善惡', 즉 "소리는 음악 외적이 아니라 순전히 음악 내적으로만 듣기 좋은 것과 나쁜 것으로 구분된다"는 일련의 주장으로 이어진다. 동야주인은 소리(음악)에 애락이 담긴 것을 부정하지만 선악으로 분석할 수 있다고 주장한다. 이렇게 보면 동야주인은 음악을 애락의 감정 맥락에서 선악의 완성도 중심으로 전환시키고 있다.

위의 예시에서 보이듯이 동야주인은 특별한 음악적 능력을 가진 사람을, 진객의 용어를 그대로 답습해서 사용하거나 약간 바꾸어서 쓰고 있다. 이 용어 군들을 사용한다고 해서 그가 진객처럼 특별한 존재를 인정(긍정)한다는 것은 결코 아니다. 진객이 자신이 사용하는 많은 용어를 명明-암闇(3Q), 즉 밝은 사람과 어두운 사람으로 단순화시켰듯이, 동야주인도 사람의 유형을 성인聖人-고사瞽史(3A), 즉 초월적 존재와 눈먼 존재로 압축해서 논의를 진행하고 있다. 진객이 특별한 음악 능력을 가진 사람을 여러 가지 이름으로 불렀다면 동야주인은 그들을 성인聖人의 의미로 집결시키고 있다.

자형을 보면 성인의 성聖 자는 어원 단계에서부터 듣는 것과 관련이 있다.[18] 성 자는 귀 이耳 자를 포함하고 있고 초기 자형을 확인하면 이 부분을 크게 나타내고 있다. 성 자는 듣는 능력이 뛰어난 사람을 강조하는

---

18 시라카와 시즈카白川靜, 『자통字統』, 東京: 平凡社, 1984, 499쪽 참조.

도상을 나타낸다고 할 수 있다. 물론 이때 듣는다는 것은 자연의 소리와 악기의 음악 소리만이 아니라 신의 의지와 백성들의 여론을 대변하는 음성을 가리킨다. 성인은 잘 듣기 능력을 발휘하여 앞으로 나아갈 방향을 잘 정할 수 있는 것이다. 『시경』과 『서경』에도 성聖은 사람과 신의 세계를 소통시킬 수 있는 종교 문화적 지도자, 제도와 규범을 처음으로 만든 문명의 제작자, 현재의 사태가 미래에 어떤 결과를 가져올지 예측하는 신통력 등을 나타낸다.[19] 두 문헌의 성인은 원래 어원 단계에 시작된 귀가 큰 성 자의 의미 맥락을 충실히 이어받고 있다.

공자는 이런 성인의 의미를 음악 방면으로 밀접하게 결부시킨 최초의 인물이다. 공자는 자기 스스로 성인으로 자처하지는 않았다고 하더라도 훗날에 성인으로 추존되었다. 이러한 흐름은 『논어』 「자장」과 『맹자』 「진심」의 마지막 구절만이 아니라[20] 『공자성적도』에서 보이듯 노나라의 공묘孔廟 설치와 한 제국의 수립 이후 유방의 공묘의 방문 등에서 여실히 확인할 수 있다. 그는 당시에 전승된 각종 음악을 감상할 기회를 가지면 남김없이 그것의 품평을 내렸을 뿐만 아니라 스스로 악기 연주와 노래 부르기와 같은 심미 활동을 게을리하지 않았다.[21] 이에 혜강의 「성무애락론」에서 진객은 나름대로 확실한 근거를 가지고서 공자를 성인의 사례

---

19 신정근, 「구원자로서 철인哲人과 유비추리의 성인聖人」, 『철학논구』 25집, 1997, 14쪽 참조.

20 『논어』 「자장」 "叔孫武叔毀仲尼. 子貢曰: 無以爲也! 仲尼不可毀也. 他人之賢者, 丘陵也, 猶可踰也, 仲尼, 日月也, 無得而踰焉. 人雖欲自絶, 其何傷於日月乎? 多見其不知量也." 『맹자』 「진심」하 "孟子曰: 由堯舜至於湯, 五百有餘歲. 若禹皐陶則見而知之, 若湯則聞而知之. 由湯至於文王, 五百有餘歲. 若伊尹萊朱則見而知之, 若文王則聞而知之. 由文王至於孔子, 五百有餘歲. 若太公望散宜生則見而知之, 若孔子則聞而知之. 由孔子而來, 至於今, 百有餘歲. 去聖人之世, 若此其未遠也. 近聖人之居, 若此其甚也."

21 공자의 음악 애호는 혜강이 비판하고 있는 정치적 교화 활동으로 환원시켜 설명할 수만은 없다. 공자가 수양의 측면에서 음악의 예술적 효과를 강조했다고 하더라도 음악 애호는 교화에 한정되지 않은 독자적 쾌감을 말하는 맥락으로 볼 수 있기 때문이다. 공자는 음악 연주와 감상을 통해 진리에 도달하고 진리를 재현하는 특징을 가지고 있다. 공자가 갖는 음악의 다양하며 중층적인 의미와 관련해서 서복관(쉬푸관)徐復觀, 『중국 예술 정신』, 서울: 동문선, 1990; 2000 재판, 49~64쪽 참조.

로 거론하게 되었던 것이다.[22]

「성무애락론」에서 성인은 어떠한 소리(음악)를 듣기만 해도 그것이 만들어진 정치 상황을 추리하고 연주자의 심리 상태를 이해하며 아울러 이후에 발생할 사건을 예측할 수 있다. 이런 점에서 성인은 자연음과 악음 樂音을 듣고서 그것을 다른 음과 비교하지 않고서도 원음의 음 높이만이 아니라 그 의미와 형식을 판별할 수 있으므로 절대 음감의 소유자라고 할 수 있다.[23] 이 성인은 여전히 기존 성인의 의미 맥락 속에 있으면서 음악의 방면으로 특화된 사례라고 할 수 있다.[24] 이 때문에 앞에서 말했듯이 성인을 사상 문화와 정치 교화의 틀에 가둘 수 없고 음악 예술의 새로운 측면에서 조망해야 혜강의 「성무애락론」의 특징이 더 잘 드러날 수 있는 것이다.

그 결과 성유애락 대 성무애락은 급속하게 성인이란 특별한 능력, 즉 절대 음감을 가진 존재를 인정하느냐 하지 않느냐로 귀결된다. 성인은 소리(음악)를 통해 리듬 등 음악 내적 특징을 완벽하게 파악할 수 있을 뿐

---

22 "治世之音安以樂, 亡國之音哀以思."(1Q) 이 부분이 「악기」에는 "是故治世之音安以樂, 其政和. 亂世之音怨以怒, 其政乖. 亡國之音哀以思, 其民困. 聲音之道, 與政通矣."로 되어있다. 두 부분을 비교해 보면 혜강이 원문을 필요에 따라 축약해서 인용하고 있다는 사실을 확인할 수 있다.

23 이런 규정은 사실 절대 음감 또는 절대 음고의 사전적 의미를 넘어서는 것이다. 절대 음감은 원래 음을 들었을 때 다른 기준 음과 비교하지 않고 음의 높이를 식별하는 능력을 가리킨다. 이 글에서 다루는 성인은 음높이만이 아니라 음악과 결부된 배경, 음악이 전달하고자 하는 이념까지 식별할 수 있다. 필자는 절대 음감이 성인의 음악적 특성을 잘 드러내고 있으므로 기존의 의미 맥락에서 확장된 방식으로 사용하고자 한다. 절대 음감과 관련해서는 한국음악 지각인지학회, 『음악의 지각과 인지 I』, 파주: 음악세계, 2005, 31~39쪽 참조. 그리고 혜강은 8A에서 정성鄭聲의 악영향을 차단할 수 있는 지인至人을 거론하고 있다. 이런 맥락에서 성인과 지인의 의미 차이가 없는 듯하다.

24 계찰과 사광 등의 인물이 성인으로 분류될 수 있을까? 성인을 문명과 제도의 창시자로 생각한다면 그들은 성인의 반열에 들 수 없다. 하지만 그들이 가진 특별한 청음 능력은 성이 가진 두 세계의 소통성과도 유사한 맥락을 지니고 있으므로 그들은 성인의 확장적 의미에 해당자가 될 수 있다. 즉 두 사람은 혜강의 「성무애락론」에서 충분히 성인으로 간주될 수 있다. 그가 말하는 성인의 요건을 충족시키고 있기 때문이다.

만 아니라 창작 동기니 정치적 맥락 등 음악 외적 특징까지 세세하게 포착할 수 있다. 성인은 음악(소리)을 통해 세상의 모든 것을 파악하는 특별한 존재이다. 이런 측면에서 성인의 절대 음감은 음악 내외적 측면을 모두 포괄하는 점에 일종의 신적 감수성에 가깝다고 할 수 있다. 성인의 존재가 입증된다면 성유애락이 성립 가능하고 그렇지 않으면 성무애락이 성립되는 것이다. 물론 이 성인은 음악 분야에만 한정되지 않고, 성의 어원 단계와 질서의 산출자라는 의미를 아울러 가지고 있다고 할 수 있다.

3.2 성인(절대 음감의 소유자): 있다 대 없다

진객과 동야주인이 1Q-A에서 4Q-A에 걸쳐서 성인의 유무를 두고 논쟁을 벌이는 과정을 추적하면서 그 속에 담긴 음악 철학의 의의를 살펴보도록 하자. 성인의 존재 유무는 동야주인과 진객 모두 사활을 걸 수밖에 없다. 절대 음각을 가진 성인의 존재가 입증되어야 진객은 음악을 듣고 세상의 모든 것을 알 수 있다는 주장을 확증할 수 있기 때문이다.

먼저 1Q를 보면 진객은 먼저 "안정된 세상의 음악은 편안하고 즐겁게 느껴지는 반면 망해가는 나라의 음악은 슬프고 시름겹게 느껴진다."[25]는 『악기』「악본樂本」이나 『여씨춘추』「적음適音」의 논지를 전제하고 있다. 그는 이를 바탕으로 정치적 상황과 음성(음악)은 서로 호응한다는 결론을 끌어낸다.[26] 나는 이를 정치-음악, 즉 정성政聲 상응론으로 명명하고자 한다. 그는 정성 상응론을 입증하기 위해서 공자와 계찰의 사례를 끌어들인다.

---

25 『예기』「악기」 "是故治世之音安以樂, 其政和. 亂世之音怨以怒, 其政乖. 亡國之音哀以思, 其民困. 聲音之道 與政通矣."

26 "仲尼聞韶, 識虞舜之德."(1Q)

『논어』를 보면 공자는 순 임금의 소韶 음악[27]과 주 나라 무 임금의 무武 음악을 듣고서 둘의 차이를 냉정하게 평가한 적이 있다. 즉 전자는 최고로 아름답고 또 최고로 좋은 반면에 후자는 최고로 아름답지만 최고로 좋지는 않다는 것이다.[28] 왜 이렇게 달리 평가했을까? 소와 무는 각각 서로 다른 정치적 상황과 연관되어 있고 그것을 음악적으로 반영하고 있기 때문이다. 순 임금이 요 임금으로부터 왕위를 선양받았으므로 소韶는 평화적인 왕권의 교체를 음악적으로 반영하고 있다. 무 임금은 주紂 임금을 무력으로 정벌하고서 새로운 나라를 세우므로 무武는 역성 혁명과 무력 충돌을 반영하게 되었다.

추측에 불과하지만 소와 무는 악장의 구성이 완전히 달랐을 것이다. 둘 다 건국 과정을 읊은 웅장한 오페라 형식으로 되어 있으리라. 『예기』「악기」를 보면 무 음악의 구성을 설명하면서 무 임금이 군사를 이끌고 맹진 나루터에서 대기하다 건너는 내용 등 건국의 서사를 담고 있기 때문이다. 이러한 내용이 반영된다면 곡의 전개가 소 음악은 부드럽고 편안한 반면 무 음악은 급박하고 웅장하리라 예상해볼 수 있다. 무 음악을 들으면 긴장한 채 주나라의 건국에 참여하는 느낌을 갖게 하지만 소 음악을 들으면 편안한 상태로 요에서 순으로 권력 교체가 일어나는 과정을 맞이할 수 있을 것이다.

이에 공자는 두 악극(오페라)을 감상하면서 그 속에 내재된 평화와 안정 그리고 전쟁과 갈등의 상반된 정치적 상황을 읽어낼 뿐만 아니라 정치적 상황에 따라 달리 생겨나는 즐거움과 슬픔의 감정을 경험(추체험)한 것이다. 이로써 정성 상응론은 그 자체 안에 감정과 음악의 고정된 대응

---

27 나는 중국의 고대 문화 유적지를 답사하다 '소악韶樂'의 CD 한 장을 구하게 되었다. CD 어디에도 소악이 순 임금과 관련된다는 언급도 없고 판매원에게 물어봐도 시원한 대답을 듣지 못했나.

28 『논어』「술이」 "子謂韶, 盡美矣, 盡善也. 謂武, 盡美矣, 未盡善也."

을 함축하고 있으므로 결국 정치-감정-음악 상응론으로 확대되게 되어 있다. 공자가 음악을 듣고 그 음악에 담긴 모든 정보를 이해하고 공감할 수 있는 절대 음감의 성인이 되는 것이다. 이러한 음악적 성인으로서 공자의 특징은 성유애락의 입장에서 충분히 반길 수 있는 관점이다.

「술이」의 내용과 성유애락의 논점을 관련시켜보면 공자는 선양을 담은 소韶를 듣고서 더 말할 나위 없이 즐거움을 느꼈지만 방벌을 담은 무武를 듣고서 한편으로 아름답기는 해도 다른 한편으로 슬픔을 느낄 수밖에 없었다는 것이다. 이처럼 진객은 공자와 같은 특수한 감상자를 통해서 '성유애락'을 증명하려고 시도하고 있다.

1A에서 동야주인은 음악과 감정의 고정된 대응 관계가 있는지, 특정한 음악이 특정한 감정을 반드시 유발시키는 음악적 형식이 있는지 의문을 제기하고 있다. 현장 관찰인지 사고 실험인지 출처가 분명하지 않지만 그는 사람들이 노랫가락과 울음소리에 일관된 반응이 아니라 상반된 반응을 보인다고 지적하고 있다. 예컨대 보통 누군가 울음소리를 들으면 그 사람은 슬퍼하고 또 누군가 노랫가락을 들으면 그 사람은 즐거워한다. 하지만 지역과 풍속을 달리할 경우 울음소리를 듣고 기뻐하기도 하고 노랫가락을 듣고 슬퍼하는 경우가 생긴다.

이를 통해 동야주인은 세 가지 결론을 끌어낸다. 1) 특정한 음악이 특정한 감정을 반드시 유발시킨다고 볼 수 없다. 2) 감정과 음악 사이에는 고정된 대응 관계가 성립하지 않는다. 나아가 3) 하나의 감정은 지역과 풍속에 따라 수없이 많은 음악 형식과 결합될 수 있다. 이를 통해서 그는 음악과 감정은 결국 아무런 상관 관계가 없다는 결론을 도출하기에 이르렀다. 음악은 감정과 관계를 갖지 않고 자체적으로 사람에게 듣기 좋고 듣기 좋지 않은 선악善惡의 질적 차이를 가질 뿐이다. 따라서 동야주인은 진객의 '성유애락聲有哀樂'에 맞서서 '성유선악聲有善惡'을 주장한 것이다.

그렇다면 진객이 1Q에서 말한 절대 음감의 소유자, 즉 성인의 문제는 어떻게 될까?『춘추』양공 29년(BC 544)의 기사를 보면 춘추 시대 오뭇 나라 출신의 최고 음악 평론가였던 계찰은 노 나라에서 여러 지역의 음악을 청취하면서 오로지 소리(음악)에만 의존해서 특정 지역 풍속의 좋고 나쁨을 평가하고 있다.[29] 이게 맞는다면 계찰은 진객이 말하는 음악적 성인이 될 만하다. 이에 대해 동야주인은 의문을 제기한다. 마찬가지로 앞에서 말했듯이『논어』에 보면 공자도 소韶만을 듣고서 순 임금의 고결한 덕성을 읽어내고 있다. 이에 대해 동야주인은 의문을 제기한다.[30]

여기서 주의할 사항이 있다. 동야주인은 역사적 실존 인물로서 공자와 계찰의 존재 자체를 결코 부정하지 않는다. 하지만 그는 그들의 판단이 오로지 음악 내적 자료에만 의존한 것이 아니라 음악 내적인 것과 외적인 것의 결합에 근거한 것으로 본다. 이로써 공자와 계찰은 절대 음감의 소유자가 아니라 음악을 포함해서 정치·군사·역사·종교 등 다양한 분야에 걸쳐서 해박한 지식을 가진 만물 박사로 간주되고 있다. 일반 사람들은 음악에 대해 전반적으로 무지하거나 띄엄띄엄 아는 반면 계찰과 공자는 모른 것이 없기에 음악과 정치 그리고 감정의 연관성을 읽어낼 수 있는 것이다.

진객은 1Q에 이어서 2Q에서도 다양한 사례를 예증으로 제시하면서 성인은 성유애락을 경험할 수 있다는 논지를 되풀이하고 있다. 진객은 새로운 논거를 제시한다고 할 수 있지만 동야주인의 입장에서 보면 단순 반복 또는 무한 반복에 지나지 않는다. 진객은 이를 이해하지 못하는 동야주인에게 할 말이 많았다. 그는 되풀이해서 설명을 시도하지만 조금도 이해하지 못하는 동야주인을 짧은 지식에 사로잡혀서 진상을 제대로

29 신정근, 「계찰季札, 잊힌 춘추 시대의 최고 음악 비평가」, 사)인문예술연구소 웹진『오늘의 선비: 동양고전의 마당』(http://www.ssp21.or.kr/) 2013.06.17일자 업데이트.

30 "季子在魯, 採詩觀禮, 以別風雅, 豈徒任聲, 以決臧否哉? 又仲尼聞韶, 歎其一致, 是以咨嗟, 何必因聲以知虞舜之德, 然後歎美耶?"(1A)

보지 못하는 인물이라는 공격을 퍼붓고 있다.

또 다른 사례로 종자기의 이야기를 살펴보자. 어느 날 밤에 음악 노예가 경을 쳤다. 종자기는 그걸 듣고서 슬픔을 느꼈다. 밤에 갑자기 경을 치면 무슨 사연이 있을 수가 있다. 종자기가 노예를 만나서 이야기를 해보니 그의 처지가 여느 사람과 달랐다. 아버지는 사람을 죽여서 사형을 당했고 어머니는 먹고살기 위해 술장사를 하게 되었고 자신도 먹고사느라 음악 노예가 되지 않을 수가 없었다. 각자의 사정이 이러하다 보니 그는 어머니와 헤어져 살았지만 3년 동안에 한 번도 만나지 못했던 것이다.[31] 이에 그의 경 소리는 슬픔을 담고 있다고 할 수 있다.

음악 노예와 종자기의 이야기를 성유애락의 맥락에서 살펴보면 다음과 같다. 마음(심정)이 슬프면 겉모습도 바뀌고 소리(음악)도 슬프게 된다. 심정-겉모습-소리(음악)는 저절로 그렇게 서로 호응하는 관계에 있는 것이다. 음악 노예는 밤중에 자신의 처지를 비관하며 경을 쳤는데 그 소리가 자연히 자신의 속내를 그대로 드러내게 되었다. 여기까지 동야주인도 어느 정도 수긍할 수 있는 이야기이다. 여기서 더 나아가 종자기는 들려오는 경 소리를 듣고서 그 속에 깃든 감정에 전염되어 자신도 슬픔을 느끼게 되었던 것이다. 종자기도 앞서 말한 대로 음악적 성인에 해당된다고 할 수 있다.

연주자가 특정한 음악 형식으로 연주하지 않더라도 음악이 사람의 심정을 담고 있다면 종자기와 같은 성인은 연주자의 감정을 읽어낼 뿐만 아니라 소리를 통해 동일한 감정의 교류를 경험할 수 있는 것이다. 따라서 종자기처럼 절대 음감을 가진 성인은 1A에서 제기한 음악 외적인 분야의 다양한 지식, 즉 시詩와 예禮를 습득할 필요가 없다. 그는 소리(음악)를 잘 들어서 살피고 신명하고 신묘하여 매개 없이 이해하므로 오랜

---

31 이 이야기는 『여씨춘추』「정통精通」과 『신서新序』「잡사雜事」4에 나오는 고사이다. 종자기가 판본에 따라 '자산子産'으로 되어 있다. 대교본戴校本에 따라 종자기로 고친다.

시간을 들여서 되풀이해서 들어보지 않아도 듣자마자 음악의 상태를 파악할 수 있는 것이다.[32] 이로써 음악은 "성인과 같은 존재를 슬프게 할 수 있고 즐겁게 할 수 있는"[33] 성유애락의 특성을 지니게 되는 것이다.

2A에서 동야주인은 진객이 2Q에서 제시한 예증 중에서 계찰과 공자의 경험 두 가지에 주목해서 그의 주장에 담긴 논리적 허점을 하나씩 지적했다. 진객의 주장에 따르면 계찰은 노나라에서 여러 나라의 음악 공연을 감상한 뒤에 여러 나라의 풍속을 하나씩 알아차리고 공자는 사양師襄이 연주하는 곡을 듣고서 혼자서 그 속에 담긴 주 나라 문文 임금의 공덕을 알아차렸다.

진객의 주장이 설득력을 가지려면 조건이 있다. 예시된 계찰과 공자가 사오백 년 이전의 음악을 듣고서 그 속에 반영된 표제標題를 알아차리려면 두 가지 전제 조건을 충족시켜야 한다. 하나는 계찰과 공자가 들은 음악은 고정된 구조[상도常度]나 불변의 음조[정수定數]라는 고정된 형식[34]을 갖추고 있어야 하고, 다른 하나는 표제가 음악적으로 형상화되어 역사적으로 전승이 가능해야 한다.

이 주장을 2Q에서 제시한 진객의 주장에 적용하면 다음의 문제점이 드러난다. 진객은 성인이 음악적 주제를 고정된 형식으로 표현하지 않더라도 그 내용을 이해할 수 있다고 주장했다. 따라서 2Q에서 고정된 형상화를 부정했지만 그 속에 긍정을 함축하므로 논리적으로 모순이 되는 것이다. 또 진객의 주장에 따르면 음악의 역사적 전승이 얼마든지 가능해지는데, 현실적으로 삼황三皇·오제五帝를 비롯한 숱한 영웅의 음악이 유전되지 않고 극소수의 음악이 유전되므로 그 주장이 타당할 수 없

---

32 "寧復講詩而後下言, 習禮然後立評哉? 斯皆神妙獨見, 不待留聞積日, 而已綜其吉凶矣."

33 "哀樂之作, 亦有由而然, 此爲聲使我哀, 音使我樂也."

34 혜강이 사용하는 용어, 예컨대 상도와 정수는 번역하기 쉽지 않다. 연구자나 번역자마다 다르게 규정할 수도 있다. 이 번역은 채중덕(차이중더)蔡仲德, 『중국음악미학사中國音樂美學史 자료주역資料注譯』, 459쪽; 한흥섭, 『혜강집』, 서울: 소명출판, 2006, 249쪽을 참조했다.

는 것이다.

동야주인은 '성유애락'에 대한 성인의 지각 능력을 거짓말로 단정한다. 이와 같은 이야기가 사실이 아님에도 불구하고 유포되는 것은 비속한 유자들이 성인과 관련된 일을 신비스럽게 하려고 후세에 꾸며낸 것에 지나지 않는다.[35] 기록이 있다고 해서 그 내용을 무조건 믿을 수 없다는 것이다. 검증되지 않은 기록은 진실할 수가 없기 때문이다. 진객은 기록의 유무가 곧 근거의 유무이므로 이제 기록이 믿을 만하지 않다면 새로운 근거를 제시해야 한다.

이로써 계찰과 공자는 역사적 인물이기는 하지만 적어도 음악과 관련된 이미지는 후세 사람들에 의해 조작된 또는 날조된 이야기에 뒤덮인 허상虛像 또는 우상偶像이 되어버린다. 이것은 합리적 논증에 의한 부정이다. 이처럼 공자의 음악적 위상, 즉 절대 음감의 성인 이미지마저 주저 없이 허상으로 비판하는 데에서도 우리는 혜강이 어떠한 권위에도 굽히지 않는 절대 자유의 기상을 엿볼 수 있다. 물론 여기서 혜강은 허상이 제거된 계찰과 공자의 참모습마저 부정하지는 않았을 것이다.

3Q에서 진객은 음악적 능력의 차이를 명明−암闇으로 나누어서 다시금 성인의 존재 가능성을 논증하려고 한다. 기쁨과 노여움의 내적 감정이 외적인 얼굴에 드러나므로 얼굴 표정을 통해 우리는 사람의 내면 상태를 알 수 있다. 마찬가지로 사람이 슬픔이나 즐거움의 상태에 있으면서 성음(소리)을 낼 때 그 성음에는 슬픔이나 즐거움을 담고 있게 된다. 다만 어두운 자는 성음에 담긴 애락을 읽어내지 못하지만 총명한 자는 그것을 알아차릴 수 있다. 그런데도 명자, 즉 절대 음감의 소유자를 부정한다면 그것은 개인의 지적 한계와 평범한 능력을 일반화시키는 오류에 빠질 뿐이다.[36]

---

35 "此皆俗儒妄記, 欲神其事而追爲耳."

36 "不可守咫尺之度而疑離婁之察, 執中庸之聽而猜鍾子之聰, 皆謂古人爲妄記也."

3A에서 동야주인은 종자기와 같은 성인을 상정할 경우에 생기는 문제를 지적함으로써 절대 음감의 소유자로서 성인을 부정한다. 예컨대 「함지咸池」「육경六莖」「대장大章」 등은 성왕으로 알려진 황제黃帝 · 전욱顓頊 · 요堯의 음악이다. 이 음악은 모두 완전한 음악으로서 하늘과 대지만이 아니라 귀신마저 감동시킬 수 있었다. 그렇다면 이런 종류의 음악은 당연히 황제 등 성인에 의해서만 창작될 수 있고 또 연주될 수 있는 것이다. 왜냐하면 성인의 창작 정신이 제대로 구현되려면 적어도 성인과 동급의 인물이나 본인이 연주를 할 수밖에 없기 때문이다.[37]

문헌을 보면 순임금은 기夔로 하여금 경磬을 연주하게 했지만 신과 사람이 함께 화락했다고 한다.[38] 기가 창작자인 성인 순의 감정을 재현하려고 했다면 실패할 수도 있다. 하지만 그는 음악 외적인 감정이 아니라 음악 내적인 완전한 조화의 음을 구현해냈기 때문에 성공적인 연주를 할 수 있었던 것이다. 따라서 성인이 음악의 창작자라는 역할을 할 수 있지만 이런 사실은 곧 "성인은 반드시 절대 음감의 소유자이다."와 "음악은 인간의 감정을 표현한다."는 점과 아무런 관계가 없는 것이 된다. 창작자 순과 연주자 기가 분리되기 때문이다.

4Q에서 진객은 또 자신의 주장을 입증할 증거로 갈로葛盧 · 사광師曠과 양설羊舌의 어머니의 사례를 제시하고 있다. 갈로는 어미 소가 우는 소리를 듣고 송아지 세 마리가 제물로 쓰인 걸 알았다. 사광은 피리를 불어보고 남풍이 약하자 남쪽의 초 나라 군대가 싸움에 패배하리라는 걸 알았다. 마지막으로 춘추 시대 진 나라의 대신 숙향叔向의 어머니 이야기를 살펴보자. 숙향의 아들 양식아楊食我가 태어났을 때, 할머니가 손자의 울음소리를 듣고서 그것이 이리가 울부짖는 것과 비슷하다면서 훗

---

37 "咸池六莖大章韶夏, 此先王之至樂, 所以動天地感鬼神者也. 今必云聲音莫不象其體而傳其心, 此必爲至樂不可記之於瞽史, 必須賢人理其絃管, 爾乃雅音得至也."
38 "舜命夔擊石拊石, 八音克諧, 神人以和." 이와 관련된 주장의 출처는 『서경』「요전堯典」이다.

날 아이로 인해 가문에 몰락할 것이라 예언했다. 이후에 어머니의 말대로 숙향의 가문에 불행이 닥쳤다.[39]

진객은 이들 사례를 들어서 성음(소리)이 국력의 성쇠盛衰와 개인의 길흉吉凶과 같은 음악 외적인 정보를 담고 있고 성인은 음악을 듣고 그 정보를 다 읽어낼 수 있다는 주장을 펼친다. 여기에 이르면 이들은 절대 음감을 소유한 성인의 반열이 아니라 거의 전지전능한 신적 존재 Almighty God와 같은 차원으로 상승하게 된다. 소리(음악)와 어떤 인과 관계가 없지만 갈로 등은 지금 일어난 일과 미래에 일어날 일을 모두 알아맞히고 있다. 신이 아니라고 한다면 납득하기 어려운 현상이다.

여기서 울음소리는 악음樂音이 아니라 일종의 자연음이지만 소리라는 차원에서 구분되지 않고 있다. 갓난아이의 울음소리가 왜 미래에 생길 불행한 결과의 징조 또는 원인이 되는지 설명은 없다. 하지만 아이의 울음이 미래 사건의 결정적 원인으로 간주되는 한 '성유길흉聲有吉凶'은 주장될 수 있는 것이다. 우리는 성유애락이 성유길흉으로 이어지는 사상적 근거가 동중서에 의해서 주장된 동류상동同類相動 또는 동류상응同類相應에 있다는 사실을 알아차릴 수 있다. 사물이 기氣에 의해 동질성을 가지므로 같은 기끼리는 종 사이[종내種內]만이 아니라 종 너머[종간種間]에도 서로 호응한다는 것이다. 이는 현상 또는 사태의 우연적 선후를 필연적 인과 관계로 파악하려는 전근대적 사유의 일종이라고 할 수 있다.[40]

4A에서 동야주인은 진객이 제시했던 울음과 불행을 원인과 결과의 관계로 연결시키는 사고 방식 자체에 의문을 제기한다. 그는 예언의 적중을 두 가지 방식으로 가정해본다. 하나는 어머니가 신통한 마음으로

---

39 이 이야기의 출처는 『좌씨전』 소공 28년이다.

40 이와 관련해서 본서의 부록 신정근, 「동중서의 천론」, 서울대학교 철학과 학부졸업논문, 1988; 신정근, 『동중서: 중화주의의 개막』, 파주: 태학사, 2004 참조.

홀로 깨달은 바가 있어서 수수께끼처럼 말했는데 훗날 적중했을 수 있다. 다른 하나는 과거에 들어본 울음소리와 현재 손자의 울음소리가 비슷해서 미래에 과거의 사건과 비슷한 일이 일어날 것을 안 것이다.

전자는 일종의 신통력으로 맞춘 것일 뿐 아이의 울음 자체에서 어떤 증거를 찾은 것은 아니므로 소리의 내재적인 이치와 무관하다.[41] 신통력은 모든 사람이 가질 수 없는 특별한 능력이다. 신통력만으로는 논증이 완전하지 않다. 후자는 유사성에 근거해서 무관하게 발생한 두 사건이 동일한 결과를 보일 것이라고 예측하는 추리이다. 이것은 유비 추리이거나 양식화된 사고 방식이 가진 한계를 벗어날 수는 없다. 즉 과거에 우연히 들어맞은 것을 가지고 호사가들이 그것을 사실인 양 받아들이고 큰일로 칭찬하는 것에 지나지 않는 것일 뿐이다.[42]

성유애락과 성무애락이 결국 절대 음감의 성인론으로 이어지고 그것은 다시 동류상응론으로 이어지고 있다. 결국 성유애락론은 한 제국에서 발흥했던 기론에 의한 상응론적 우주론을 그대로 수용하고 있다면 성무애락론은 그 자장을 벗어나려는 인과론적 경향을 가지고 있다고 할 수 있다. 즉 사회가 도식적 상관 관계에 의해 상호 대응이 일어나는 방식이 아니라 개인의 감수성과 음악 내적 특성을 중시하는 방식으로 바뀌고 있음을 알 수 있다.

---

41 "若神心獨悟, 闇語之當, 非理之所得也."

42 『세종실록』 59권, 1433년(재위 15년) 1월에 보면 세종이 청음에 탁월한 능력을 보이는 기사가 있다. 세종은 당시 새로운 경磬을 제작하고서 그 음을 들어본 뒤 이칙夷則 음이 약간 높게 난다는 지적을 했다. 사정을 알아보니 도공이 제작 과정에 실수를 저지른 것으로 밝혀졌다. 이 경우 세종은 신神이 밝아른 백탁의 성인과 나는 백탁에서 씬내 음감을 가셨나고 할 수 있다. 동야주인도 세종과 같은 존재를 부정할 것 같지는 않다.

4. 심성心聲 · 심형心形 · 심색心色의 관계

4.1 쟁점 소개

지금까지 논의를 정리하면 진객은 절대 음감의 소유자, 즉 성인 존재에 의존해서 성유애락을 논증하려고 한다. 반면 동야주인은 그러한 성인 존재를 부정함으로써 성무애락을 주장하려고 했다. 아울러 두 사람은 각각 자신의 이론적 배경을 가지고 성유애락과 성무애락의 논리를 펼치고 있다. 진객이 한 제국의 주류 담론인 상응론적 우주론에 바탕을 두고 있는 반면 동야주인은 그것을 맹렬하게 비판하며 인과론적 주장을 펼치고 있다. 우리는 이 과정을 통해 소리(음악)와 마음의 관계를 검토해볼 수 있다.

진객은 성인 논의에 굴하지 않고 다시 새로운 논점을 발굴해서 성유애락을 입증하려고 했다. 이에 동야주인이 앞에서와 마찬가지로 반박했다. 그 과정을 한번 들여다보자. 새로운 논쟁은 기본적으로 마음[심心]과 소리[성聲]의 관계를 중심으로 진행된다. 아울러 그로부터 파생되는 마음과 몸, 마음과 표정 또는 기색의 관계를 다루고 있다.[43]

진객은 여전히 성유애락의 입장을 내세우면서 슬픔이나 즐거움의 감정과 소리(음악)의 상관성을 주장하고 있다. 이 입장에서 본다면 다음의 연쇄적인 추론이 가능하다. 소리는 슬픔이나 즐거움을 담고 있으므로 감정의 표현물이 된다. 마음은 감정을 발생시키는 기관이다. 두 주장을 종합하면 소리는 결국 마음의 표현이 된다. 소리를 잘 듣는다면 소리를 내는 사람의 마음을 알 수 있다.

---

43 현대 음악에서도 음악과 정서의 관계에 대한 논의가 활발하다. 음악과 정서의 관계 그리고 음악이 정서를 유발하는 방식 등과 관련해서 한국음악 지각인지학회, 『음악의 지각과 인지 Ⅰ』, 파주: 음악세계, 299~317쪽 참조.

이어서 다음의 추론도 가능하다. 마음은 직접적으로 알 수는 없지만 소리를 통해서 마음의 상태를 틀림없이 알 수 있게 된다. 그렇다면 마음은 물리적 소리처럼 감각으로 지각할 수는 없지만 결코 그 정체를 알 수 없는 불가지의 세계는 아닌 것이다. 마음은 소리·표정·기색으로 투시가 가능한 투명한 것으로 드러날 수 있다. 물론 앞의 장에서 논의했듯이 모든 사람이 아니라 성인과 같은 절대 음감의 소유자만 투시 능력을 가지고 있다.

반면 동야주인은 진객의 성유애락을 긍정하지 않는다. 이 주장은 단순히 소리(음악)와 감정의 상관관계를 부정하는 것에만 논의가 국한되지 않는다. 앞서 살펴보았듯이 '성유애락'을 부정하면 동시에 마음과 소리(음악), 마음과 표정·기색 등의 상관성을 반성적으로 고찰하지 않으면 안 된다. 상관성이 마음과 소리(음악)가 성인이 투시할 수 있는 객관적 대응성을 갖는지 아니면 개개인이 판단할 수 있는 주관적 관계를 갖는지 어느 쪽으로 펼쳐지느냐에 따라 논의의 방향이 달라질 수 있기 때문이다. 전자라면 객관적 대응성에 대한 양식이 초점이 되지만 후자라면 공감 가능한 주관성이 초점이 된다.

사실 혜강이 동야주인을 빌려서 음악 철학 내부에만 한정해서 성유애락을 주장하더라도 그것은 찻잔 속의 태풍처럼 작은 해프닝으로 끝나지 사회적으로 심각한 위험성은 없다. 또 진객과 동야주인이 성유애락을 두고 서로 부닥친다고 해서 일일이 심각한 이견을 보이지는 않는다. 예컨대 정성鄭聲에 대해서 둘은 약속이나 한 듯이 공동의 보조를 취한다. 정성이 사람에게 좋은 음악적 효과를 주지 않은 이유를 달리 설명하더라도 나쁘다는 점에서 동의할 수 있다. 그만큼 둘 사이의 충돌은 완전히 전면적이지 않아 합의에 이를 가능성이 남아 있다. 부분적 이견에도 불구하고 양립 가능한 차원에서 합의를 거둘 수가 있다.

이와 달리 이야기가 심心-성聲, 심心-색色 상관설을 부정하는 데에 이르면 상황이 달라진다. 그 주장은 음악 철학의 범위를 뛰어넘어서 신과 인간, 도덕 근원 등의 문제에서 커다란 반향을 일으킬 수 있기 때문이다. 혜강이 의도하지 않았다고 하더라도 심-성, 심-색 상관설의 부정은 속과 겉이 다른 인간, 즉 위선자僞善者를 용인하게 되기 때문이다.[44] 또 심에만 극단적으로 중시하고 그것이 드러나는 외적 표현에 극단적으로 경시할 수 있다. 그렇게 되면 음악 예술이 극단적으로 외적 표현에 매달릴 수도 있고 아니면 극단적으로 외적 표현을 경시할 수도 있다. 사실 표현 형식 없는 형식이 포스트모던 또는 현대 예술에서 논의되고 있지만 고대에서 그러한 예술을 상상하기가 쉽지 않다.

앞에서 살펴보았듯이 마음으로 사심을 품고서 사람의 눈앞에서 환대의 몸짓을 할 수 있다. 이것은 음악 철학의 문맥을 벗어나 도덕 철학의 문맥에서 자기 기만의 문제를 함축하게 된다. 또는 도덕으로부터 완전히 자유로운 음악의 탄생을 용인할 수 있기 때문이다. 이는 사회와 음악(예술)이 가치에서 합일해야 한다거나 예술이 사회적 가치를 반영해야 한다는 재도론載道論을 전면적으로 부정하는 것이다. 즉 예술의 사회적 효용성을 반대하고 예술을 위한 예술을 긍정하는 것으로 해석될 수 있다. 둘 다 간단한 문제가 아니라서 당시뿐만이 아니라 그 이후로도 두고두고 논쟁을 일으킬 만한 주제였다.

둘 중에 자기 기만의 사안에 초점을 두고 논의를 진행해보자. 일찍이 공자도 『논어』에서 이러한 위선자를 "번지르르한 말과 알랑거리는 낯빛을 보이는 사람에게 사람다움의 진실성이 드물다"라며 신랄하게 비판했다.[45] 자칫 공자가 괜히 친절한 표정을 문제 삼느냐고 의구심을 가질 수 있다. 이 구절은 상황에 따라 이랬다저랬다 하며 변덕스러운 성향을 보이는 사람을 겨냥하고 있다. 아쉬울 때는 간과 쓸개라도 다 빼줄 듯이

---

44 『논어』의 심心 대 색色, 내內 대 외外의 연속과 불연속에 대한 자세한 논의는 신정근, 『사람다움의 발견』, 서울: 이학사, 2005를 보라.

45 『논어』「학이」 "巧言令色, 鮮矣仁."

달콤한 말로 다가오다가 반대 상황이 되면 언제 내가 당신을 알았느냐는 듯이 모른 척할 수 있다. 이처럼 진실성이 없는 얼굴의 미소는 훗날 상황이 바뀌게 되면 배반의 웃음으로 바뀔 수 있다. 공자는 일찍이 교언영색과 인의 분리 가능성을 통해 사람의 심과 색 또는 행이 일치하지 않을 수 있는 가능성의 문제를 제기했던 것이다.

사실 심-성, 심-색의 상응설을 부정하게 되면, 혜강이 자각했건 하지 못했건 음악 철학에 한정되지 않고 주류의 도덕 철학과 충돌하게 될 수밖에 없다. 도덕의 무정부 상태를 용인하는 결과를 낳을 수 있기 때문이다. 이는 새로운 자기 주장을 극단적으로 전개할 때 누구라도 겪을 수밖에 없는 상황이다. 혜강은 도덕 철학의 관점에서 위험 인물로 낙인찍힐 수 있는 가능성을 우려해서 음악 철학의 새로운 영역을 개척하는 데에 주저하지 않았다. 이 점에서 혜강은 예술과 도덕의 역사에서 위대한 도전자의 역할을 충실히 수행했다고 할 수 있다.

혜강은 자신이 성무애락을 주장하더라도 도덕 철학의 문맥에서 위선자의 존재를 허용하지 않아야 하는 이론적 부담을 안게 된다. 여기서 혜강이 헤쳐 나갈 수 있는 길은 좁아 보인다. 하지만 두 가지 길이 있을 수 있다. 하나는 이전의 심-성 또는 심-색 상관설이 경험적 차원에서 논의되었다면 마음에는 선험적 차원이 있다는 것을 제시하는 것이다. 감정이 즐거워하고 슬퍼해야 하는 사태에 들어맞게끔 활성화되고 표현되도록 하는 주재의 층위에 의해서 관리된다면 위선자가 생기지 않을 수 있다. 신유학의 용어로 말한다면 심은 이발已發과 미발未發의 차원에 동시에 소속되어 있다는 것이다.[46] 물론 혜강은 이발과 미발의 문제 의식을 명백하게 표현한 적은 없다.

---

46 감정의 지위에 대해 진객과 동야주인은 차이를 보이고 있다. 성리학의 용어를 빌린다면, 진객은 감정의 수용 성을 긍고이면시 이밀己發 차원에만 십둥하는 반면 동야주인은 감성을 실제화시키면서 기분, 정서 등과 구분하고 미발未發 차원에 대한 가능성을 시사하고 있다.

다른 하나는 심-성 또는 심-색 상관설을 부정하는 것이 위선자를 허용하는 것이 아니라 심과 성, 즉 마음과 음악이 다른 범주에 속한다는 것이라고 주장하는 것이다. 마음과 음악이 관할하는 영역을 달리하여 서로 영향을 주고받지 않는 것으로 관계를 단절시키는 길이다. 이때 마음은 혜강 이전에 주로 도덕과 인식의 문맥에서 논의되었다면 예술과 감성의 문맥에서 주로 논의될 수 있다. 이렇게 되면 혜강은 마음의 이성과 감성을 구분할 뿐만 아니라 기존의 주류 담론을 부정하기보다 새로운 논의를 창출하는 방식으로 충돌의 가능성을 피할 수 있다.

「성무애락론」을 보면 혜강은 전자의 길에 대해 어렴풋하게 자각하고 있는 듯하지만 즐겨 다루지 않는다. 그는 후자에 초점을 두고 논의를 진행하고 있다. 그가 후자에 초점을 두어서 위선자 문제를 피해간다고 하더라도 예술의 공리성을 부정한다는 별도의 난관을 헤쳐 나가야 했다.

4.2 심성의 관계: 상통相通설 대 이궤異軌설

「성무애락론」 전체에 걸쳐서 진객은 감정 · 마음의 주관과 소리(음악)가 상통한다는 논지를 펼치면서 동야주인의 반론에 힘겹게 대응하고 있다.

2Q에서 진객은 안연顏淵의 경험을 통해 심心-성聲 상통설을 주장하고 있다. 공자가 당상에 앉아 있다가 어디선가 울음 소리를 들었는데 참으로 구슬펐다. 옆에 있던 안연도 그 소리를 듣고서 곡소리가 참으로 구슬프니 죽은 자를 애도하는 것만 아니라 생이별을 애달파하는 연유가 있을 것이라고 풀이했다. 공자가 사람을 시켜서 알아보니 아버지가 돌아가셨지만 집안 살림이 가난해서 할 수 없이 자식을 팔아서 장례를 치르게 되었다는 사정을 듣게 되었다.[47] 안연은 별도의 정보에 의지하지 않고 오로지 소리 청취를 통해 그 속에 담긴 행위자의 복합적 심리 상태를

---

47 이야기의 출처는 『설원說苑』 「변물辨物」이다.

판독해내고 있다. 앞의 논의에 따르면 안연은 절대 음감을 가진 성인에 해당된다고 할 수 있다.

어떻게 이런 일이 일어날 수 있을까? 마음이 슬프면 겉모습도 이로 인해 변하고 감정이 구슬프면 소리도 이로 인해 슬프게 된다. 따라서 심心 −형形 그리고 정情−성聲은 어떠한 외적 요인의 개입 없이 저절로 그렇게 서로 호응하는 관계에 있다는 것이다.[48] 심−형과 정−성이 호응 관계에 있으므로 이 관계를 심心−성聲과 정情−형形으로 호환하는 것도 가능하다. 그렇다면 안연과 같은 성인, 즉 절대 음감의 소유자라면 심−성 상통론에 의거해서 소리에 깃든 감정을 실수 없이 정확하게 읽어낼 수 있는 것이다.

2A에서 동야주인은 심−성 상통론에 근거한 성유애락을 반박하기 위해서 감정이 표출되는 과정을 재구성하고 있다. 그는 먼저 오색五色이라는 색깔의 형식에는 보기에 좋고 나쁜 호추好醜가 있고 오성五聲이라는 소리의 형식에는 듣기에 좋고(편하고) 나쁜(거슬리는) 선악善惡이 있는 것을 사물의 자연적 속성으로 규정한다.[49] 논의를 성유애락聲有哀樂이 아니라 성유선악聲有善惡에서 출발하겠다는 취지를 밝힌 것이다. 이것은 패러다임의 전환이라고 할 정도로 주목할 만한 가치가 있다.

『예기』「악기」의 음악관에 따르면 사람은 특정 음악을 들으면서 감정을 공유하며 비슷한 체험을 하게 된다. 이를 바탕으로 음악은 사람의 정서적 공감과 변화를 일으키는 효용을 낳게 된다. 조용하고 느린 참선 음악을 들으며 급한 성정을 느긋하게 하고 행진곡풍의 노래를 합창하며 국가와 군인 의식을 강화하는 음악관을 대변한다고 할 수 있다. 반면 혜강은 음악적으로 화성이 되지 않은 음악이면 아예 듣고 싶지 않다고 선언한다. 두 사람이 좋아하는 음악이 다를 경우 서로 상대방의 음악에 대해

---

48 "心戚者則形爲之動, 情悲者則聲爲之哀, 此自然相應, 不可得逃也, 唯神明者能精之耳."

49 "夫五色有好醜, 五聲有善惡, 此物之自然也."

"그것도 음악이냐, 소음에 지나지 않는다"고 힐난하는 사례를 대변한다.

이어서 혜강은 소리(음악)가 사람 또는 사람의 감정을 자극하는 과정을 두 가지로 나누어 논의를 진행한다.

첫째, 주관의 수동적 반응이다. 사람은 오색과 오성에 대해 좋아하기도 하고 싫어하기도 하고 또 기뻐하기도 하고 시큰둥하기도 하는 등 반응의 차이, 즉 애불애愛不愛 또는 희불희喜不喜를 나타낸다. 이 차이는 마음속에 미리 결정 또는 준비되어 있다가 감정으로 드러나는 것이 아니라 특정한 색깔과 소리라는 대상의 자극을 받고서 드러내는 것이다. 애불애와 희불희는 앞에서 말한 호추 · 선악처럼 양상이 대상에 따라 바뀌고 대상의 자극에 숙고되지 않은 채 즉각적으로 드러내는 반응이다. 이것은 오늘날 분류에 따르면 감정의 반응에 해당되겠지만 혜강의 의도를 헤아린다면 생리적 태도에 가깝다. 예컨대 쇠로 그릇을 긁는 소리나 급하게 제동하느라 차바퀴와 노면 마찰로 생기는 소리가 듣기에 거슬려서 귀를 막는 것과 비슷하다.

둘째, 주관의 능동적 유출이다. 사람이 완전한 조화의 소리[화음和音]를 들을 경우 슬픔 또는 즐거움의 감정이 드러나게 된다. 이 드러남은 화음의 자극으로 인해서 비로소 애락이 반응하는 것이 아니다. 애락은 화음이 들려오기 이전 중정 상태가 깨져서 감정이 어느 쪽으로 편향되어 있는 상태이다. 화음이 들려오자 때마침 애락 중 어느 하나가 표출되는 것이다.

어떤 양식의 화음이 반드시 애哀의 감정을 일으키고 또 다른 양식의 화음이 반드시 락樂의 감정을 일으킨다고 할 수 없다. 오히려 극단적일 경우 같은 구성의 화음이라도 어제는 애가 표출될 수 있지만 오늘은 락이 표출될 수 있다. 주관이 애哀의 상태에 있을 경우 애가 표출되었다면 오늘 주관이 락樂의 상태에 있을 경우 락이 표출될 수 있다. 물론 음악의 조성이 아무런 요인이 되지 않는다는 뜻은 아니다. 만약 불협화음이 들린다면 사람은 귀 또는 마음에 거슬려서 음악을 피할 수 있다. 화음이라면 계속 듣겠지만, 이는 감정을 일으켜서 듣는 것이 아니라 마음에 맞아서 듣는 것이다.

화음은 애락의 감정이 표출되도록 하는 계기가 될 수는 있다. 이 계기는 음악이 감정을 일으키는 적극적인 작용력을 말하는 게 아니라 음악이 감정을 표현(대변)해주는 소극적인 작용력을 말하는 것이다. 어디까지나 감정 생성의 동인은 음악이 아니라 주관이기 때문이다. 애哀인가 락樂인가의 문제는 결코 특정한 소리에 의해 결정되는 것이 아니라 양도할 수 없는 주관 감정의 고유성에 달려 있는 것이다. 이 경우 음악이 슬프므로 내가 슬프게 느껴지는 것이 아니라 내가 슬프므로 슬픈 음악 때로는 즐거운 음악마저 슬프게 들릴 수 있는 것이다. 여기서 나는 특정 음악에 대해 양식화된 반응을 보이거나 감정의 교류 상태로 빨려 들어가지 않고 고유한 가치를 갖는 나의 감정을 만족시켜주는 주체적 음악 행위를 감행할 수 있다.[50]

3Q에서 진객은 종자기의 사례를 거론하면서 심心—성聲 상응설을 되풀이한다. 즉 마음이 안에서 바뀌면 표정 또는 기색이 밖에서 호응한다. 마음이 외부 자극에 반응해서 움직이면 소리도 이 변화에 따라 드러난다. 따라서 마음에는 성쇠盛衰의 변화가 있다면 소리에도 고저 또는 강약의 차이가 생긴다는 것이다.[51] 이에 덧붙여서 진객은 외부로 표현되는 기색(표정)과 소리가 모두 몸의 지배를 받는 것이므로 양자는 모두 같은 성질을 지닐 수밖에 없다는 것이다. 즉 기색이 심정을 드러내는 것이라면 성음도 마찬가지로 심정을 드러내게 된다는 것이다.[52]

---

50 동야주인은 술 비유를 들어 '성유애락'의 문제를 지적한다. 술은 달고 쓴맛이 있다. 사람이 술을 마시면 기뻐하기도 하고 화를 내기도 한다. 여기서 동야주인은 사람이 술로 인해서 희로喜怒를 드러내게 되지만 술 자체 안에 사람을 즐겁게 하고 성내게 하는 이치가 있다고 할 수 없다는 주장이다.

51 "心應感而動, 聲從變而發. 心有盛衰, 聲亦隆殺.

52 "夫喜怒章於色診, 哀樂亦宜形於聲音, 聲音自當有哀樂."

3A에서 동야주인은 3Q에서 제기된 진객의 "표정과 소리가 모두 몸의 지배를 받는다면 모두 같은 성질을 갖는다"라는 주장을 약간 희화화시켜서 성유애락을 반대한다. 그는 몸의 지배를 받는다는 것을, 몸으로부터 나온다는 기원의 문제로 바꾸어서 생각한다. 예컨대 사람은 생리적인 반응으로 방귀를 뀌기도 하고, 매운 음식을 먹거나 크게 웃거나 연기를 쐬거나 슬픔에 북받치다 보면 눈물을 흘린다.

방귀와 눈물은 모두 몸에서 나온 것이다. 이때 방귀 소리를 음악적으로 재현해서 그것이 아악雅樂이나 정성鄭聲 중 어디에 해당하는지 알 수도 없고, 눈물도 감정으로 환원해서 애락 중 어디에 해당하는지 알 수 없는 것이다. 이처럼 방귀나 눈물이 몸에 기원한다고 하더라도 그것을 모두 음악이나 감정으로 환원해서 음정淫正이나 애락哀樂으로 평가할 수 없는 것이다. 그렇다면 소리 자체도 아무리 몸에서 기원한다고 해서 음정이나 애락으로 배당할 수 없다고 주장한다.

심성 논의는 4Q-A에 이르면 두 사람의 논의에서 절정에 달한다. 4Q에서 보면 갈로葛盧가 어미 소의 울음소리를 듣고서 세 마리의 송아지가 모두 희생물로 쓰였다는 것을 알아차린 이야기가 소개되어 있다.[53] 이를 통해 진객은 소리를 통해서 개체와 국가의 성쇠와 길흉을 예언할 수 있다고 주장한다.[54] 성유애락이 성유성쇠聲有盛衰 또는 성유길흉聲有吉凶으로 확대된 것이다. 몇 차례 이야기했듯이 진객은 소리(음악)를 기본 정보로 삼아 노래에 깃들거나 노래에 담긴 음악 외적 정보까지 모두 알아차릴 수 있다고 말한다. 이런 차원에서 소리에 담긴 애락은 성쇠와 길흉에 대한 정보를 담고 있고 갈로를 비롯한 사람은 그 정보를 곧바로 파악할 수 있는 것이다.

---

53 이 이야기의 출처는 『좌씨전』 소공 25년의 기사이다.

54 "若葛盧聞牛鳴, 知其三子爲犧, …… 是以咸見錄載, 推此而言, 則盛衰吉凶, 莫不存乎聲音矣."

4A에서 동야주인은 갈로의 이야기를 절대로 있을 수 없는 일로 간주한다. 만약 이 일이 사실이라면, 어미는 자식이 차례로 죽은 것을 기억하고 있다가 몇 년이 지난 뒤에 갈로를 만나서 억울함을 들려준(알려준) 것이 된다. 만약 이 이야기가 사실이라면 소와 사람의 마음이 서로 같은 반면 겉모양만 다른 것이 된다.

물론 이 이야기는 오늘날 다소 허무맹랑한 소리로 들릴 수 있다. 하지만 한 제국 기론氣論의 동류상응同類相應이 극단적으로 적용될 때 사상가들은 종종 하늘과 사람, 자연과 인간, 자연물과 사람이라는 종간種間의 경계를 초월하는 일을 가능 사건으로 주장하곤 했다. 예컨대 자연의 음기와 사람의 음기가 감응하므로 비가 오면 사람이 관절에 통증을 느낀다. 가을이 되면 사람이 쓸쓸함을 느낀다. 동야주인은 감응설의 극단적인 형태인 갈로 이야기를 믿을 수 없는 일로 회의하고 있다.

하지만 동야주인은 감응론을 신뢰하지 않으므로 소와 사람이 동류가 아니므로 상통할 수 있는 방법이 없다는 것을 못박고 있다.[55] 이런 점에서 동야주인은 동중서의 천인상관론天人相應論을 비판했던 왕충의 회의주의 전통과 과학적 사고방식을 계승하고 있다고 할 수 있다. 왕충은 천인상관성이 우연성을 필연성으로 착각하는 오류에서 비롯된 사상으로 비판했다.[56]

만약 백 걸음을 양보해서 금수(동물)가 언어·지각 능력을 가지고 있고, 갈로의 천부적 재능이 탁월하여 홀로 그 말을 알아차릴 수 있다고 하자. 그렇더라도 갈로가 금수와의 소통 능력을 전제하고서 금수의 울음(말), 즉 다른 언어 체계를 들어서 이해한 뒤에 사람의 말로 옮긴 것이다. 이 이야기를 보면, 갈로가 순전히 소의 성음(소리)만을 듣고서 사정

---

55 "此爲心與人同, 異於獸形耳, 此又吾之所疑也. 且牛非人類, 無道相通."

56 왕충의 동중서 비판에 대해 신정근, 「기氣 철학자들의 우연성에 대한 성찰」, 『동양철학연구』 52, 2007 참조.

을 추론한 것으로 볼 수 없다.[57] 따라서 이 이야기에 근거해서 사람과 동물의 소통 가능성을 확인할 수 있다고 하더라도 성무성쇠나 성무길흉 나아가 성무애락을 성공적으로 반박할 수는 없는 것이다.

동야주인은 이런 논의를 다시 성인 논점과 결부시켜 심-성 관계와 관련해서 최종적인 결론을 이끌어 내려고 한다. 진객이 금과옥조처럼 받드는 성인은 마음도 같고 덕도 닮았다고 하더라도 생김새는 각양각색이다. 그렇다면 마음이 같다고 하더라도 겉모습이 다른 것이니 겉모습을 관찰해서 마음을 추론한다는 것은 아무런 의미가 없어진다. 따라서 성聲-심心과 형形-심心의 관계에서는 상통설이 성립하는 것이 아니라 겉모습이 같지만 감정이 다를 수 있고 겉모습이 다르지만 마음이 한결같을 수 있는 결론이 나올 수 있다.[58] 사실 이것은 진객이 그토록 피하고 싶은 사태이다.

동야주인은 "마음과 소리는 분명히 별개의 존재이다[心之與聲, 明爲二物]."는 주장을 통해 상통설의 재기 가능성을 근본적으로 차단하려고 했다. 이 주장은 음악 예술만이 아니라 도덕 철학에서 중요한 의의를 갖는다. 이제 음악 예술은 생성의 단계에서 마음과 고리를 차단했기 때문에 예술로서 성립될 수 있는 별도의 기준과 이론을 제시해야 한다. 예컨대 음들이 어울리는 화성론을 제기할 수 있다. 음악이 마음에서 일어나는 흐름을 그대로 복사하는 역할을 그치고 음들의 결합으로 거꾸로 청각과 마음에 쾌감과 감동을 일으킬 수 있다. 물론 혜강은 이러한 이론을 제기하지 않았지만 후대에 생겨난 이론의 배경을 제안했다고 할 수 있다.

5Q-A에 이르러 논의의 방향이 조금 선회하게 된다. 이전까지 그렇

---

57 "若謂鳥獸皆能有知, 葛盧受性獨曉之, 此爲解其語而論其事, 猶傳譯異言耳, 不爲考聲音而知其情, 則非所以爲難."

58 "夫聲之於心, 猶形之於心也, 有形同而情乖, 貌殊而心均者. 何以明之? 聖人齊心等德而形狀不同也, 苟心同而形異, 則何言乎觀形而知心哉?"

게 평행선을 달리던 두 사람 사이가 5Q-A에서 접점을 보이기 시작하기 때문이다. 접점이 생긴다고 해서 그것을 너무 과도하게 기대할 필요는 없다. 이것은 혜강이 자신의 이론적 주장을 극단적으로 밀고 나가지 못하고 중도에 그치는 것으로 볼 수도 있다. 두 사람의 논의로 들어가 보자.

5Q에서 진객은 음악의 종류마다 사람에게 일으키는 반응의 차이를 제시한다. 예컨대 떠들썩한 음악을 들으면 사람이 겉모습이 조급해지고 마음이 흥분되며, 차분한 음악을 들으면 사람이 몸이 차분해지고 마음이 느긋해진다. 이처럼 음악을 통해서 조급해지기도 하고 차분해지기도 한다면 음악을 통해 애락이 생길 수 있다는 것이다.[59] 이것은 오늘날 우리가 판단하기에도 성유애락을 입증할 만한 상식적이며 강력한 논거로 보인다.

5A에서 동야주인은 진행의 빠르기, 소리의 고저, 변화의 다소에 따라 사람이 다른 반응을 보인다는 점을 인정한다. 이것은 그가 처음으로 진객의 주장을 수용하는 지점이다. 하지만 그는 이런 반응을, 방울과 목탁 소리가 귀를 멍하게 하여 사람을 놀라게 하고 종과 북이 심장 박동을 빠르게 하는 생리적인 변화로 간주한다. 정리하면 그는 소리(음악)가 단순과 복잡, 높음과 낮음, 듣기 좋음과 듣기 싫음 등의 특징을 가지고 있고 이에 따라 사람은 조급함과 차분함, 집중과 분산이라는 생리적 반응을 보이게 된다고 주장한다.[60]

---

59 "苟躁靜由聲, 則何爲限其哀樂?"

60 "然皆以單複高埤善惡爲體, 而人情以躁靜專散爲應." 여기에 쓰인 인정人情은 진객이 말하는 감정의 맥락이 아니다. 그렇다면 진객과 동야주인의 차이는 없어지게 된다. 동야주인은 정情을 정욕情欲·심지心志·성정性情 등의 의미로 다양하게 구사하고 있다. 바로 이런 점이 「성무애락론」의 논지를 정확하게 파악하기 어렵게 만드는 요인이다. 인정은 실제로 외부 자극에 대해 숙고하지 않고 즉각적으로 나타나며 생리적이며 신경학적 반응으로 기분에 가깝다고 힐 수 있다. 이런 사이점에 대해 기존의 연구에서는 아직 완전하게 해명되지 않고 있다. 따라서 혜강이 말하는 정情의 다의성과 감정의 지위는 좀 더 전문적으로 논의될 필요가 있다.

이어서 동야주인은 「성무애락론」에서 처음으로 애락 감정의 발생 기제를 명시적으로 설명한다.(이 논의는 이후 8A 논의를 위한 사전 포석이라고 할 수 있다) 마음이 평정하고 조화로운 상태이면 슬픔과 즐거움이 균형을 이루어 어느 한쪽으로 기울어지지 않으므로 하나의 감정이 다른 감정에 앞서서 드러날 바탕이 없다. 이때는 단지 조급해지거나 차분해질 뿐이다. 만약 감정이 드러날 계기가 되면 어떤 감정이 마음에서 주동적이게 되므로 평정하고 조화로운 상태가 깨지게 된다. 따라서 조급함과 차분함의 상태는 소리가 일으키는 작용이지만 슬픔과 즐거움의 상태는 감정의 주동적 작용에 따른 것이다.[61]

동야주인은 심성 관계에 최종적 결론을 내리기에 앞서 진객의 입장, 즉 성유애락을 주장할 경우 그것이 초래할 수 있는 논리적 파탄 나아가 음악 부정의 가능성을 진단한다.

만약 진객의 말대로 성유애락이 사실이라면 음악이 한쪽으로 치우치고 부조화하여 슬픔 또는 즐거움의 경향성을 띠어서 그 속에 어떤 감정과 일치하는 성음들로 구성되고 표출한 것에 따라 각각 고정된 대응 관계를 갖게 된다. 그렇다면 진객이 말하는 음악은 슬픔의 음악, 즐거움의 음악이라는 '음악들musics'로 끊임없이 세분화될 뿐이니 수없이 다양한 음악들을 가능하게 하는 음악Music은 불가능해진다. 즉 슬픔의 음악과 즐거움의 음악들이 있을 뿐이지 슬픔과 즐거움 모두에 관여할 수 있는 음악은 불가능해진다.[62] 바로 이 통찰이 혜강의 음악 철학이 위진 현학이 줄기차게 탐구했던 주제, 즉 현상을 넘어선 본질과 맞닿는 접점이다. 나아가 이것은 그의 음악 철학이 숭유론崇有論보다 귀무론貴無論에 접근할 수 있다는 추적의 실마리를 제공할 수 있다.

---

61 "若言平和哀樂正等, 則無所先發, 故終得躁靜. 若有所發, 則是有主於內, 不爲平和也. 以此言之, 躁靜者, 聲之功也. 哀樂者, 情之主也."

62 "若資偏固之音, 含一致之聲, 其所發明, 各當其分, 則焉能兼御羣理, 總發衆情耶?"

따라서 음악이 음악다워지려면 감정의 편중을 넘어서서 평정과 조화를 본체로 삼고 고정된 반응 양상을 가지고 있지 않아야 한다. 마음(심지)은 외적 자극에 촉발되지만 그것에 지배당하지 않고 능동적으로 감정을 표현하게 되는 것이다. 이로써 소리와 마음은 길과 갈래를 달리하는, 즉 다른 범주에 속하는 것으로 접점이 있는 씨줄과 날줄의 관계로 규정할 수는 없는 것이다.[63]

5. 맺음말

혜강은 「성무애락론」을 통해서 이상적인 음악이란 무엇인가 라는 대답을 찾고자 했다. 혜강은 「성무애락론」에서 정情과 같은 핵심 용어를 다의적으로 사용해서 논점이 정확하게 부각되지 않는 점이 있다. 또 그는 8Q와 8A에서 '이풍역속移風易俗'에서 도가와 유가 음악론에 대한 절충주의적 관점을 보이는 등 내적 모순을 보이기도 한다. 그래서 나는 일차적으로 이 글에서 우선 성인과 심성心聲 관계에 초점을 맞추어서 음악 철학의 의의를 살펴보았다.

「성무애락론」의 한 축인 진객은 절대 음감을 가진 성인의 존재를 긍정하고 심성 상통설을 통해서 성유애락을 입증하고자 했다. 이 과정을 통해서 성유애락은 단순히 "소리(음악)가 슬픔과 즐거움의 감정을 담고 있다"는 점만을 주장하는 것이 아니라 이보다 훨씬 다양한 주장을 함축하고 있다. 음악은 정치적 상황을 반영하고, 청취자의 감정에 자극을 주어 개인을 변화시키고 궁극적으로 공동체의 문화를 일신할 수 있는 것이다. 이에 따라서 음악 내적 형식미보다는 음악 외적 효용성에 의해 존재

---

63 "由是言之, 聲音以平和爲體, 而感物無常, 心志以所俟爲主, 應感而發. 然則聲之與心, 殊塗異軌, 不相經緯."

가치를 입증받게 되었다.

이에 맞서서 동야주인은 성유애락이 초래할 수 있는 문제점을 들추어내면서 성무애락을 입증하려고 했다. 먼저 동야주인은 진객의 성인이 청음 행위만으로 감정을 감지할 뿐만 아니라 개인과 국가의 성쇠와 길흉을 예측할 수 있다는 주장을 근거 없는 것으로 비판했다. 그리고 심心과 성聲이 상통하는 것이 각각의 고유한 특성을 가진 다른 범주에 해당된다는 것을 주장했다.

일단 성인과 심성心聲 관계에 한정해서 진객과 동야주인의 논지를 전체적으로 살펴보면 두 인물은 각각 상대로 흡수될 수 없는 음악 철학을 대표하고 있다. 진객은 음악이 음악다워지려면 사람이 공동체 질서 유지에 기여하는 감정을 활성화시키고 그 질서에 방해되는 감정을 억제시키도록 해야 한다. 이때의 감정은 양도와 대체가 불가능한 개인의 순수한 것이라기보다 전염에 의한 공유가 가능한 사회적 정치적 그리고 도덕적인 것이라고 할 수 있다. 진객의 세계는 개별 존재자가 양식화된 반응을 통해 일체화를 이룰 수 있는 만물일체萬物一體의 특성을 지니고 있다.

동야주인은 음악이 음악다워지려면 평정과 조화를 유지하면서 개인의 고유한 감정을 표현할 수 있어야 한다. 이때의 감정은 의도하지 않았지만 결과적으로 동화同化될 수 있는 가능성을 배제하지 않지만 오히려 이화異化의 개성을 긍정할 수 있다. 이화의 개성이 성장하는 만큼 음악의 자율성이 확대되고 개인의 주체 의식이 실체화될 수 있는 공간이 생성될 것이다.[64] 동야주인의 세계는 현실적 힘들의 관계에 의해서 질서가 유지되지 않고 본질에 참여를 통해 개별자의 가치가 개화되는 특성을 지니고 있었다.

---

64 풍소호(평샤오후)馮小虎는 개체를 자연적 개체, 종족 사회적 개체, 국가 사회적 개체 등으로 나누어 개인화의 과정을 추적하고 있다. 『위진 시대 이전 개체 자아의 발전魏晉以前個體自我的演變』, 北京: 中國人民大學出版社, 2004 참조.

제5장

선비 정신과 풍류 문화의 결합 양상

요약문

　　선비와 풍류는 우리가 학문적으로나 일상적으로나 늘 사용하는 말이다.
어감은 친숙하지만 어휘는 불확정적이다. 근대의 신조어와 달리 선비와 풍류는
오랜 연원을 가지고 있지만 바로 그것으로 인해 가치 평가에서 애증과 찬반의
입장이 팽팽하게 맞서고 있다. '선비' 하면 전통 문화의 창조와 형성 그리고 확산
과 향유의 주체로 보기도 하지만 대내적 대외적 공동체 현안에 무기력하고 보수
적인 특징을 드러내는 집단으로 보기도 한다. '풍류' 하면 신라 시대 이래로 면
면히 이어지는 민족 문화의 원형으로 취급되기도 하고 일부 지배 계층의 향락과
사치의 퇴폐적 여흥으로 취급되기도 한다.

이러한 불확정성은 선비와 풍류 개념의 특성에서 기인한다고 할 수 있다. 선비
와 풍류는 단일하며 고정된 의미를 가진 단순한 개념이 아니라 혼합적이며 불확
정한 복합 개념이다. 이처럼 복합 개념은 단순 개념으로 오인하게 되면 부정확
한 화살만을 어지럽게 쏘게 된다. 특히 연구자가 복합 개념의 특정 계기에 주목
해서 밝혀낸 결론을 전체 특성으로 간주한다면 과도한 일반화의 오류를 피할 수
가 없다. 따라서 우리는 선비와 풍류 각각의 기원과 형성 그리고 발전 과정에 나
타난 다양한 층위를 구분해서 논의를 이끌어갈 필요가 있다. 이를 바탕으로 선
비와 풍류가 어떤 지점에서 연결되는지 살펴보고자 한다.

키워드: 선비, 시민, 풍류, 취미, 유형, 기원

1. 문제 제기

간혹 사회의 위기가 닥쳐오면 전통 문화와 동아시아 사상을 강조하는 측에서는 선비 정신에 답을 찾을 수 있다고 말들 한다. 현재의 문제를 해결할 수 있는 대책이 가시화되지 않는 상황에서 우리의 과거를 돌아보는 것은 타당한 접근 방법 중의 하나이다. 이런 점에서 선비 정신과 풍류 문화는 현대와 호흡할 수 있는 전통 시대의 사상 자원으로 고려되고 있다.[1] 이에 발맞추어 문체부와 문화재청은 유교 문화 또는 선비 문화를 활성화시키는 각종 사업을 발주하기도 한다.[2]

위와 달리 일반 대중은 선비와 풍류를 들으면 잘 모르거나 현대 사상을 중시하자며 다음처럼 말할 수 있다. "21세기에 선비와 풍류라니⋯⋯." 철 지난 음반에서 나는 소리로 들리지 않을까? 왕정王政에서 민주주의로, 소농–지주의 농경 사회에서 노동자–자본가의 자본주의로, 다시 초기 산업사회에서 정보화 사회로 급격하게 바뀌어 가는 상황에서 선비와 풍류는 이미 지나간 이야기로 여길 수 있다. 선비 대신에 그 자리에 시민을 찾거나 아니면 서민 · 인민 · 국민 · 대중 등을 고려할 수 있고 취미 대신에 그 자리에 취미를 찾거나 아니면 여가 · 놀이 · 휴가 · 게

---

1 나는 선비 정신과 풍류 문화의 현대적 해석과 접목을 목표로 2011년 사단법인 선비정신과 풍류문화연구소(사단법인 인문예술연구소로 개명)를 설립하여 선비 정신과 풍류 문화 관련 학술 대회를 개최하는 등 인문과 예술이 결합된 '신인문운동'을 추진하고 있다. 조선대학교 인문학연구원 우리철학연구소에서도 사단법인과 비슷한 취지로 2015년 정기 학술 주제로 '선비정신과 풍류사상'을 개최한 적이 있다(2015. 6. 26). 이처럼 선비 정신과 풍류 문화는 이제 몇몇 재야 학자들이 주도하거나 철학 이외 분야에서 철학과 사상의 영역에서 새롭게 주목을 받고 있다.

2 나는 성균관대학교 유교문화연구소에서 문화체육관광부가 발주한 2015년 유교 문화 활성화 사업을 2016년에 보조사업자로 선정된 적이 있다. 프로그램을 운영하면서 참가자들을 조사해보니 대상이 남성에서 여성으로 확대되고 있지만 연령이 학생의 참여 활동을 제외하면 중장년층이 다수를 차지하고 있다. 앞으로 젊은 사람과 학생들이 자유학기제 등 제도적 계기가 아니라 개인 자격에서 자발적으로 함께 할 수 있는 유교 문화 또는 선비 문화의 프로그램이 과제로 남는다.

임 · 예술 등을 고려할 수 있다.

대중들의 반응에 따르면 시민과 취미가 선비와 풍류를 대신한 만큼 흘러간 노래를 찾는 목소리가 높게 나오지 않을 법하다.[3] 하지만 시민과 취미도 현대에서 늘 지지를 받지만 않는다. 예컨대 정치 영역은 늘 불신의 늪에 빠져서 조롱의 대상이 되기 마련이다. 대통령과 국회의원 그리고 시장과 기초의원을 선출하는 선거에서 후보자들은 정당 후보나 시민 후보로 자처한다. 시민은 후보의 정책에 동의하여 자신의 대표로 선출했으면 정국의 변화에도 계속 지지를 보내야 한다. 그래야 정책이 현실에 실현되는 결실을 맺을 수 있다.

우리는 대통령 선거에 후보를 지지했다가 2년 정도 지나면 정세 변화에 따라 급격하게 반대로 돌아선다. 지지와 철회의 시간이 워낙 짧다 보니 과연 같은 사람에 어떻게 평가가 극명하게 갈리게 되는지 납득하기가 어렵다. 하지만 유권자 입장에서 보면 대표자가 기대한 바를 충족시키지 못하기 때문에 더 이상 지지할 수가 없다고 한다. 대표자의 함량 미달이 더 이상 지지를 할 수 없도록 만들기 때문에 계속 지지할 수 있는 대표자를 기대하게 되는지 모르겠다.

일상 영역에서 취미는 여유가 있어야 누릴 수 있는 활동으로 여겨진다. 특히 경기가 좋지 않으면 취미라는 말을 끄집어내도 빡빡한 삶에서 호사가의 놀음이나 괜한 짓으로 이야기된다. 이는 1920~30년대에 취미 이야기와 완전 정반대이다. 당시 취미가 있느냐 없느냐 라는 것은 문명인이냐 아니냐를 가르던 기준이었다. 문명인이라면 창경원(창경궁의 일제강점기 시절의 명칭)에 꽃구경 가고 극장에 다녀와야 했다.[4] 취미가 문명

---

3   지금까지 유교의 사회적 역할이 조선 시대에 한정된다고 생각하지만 이황직은 근현대사에서 도 활발하다는 점을 최근에 밝히고 있다. 유교인들이 건국 과정과 민주화 운동에서 선도적이 며 적극적인 활동을 했다는 실증적 연구를 시도했다. 이황직, 『군자들의 행진: 유교인의 건국 운동과 민주화운동』, 파주: 아카넷, 2017 참조.
4   문경연, 「식민지 근대와 '취미' 개념의 형성」, 『개념과 소통』 제7호, 2011 참조.

세계에서 갖춰야 할 활동으로 여겨졌던 것이다.

오늘날 고용 없는 성장, 자본주의의 세계화로 인한 경쟁의 심화 등으로 취미 생활은 꿈도 꾸지 못하거나 여유 있는 사람들의 사치품으로 여겨지기도 한다. 선거철만 되면 일자리 공약이 봇물 터진 듯이 쏟아진다. 자신을 뽑으면 좋은 정규직이 생긴다고 하지만 당선 뒤에도 그런 소식은 들리지 않는다. 이런 상황에도 불구하고 연휴가 되면 공항과 터미널에는 국내외 여행을 떠나는 사람들로 만원인 걸 보면 현대인도 취미를 상황에 따라 누릴 수 있는 활동으로 여기고 있는 셈이다.

글머리에서 말했듯이 선비와 풍류를 찾는 소리가 정치와 일상에서 자취를 감추지는 않았다. 시민(국민)의 대변자를 자처하는 정치인과 공직자가 제 노릇을 하지 못하고 부패와 타락을 저지르게 될 때마다 선비를 찾는 목소리가 흘러나온다. 아마 더 진화된 민주주의의 미래상이 그려지지 않는 상황에서 시민의 전신에 해당되는 선비에서 희망을 찾으려는 기대라고 할 수 있다. 사민평등으로 인해 누구나 자신의 시간을 자유롭게 쓰면서 누리게 된 취미가 삶을 즐겁고 유쾌하게 하기보다는 힘겹고 귀찮게 느껴질 때가 있다. 취미가 타성이 되면 활력을 잃기 때문이다. 아마 아직 자신을 몰입하게 할 수 있는 취미를 찾지 못한 터라 전근대의 선비층이 향유한 풍류를 그리워하는 눈길이 늘어난다.

역사 진보와 사회 변혁에 따라 시민(국민)과 취미가 선비와 풍류를 분명 대체했지만 아직 정치와 문화, 학술과 예술 등의 영역에서 현대인의 삶에 확정적이며 긍정적인 지도를 그리지 못하고 있는 셈이다. 또 달리 생각하면 시민과 취미가 선비와 풍류를 대체하면서 그 안에 있던 긍정과 부정의 요소를 제대로 분류하고 평가하지 못했다고 할 수 있다. 이 때문에 현대인은 시민과 취미의 부정적 현상을 보면 선비와 풍류의 긍정 현상으로 환치하여 희망을 찾으려고 기도한다고 할 수 있다.

이러한 착종錯綜은 각각의 정체를 분명하게 하여 교체와 재결합의 지점을 확실히 구분할 때 어수선한 양상을 벗어나 풍부한 양상을 드러낼 것이다. 그렇지 않으면 "한복 입으면 고궁을 무료로 입장"의 상황처럼 어정쩡해진다. 내외국인들이 한복을 대여해서 입고 거리를 다니지만 이에 대해 공감을 하는 쪽과 하지 못하는 쪽으로 나뉜다. 한쪽은 한복을 입으니 보기가 좋다고 하고 다른 한쪽은 그게 한복인지 모르겠다며 손사래를 친다. 서로 공감하려면 한복의 정의가 이루어져서 서로 합의하고 공감할 수 있는 생각의 터전이 마련되어야 한다. 선비와 풍류 그리고 시민과 취미의 관계도 서로 경계가 나뉠 때 어수선한 착종에서 풍부한 혼종混種으로 바뀔 수 있다.

이 글에서 우리가 아무런 조건 없이 시민과 취미에서 선비와 풍류로 되돌아가자고 주장하지 않는다. 시민과 취미의 세계가 되었다고 하지만 그것과 시대의 불협화음이 나오는 만큼 그것의 한계를 짚어볼 필요가 있다. 이를 위해 우리는 선비와 풍류의 관점에서 시민과 취미의 세계를 다시 비추어볼 수 있다. 또 반대로 시민과 취미의 관점에서 선비와 풍류를 다시 비추어볼 수 있다. 이러한 크로스 체크를 통해 시민과 취미에 없지만 선비와 풍류에 있는 '것'을 찾아낼 수 있을 것이다. 이 '것'은 지금 시민과 취미가 현대 한국인을 완전히 감동시키지도 매료시키지도 못하는 틈새이기도 하다. 여와女媧 보천補天의 신화를 빌려 말한다면 시민과 취미의 하늘에 난 구멍을 선비와 풍류로 기울 수 있는 가능성을 따져볼 만하다.

선비와 풍류는 우리가 학문적으로나 일상적으로나 늘 사용하는 말이다. 어감語感은 친숙하지만 어의語義는 불확정적이다.[5] 근대의 신조어와 달리 선비와 풍류는 오랜 연원을 가지고 있지만 바로 그것으로 인해 가치 평가에서 애증과 찬반의 입장이 팽팽히 맞서고 있다. '선비' 하면 전

---

5   박노자는 일본의 '무사도'가 오랜 연원을 가진 개념이 아니라 근대에 발명된 산품이라 주장했다. 박노자, 「근대 일본의 치명적 발명품, 무사도」, 『한겨레 21』 제838호, 2010.12.01 일자 기사. 무사도를 일본 정신으로 보는 연구로는 니토베 이나조新渡戶稻造, 심우성 옮김, 『무사도란 무엇인가: 일본정신의 뿌리』, 서울: 동문선, 2002 참조.

통 문화의 창조와 형성 그리고 확산과 향유의 주체로 보기도 하지만 대내적 대외적 공동체 현안에 무기력하고 보수적인 특성을 드러낸 집단으로 보기도 한다.[6] '풍류' 하면 신라 시대 이래로 면면히 이어진 민족 문화의 원형으로 취급되기도 하고 일부 지배 계층의 향락과 사치의 퇴폐적 여흥으로 취급되기도 한다.[7]

이러한 불확정성은 선비와 풍류 개념의 특성에서 기인한다고 할 수 있다. 선비와 풍류는 단일하며 고정된 의미를 가진 단순 개념이 아니라 혼합적이며 불확정한 복합 개념이다. 이처럼 복합 개념을 단순 개념으로 오인하게 되면 부정확한 화살만을 어지럽게 쏘게 된다. 특히 연구자가 복합 개념의 특정 계기에 주목해서 밝혀낸 결론을 전체 특성으로 간주한다면 과도한 일반화의 오류를 피할 수 없다.[8]

따라서 우리는 선비와 풍류가 각각 기원과 형성 그리고 발전 과정에 나타난 다양한 층위를 구분해서 논의를 이끌어갈 필요가 있다. 이를 바탕으로 선비와 풍류가 어떤 지점에서 연결되는지 살펴보고자 한다.

2. 선비의 기원과 역사적 현실태

2.1 선비의 기원

선비의 한자 대응어는 사士이다. 사士의 가장 초기 형태를 금문金文에

6   최봉영, 『조선시대 유교 문화』, 파주: 사계절, 1997: 2002 4쇄 참조.

7   한흥섭, 『우리 음악의 멋 풍류도』, 서울: 책세상, 2003 참조.

8   나는 이러한 문제 의식을 가지면서 풍류 개념의 혼란상을 정리하는 글을 쓴 적이 있다. 다들 풍류라고 말하지만 정작 그 의미를 공유할 수 없는 혼란 상태의 원인과 그 혼란을 밝히고 이어서 이를 극복할 수 있는 대안을 제시하고자 했다. 신정근, 「한국 풍류와 미학의 연관성」, 『동양철학』 제43집, 2015 참조.

서 확인할 수 있다. 사士는 도끼의 날이 아래로 향하게 하여 땅에 세워둔 모양이다.[9] 이를 통해 우리는 적어도 사士가 전투를 수행할 수 있는 능력을 가진 사람, 즉 전사戰士와 관련이 있다는 사실을 읽어낼 수 있다. 흔히 사가 후대에 무사武士와 문사文士로 의미 분화가 일어났다고 말한다. 초기에는 전사가 오히려 사의 중심 의미를 차지하고 있었다고 할 수 있다.[10]

서주 시대에서 사는 종법 제도에 의해 운영되던 사회 질서의 일부분을 차지했다. 종법 제도는 천자天子 → 제후諸侯 → 경卿·대부大夫 → 사士 → 서인庶人 → 노예(천민)처럼 위계적 신분 제도에 의해서 사회 질서가 유지되었다.[11] 이 중에 천자·제후는 왕족이고 경대부는 귀족으로 그들의 특권은 세습에 의해 보장되었다. 서인은 노예와 함께 다양한 분야에 종사해서 물질 생산을 맡았다. 사는 귀족과 생산계급 사이에 존재하는 중간 존재였다. 이 특성은 사민士民 또는 사서士庶와 사대부士大夫의 합성어에서 확인할 수 있다.[12]

이처럼 사는 사회 조건에 따라 위로 대부와 결합해서 '사대부'로 통칭

---

9   시라카와 시즈카白川靜, 『자통字統』, 東京: 平凡社, 1984, 358쪽 참조.

10 보통 한국과 일본의 문화를 선비(문사)와 무사의 문화로 크게 구분한다. 표층의 차원에서 이러한 분류가 타당하다고 할 수 있다. 하지만 현실의 작용과 이념적 요구에 따르면 조선의 선비는 글만 읽지 않았고 전쟁이 발발하면 군을 지휘하기도 했으며 일본의 무사는 칼만 쓰는 존재가 아니라 당시의 문화와 학술을 이끄는 주도 세력이었다. 즉 한국과 일본은 문과 무를 결합하는 양상이 다르다고 할 수 있지만 아예 문과 무의 문화로 양분할 수 없다. 그러한 양분은 사실도 아닐 뿐만 아니라 해당 문화를 왜곡하게 되기도 한다.

11 『좌씨전』 소공 7년 "天有十日, 人有十等. 下所以事上, 上所以共神也. 故王臣公, 公臣大夫, 大夫臣士, 士臣阜, 阜臣輿, 輿臣隷, 隷臣僚, 僚臣僕, 僕臣臺, 馬有圉, 牛宇牧, 以待百事." 『국어』「진어晉語」: "公食貢, 大夫食邑, 士食田, 庶人食力." 이와 관련해서 윤내현, 『상주사』, 서울: 민음사, 1984; 1985 2쇄, 112~113쪽 참조.

12 사민士民은 춘추전국 시대의 문헌에 보인다. 『곡량전』 성공 원년 "古者有四民, 有士民, 有商民, 有農民, 有工民." 하휴何休는 사민을 학습學習 도예자道藝者로 풀이하고 있다. 『순자』 「치사致士」 "國家者, 士民之居也." 사대부는 송나라 이후의 사대부와 관련해서 양종국, 『송대 사대부사회연구』, 삼지원, 1996 참조.

될 수도 있고 아래로 민과 결합해서 '사민'이 될 수도 있는 것이다. 즉 사는 지배 계급의 말단에 있지만 사회 수요와 개인 능력에 따라 확장성이 큰 특징을 가지고 있었다. 이 때문에 춘추전국 시대 이후로 사는 신분의 제약에도 불구하고 탁월한 능력을 바탕으로 시대의 흐름을 주도하는 세력 중의 하나로 성장하게 되었다. 『사기』의 '열전'은 바로 그 시대 공간에서 활약했던 여러 분야의 다양한 사들의 업적 보고서라고 할 수 있다.

그럼 사士의 대응어로서 '선비'는 처음에 언제 어떤 식으로 쓰였을까? 이와 관련해서 신채호의 『조선 상고사』를 살펴볼 만하다. 흥미롭게도 그는 오늘날 널리 받아들여져서 너무나도 익숙한 '선비 사'라는 뜻 풀이를 수용하지 않고 별도의 어원을 찾고 있다. 그는 선비를 중국 한자 사의 대응어가 아니라 한국 고유의 낭가郎家 사상과 연결시켜서 그 의미의 복원을 시도했다.

그의 주장에 따르면 한반도의 조선족은 광명신光明神을 숭배하면서 태백산의 숲을 광명신이 깃드는 곳으로 여겼다. 조선족의 인구가 많아지자 태백산을 벗어나 여러 곳으로 흩어져서 살게 되었는데, 특정 지역의 사람들은 자신들의 거주지마다 태백산의 숲을 모방해서 숲을 조성하고서 '수두'[훗날 소도蘇塗로 음역 표기]라고 불렀다. 수두는 광명신에게 제사를 지내는 신단神壇이기도 하고 특정 지역을 거주지로 하는 공동체를 가리키기도 한다. 수두 교도의 한 무리를 '선배'라고 불렀는데, 그 '선배'를 이두자로 '선인仙人' 또는 '선인先人'으로 표기하게 되었다.[13] 이것이 신채호가 해명하는 선비의 의미 맥락과 어원에 해당된다.

이에 따르면 선비는 한자 사士의 대응어가 아니라 광명신을 숭배하는 무리를 가리키게 된다. 물론 이 맥락의 선비(선인)가 수두를 중심으로 공동 방위를 담당하는 집단이라는 점에서 전사의 어원을 갖는 사士와 공

---

13 신채호, 『조선상고사』, 『단재신채호전집』 상, 서울: 형설출판사, 1972; 1987 개정 4쇄, 77~79쪽 참조; 『조선사연구초』, 『단재신채호전집』 중, 104~105쪽 참조.

통점이 있다. 선비(선인)는 태백산의 광명신을 공통으로 숭배한다는 점에서 중국과 구별되는 독자적 기원을 가진 언어 갈래에 속하게 된다. 이 주장은 신채호가 조선사의 서술을 통해 조선 정신을 정립하여 궁극적으로 독립을 쟁취하려는 전통 만들기의 의지를 반영하고 있다. 하지만 그 의지를 뒷받침할 만한 객관적인 증거는 아직 부족한 실정이라고 할 수밖에 없다.[14]

신채호의 '선배'설은 수도교의 실체, 이두의 음역 등 확인할 수 없는 바탕 위에 서 있다. 물론 이에 대해 과도한 실증주의라고 비판할 수 있다. 이러한 비판만으로 결정적 증거를 요구하는 학문적 권리를 무시할 수는 없다. 선비의 의미를 확인하려면 다른 길을 찾을 수밖에 없다. 선비가 조선 초기의 고어에서 한자어 선배先輩의 차용어로 쓰이는 점이다. 이때 선비는 사士가 아니라 유儒의 대응어로 쓰이고 있다. 선비 사보다 선비 유가 더 오랜 연원을 가지고 있다. 세종 시대에 창작한『용비어천가』의 가사를 보면 이 사실을 어렵지 않게 확인할 수 있다.

예컨대『용비어천가』80장의 "선비를 아ᄅ실씨[且識儒生]", 82장의 "늘근 선비를 보시고[接見老儒]" 등을 보면 유생儒生·유사儒士·소유小儒·노유老儒 등이 아무런 차이를 보이지 않고 모두 선비로 풀이되고 있다. 이 선비는 유학의 문헌을 공부하여 관리가 되려는 지망생(후보생)과 실제로 공직에 임용된 관료를 가리키는 듯하다. 특이하게도 같은 시기에 사는 풀이되지 않고 한자 그대로 노출되거나 조사朝士로 쓰였다.[15] 한 세기

---

14 한국 사상 또는 한국학의 연구에서 한국어의 어원 분야의 연구가 진행되고 있지만 아직 그 성과가 너무나도 낮은 차원에 머물거나 소설의 차원에서 맴돌고 있다. 한 사회의 학문 수준은 모국어의 어원과 사전 연구에 결정적으로 의존한다. 특정 개념의 어원은 사유와 문명의 기초와 향방을 추적하는 데에 빼놓을 수 없는 의의를 갖는다. 우리가 아직 중요한 개념과 일상어에 대해 내력을 모르기 때문에 의미의 심층과 변화의 양상을 확인할 수 없다. 아울러 언어에 담긴 한국 정신의 실체를 확인할 수도 없다. 신뢰할 만한 한국어 어원의 연구가 하루빨리 진행되기를 바라마지 않는다.

15 『세종실록』「악보樂譜」. 자세한 논의는 최봉영, 『조선시대 유교문화』, 파주: 사계절, 1997,

가 지나게 되자 한자의 번역 관행에 변화가 생겨났다. 예컨대 한호韓濩 (1543~1605)가 선조 16년에 완성한 『석봉천자문石峰千字文』(1583)을 비롯해서 16세기에 이르면 선비 사가 움직일 수 없는 확고한 자리를 차지하게 된다. 이는 사림파와 훈구파와 대결 과정에서 승리를 거둔 것과 연관성이 있어 보인다.[16]

보통 선비의 유래가 되는 선배는 『한어대사전漢語大詞典』에 따르면 차례(순서)에 따라 앞에 놓인 것, 앞선 사람에 대한 존칭, 당 제국에서 같은 시기에 진사에 급제한 사람끼리 서로 공경하며 부르는 호칭, 문인文人에 대한 경칭 등을 나타낸다. 이러한 용법과 관련해서 우리나라 문헌에서 '선배先輩'가 처음으로 쓰이는 『고려사』 「김황원金黃元 열전」을 주목해볼 만하다.[17] 김황원은 고문古文을 연마하여 당시 해동 제일의 이름을 받게 되었지만 그의 문체가 시속과 다르고 성품이 강직하여 권세에 아부하지 않았다. 그는 통속적인 출세의 길에 익숙하지 않았다. 숙종이 연영전延英殿을 설치하여 그를 서적 관련 사무를 주관하게 했다. 숙종이 책을 보다가 의문이 생기면 김황원을 불러 질문을 하면서 그를 이름으로 부르지 않고 선배라고 불렀다고 한다.[18] 이동환은 이 선배를 『한어대사전』의 용례에 따라 문인의 경칭으로 본다.

하지만 이에 대해 다른 풀이가 가능하다. 열전 중에 '선배'의 상대되는 말로 '후생後生'이 쓰이고 있다. 김황원의 글에 대해 당시 재상 이자위李子威와 상서 김상우金商佑는 각각 찬성과 반대의 논란을 펼쳤다. 이자위는 김황원의 문체가 당시의 풍조와 달라 후생에게 나쁜 영향을 줄 수 있

44~47쪽 참조.

16 이동환, 「선비 정신의 개념과 전개」, 『대동문화연구』 제38집, 2001, 8~9쪽 참조.

17 이동환, 「선비 정신의 개념과 전개」, 『대동문화연구』 제38집, 2001, 7쪽 참조.

18 사회과학원 고전연구실 편찬, 『북역 고려사』 제8책, 서울: 신서원, 1991, 352~354쪽 참조. 『고려사』 권97 「열전」 제10 "肅宗開延英殿, 召掌書籍, 每觀書, 有所疑, 則輒質之, 呼爲先輩, 而不名."

으므로 배척하고 있는 반면 김상우는 그가 천박하고 경솔하지 않아 결국 고아함을 회복할 터이므로 문제 삼을 게 없다고 주장했다.[19] 이자위의 말에서 쓰인 '차배此輩'는 김황원을 가리키므로 복수를 나타내는 '배'는 뜻이 강하지 않다.

그렇다면 '선배'는 '후생'과 상대되므로 '선생'의 의미로 쓰인다고 할 수 있다. 여기서 우리는 선배의 의미를 『논어』에 나오는 선진先進과 후진後進 그리고 선각先覺과 후생後生[20], 『맹자』에 나오는 선지先知와 후지後知, 선각先覺과 후각後覺[21] 등의 용례와 비슷한 맥락으로 보아도 별다른 문제가 없을 듯하다. 글자는 다르지만 의미 맥락에서 큰 차이가 없기 때문이다. 선배에 연원을 둔 선비는 선진, 선각, 선지와 유사한 의미를 나타낸다고 할 수 있다.

2.2 역사적 현실태

사와 선비의 기층 의미는 사회의 중간 존재로서 전사와 선각자(선지자)를 가리킨다. 이러한 사와 선비의 특성을 규정하는 것은 무엇일까? 사와 선비는, 특히 전자에서 뚜렷하게 나타나듯이 귀족이 아니므로 세습적 지위도 없고 물적 기반이 불안정하고 누구도 대신할 수 없는 개인의 고유한 능력을 가진 존재라고 할 수 있다. 이러한 개성은 사마천이 쓴 『사기』「열전」에 나오는 다양한 인물 군상을 통해 확인할 수 있다. 제자백가

---

19 『북역 고려사』, 위의 곳 "宰相李子威惡其文不隨時所尙, 曰: 此輩久在翰林院, 必詿誤後生, 遂奏斥之. 尙書金商佑有詩曰: 學非浮薄終歸古, 道不回邪豈媚今?"

20 『논어』「선진」 "子曰: 先進於禮樂, 野人也, 後進於禮樂, 君子也. 如用之, 則吾從先進." 『논어』「헌문」 子曰: "不逆詐, 不億不信, 抑亦先覺者, 是賢乎!" 『논어』「자한」 "子曰: 後生可畏, 焉知來者之不如今也? 四十五十而無聞焉, 斯亦不足畏也已."

21 『맹자』「만장」상 "天之生此民也, 使先知覺後知, 使先覺覺後覺也. 予天民之先覺者也, 予將以斯道覺斯民也, 非予覺之而誰也?"

에 속하는 사상가도 있지만 불의를 보면 참지 못하고 개인적으로 해결을 하는 협사俠士도 있다.

사(선비)는 선천적으로 중간에 떠 있는 존재이지만 후천적으로 변신이 가능한 유동성을 존재 구속성으로 가진다고 할 수 있다. 『사기』「자객 열전」에 나오는 예양豫讓은 자신이 모시던 지백智伯이 진晉나라의 내분 과정에서 죽었지만 그를 위해 조양자에게 여러 차례 복수를 시도하다가 실패하고 죽게 되었다. 예양의 사례에 보이듯 사의 특성이 다소 극적으로 과장되었다고 볼 수도 있지만 "사는 자신을 알아주는 인물을 위해서 죽는다[士爲知己者死]"라는 정조를 지니고 있었다.

사(선비)는 이러한 정조를 가지고 있기 때문에 정치적 분열 시기에 혼란을 수습할 인물로 찾게 되고 정치적 통일 시기에 새 세상을 열어갈 국가(왕조)로 찾아 나서게 되었다. 부동浮動의 존재로서 사(선비)는 늘 부동不動의 목표를 이룰 대상을 찾아야 했다. 그것이 나아가느냐 물러나느냐의 진퇴進退 또는 쓰이느냐 버려지느냐의 용사用舍의 문제로 나타났다. 즉 사는 특정 인물 또는 왕조에 동참하여 대망을 이루느냐 마느냐 또는 시대정신을 풀어나갈 인재로 중용되느냐 무시되느냐는 운명을 개척해나가야 했다. 진퇴와 용사는 앞으로 모습을 드러낼 세상에 참여 의지를 보여줄 뿐만 아니라 상황(때)이 적절한지 아닌지를 판단하는 식견을 나타내고 있다.

이때 앞으로 모습을 드러낼 세상에 대한 참여 의지가 있느냐 없느냐를 두고 사의 유형을 나눌 수 있다. 『논어』에 보면 걸닉은 사람을 피하는 피인지사와 세상을 피하는 피세지사로 나누고 있다.[22] 피인지사에서 피는 이 사람과 저 사람을 가린다는 뜻과 같은 맥락이다. 피세지사의 피도 피인지사의 피와 마찬가지로 세상을 가린다는 뜻의 맥락을 나타내지만

---

22 『논어』「미자」 "桀溺曰: 子爲誰? 曰: 爲仲由. 曰: 是魯孔丘之徒與? 對曰: 然. 曰: 滔滔者天下皆是也, 而誰以易之? 且而與其從辟人之士也, 豈若從辟世之士哉?"

좀 더 근본적인 의미를 전달한다. 피세지사는 지금 세상에 남아 있느냐와 등지느냐를 두고 고민하고 현실을 떠나 산림으로 은거하게 된다. 이렇게 보면 피인지사는 대상을 가리지만 진퇴와 용사를 고민하고 있다. 반면 피세지사는 진퇴와 용사 자체를 초월하고 있다.

그렇다면 피세를 기준으로 사를 분류하려면 다른 방식이 필요하다. 이와 관련해서 널리 쓰이는 분류가 방내지사方內之士와 방외지사方外之士의 구분이다. 『장자』에 보면 자상호子桑戶가 죽자 공자가 자공더러 문상을 보냈더니 친구들이 술 마시고 노래를 불렀다. 자공은 자상호의 상례 광경을 보고 납득하지 못해 황당해했다. 공자는 자공의 의혹을 풀어주기 위해 사를 방(세상)의 바깥에 노니는 사람과 방안에 노니는 사람으로 구분하고 있다.[23] 유방지외자는 현실을 피해 산림에 은거하는 피세지사와 비슷하다. 유방지내자는 현실에 참여하여 진퇴와 용사를 고민하는 피인지사와 비슷하다. 『논어』와 『장자』의 분류에 종합하면 사(선비)는 역사적으로 방내지사와 방외지사(피세지사)로 구분할 수 있다.

여기서 현실 정치에 참여하는 방내지사를 진퇴와 용사에 따라 세분한다면 어떻게 될까? 이 구분을 위해 우리는 이이의 『동호문답東湖問答』에 나오는 겸선兼善과 자수自守 두 가지의 '삼품三品'론에 관심을 둘 만하다.[24] 겸선은 현실에 참여하여 자신의 이상을 실현하고자 하는 활동으로

---

23 『장자』「대종사」 "孔子曰: 彼, 遊方之外者也. 而丘, 遊方之內者也. 外內不相及, 而丘使女往 弔之, 丘則陋矣."

24 『율곡전서栗谷全書』 권15 『동호문답東湖問答』 "進而兼善者, 其品有三. 道德在躬, 推己及人, 欲使吾君爲堯舜之君, 吾民爲堯舜之民, 事君行己, 一以正道者, 大臣也. 惓惓憂國, 不顧其身, 苟可以尊主庇民, 不擇夷險, 盡誠行之, 雖於正道, 少有出入, 而終始以安社稷爲心者, 忠臣也. 居其位思守其職, 受其任殿效其能, 器雖不足於經國, 才可有爲於一官者, 幹臣也. …… 退而自守者, 其品有三. 懷不世之寶, 蘊濟時之具, 囂囂樂道, 韞櫝待賈者, 天民也. 自度學不足而求進其學, 自知材不優而求達其材, 藏修待時, 不輕自售者, 學者也. 高潔淸介, 不屑天下之事, 卓然長往, 與世相忘者, 隱者也." 전체 내용은 이이, 안외순 옮김, 『동호문답』, 서울: 책세상, 2005; 이이, 정재훈 옮김, 『동호문답: 조선의 군주론, 왕도정치를 말하다』, 파주: 아카넷, 2014 참조.

이어지는 반면 자수는 현실로부터 한 걸음 비켜나서 자신의 생명을 지키는 활동을 가리킨다. 『동호문답』의 겸선과 자수는 지금까지 이야기해온 진과 용 그리고 퇴와 사에 대응한다고 할 수 있다.

『동호문답』은 객과 주인이 모두 151가지 주제를 문답으로 풀어가고 있다. 그중 두 번째 「논신도論臣道」를 살펴보자. 여기서 객은 모든 사가 이 세상에 태어나서 세상에 질서를 부여하고 인민을 구제하고자 마음을 먹지만 왜 어떤 이는 현실에 참여해서 세상을 좋게 바꾸고 어떤 이는 현실에서 떠나서 제 한 몸을 지키는 차이가 있느냐는 질문을 던졌다.[25] 실현하고자 하는 이상과 실제로 이루어지는 현실의 격차가 왜 발생하느냐고 이의를 제기하는 것이다. 주인은 객의 물음 속에 전제된 맹자의 겸선兼善과 독선獨善의 구분을 수용하고서[26] 그 차이를 사가 시대를 만나느냐 만나지 못하느냐는 '우불우遇不遇' 문제로 대답한다. 그는 더 깊이 차이의 원인을 따지고 들지 않고 바로 겸선의 삼품과 독선의 삼품을 거론하고 있다.

이이의 분류에 따르면 사(선비)가 겸선을 표방할 때 대신大臣 · 충신忠臣 · 간신幹臣의 3품으로 나뉘고 독선을 표방할 때 천민天民 · 학자學者 · 은자隱者의 3품으로 나뉜다. 간략하게 그 특징을 알아보자. 대신은 한결같이 정도를 앞세우며 자신이 섬기는 군주와 인민을 가장 이상적인 시대를 상징하는 요순시대와 같은 군주와 인민으로 만들고자 한다. 충신은 일신을 돌보지 않고 군주를 높이고 인민을 지켜서 사직의 평안을 중시한다. 간신은 국가를 좌우할 기량은 없지만 중요한 직책을 훌륭하게 수행할 재능을 가지고 있다. 천민은 세상에 보기 드문 재주와 시대를 건

---

25 『율곡전서』 권15 「동호문답」 "客曰: 士生斯世, 莫不以經濟爲心, 宜乎心迹皆同, 以或進而兼善, 或退而自守."

26 『맹자』 「진심」 상 "古之人, 得志, 澤加於民. 不得志, 修身見於世. 窮則獨善其身, 達則兼善天下." 이와 관련해서 안외순, 「맹자의 겸선兼善, 출사出仕, 정치 참여」, 『동양고전연구』 45, 2011 참조.

질 식견을 가졌지만 기량을 펼칠 때를 기다린다. 학자는 자신이 학식과 재능이 모자라는 것을 헤아려서 향상을 위해 즐겨 배우면서 쉽게 자신을 내보이지 않는다. 은자는 세상의 일을 달가워하지 않고 세상과 서로 잊기를 바란다.

은자는 방내지사와 방외지사 중 후자에 가깝지만 두 세계에 걸쳐 있는 이중적 특성을 보이기도 한다. 「추수」를 보면 장자는 초나라로부터 중요한 벼슬의 제의를 받았다가 거절하고 있다.[27] 장자의 거절이 성공을 거두었지만 세상은 은자 또는 일자를 그냥 내버려두지 않았다. 은자가 정치적 상징성을 가지고 있으면 세상은 거일擧逸의 형식으로 은자를 다시 세상 속으로 끊임없이 끌어들이고자 했다. 여기서 은자가 거일에 호응하면 방외지사가 방내지사로 변하게 되지만 거일에 호응하지 않으면 방외지사로 그대로 남게 된다. 운자는 방외지사의 삶을 지향한다고 하더라도 현실 세계가 은자를 그냥 내버려두지 않았다.[28]

이처럼 방외지사도 단순하지 않고 복잡한 층위가 있다. 방외지사는 현실과 거리를 두는 은자 이외에 술수術數·임협任俠·도척盜跖 등의 유형이 있다. 후자는 몸이 현실에 있다고 하더라도 몸이 현실의 질서에 적을 두지 않는 특징을 가지고 있다. 임협은『사기』「유협遊俠 열전」에 나오는 인물 군상으로 정부의 통치력이 미치지 않는 영역에서 민간 질서를 유지하는 인물이다. 법은 멀고 주먹이 가까운 상황에서 유협은 정부를 대신하여 현실이 무법천지가 되지 않게 하는 균형자 역할을 했다. 도척

---

27 『장자』「추수」 "莊子釣於濮水, 楚王使大夫二人往先焉. 曰: 願以境內累矣!" 「양왕」에는 왕이 되기를 싫어하는 더 극적인 이야기를 전하고 있다. 그중에서 월나라의 왕자수王子搜는 임금 되기를 싫어서 도망치다가 마지막에 동굴에 숨었다. 사람들이 굴 앞에서 연기를 피우는 바람에 결국 동굴 밖으로 나온 왕자수는 울면서 왕이 될 수밖에 없었다.

28 이황과 조식 등은 사화의 시대를 살면서 잠깐 출사했다가 고향으로 돌아가는 사직을 요구했다. 조정은 사림의 상징적 인물을 출사시켜 정국의 안정을 도모하려 하지만 당사자는 이상과 현실의 괴리를 알고 정치적 포부가 없다는 점을 누차 강조했다. 정순목, 『퇴계 평전』, 서울: 지식산업사, 2001 참조.

은 『장자』 「도척」에 나오는 인물로 임꺽정처럼 관군의 접근이 쉽지 않은 산속에 생활 근거지를 마련했다. 그들은 약탈과 자체 생산을 바탕에 두고서 국가의 간섭으로부터 자위권을 행사할 수 있는 공동체를 이루고 있다. 술수는 장생과 연단 등 정부에 의해 학문으로 공인되지 않는 분야에서 독자적 체계의 수립에 매달리는 사람을 가리킨다. 장생과 연단은 일종의 전문적인 실력으로 간주되어 정부와 권력자의 요구에 따라 관료로 변신하기도 했다.

지금까지 방내지사와 방외지사에 따라 사를 분류했다. 이 밖에도 주의해야 할 점이 두 가지가 있다. 사(선배)는 출발 단계와 역사적 현실태에서 분명히 귀족과 생산 계급 사이에서 양면적인 특성을 드러내는 부동성을 보여주었다. 당송 시대가 되면 사와 대부가 결합하여 사대부가 널리 쓰이게 되고 18세기의 조선이 되면 사족士族이 문벌화되면서 귀족과 같은 존재로 자기 변신을 거두게 되었다. 사족의 귀족화는 가문의 물적 기반과 정치적 자산을 공고히 하는 영광스러운 일이겠지만 결국 권력의 독점화를 가져왔다. 사가 권력의 주변부에서 핵심으로 들어서게 되었다고 할 수 있다. 이는 사가 귀족과 문벌의 권력을 분점하면서 사회가 전체적으로 소수의 귀족에 의해 운영되지 않고 다수의 사에 의해 다극화되는 양상을 보여준다.

사도 역사적으로 여느 집단과 마찬가지로 권력의 중심을 차지하면서 부패와 타락의 일탈을 보였다. 유수원柳壽垣(1694~1755)은 『우서迂書』에서 사대부의 본의를 망각하는 처사로 통렬하게 비판하고 있다. 그는 사대부가 사군자士君子와 같은 뜻으로 높게는 성현聖賢에 이르고 낮게는 품행이 맑고 깨끗한 길사吉士에 어울린다고 보았다. 하지만 현실에서 사대부는 마음이 잇속으로 가득 차 있고 행실이 거간꾼과 같다며 "심여시정心如市井, 행여장증行若駔駔"으로 힐난했다.[29] 사는 기득권을 통해 더

---

29 『우서』 권2 「논문벌지폐論門閥之弊」 "答曰: 子以門閥, 認爲士大夫, 何其陋也! 士大夫三字,

많은 이익을 추구하는 집단이 되면서 사회를 정화하는 본분을 돌아보지 않게 되었다.

그렇다고 모든 사(선비)가 문벌 사족으로 특권층으로 변모하지 않았다. 사 중에는 현실과 이상의 조화를 추구하고 유교 문헌에 대한 식견이 뛰어나지만 사회적으로 냉대를 받는 한족寒族 사인이 나타났다. 사가 귀족화된 사족과 생산 계급과 다를 바가 없는 한족 사인으로 양분되기에 이르렀다. 18세기 이후로 한족 사인의 사회적 지위가 점차로 나빠지자 그들은 위항인委巷人으로 불리는 중인中人과 식별할 차이를 가지지 못하게 되었다. 오히려 한족 사인과 위항인은 닫힌 사회에서 지향과 정조를 공유하는 새로운 연대를 이루기 시작했다. 유재건劉在建(1793~1880)은 『이향견문록』(1862)에서 그 시대에 활약했던 한족 사인과 위항인의 에피소드를 고스란히 담아내고 있다.[30]

18세기를 지나면 선비의 나라 조선은 사족의 양분이 심화되는 가운데 사(선비)의 원의를 되돌아보는 반성의 기운이 싹트게 되었다. 그 흐름의 중심에서 박지원朴趾源(1737~1805)은 내용이 결락이 되고 제목마저 없어졌지만 아들이 겨우 수습한 「원사」라는 글에서 실로 파격적인 주장을 쏟아냈다. 그는 먼저 사(선비)를 아래로 농공의 생산 계급과 나란히 설 수 있고 위로 왕공의 귀족과도 친구로 지낼 수 있다며 등위等位보다 사덕事德의 소유자로 규정하고서 이어서 천자마저 원사原士라는 획기적인 선언을 한다.[31] 이로써 사(선비)가 태생적 특성으로 안고 있던 부유성浮遊

關係至重, 我東人, 不能通解其意. 誠可歎息! 夫所謂士大夫者, 乃是士君子之一名也. 高則聖賢, 下則淸修吉士, 然後方不辱士君子之名矣. 我東人, 每指門閥子弟, 爲士大夫. 門閥子弟, 心如市井, 行若駔儈者多矣."

30 유재건, 실시학사 고전문학연구회 옮김, 『이향견문록』, 파주: 글항아리, 2008 참조.

31 『연암집』 권10 별집 「잡저·원사原士」 "夫士下列農工, 上友王公. 以位則無等也, 以德則雅事也. 一士讀書, 澤及四海, 功垂萬世. …… 故天子者, 原士也. 原士者, 生人之本也. 其爵則天子也, 其身則士也."

性이 지배 계급의 전체로 확산되고 있다. 이에 의해서 지배 계급의 특권이 부정되면 결국 공동체 전체가 부동浮動을 성장의 동력으로 삼는 새로운 사회의 비전으로 나아갈 수 있다. 부동이 자유를 낳은 동력이 될 수 있기 때문이다.

지금까지 논의를 간단하게 정리하면 〈도표 1〉과 같다.

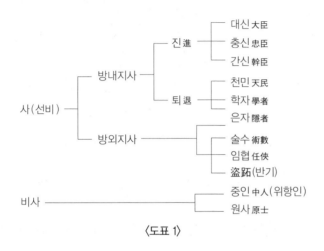

〈도표 1〉

3. 풍류의 기원과 역사적 변용

3.1 풍류의 기원

개념은 언어 사용자에 의해서 의미가 바뀌기 마련이다. 개념도 탄생 이후에 계속 진화하는 경우도 있고 생성과 변화를 겪다가 사라지기도 한다. 오늘날 풍류는 전근대 사회에서 발휘하던 위력을 가지지 못하지만 여전히 쓰이고 있다. 여기서 풍류의 고금 의미가 과연 같은 맥락일까 라는 물음을 던질 만하다. 우리는 풍류의 기원을 거슬러 가서 앞의 질문을 풀 수 있는 몇몇 쟁점을 검토할 수 있다. 첫째, 풍류의 기원이 무엇이었고 그것이 이후의 전개 과정에서 어떻게 변용이 되었는지, 둘째, 풍류의 기원과 변화를 총체적으로 파악해서 현대의 대응어와 비교해볼 수 있다.

먼저 풍류는 개인적 기개와 취향, 사회적 분위기, 미의식 등 다양한 영역에 걸쳐서 쓰이고 있다. 학문으로 따져도 사상·문화·예술·사회·종교·풍속 등 폭넓은 분야에서 널리 쓰인다. 이 점을 고려하지 않으면 여러 사람이 풍류를 말하지만 각자 개별적 분야와 영역에 주목하여 공통분모를 찾을 수 없다. 즉 같은 풍류를 말하면서 서로 다른 이야기를 할 수 있다. 먼저 풍류의 기원을 밝혀서 그 기층 의미를 살펴보자.

풍류風流는 한위漢魏 교체기에 활약하며 건안칠자建安七子의 한 명에 들었던 왕찬王粲(177~217)의 글에 가장 먼저 보인다.[32] 왕찬은 「채자독에게 보내는 시[贈蔡子篤詩]」에서 다음처럼 말했다.

"바람이 불어 구름이 흩어지듯 한 번 헤어지면 떨어진 비와 같네."[33]

앞부분은 "풍류운산風流雲散"의 번역이다. 이때 왕찬은 기압의 변화로 바람이 일어나서 구름을 움직이게 하는 자연 현상으로서 풍류운산을 끌어와서 사람이 잠깐 만났다가 헤어지면 다시 만나기 어려운 상황을 읊고 있다. 여기서 '풍류'에 주목해서 논의를 이어가 보자.

풍류는 두 가지 풀이가 가능하다. 하나는 자연 현상으로 "바람이 불

---

32 글자에만 주목하면 풍류의 최초 용례는 『회남자淮南子』 「본경훈本經訓」에 나온다. 그곳에서 풍류는 후대의 "풍류속패風流俗敗"를 비판하는 맥락으로 쓰이고 있다. 이때 풍은 다음의 속과 같은 뜻이고 류도 다음의 패와 같은 뜻이다. 이 구절은 "풍속류패風俗流敗"로 어순을 바꿔서 의미의 변화가 없다. 따라서 이 풍류는 이 글에서 다루고자 하는 의미 맥락이 아니라 풍속의 타락을 가리키는 맥락이라고 할 수 있다.

33 왕찬, 「증채자독시贈蔡子篤詩」 "風流雲散, 一別如雨." 자독은 채목蔡睦의 자이다. 왕찬이 192년에서 장안을 떠나 형주荊州로 피난을 갔다가 그곳에서 채목을 만났다. 둘은 짧은 시간에 친구로서 가까워졌다. 채목이 고향으로 돌아가게 되자 왕찬은 이별을 아쉬워하며 이 시를 지었다. 전체 내용은 공융 외, 문승용 옮김, 『건안칠자 시선』, 서울: 지만지, 2010 참조.

다"로 쓰이는 용례이다. 다른 하나는 일종의 비유로서 "바람처럼 불다"를 나타낼 수 있다. 두 번째의 경우가 맞는다면 주목할 만하다. 풍류가 비유로 쓰이게 되면 바람이 그만큼 더 다양한 의미 갈래로 확대될 수 있다는 가능성을 보여준다고 할 수 있다. 나중에 살펴보겠지만 풍은 자연에서 사회·역사·본성(성령)으로 확대되면서 풍류는 다양한 의미로 쓰이게 되었다. 이러한 확대에도 불구하고 풍風은 자연 현상으로서 그 자체의 속성상 일정하지 않고 끊임없이 바뀌고 류流도 바람이 가진 변화의 속성을 물의 흐름에 비춰서 나타내고 있다. 즉 풍과 류는 앞에서 살펴보았던 사(선비)와 비슷하게도 부동성(유동성)을 의미의 중심 계기로 함축하고 있다고 할 수 있다. 사와 풍류는 부동성(유동성)의 측면에서 결합될 수 있는 계기를 가지고 있는 셈이다.

우리나라의 경우 '풍류'는 『삼국사기』에 인용된 최치원崔致遠(857~?)의 「난랑비서鸞郎碑序」 속에 처음으로 보인다. 이 구절은 진흥왕眞興王(재위 534~576)이 죽은 37년의 기사에 실려 있다. 기사는 먼저 인재 선발을 위한 방안으로 운영했던 원화源花의 선발과 갈등 그리고 해체를 다루고 있다. 이어서 여전히 비슷한 목적을 위해 원화를 여성 중심에서 남성 중심의 인적 조직으로 재편하여 화랑을 결성하게 되는 이야기를 다루고 있다. 마지막으로 화랑에 대한 평가로 김대문의 『화랑세기』, 최치원의 「난랑비서」, 영호징[令狐澄, 실제 고음顧愔의 오기]의 『신라국기新羅國記』를 인용하고 있다.[34]

34 『삼국사기』「신라본기」 제4 진흥왕 37년 "其後, 更取美貌男子, 粧飾之, 名花郎以奉之. 徒衆雲集, 或相磨以道義, 或相悅以歌樂, 遊娛山水, 無遠不至. 因此知其人邪正, 擇其善者, 薦之於朝. 故金大問『花郎世記』曰: 賢佐忠臣, 從此而秀, 良將勇卒, 由是而生. 崔致遠『鸞郎碑序』曰: "國有玄妙之道, 曰風流. 設敎之源, 備詳『仙史』, 實乃包含三敎, 接化群生. 且如入則孝於家, 出則忠於國, 魯司寇之旨也. 處無爲之事, 行不言之敎, 周柱史之宗也. 諸惡莫作, 諸善奉行, 竺乾太子之化也. 唐令狐澄『新羅國記』曰: 擇貴人子弟之美者, 傅粉粧飾之, 名曰化郎, 國人皆尊事之也." 전체 맥락과 주석은 김부식, 이강래 옮김, 『삼국사기』Ⅰ, 파주: 한길사, 1998; 2010 7쇄, 128~130쪽 참조.

「난랑비서」의 해석과 관련해서 해결되지 않는 숱한 의문 제기가 있다.[35] 여기서는 새로운 의문을 제기하기보다는 전체 기사를 종합해서 화랑 '풍류'의 특성을 파악하고자 한다. 먼저 『신라국기』에 따르면 화랑은 귀족과 생산 계급의 중간에 떠 있는 유동적 존재인 사(선비)가 아니라 신분이 보장된 귀인의 자제를 대상으로 하고 있다. 아울러 "낭도의 무리가 구름처럼 모여들었다[徒衆雲集]."는 것은 신분 보장이 그만큼 확실하다는 증거이다. '운집雲集'은 왕찬의 "풍류운산風流雲散"과 달리 조직의 결속과 그 세력을 결집시킨다는 점에서 반대의 특성을 보여주고 있다. 이런 점에서 화랑의 풍류는 중간 계층으로서 선비(사)가 아니라 문벌(귀족) 사족과 연결된다는 점을 보여주고 있다.

전신인 원화 단계에서부터 미녀를 중시했는데 화랑의 풍류 단계에서도 '미모남자美貌男子', '자제지미자子弟之美者'의 표현에서 보이듯 미남을 중시하고 있다. 원화와 화랑 모두 분식미(장식미)를 강조하고 있다. 즉 둘 다 타고난 미모에다가 갖춘 장식미를 결합시킬 정도로 미를 부각시키고 있다. 이 미美는 주관적으로 느끼는 호감일까 아니면 주위 사람을 집중시키는 집단적 특징을 가지고 있을까? 이 미는 역사적으로 중국 고대의 4대 미인처럼 개인의 출중한 미모와 분명히 다른 맥락에서 언급되고 있다. 원화와 화랑이 처음부터 국가 차원에서 벌이는 집단 활동이라는 점에 주목하면 후자와 가깝다고 할 수 있다.

그렇다면 원화와 화랑의 미는 『시경』과 『서경』에서 비슷한 의미 맥락을 찾을 수 있다. 『시경』을 보면 미美는 "미차인美且仁"의 형식으로 씩씩

---

35 한흥섭은 「난랑비서」의 해독과 관련해서 번쇄할 정도로 가능한 모든 의문을 제기하고서 합리적 해석 가능성을 모색하고 있다. 한흥섭, 『우리 음악의 멋 풍류도』, 서울: 책세상, 2003; 2006 2쇄 참조. 최봉영은 풍류를 화랑의 분화와 관련지어 설명하고 있다. 삼국의 통일 이전에 선비, 한량, 화랭이 또는 문사, 무사, 사제 등의 통합적 성격이 통일 이후에 개별적 성격으로 분화되었다고 본다. 이와 관련해서 최봉영, 『조선 시대 유교 문화』, 파주: 사계절, 1997; 2002 4쇄, 29~44쪽 참조.

하고 남자답다는 인仁과 나란히 쓰이고 있다. 나아가 『서경』을 보면 미美는 주공周公이 귀신을 섬기는 능력(재능)과 관련이 된다.[36] 이러한 용례는 모두 화랑의 미가 가진 집단적 특성과 잘 연결된다. 나아가 화랑의 미에 잘 드러나지 않은 측면을 보충해줄 수 있다. 이렇게 보면 원화와 화랑에 나타난 풍류의 미는 자연미와 장식미의 결합 형태로서 중심 인물로 자리 잡기 위해 사람들의 관심을 끌어들이는 유력한 힘을 나타낸다.[37] 미가 사람 사이에서 중심 인물이 될 수 있는 자격으로서 권력을 낳은 힘으로 작용하고 있다. 미의 소유자이기 때문에 화랑은 사회에서 차지하는 자신들의 위치를 더욱더 확고부동確固不動하게 만들었다. 이 때문에 화랑과 미는 떨어지려야 떨어질 수 없는 관계를 가지게 된다.

그리고 화랑은 아무리 멀어도 가지 않는 곳이 없다는 "무원부지無遠不至"의 특성을 보여준다. 이는 부동성에다 목적을 가지고 여러 곳을 찾아 다니는 이동성의 의미를 보태고 있다. 이 이동성은 지형지물을 익히는 군사적 훈련의 의미만이 아니라 이동의 과정을 이겨내는 심신 수양의 의미를 가지고 있다. 결국 화랑은 이동의 과정을 거치면서 이전에 비해 훨씬 강인하고 자신감이 있는 인재로 거듭나게 된다. 이렇게 화랑의 "무원부지"는 심신 수양으로 이어지면서 사회를 반석에 올려놓을 수 있는 인재의 양성으로 이어지고 있다. 화랑의 집단적 이동성은 분산과 해체로 진행되지 않고 다시 국가의 응집력으로 회귀하여 환원되고 있다.

이런 맥락에서 보면 화랑의 풍류는 인재의 양성을 통해 긍정적인 활력을 끊임없이 충전해서 사회 질서를 안정시킨다는 맥락이 된다. 화랑의 풍류를 왕찬의 개인적이고 감성적인 풍류와 비교하면 사회적이고 귀

---

36 『시경』과 『서경』의 인仁 의미 분석과 관련해서 신정근, 『사람다움의 발견』, 서울: 이학사, 2005, 182~196쪽 참조.

37 『삼국사기』의 인仁은 사람을 한곳으로 끌어당기는 매력으로서 『시경』 『서경』 그리고 『좌씨전』의 초기 인仁 의미와 비슷한 맥락에서 쓰이고 있다. 이와 관련해서 신정근, 『사람다움이란 무엇인가』, 파주: 글항아리, 2011, 93~108쪽 참조.

족적이고 집단적이고 장식적이고 수양적 특성을 가지고 사회 질서를 굳건하게 하는 기능을 수행한다고 할 수 있다.

2) 풍류의 역사적 변용

풍류는 원래 바람이 부는 자연 현상을 가리킨다. 사람은 바람이 부는 것을 보거나 부는 바람을 맞고서 다양한 반응을 보인다. 우리가 즐겨 쓰는 '바람맞다'는 말만 해도 1) 누군가 약속을 지키지 않아 허탕을 치다, 2) 풍병에 걸리다, 3) 마음이 몹시 들뜨다는 세 가지 의미로 쓰인다. 이는 모두 '바람'이 사람에게 주는 다양한 이미지와 의미를 확대 해석한 결과라고 할 수 있다. 이처럼 풍류의 풍이 자연을 넘어서 사회 · 역사 · 문학 · 본성(기질) · 예술 등의 영역으로 들어서게 되면 새로운 의미를 생성시키게 된다. 여기서 앞에서 살펴본 자연과 사회의 용례를 제외하고 나머지 용례를 살펴보기로 하자.

소식은 「염노교念奴嬌 · 적벽회고赤壁懷古」에서 『삼국지』에서 유비와 손권의 연합군과 조조의 군사가 전쟁을 벌였던 적벽은 여전히 남아 있지만 그곳에 운명을 건 싸움을 벌였던 영웅들이 물결과 함께 모두 사라졌다는 내용을 읊고 있다. 이때 소식은 풍류를 사용해서 사라진 영웅을 묘사했다.

"장강은 동쪽으로 흐르면서, 물결이 모두 쓸어갔네, 천고의 풍류 인물마저도."

소식은 물결과 함께 모든 것이 흘러간다고 말했다. 과거의 영웅도 결코 예외일 수가 없다. 영웅 같은 흘러가는 강물을 거슬러 바위처럼 그 자리를 굳건히 지킬 듯해도 그럴 수 없는 것이다. 소식은 예외이기를 바라지만 그럴 수 없는 역사 속의 영웅을 떠올리며 안타까움을 느끼지 않을 수 없었다. 그래서 앞의 구절에 이어서 역사의 숱한 영웅을 불러낸다.

"강산은 한 폭의 그림 같은데, 한때는 호걸들이 그 얼마나 되었던가?"[38]

여기서 풍류는 독특하게 인물과 결합되어 쓰이고 있다. 앞의 풍류 인물은 뒤에 나오는 호걸과 같은 뜻이라는 것을 알 수 있다. 나아가 호걸은 역사에서 주목할 만한 업적과 사업을 했던 영웅과 같은 뜻이다. 이러한 맥락은 「심원춘沁園春·설雪」에서도 잘 드러나고 있다.[39]

풍류가 왜 인물과 연결되어 쓰이게 되었을까? 원래 풍류는 자연 현상에 초점이 있다면 인물과 결합되면서 독특한 의미 맥락을 만들어낸다. 사람이 사회(현실)에서 특정한 현상을 만들어낸다면 그것은 자연에서 바람이 일어나는 것과 비슷하다. 이렇게 보면 풍류 인물은 일종의 비유에 착안하여 역사적 인물이 세계에 불러일으키는 바람이라고 할 수 있다. 익숙한 바람의 이미지를 통해서 자연과 대비되는 역사 속의 주체와 작용이 일으키는 반향을 연상시키고 있다.

이러한 풍류 인물은 현대의 모택동(마오쩌둥)도 「심원춘·설」에서 그대로 차용한 적이 있다. 그는 먼저 전근대 왕조의 위대한 제왕들, 즉 진 시황, 한 무제, 당 태종, 송 태조, 원 칭기즈 칸을 쭉 열거하고서 그것이 뛰어났지만 제각각 한계를 안고 있다는 이야기를 하고 있다. 이어서 자신을 그들보다도 더 뛰어난 풍류 인물로 묘사하고 있다. 이렇게 보면 풍류가 역사에 적용될 때 영웅 호걸을 가리킨다고 볼 수 있다.

---

38 소식, 「염노교念奴嬌·적벽회고赤壁懷古」 "大江東去, 浪淘盡, 千古風流人物. …… 江山如畫, 一時多少豪傑?"

39 모택동(마오쩌둥)도 대장정을 끝낸 뒤에 소식과 비슷한 문맥에서 풍류를 노래했지만 결론이 다르다. 과거의 풍류 인물은 다 사라졌지만 오늘의 자신이 건재해 있는 포부를 나타내고 있다. 「심원춘沁園春·설雪」 "惜秦皇漢武, 略輸文采. 唐宗宋祖, 稍遜風騷. 一代天驕, 成吉思汗, 只識彎弓射大雕. 俱往矣. 數風流人物, 還看今朝."

위진남북조 시대는 왕조의 교체가 빈번하게 일어났지만 대성 귀족들은 역설적으로 중앙 정부의 느슨한 통제 탓에 상대적으로 도덕의 구속에서부터 벗어날 수 있었다. 이들은 이념과 현실의 견제를 받는 군왕과 달리 축적한 부를 미래의 기획이 아니라 현재의 향락을 위해서 기꺼이 지불할 수 있었다. 오히려 대성 귀족이 사치와 향락에 관심을 쏟으면 정치권으로부터 야심이 없다는 평가를 받아 신변의 안전을 도모할 수 있다. 이러한 사회 풍조와 개인 취향이 결합해서 탄생한 말이 바로 '왕사王謝 풍류風流'라는 말이다. 이 말은 양사악羊士諤의 「강남의 지난날 노닐기를 떠올리며[憶江南舊遊]」에서 나온 이래로 널리 쓰이게 되었다.

"왕씨와 사씨의 풍류가 진나라 역사서에 가득 차 있다."[40]

왕사 풍류에서 왕과 사는 각각 육조 시대에 시대를 풍미했던 유력한 왕씨 가문과 사씨 가문을 가리킨다. 구체적으로 말하면 왕도王導와 사안謝安 또는 왕융王戎과 사안을 가리킨다. 이러한 왕사 풍류의 풍조와 취향은 왕희지의 『난정집蘭亭集』으로 미화되고 석숭石崇(249~300)에 의해 절정에 이른다.[41] 육조 시대 귀족들의 풍류는 『진서晉書』 「열전」과 남조 송宋 나라의 유의경劉義慶(403~444)의 『세설신어世說新語』 「용지容止」 「임탄任誕」 「태치汰侈」 등에 에피소드 형식으로 묘사되고 있다. 이처럼 풍류가 개인의 취향으로 쓰이면 막대한 비용을 들이는 호화와 사치를 일삼으면서 도덕적 이념과 사회적 제재에 전혀 아랑곳하지 않고 대범 무쌍하게 인생을 즐기는 자세를 나타낸다. 여기서 풍류는 화랑의 경우와 달리 낭비와 사치의 여흥을 가리키고 훗날 성적 이미지를 짙게 풍기는 호색과

---

40 양사악, 「억강남구유憶江南舊遊」 "山陰道上桂花初, 王謝風流滿晉書."

41 민주식, 「동양 미학의 기초 개념으로서의 풍류」, 『민족문화논총』 제15집, 1994, 183~194쪽; 신은경, 『풍류: 동아시아 미학의 근원』, 파주: 보고사, 1999; 2006 4쇄, 21~24쪽 참조.

퇴폐로 이어질 수 있는 발단을 제공하고 있다.

위진 시대의 인사들이 풍류를 삶에 밀착시키고 취향으로 드러내면서 점차 그 용례가 일반화되었다. 그 결과 6세기 무렵에는 풍류가 유협劉勰의 『문심조롱文心雕龍』과 종영鍾嶸의 『시품詩品』 등 문예 창작과 비평 이론을 다루는 영역으로 넘어오게 되었다. 예컨대 『문심조롱』을 살펴보자.

"진이 중흥한 뒤에 동진의 명제가 재능 있는 문사를 존중했다. 온교의 문장은 표현이 깨끗하여 그를 중서령에 임명했다. 이 이후로 조책의 글이 풍류, 즉 문사의 기풍을 띠게 되었다."[42]

"유량은 뛰어난 필력으로 더욱 총애를 받았고 온교는 풍부한 문재(상상력)로 두터운 신임을 받았다. 문제가 풍류, 즉 고상한 문화를 진작했으니 동진에서 한 나라 무제에 해당된다."[43]

"은중문의 고독한 흥취와 사숙원의 한가로운 정취는 모두 사부의 체재(형식)를 부수어 모호하고 막연하여 음률이 지나치다. 비록 풍류, 즉 도도한 취향이 넘치기는 하지만 문의를 크게 경박하게 만들었다."[44]

『문심조롱』이 문학(문예) 이론서인 만큼 풍류는 앞의 자연, 사회 생활의 맥락과 달리 문예 창작과 비평의 영역으로 옮겨와서 쓰이고 있다. 여기서 풍류는 사람이 시속에 흔들리지 않고 자신의 중심을 지키듯이 글

---

42 『문심조롱』「조책詔策」"晉氏中興, 唯明帝崇才, 以溫嶠文淸, 故引入中書. 自斯以後, 體憲風流矣."『문심조롱』의 주석과 번역은 주진보(저우전푸)周振甫,『문심조롱금주文心雕龍今注』, 北京: 中華書局, 1986; 2011 14쇄; 성기옥 옮김, 『문심조롱』, 서울: 지만지클래식, 2010 참조.

43 『문심조롱』「시서時序」"庚以筆才逾親, 溫以文思益厚, 揄揚風流, 亦彼時之漢武也."

44 『문심조롱』「재략才略」"殷仲文之孤興, 謝叔源之閑情, 幷解散辭體, 標渺浮音. 雖滔滔風流, 而大澆文意."

이 현실의 목적(이해)에 좌우되지 않고 고상한 감수성을 일으켰다. 이로써 글이 도덕적 훈계로부터 어느 정도 자유로우면서 문학적으로 고상한 흥취를 자아내게 만들었다. 문학이 도덕적 가치를 홍보하는 수단이 아니라 언어의 조합에 의해 고상하고 유쾌한 감성의 세계를 창출하게 되었다. 풍류가 문학(문예)이 창출해낸 새로운 세계 또는 문학의 지평과 긴밀하게 관련을 맺게 되었다.

위진남북조 시대에 풍류는 문학(문예) 이외에도 자연과 사회 그리고 역사 영역 등 다양하게 쓰이기 시작했다. 특히 풍류는 자연을 넘어서 사람과 결합하면서 내면의 인성으로 침투하기에 이르렀다. 풍류의 풍이 외부에서 생기는 바람이 아니라 내부에서 일어나는 바람으로 진전될 수 있기 때문이다. 한국어의 바람이 어떤 일이 이루어지기를 기다리는 간절한 마음을 나타내듯이 내면의 감성으로 확장될 수 있다. 물론 아직 풍류가 바로 인성과 결합하지는 않는다. 그렇지만 사람과 풍류의 사이를 흥興을 매개로 하여 언젠가 둘 사이의 직접적 관계를 터는 사전 정지 작업을 수행했다. 앞에서 살펴본 문학의 경우 은중문은 고독한 흥취를 매개로 해서 풍류와 문학의 사이를 중재한 적이 있다.

『세설신어』「임탄」을 보면 왕희지의 다섯째 아들 왕휘지王徽之(?~383)는 산음山陰에 살 때 한밤중에 큰 눈이 내렸다. 예나 지금이나 눈은 사람의 잠자는 영혼을 일깨운다. 생각지도 않았는데 눈을 보니 하고 싶은 일이 생겨난다. 왕휘지도 하인에게 술을 청해놓고 눈을 감상하면서 분위기에 맞는 좌사左思의 「초은시招隱詩」를 읊조렸다. 하지만 그것만으로 눈이 일으킨 감흥을 잠재울 수가 없었다. 왕휘지는 문득 가까이 있는 대안도 생각이 나자 그를 만나 이야기를 나누고 싶은 생각이 들었다. 이것은 모두 밤에 내리는 눈이 사람을 움직인 것이다. 왕휘지는 밤새 배를 타고 대안도의 처소를 찾아갔다. 하지만 그의 문 앞에 이르자 이제껏 그를 이끌었던 감흥이 식어버렸다. 그는 대안도를 찾지 않고 발길을 돌려서 집으로 와버렸다.

사람들은 왕휘지의 이야기를 듣고서 선뜻 이해가 되지 않았다. 밤새 눈 오는 밤에 힘들여 대안도를 찾아갔다가 왜 그를 만나지 않았을까? 왕휘지는 흥에 겨워서 갔다가 흥이 식자 그냥 돌아왔다고 했다.[45] 그의 말에서 "승흥이행乘興而行, 흥진이반興盡而返"은 참으로 주목할 만하다. 이전에 문학(문예)은 도덕의 가치를 노래했지만 지금 왕휘지는 다른 것이 아니라 눈을 보고 내면의 감성에서 일어나는 흥興(감흥)에 움직이고 있다. 이것은 나중에 문학(문예)이 흥을 묘사하는 방향으로 나아갈 수 있다는 점을 나타낸다.

다시 한번 더 흥에 집중해보자. 흥은 눈 오는 날의 추위와 밤새 배를 타고 가는 기나긴 이동을 고통으로 여기지 않고 오로지 벗을 봐야겠다는 일념을 가리킨다. 이 흥은 붕우유신의 윤리와 무관하고 야간 뱃길의 이해를 떠나서, 눈 내리는 정경의 아름다움과 미적 정취를 함께 나누려는 낭만으로 이어질 뿐이다. 이러한 흥이 훨씬 강력하여 시대의 예의와 충돌되는 상황을 낳기도 했다. 죽림칠현 중의 일인인 유령劉伶은 술을 마시고서 아무 거리낌 없이 행위하면서 집에서 옷을 벗고 있자 사람들이 비난했다. 사인은 공공 장소와 일상에서 의복을 단정하게 입고 있지 옷을 벗지 않는다. 유령은 이러한 예법을 따르지 않고 옷을 벗는 행위를 대수롭지 않게 여겼다. 자신은 천지를 주거로 삼고 집을 속옷으로 삼는다며 비난을 두려워하지 않았기 때문이다.[46]

왕휘지와 유령의 사례는 일종의 대응 관계가 있다. 왕휘지가 내리는 눈을 보고 「초은시」를 읊조리는 것은 유령이 술을 마시는 것으로 전이되고, 왕휘지가 대안도를 찾아갔던 것과 유령이 술을 먹고 천지를 끌어들

---

45 『세설신어』「임탄」"王子猷居山陰, 夜大雪. 眠覺, 開室, 命酌酒, 四望皎然. 因起仿偟, 詠左思招隱詩. 忽憶戴安道, 時戴在剡. 卽便夜乘小船就之. 經宿方至. 造門不前而返. 人問其故. 王曰: 吾本乘興而行, 興盡而返, 何必見戴?"

46 『세설신어』「임탄」"劉伶嘗縱酒放達. 或脫衣裸形在屋中, 人見譏之. 伶曰: 我以天地爲棟宇, 屋室爲幝衣. 諸君何爲入我幝衣?"

인 것으로 전이되고 있다. 이 전이는 더 이상 예법과 금기의 구속도 받아들이지 않고 자유롭게 행위하고 있다. 왕휘지와 유령은 흥취의 생성과 전이를 심성(감성)의 자연스러운 흐름으로 보고서 그것을 규제하여 제지해야 한다고 생각하지 않고 방임하고 있다. 여기서 사회적 제도적 차원은 아니지만 개인적 심리적 차원에서 자유와 쾌감을 거리낌 없이 누리고 있다. 이처럼 흥이 심성으로 이어지는지를 확인할 수 있는 용법이 아직 확인되지는 않지만 위진 시대의 사인은 방임의 태도로 무한한 자유와 쾌감을 누리고 있다.

풍류가 자연과 생활에 이어서 문학(문예)과 심성(감성)을 넘나들면서 도덕과 예법으로 환원되지 않는 심미 의식으로 발전되는 여정을 보여주고 있다. 사공도는 『이십사시품』에서 12번째의 함축을 설명하면서 "한 자를 덧보태지 않아도 남김없이 '풍류'를 다 터득한다"라고 묘사하고 있다.[47] 우리는 의사를 전달하거나 의미를 생성시키기 위해서 언어에 의존한다. 부족하다고 생각하면 더 많은 언어를 동원한다. 하지만 어느 순간에 언어의 부족이 문제가 아니라 과잉이 문제가 된다. 언어가 많아진다고 해서 이해보다 오해가 일어나고 감동보다 번쇄한 느낌을 줄 수 있다.

이때 이백과 두보의 오언 서정시처럼 간결한 표현이 오히려 이해와 감동을 낳을 수 있다. 글자를 줄이면 의미가 지워지는 것이 아니라 불필요한 잉여가 사라지면서 의미가 한결 또렷해지게 된다. 오히려 과잉이 소통을 막는다면 절제가 소통을 무한하게 생성시키고 이해의 깊이를 더하게 한다. 공감의 공간이 넓혀지게 된다. 이로써 풍류는 절제된 표현 속에서 끊임없이 상상을 불러일으키고 그렇게 일어나는 상상만큼이나 무한한 의미를 샘솟게 하고 깊은 공감을 낳게 한다. 이것이 바로 사공도가 함축에서 말하고자 하는 "불착일자不著一字, 진득풍류盡得風流"의 의

---

47 『이십사시품』 "不著一字, 盡得風流." 자세한 분석은 사공도, 안대회 옮김, 『궁극의 시학: 스물 네 개의 시적 풍경』, 파주: 문학동네, 2013 참조.

미라고 할 수 있다. 이로써 언어를 쓰면서 언어에 얽매이지 않게 된다. 언어로부터 자유로운 만큼 의미의 전달자가 아니라 의미의 창조자가 되는 것이다.

풍류는 이외에도 성적 매력이 풍부한 여성을 가리키기도 하고 선禪 세계에서 그리는 탈속의 경지와 우주 만물의 실상, 도의 근원을 가리키기도 한다.[48] 성적 매력은 이미 위진 시대의 왕사 풍류에서 이야기한 적이 있는데, 점차 그 측면이 강해지고 있다고 할 수 있다.

지금까지 풍류의 다양한 의미 변용을 정리하면 〈도표 2〉와 같다.

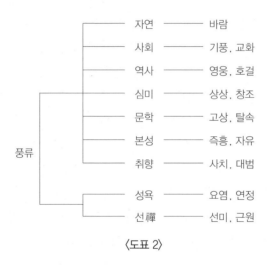

〈도표 2〉

4. 선비와 풍류의 결합 양상

엄격하게 말해서 선비와 풍류의 결합은 위진남북조 시대 이후에서야 나타난 심미 현상이라고 할 수 있다. 하지만 개념이 있어야만 그와 같은 사유 방식이 있는 것은 아니다. 개념이 없더라도 문맥으로 훗날 의미 맥

---

48 이와 관련해서 민주식, 위의 글, 199~201; 신은경, 위의 책, 29~31쪽 참조.

락을 표현할 수 있다. 따라서 풍류의 기원을 따질 때 개념의 출현에 주목하면 왕찬 이전으로 소급할 수 없다. 하지만 『예기』 「악기樂記」의 악화樂化, 이풍역속移風易俗의 개념은 쉽게 풍류의 개념과 연결될 수 있다. 특히 이풍은 어순만 다를 뿐이지 풍류風流와 거의 같은 의미를 전달한다고 할 수 있다. 더 소급한다면 장자의 소요유逍遙遊, 『논어』 「양화」의 현가지성弦歌之聲, 「술이」의 진선진미盡善盡美도 풍류와 연결될 수 있다.

아울러 선비와 풍류의 연결도 『논어』에서 찾을 수 있다. 『논어』 「선진」에 나오는 풍영風詠, 즉 바람 쐬면서 노래 부른다는 사유가 있다. 공자가 제자들에게 포부를 묻자 그중에 증점이 현실의 참여를 말하여 동학과 달리 늦봄에 봄옷을 지어 입고서 기수에서 목욕하고 기우제를 지내는 무우대舞雩臺 근처에서 바람을 쐬고 노래를 부르며 집으로 돌아오겠다는 포부를 밝히고 있다.[49] 이것은 바로 위진남북조 시대에 나타나는 풍류의 흥취와 크게 달라 보이지 않는다.

그렇다고 소요유·풍영 등의 용어가 풍류와 비슷하다고 하더라도 완전히 같다고 할 수는 없다. 완전히 같다면 굳이 풍류라는 새로운 개념이 등장할 이유가 없기 때문이다. 풍류는 이전의 유사한 개념으로 포착할 수 없는 그만의 특성이 있기 때문에 후대에 만들어진 개념이라고 할 수 있다. 특히 풍류가 예법과 윤리를 강화시켜주는 수단의 지위를 벗어나 사람으로 하여금 억제할 수 없는 강력한 흥취의 감성을 가리킨다는 점을 놓쳐서는 안 된다.

이렇게 본다면 풍류와 선비의 개념에 그렇게 집착하지 않고서 그와

---

49 『논어』 「선진」 "點! 爾何如? 鼓瑟希, 鏗爾, 舍瑟而作. 對曰: 異乎三子者之撰. 子曰: 何傷乎? 亦各言其志也. 曰: 莫春者, 春服旣成, 冠者五六人, 童子六七人, 浴乎沂, 風乎舞雩, 詠而歸. 夫子喟然歎曰: 吾與點也!" 조선 후기의 홍대용은 이정二程이 『논어』의 이 구절을 높이 평가하는 맥락을 맹렬하게 비판한 적이 있다. 이정과 홍대용은 풍류에 대한 전혀 다른 관점을 가졌다고 할 수 있겠다. 증점의 역사적 평가와 관련해서 임종진, 『증점, 그는 누구인가』, 서울: 역락, 2014 참조.

같은 사유를 나타내는 의미 맥락을 통해서 선비와 풍류의 다양한 결합 양상을 살펴볼 수 있다. 나아가 비非선비와 풍류의 결합 양상도 살펴볼 수 있다. 다양한 결합 양상을 일목요연하게 살피기 위해서 앞서서 정리 했던 두 가지 도표를 하나로 결합해서 이해한다면 전체의 논지를 훨씬 잘 파악할 수 있을 것이다(〈도표 3〉).

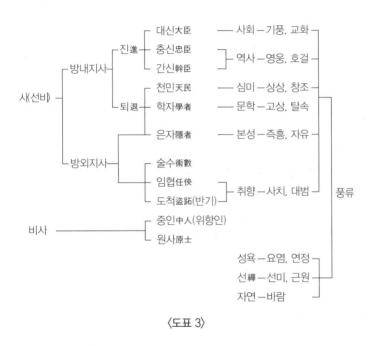

〈도표 3〉

4.1 선비와 풍류의 결합 유형

▌ 대신 유형과 풍류

공자가 순 임금의 음악을 진선진미로 표현하고 있는 유형이다.[50] 풍류

---

50 『논어』「팔일」"子謂韶, 盡美矣, 又盡善也. 謂武, 盡美矣, 未盡善也."

의 심미적 계기와 대신의 도덕적 계기가 완전하게 일치되고 있다. 순 임금이 사회적 역할에서 대신은 아니지만 이이가 『동호문답』에서 분류했던 규정에 따르면 대신의 유형에 속한다고 할 수 있다. 이 결합은 이풍역속의 특성을 가장 강하게 드러낸다. 반면 부정적인 유형으로 석숭과 풍류의 결합을 고려해볼 만하다.

▌충신 · 간신 유형과 풍류

「팔일」에 따르면 공자는 순 임금의 음악에 비교해서 무 임금의 음악을 미진선진미未盡善盡美로 평가하고 있다. 풍류의 음악적 형식은 완전하지만 도덕적 내용이 완전하지 못하다는 것이다. 무가 역할상으로 충신, 간신은 아니지만 이이의 규정에 따르면 그것에 대응한다고 할 수 있다. 남송 시대 문천상의 「정기가正氣歌」[51]와 신라의 화랑 풍류도 이 유형에 속한다고 할 수 있다. 이 결합은 시대의 문제를 해결하는 영웅적 측면이 강하게 부각된다.

▌천민 유형과 풍류

방내지사에 속하는 공자의 풍영風詠, 방외지사에 속하는 장자의 천뢰天籟가 여기에 해당된다. 이 유형은 음악적 예술적 형식을 초월하면서 상황마다 새로운 예술미를 창조하는 것을 그 특성으로 한다고 할 수 있다. 노자의 언어 형식을 빌린다면 무성지성無聲之聲이고 무악지악無樂之樂이 되고 『예기』 「공자한거孔子閑居」에서 나오는 삼무三無 중의 하나인 무성지악無聲之樂에 해당되고[52] 서경덕의 줄 없는 거문고[無絃琴]에 해당

---

51 과욱, 「한 · 중 우국시의 전통과 작품세계 비교 연구: 이덕일의 「우국가」와 문천상의 「정기가」를 중심으로」, 대구대학교 국어국문과 석사학위논문, 2013 참조.

52 『예기』 「공자한거孔子閑居」 子夏曰: "五至旣得而聞之矣, 敢問何謂三無. 孔子曰: 無聲之樂, 無體之禮, 無服之喪, 此之謂三無. 子夏曰: 三無旣得略而聞之矣, 敢問何詩近之? 孔子曰: '夙夜其命宥密,' 無聲之樂也. '威儀逮逮, 不可選也,' 無體之禮也. '凡民有喪, 匍匐救之,' 無

된다고 할 수 있다.[53]

▌ 학자 유형과 풍류

중국에서 한 제국 이래로 한국에서 조선 시대로 유학의 소양을 가진 지식인이 사회에 대거 등장하게 된다. 이와 동시에 지식인이 정치적으로 참여하는 기회를 갖게 되면 대신과 충신 유형의 풍류가 등장하게 된다. 반면 정치적 참여의 기회를 스스로 포기하거나 사회적으로 그런 기회가 주어지지 않게 되면 학문적 소양을 발휘할 수 있는 장이 부재하게 된다. 이로써 위진 시대와 조선 시대에 재야 학인을 중심으로 풍류 문화가 광범위하게 형성하게 된다. 이러한 학자 유형은 대신, 충신의 유형과 관계를 유지한다는 측면에서 은자 유형과 다른 특징을 갖는다고 할 수 있다.

4.2 반선비와 풍류의 결합 유형

▌ 은자 유형과 풍류

방외지사에 속하는 장자의 천뢰天籟와 〈함지咸池〉 악론樂論이 여기에 속한다고 할 수 있다.[54] 지식인의 분화는 주체적 원인과 사회적 원인이

服之喪也."

53 「무현금명無絃琴銘」 "琴而無絃, 存體去用, 非誠去用, 靜基含動, 聽之聲上, 不若聽之於無聲."(거문고에 줄이 없는 것은 본체는 놓아두고 작용을 뺀 것이다. 정말로 작용을 뺀 것이 아니라 고요함에 움직임을 함유하고 있는 것이다. 소리를 통하여 듣는 것은 소리 없음에서 듣는 것만 같지 못하다). 무현금 언설은 서경덕만이 아니라 도연명, 『채근담』, 김정희 등 여러 사람의 여러 책에서 되풀이되는 표현이기도 하다.

54 천뢰와 관련해서 손태호, 『『장자』「제물론」의 '천뢰天籟' 해석 고찰」, 『동서철학연구』 제51호, 2009, 55~78쪽 참조. 함지악론과 관련해서 정순목, 「장자의 예술철학 서설 (5): 예기 「악기」와 〈함지악론〉의 음악철학 비교」, 『한국음악사학보』 제8집, 1992, 95~111쪽; 박소정, 「〈함지〉 악론의 번역과 수석: 상자 악론을 위한 기초 작업으로서」, 『봉방학』 6, 2000, 5~30쪽 참조.

작용한다. 물론 두 원인이 동시에 작용하기도 한다. 은자는 현실의 정치 세계와 구별되는 또 하나의 세계를 창조한 인물이다. 그들은 사회를 떠나 산림에 은거하기도 하거나 사회에 살면서 현실에 대한 관심을 철저하게 닫아버리는 다양한 방식으로 은거를 실천했다. 즉 조은朝隱 또는 시은市隱 그리고 야은野隱의 차이라고 할 수 있다. 은자는 정치적 단절과 경제적 곤궁에 비해 시간적 풍요를 바탕으로 풍류를 즐기는 삶을 누렸다.

▌ 임협, 도척 유형과 풍류

은자가 스스로 세상과 관계의 창을 닫는 소극적 특성을 갖는다. 반면 도척과 같은 임협은 세상에 공식적으로 참여하지 않지만 세상의 부조리한 운영에 직접 개입한다. 이런 측면에서 임협은 은자와 마찬가지로 현실 세계 속에서 그들만의 활동 공간을 창출하게 된다.『사기』「자객 열전」에 보면 형가가 진시황을 암살하기 위해서 연나라를 떠나려는 장면이 슬로 비디오로 묘사되고 있다. 역수를 앞에 두고 고점리가 비파를 뜯으며 "바람은 쓸쓸하고, 역수는 차구나! 대장부 한번 떠나면 다시 오지 않으리!"라고 노래를 불렀다.[55]

4.3 비선비와 풍류의 결합 유형

▌ 위항인과 풍류

조선 후기에 선비가 귀족화, 문벌화되면서 선비 내부의 분화가 진행되었다. 아울러 중인 계층은 향상된 물질적 조건을 바탕으로 선비의 전유물로 여겨지던 경학적 소양을 습득했을 뿐만 아니라 명청 교체라는 국제 정세의 변화에서 재빠르게 반응하면서 문화의 한 주역으로 등장하기

---

55 『사기』「자객 열전」"風蕭蕭兮, 易水寒. 壯士一去兮, 不復還."

시작했다. 『이향견문록』의 문학 71인, 서화 33인, 의학·바둑·잡기 21
인 중에는 선비에 속하는 인물도 있지만 선비에 속하지 않는 이향인의
등장은 눈여겨볼 만하다.[56] 이는 『세설신어』가 귀족을 주로 다루었던 것
과 상당히 대비된다고 할 수 있다.

▌선비와 취미, 시민과 풍류의 결합 가능성

이 유형은 과거의 '선비와 풍류' 또는 '반선비와 풍류'를 극복하는 제3
의 가능성의 길이라고 할 수 있다. 현재 선비 정신을 동경한다고 하더라
도 선비는 현실적으로 존재하지 않는다. 이런 측면에서 선비는 현대 사
회에 상응할 만한 현실의 존재나 현실에 부재하지만 바람직하게 요청할
만한 가치의 존재로 재해석되어야 한다. 이때 우리는 선비에 대응할 만
한 현실과 가치의 측면에서 시민에 주목할 만하다. 시민은 물리적으로
도시에 사는 사람을 가리키지만 동시에 중세의 봉건 질서를 초월하는 자
유로운 도시를 자체적으로 운영하는 주체를 가리키기도 한다.

현대 사회에서 시민은 보통 간접 민주주의에서 투표권을 행사하는 권
리에 한정된다. 시민의 대표자가 선거에 선출되고 하면 제 역할을 하지
못하더라도 소환할 수 있는 법적 장치가 작동하기 쉽지 않다. 하지만 시
민은 법의 한계에서 무기력에 그치지 않고 근현대사에서 변혁의 주체로
등장하기도 했다. 예컨대 시민은 군부 독재를 종식시킨 1987년 체제를
추동했던 넥타이 부대로, 국정농단을 종식시킨 2017년 체제를 지속해
나갔던 촛불 집회로 그 모습을 드러냈다. 시민은 민주주의가 위기에 처
했을 때 분연히 일어서 주인의 모습을 보여주었다.[57]

---

56 유재건, 실시학사 고전문학연구회 옮김, 『이향견문록: 이조 시대 탁월한 서민들 이야기』,
    2008, 16쪽 참조. 정병호, 「『이향견문록』을 통해 본 조선 시대 여항인閭巷人의 형상」, 『동방
    한문학』 제12집, 1996, 231~251쪽; 권기석, 「『이향견문록』 수록 인물의 사회 계층적 위상
    과 신분 관념」, 『조선시대사학보』 제72집, 2015, 269~338쪽 참조.

57 17년 체제는 2016년에 연말에 시작되었던 촛불 집회가 사회 정치적으로 완결될 2017년의

특히 2017년 체제의 집회는 살벌한 투쟁이 아니라 소풍 나오듯이 편안하게 즐기는 시위 문화를 꽃피웠다. 참여자는 어떠한 정치적 위협을 느끼지 않고 가수의 노래를 듣기도 하고 자신의 의견을 자유롭게 발표하기도 하고 심야의 도시 거리를 활보하며 현실 정치의 대안을 제시하고 있다. 시민의 주인 의식이 성숙한 형태로 드러나서 혼란을 틈타 불순한 책동을 일삼지 않고 시대의 변혁에 집중하는 진화된 자취를 보여줬다. 이것이 바로 시민과 풍류가 선비와 풍류 그리고 반선비와 풍류의 두 유형에서 진화된 제3의 길을 제시하고 있다고 할 수 있다. 이때 시민과 풍류의 결합이 일어나는 특성과 내용을 종합하여 하나의 형식을 제시한다면 제3의 길이 구체성과 정체성을 확보할 수 있을 것이다.

5. 맺음말

현대는 분명히 선비가 사회의 주역이 아니다. 현재의 주체가 이념형으로나 작용형으로나 제 기능을 수행하지도 못하고 해방의 전망을 제시하지 못한다면, 새로운 가능성을 검토하지 않을 수가 없다. 전근대를 보면 선비(사대부)가 사회의 주도 계층이었다가 고염무에 의해 세상의 흥망은 보통 사람에게도 책임이 있다는 "천하흥망天下興亡, 필부유책匹夫有責"에 의해 필부가 사회적 책임의 주체로 부각되었다. 필부가 일종의 역사적 주체로 호명되었다고 해서 권리 주체로 명명되지는 않았다. 그 뒤에 근대에 진독수(천두슈)陳獨秀는 다시 '신청년新靑年'을 사회 변혁의 주력으로 설정했다. 시대마다 주체는 다른 이름으로 등장한다. 이는 주희

_____

체제를 가리키는 말이다. 17년 체제는 향후 한국의 사회 정치를 규정하는 힘을 가질 것이다. 신정근, 「불순한 프레임 설정과 17년 체제의 준비」, 사)인문예술연구소 웹진 『오늘의 선비: 동양고전의 마당』(http://www.ssp21.or.kr), 2016.12.19일자 업데이트.

가 『대학』에서 '신민新民'을 부르짖은 이후로 계획되는 현상이라고 할 수 있다.

전근대에 선비(사대부)는 의무와 권리를 지었지만 피지배 계급은 권리보다 가중한 의무를 이행해야 했다. 근대 공간에서 신분 해방이 이루어지고 생산력의 증대가 가능해지자 사민은 차별 없이 경제적 잉여를 가지고 남는 시간을 보내기 위해서 움직였다. 이것이 근대의 취미 공간의 생성 기제라고 할 수 있다. 오늘날 우리는 직업의 가지 수만큼이나 다양해지는 취미의 가지 수에 비례해서 취미의 풍요를 누리지 못하고 있다.

왜 그러면 우리는 지나간 선비와 풍류를 다시 읊조리는 것일까? 어디에도 속해 있지 않아 자유로웠던 선비에 있는 불기不羈의 자유와 폐쇄된 극장이 아니라 개방된 자연에서 즉흥적이며 시간과 물질의 소유로부터 매이지 않던 풍류의 측면을 다시금 재조명해봐야 하지 않을까? 앞서 말했듯이 우리는 2017년 체제의 촛불 집회는 비시민과 취미의 결합이 선비와 풍류 그리고 반선비와 풍류를 현대적으로 지양한 시민과 풍류의 결합 양성을 선취하고 있다고 할 수 있다.

하지만 선비와 풍류 그리고 선비와 풍류의 결합은 단순하지 않고 복잡한 특징과 양상을 가지고 있다. 개인과 집단의 욕망은 선비와 풍류 그리고 양자의 결합 양상을 관광 상품을 비롯하여 다양한 산업으로 가공할 수 있다. 우리는 이황과 두향을 둘러싼 단양군의 스토리텔링에서 선비와 풍류의 결합이 얼마나 자의적이고 편의적으로 편집될 수 있는지를 여실히 확인할 수 있다. 스토리텔링의 일단을 살펴보자.

조선 시대 명종 시절에 이황은 1548년 1월 48세의 나이로 단양 군수로 부임하게 되었다.[58] 이때 19세의 두향이 관기로서 이황에게 매화 화

---

58 이황과 두향 이야기는 아래의 두 자료에 의존한다. 정석태, 「퇴계退溪 이황李滉 이야기의 서사화 양상: 단양의 기생 두향杜香과 풍기의 대장장이 배순裵純 관련 이야기를 중심으로」, 「전북사학」 제37호, 2010, 109~138쪽; 최미랑, 「[알아보니] '48세 이황과 19세 두향이 사랑을 했다' … 기려야 할 서사라고?」, 「경향신문」 2019.01.05일자 기사.

분을 선물로 주고 또 시간이 나면 이황과 함께 단양의 장회나루에 있는 강선대에 올라 거문고를 탔다. 하지만 그해 10월에 이황이 풍기 군수로 발령이 나면서 두 사람은 헤어지게 되었다. 이때 두향은 이황에게 매화 화분을 정표로 주고 자신은 관기 생활을 청산하고 평생 수절하며 이황을 그리워했다고 한다. 단양군은 이 이야기를 바탕으로 2억 원의 예산을 들여 2017년 '퇴계 이황 두향 스토리텔링 공원'을 열며 "나이와 신분을 초월한 이황과 두향의 사랑 이야기는 단양의 소중한 자산"이라고 홍보했다. 또 유홍준의 『나의문화유산답사기 8: 남한강편』에 수록되면서 신빙성이 더해졌다.

과연 이 이야기는 사실일까? 아니면 어느 정도 근거가 있는 이야기일까? 정석태에 따르면 이황과 두향의 사랑은 만들어진 이야기에 불과하다. 두향의 존재가 1907~1910년에 작성된 『호서읍지』와 조선 후기의 시에 나타나지만 이황과 관련된 이야기는 나오지 않는다. 이황과 두향의 러브 스토리는 1970년대 후반 정비석의 『명기열전』에 소개되면서 소설이 사실로 바뀌게 되었다.

이황의 상황을 보면 단양 군수 시절에 사랑보다는 경계의 시간을 보내야 했다. 1545년 을사사화로 이황은 삭탈관직을 당했다가 휴가를 받아 고향으로 돌아와 있다가 1547년에 명종이 홍문관 응교로 제수하여 서울로 왔지만 병을 핑계로 외직을 청해 간 곳이 바로 단양 군수였던 것이다. 이황은 불안한 정국을 보내며 사랑 행각을 벌일 형편이 아닌 것이다. 그리고 가령 둘의 관계가 사실이라고 양보하더라도 사랑으로 각색할 수는 없는 일이다. 군수와 관기가 직업적 관계가 아니라 남녀의 애정으로 본다면 시대 착오적 역사 읽기라고 할 수밖에 없기 때문이다.

우리가 앞에서 다루었듯이 풍류가 낭만과 호색의 맥락으로 쓰일 수 있고 선비와 풍류가 결합될 수 있다. 하지만 후대의 기준과 관점으로 과거의 역사를 해석하거나 상업적 욕망을 앞세워 역사를 드라마화시킨다면 사실과 허구 그리고 사실과 거짓의 경계가 사라진다. 무슨 이야기인

들 하지 못하겠으며 무슨 이야기인들 지어내지 못하겠는가? 이런 측면
에서 다시금 선비와 풍류의 의미 그리고 양자의 결합 양상은 입증의 요
구를 넘어서 과도한 주장이 난무해서는 안 된다. 그것은 선비와 풍류를
살리는 일이 아니라 죽이는 일이기 때문이다.

제6장

한국 풍류와
미학의 연관성

요약문

풍류風流는 한·중·일에 공통으로 널리 쓰이는 개념이다. 아울러 풍류는 한국의 고유 사상과 문화를 나타내는 말로 일찍부터 주목을 받아왔다. 많은 관심과 연구를 통해 풍류의 의미 맥락은 대체로 밝혀졌다. 반면 풍류 의미의 내적 연관성과 그에 바탕을 둔 개념의 지도가 제대로 그려지지 않고 있다. 이것은 풍류에 대한 믿을 만한 자료가 결정되지 않은 상태에서 과도한 해석을 한 결과 생겨난 현상이다. 이 글에서는 군유群遊·유오遊娛·접화接化·현화玄化를 풍류 의미의 핵심적 계기로 보고 그것들의 연관성을 밝혀내고자 한다. 유오는 풍류의 근본 조건이고, 접화는 풍류의 지향이다. 결론적으로 말해서 풍류는 '사이 존재의 미학'이라는 특성을 갖는다고 할 수 있다.

키워드: 풍류, 화랑, 유오遊娛, 접화接化, 사이 존재의 미학

1. 문제 제기

풍류風流를 연구할 때 '자료'와 '해석'이라는 두 가지 문제가 있다. 이러한 문제 상황은 풍류만이 아니라 한국의 미학과 철학 일반을 연구할 때에도 공통으로 적용된다고 할 수 있다. 자료는 "고대에서부터 현대에 이르기까지 개념과 주제의 변화를 확인할 수 있느냐?"라는 결정적인 증거의 문제이다. 증거가 없다면 어떠한 주장도 신빙성을 가질 수 없기 때문이다.

또 증거가 있어야 다양한 해석이 가능해진다. 증거가 없는 상태에서 해석의 자유만을 주장할 수는 없다. 해석은 "믿을 만한 자료를 대상으로 어떤 결론까지 이끌어낼 수 있는가?"라는 엄밀한 경계의 문제이다. 해석이 아무리 자유롭다고 하더라도 희망 사항wishful thinking과 같을 수는 없다. 이렇게 보면 제한된 자료에서 어떻게 확실한 증거를 제시하며 설득적인 해석을 할 수 있을까가 문제가 된다.

증거가 풍부하다면 연구 대상과 주제를 엄밀하고 정확하게 규정할 수 있다. 증거가 빈약하다면 연구 대상과 주제에 대해 추측과 기대를 일삼을 수밖에 없다. 풍류의 특성을 밝히려면 자연히 자료에 대한 검증이 이루어져야 한다. 자료를 검증하지 않고 여기저기에 나열한다고 해서 풍류의 정체성이 밝혀지지 않는다. 이러한 맥락에서 우리는 풍류를 비롯하여 미학과 문화 일반의 연구에서 과연 '믿을 만한 자료'를 확정하고 연구를 진행하고 있는지 성찰해야 한다.

해석이 타당하다면 아주 분석되지 않은 연구 대상과 주제의 진면목을 드러낼 수 있다. 해석이 타당하지 않다면 다른 사람으로 하여금 연구 대상과 주제를 완전히 오독하여 오해하게 만들 수 있다. 해석을 멋들어지게 하고 그 가치를 과도하게 높인다고 해서 풍류가 특별한 지위를 가질 수는 없다. 사실 증거에 뒷받침되지 않는 해석과 평가는 얼마 있지 않아 허위로 밝혀지고 누구도 거들떠보지 않게 될 것이다.

이 글에서는 풍류의 기존 연구가 과연 부족한 증거와 과잉된 해석의 문제 제기로부터 자유로울 수 있는지 살펴보고자 한다. '우리 것'이라고 하더라도 학문의 대상이 된다면 엄밀한 검증의 칼날을 비껴갈 수는 없기 때문이다. 아울러 풍류가 다양한 의미 맥락을 가지고 있지만 그것과 미학의 연계성을 재검토해보고자 한다. 서양의 '미학'이 그 나름의 학술사 맥락에서 생성되었던 만큼 풍류가 미학의 일원 또는 미학의 대표가 될 만한 자격이 있는지 살펴보지 않을 수가 없다. 나는 이 글에서 앞으로 풍류의 연구가 개념의 남용과 과도한 감정 이입으로부터 벗어나서 좀 더 객관적인 방식으로 탐구하는 방향으로 나아가기를 바란다.

'풍류'에 대한 연구는 근대적 동양학 또는 동아시아학이 출현할 때 초기부터 관심을 받아왔다. 장대한 연구사를 다 살필 수는 없으므로 간략하게 전체적인 흐름을 개괄하고자 한다. 조선과 대한제국이 멸망한 뒤에 사상가들은 전통 사상을 연구하는 관점을 바꾸게 되었다. 이전에 사람이 성인聖人이 될 수 있는 길을 찾는 성학聖學에 초점을 두었다. 이때 조선과 한반도의 지역적 특성은 중요하지 않고 성학이 실현되어야 할 장소였다.

보편과 특수의 관계에서 보면 성학의 보편성이 조선과 한반도의 특수성보다 우위에 있었다. 대한제국이 멸망한 뒤에 사상가들은 나라의 상실에도 불구하고 잃어버리지 않아야 할 가치에 주목하게 되었다. 이를 위해 당시의 사상가들은 한반도에서 전개되고 발전해온 사상사를 각개 격파가 아니라 총체를 탐구의 대상으로 바라보았다. 이로써 조선은 더이상 특정 기간 존속해온 정치 체제에 한정되지 않고 지금까지 발전된 총체의 정수이자 미래에 보존해야 할 '조선학朝鮮學'의 이름으로 그 모습을 드러내게 되었다.

이때 풍류는 나라의 상실에도 불구하고 지켜야 할 민족 정신이자 고유 사상으로 주목을 받았다. 이러한 관심의 연장선상에 최남선崔南善은 『조선상식문답朝鮮常識問答』에서 풍류를 광명 세계를 뜻하는 '부루'에 어원을 두고 있다고 보았고, 안호상安浩相은 『민족 사상의 정통과 역사』에서 풍류도를 배달교(단군교)를 믿는 사람을 가리키는 순한글을 이두로 표기했다고 보았고, 양주동梁柱東은 『고가연구古歌研究』에서 풍류를 태양 숭배나 자연 숭배로 연결시키고 있다.[1] 여기서 풍류는 학문적 연구보다 국난의 위기를 극복할 수 있는 항쟁의 정신적 근원으로 논의되고 있다.

'부루' 등에서 나타나듯이 어원에 주목하여 풍류를 민족 신으로 연결시키는 경향이 초기 연구의 특성을 나타낸다. 이러한 흐름을 이어서 고전 문예론 분야에서 풍류를 미학美學으로 연구하기 시작했다. 이러한 연구에는 풍류를 동아시아 미학의 원형을 탐구하려는 흐름과 시가나 음악처럼 예술의 한 분야로 보고 그 안에 나타나는 특성을 해명하려는 흐름으로 나누어진다.[2]

어원은 복잡한 문헌 분석에 의존하지 않고 언어의 유사성과 변화에 초점을 두고 연구를 진행할 수 있다. 이러한 연구가 가능하려면 한국어의 계통이 밝혀져야 한다. 어원의 한국어와 한글의 한국어 사이에 친족 관계가 밝혀져야 '부루' 등이 한국어의 어원으로 인정될 수 있기 때문이다. 그렇지 않으면 한국어의 정체가 드러나지 않은 상태에서 어원은 자의적인 주장에 그칠 수 있다.[3] 이 경우 어원 연구는 믿는 사람끼리의 리

---

1 한흥섭, 「풍류도의 어원」, 『신라학연구』 8권, 2004 참조.

2 전자의 경우로는 민주식, 「풍류도의 미학 사상」, 『미학』 제11집, 1986; 민주식, 「동양미학의 기초개념으로서의 풍류」, 『민족문화연구』 제15집, 1994; 민주식, 「풍류風流 사상의 미학적 의의」, 『미학예술학연구』 11권, 2000; 신은경, 『풍류: 동아시아 미학의 근원』, 서울: 보고사, 1999; 이동환, 「한국미학사상의 탐구(Ⅲ)—풍류도의 미학 사상」, 『한국문학연구』 창간호, 2000 등을 들 수 있다. 후자의 경우로는 한흥섭, 「풍류도風流道, 한국음악의 철학과 뿌리」, 『인문연구』 제49호, 2005 등을 들 수 있다.

3 어원은 그리스어와 로마어에 바탕을 둔 유럽 언어의 연구에서 보이듯 학문 연구에서 중요한 출발점이자 사상 문화의 방향 설정에서 중요한 증거가 될 수 있다. 우리말의 어원 연구는 기대하는 만큼 확고한 토대가 없다. 예컨대 心을 마음으로 풀이하지만 정착 마음이 어떤 어원을 가지고 있는지 밝혀지지 않았다. 한자의 경우 心은 갑골문을 보면 심장을 상형한 글자로 밝혀

그가 될 뿐이다.

아울러 풍류를 한·중·일의 미학과 문화가 지닌 특색을 밝히는 중요한 공통 분모로 보면서 그 차이를 밝히려고 하고 있다.[4] 이와 관련해서 신은경의 연구는 초기 자료 수집의 측면에서 엄청난 노력을 한 수작이라고 할 수 있다. 풍류와 관련해서 다양한 자료를 추적하여 한 곳에 정리하고 있는데 이것만으로도 충분히 주목을 받을 만하다. 여기서 우리는 풍류를 우리나라만의 고유 사상으로 보기보다는 동아시아에서 영향을 주고받은 측면에서 접근하고자 한다.

나는 "풍류가 중국에서 전래된 유불도儒佛道로 환원되지 않는다"라는 민족 정신파의 주장을 수용하고, "풍류가 미학과 관련된 정신적 활동이다"라는 고전 문예파의 주장을 수용하고자 한다. 전자에서 풍류가 중국에서 전래된 측면만이 아니라 한국에서 발견한 측면이 있다는 점을 밝힐 수가 있다. 후자에서 풍류가 다양한 의미 맥락을 가지고 있고 그중에 미학의 측면도 들어 있다는 점을 밝힐 수가 있다. 이를 바탕으로 풍류가 어떻게 미학의 의미 맥락에서 논의될 수 있는지 그 가능성을 밝히고자 한다.

풍류를 미학의 관점에서 접근하기 위해 먼저 '군유群遊' '유오遊娛' '접화接化' '현화玄化' 등의 개념에 주목하고자 한다. 이는 유遊와 화化를 기본 요소로 하여 형성된 개념으로 미학적 의미 맥락과 연결할 수 있는 가

져 있다. 여기서 心 자의 조형에는 해부학 지식이 반영되어 있을 뿐만 아니라 호흡을 생명의 근원으로 본다는 사고를 엿볼 수 있다. 이에 반해 마음은 心에 대비해서 별다른 정보를 제공하지 않는다. 몇 년 전 지금은 정년퇴직한 성균관대학교 철학과 손동현·국문과 권인한 선생님과 함께 철학 개념을 한국어 어원과 연결시켜 프로젝트를 하려고 하다가 자료가 부족하여 포기한 적이 있다. 한국학이 제 궤도에 올라가려면 한국어 어원 연구는 풀지 않으면 안 되는 중요한 과제이다. 동아시아학 철학, 국어학, 역사학, 만주어 등 다양한 분야의 전공자가 모여서 풀어가야 하지 않을까 라는 기대와 우려를 갖는다.

4 민주식, 「풍류도의 미학사상」, 『미학』 제11집, 1986, 23~24쪽; 신은경, 『풍류: 동아시아 미학의 근원』, 서울: 보고사, 2000, 63~67쪽.

능성을 지니고 있다. 이어서 풍류와 미학의 결합 가능성을 '사이 존재의 미학'으로 밝혀내고자 한다. 이를 바탕으로 어원에 바탕을 둔 민족 정신파와 용례 분석에 치중을 둔 고전 문예파의 연구 성과를 비판적으로 극복할 수 있는 길을 모색하고자 한다.

2. 풍류, 의미의 혼선과 과잉 기대

2.1 의미의 혼선

풍류風流는 글자 자체에 주목하면 "바람이 흐르다" 또는 "바람처럼 흘러간다"라고 풀이할 수 있다. 이것은 바람이 부는 자연 현상을 나타내는 말이다.[5] 하지만 풍風은 기압의 차이에 의해 생기는 바람만이 아니라 원래 사람(개인, 집단), 사회, 시대, 애정 등 사람의 활동과 관련해서 다양한 맥락으로 쓰일 수 있다. 풍風에 대응하는 한국어 '바람'도 다양한 의미 맥락으로 쓰인다. 따라서 풍이 무엇과 연관되어 쓰이느냐에 따라 풍류는 복잡한 의미 층위를 나타낼 수가 있다.

우리는 이러한 복잡한 의미의 층위를 풍류에 대한 사전적 풀이에서도 확인할 수 있다. 풍류는 사전에서 '풍치가 있고 멋스럽게 노는 일', '운치가 있는 일', '아담한 정취 또는 취미가 있는 것', '속된 것을 버리고 고상한 유희를 하는 것' 등으로 풀이되고 있다. 이러한 사전적 풀이는 풍류의 의미를 파악하는 데에 도움을 준다. 하지만 이러한 풀이만으로는 풍류가 어떻게 풍치風致 · 운치韻致 · 정취情趣 · 취미趣味 · 유희遊戱 · 놀이

---

5 실제로 풍류風流가 자연 현상을 나타내는 말로 쓰인다. 『예기』 「중니한거仲尼閑居」의 "풍정류형風霆流形", 왕찬王粲의 「증채자독시贈蔡子篤詩」에 나오는 "풍류운산風流雲散"에서 풍류는 그냥 "바람이 불다"란 뜻이나. 물론 왕산의 시에서 이별 이야기가 나오므로 "풍류운산"이 어떤 감정을 유발할 수는 있다.

등과 직접적인 관련성을 갖는지 알 수가 없다. 또 풍류의 어떤 의미 층위가 사전의 풀이에 동원된 어휘 군과 결합될 수 있는지 알기가 쉽지 않다.[6] "풍류가 설명하는 어휘들과 연관성을 어떻게 밝힐 수 있을까?" 사실 이 질문은 '풍류' 개념의 의미와 해석에 치명적인 약점으로 작용한다. 문헌을 조사해보면 언어 사용자들은 '풍류'를 '사용'하기는 하지만 그 개념의 의미를 정확하게 '규정'하려고 노력하지 않는다. 그 결과 자료 선정과 의미 파악에 상당한 난점이 있다.

첫째, 자료 선정의 난점이다. 신은경은 『악부시집樂府詩集』에 나오는 「월절절양류가月節折楊柳歌」 중 "소설임풍류素雪任風流"에 대해 "흰 눈은 제멋대로 풍류스러운데"라고 풀이했다. 이어서 신은경은 다음과 같이 해석했다. "'풍류風流'는 '소설素雪'을 주어로 하는 서술어로서 흰 눈이 멋대로 휘날리는 모습을 형용한 것이다. 이 말을 '타의에 구속받지 않고 자기 멋대로'라는 뜻을 함축하는 '任'이라는 말이 한정해주고 있다. 결국, 흰 눈이 구속이나 방해를 받지 않고 자유롭게 내리고 있는 것을 '풍류스럽다'고 표현한 것으로 볼 수 있다."(신은경, 1999, 25쪽)

신은경의 번역과 해설은 다소 문제가 있다. 정민이 신은경의 저서에 대한 서평에서 지적했듯이 이 구절은 "흰 눈은 바람 따라 흩날리는데"로 풀이하는 게 자연스럽다.[7] 물론 가사에 '풍류'가 들어 있기 때문에 신은경의 번역도 가능하다. 하지만 해설에서 "흰 눈이 …… '풍류스럽다'"라는 주장은 과잉 해석이라고 하지 않을 수가 없다. 사람과 풍류의 관계에서 풍류가 미학의 특성을 갖는다고 할 수 있지 흰 눈과 풍류의 관계에서 풍류가 미학의 특성을 갖는다고 할 수 없기 때문이다. 이처럼 어떤 자료

---

6   음악에서 풍류는 악기 편성, 악곡을 지칭하는 방식으로 쓰이고 있으므로 나름의 규칙이 있다고 할 수 있다. 한흥섭, 「풍류도風流道, 한국음악의 철학과 뿌리」, 『인문연구』 제49호, 2005, 296쪽 참조

7   정민, 「동아시아 미학 체계 수립의 가능성 탐색─『풍류』(신은경 저, 보고사, 1999)에 대한 서평」, 『고전문학연구』 제17집, 2000, 268쪽 참조

가 '풍류'에 해당되는 것인지 확정되지 않으면, 풍류는 더 많은 것을 말하지만 결국 아무것도 말하지 않는 상황이 될 수 있다.

둘째, 의미 파악의 난점이다. 오늘날 우리는 즐겨 "저 사람은 풍류를 안다"라고 말한다. 이때 '저 사람'은 대체로 좀 놀 줄 안다, 멋있게 산다, 흥이 많다, 예술에 관심이 많다, 악기를 다룰 줄 안다 등의 특성을 가지고 있다는 뜻 정도를 전달할 뿐이다. 이 경우에도 의미 차이가 나서 도대체 풍류가 무엇을 가리키는지 공감하기가 쉽지 않다. 워낙 개인 차이가 뚜렷하기 때문에 의미를 확정할 수가 없다. 이 때문에 우리는 '풍류'를 사용하면서도 각자 다른 의미로 쓰고 있는 가능성을 완전히 배제할 수가 없다.

풍류風流는 진晉 나라 이후에 가치 개념으로 쓰이기 시작했다.[8] 그 결과 문인의 작품을 평가하며 풍류를 즐겨 썼다.

예를 들어 교연晈然과 사공도司空圖의 사례를 살펴보자.

말의 화려한 수식을 돌보지 않고 '풍류'하고 자연스럽다.
"불고사채不顧詞彩, 이풍류자연而風流自然."(교연, 『시식詩式』)

한 자를 덧보태지 않아도 남김없이 '풍류'를 다 터득한다.
"불착일자不著一字, 진득풍류盡得風流."(사공도, 『이십사시품』 중 「함축含蓄」)

교연과 사공도가 모두 풍류를 시가 갖추어야 할 가치로 말한다는 것을 알 수 있다. 신은경의 말처럼 풍류가 문학성이 풍부할 뿐만 아니라 어떤 것의 진수, 요체를 나타낼 수 있다.(1999, 27쪽) 일반적이든 구체적이든 어떻게 해야 문학성이 뛰어나다는 것인지 진수를 포착할 수 있다는

---

8 스스키 규시鈴木修次, 「풍뉴고風流考」, 『중국문학과 일본문학中國文學と日本文學』, 東京: 東京書籍株式會社, 1987, 137~138쪽 참조. 신은경, 『풍류』, 21쪽 재인용.

것인지 알 수가 없다. 의미 맥락은 분명하지만 정확한 의미를 확정하기가 여간해도 쉽지 않다. 이런 현상은 신은경이 해석을 충분히 하지 않았을 수도 있지만 교연과 사공도가 풍류를 더 명확하게 규정하지 않은 데에서 생겨났다고 할 수 있다.

셋째, 의미 한계의 난점이다. 풍류는 문학, 가사, 음악 등 다양한 분야에 쓰이다 보니 그 의미의 범위가 아주 넓다. 지금까지 풍류의 최초 용례로 알려진『회남자淮南子』「본경훈本經訓」을 보면 후대의 "풍류속패風流俗敗"를 비판하며 그 실례로 "탐욕이 많고 예의가 무너지고, 군주와 신하가 서로 속이고 아버지와 자식이 서로 믿지 못하여, 원망과 탓하기가 가슴에 가득 차다."라고 지적하고 있다.[9]

여기서 풍風은 속俗과 같은 뜻으로 시속, 세태 등 특정 시기의 사회적 기풍을 말하고, 류流는 패敗와 같은 뜻으로 타락하다, 악화되다, 나빠지다는 뜻이다. 여기서 "풍류속패風流俗敗"는 "풍속류패風俗流敗"로 한문 구문에서 자주 보이듯이 어순을 바꾸더라도 의미의 변화가 없다. 이 풍류는 풍속에 가깝다고 할 수 있다. 두 번째에서 살펴보았듯이 문학 작품에서 풍류는 긍정의 맥락에서 높은 문학성을 나타내는 반면『회남자』에서 풍류는 타락한 시대를 가리키고 있다.

나아가 당唐 제국에 이르면 풍류는 "여성의 요염한 용자, 남녀의 정사, 호색의 의미로서 널리 보편화되고" 또 "기녀들의 거처를 '풍류수택風流藪澤'으로 일컫거나 호색好色이나 염사艶事 자체를 직접 '풍류'로 표현하기"에 이르렀다고 한다(신은경, 1999, 30쪽).[10] 언어는 생명성이 있으므로 언어 사용자들은 언어를 늘 새로운 방식으로 사용한다. 풍류도 예외

---

9 『회남자淮南子』「본경훈本經訓」"晚世風流俗敗, 嗜慾多, 禮義廢, 君臣相欺, 父子相疑, 怨尤充胸."

10 민주식,「동양 미학의 기초개념으로서의 풍류」,『민족문화논총』제15집, 1994, 194~201쪽 참조.

라고 할 수 없다. 하지만 구분해야 할 것이 있다. 미학과 연관시켜 논의를 한다고 하면, 풍류의 모든 의미를 아무런 차별 없이 다 끌어안을 수는 없다. 미학의 맥락에서 볼 때 풍류의 핵심 의미와 일상의 의미, 본질적 의미와 파생적 의미 등을 구분하지 않을 수가 없다. 다양한 의미를 구분하지 않고 다 끌어안게 되면, 풍류의 미학은 '호색好色의 미학美學'이라는 엉뚱한 결론이 나온다.[11] 풍류가 호색을 의미할 때 풍류는 『회남자』에서 보았듯이 여전히 풍속의 의미와 겹치는 특징을 그대로 가지고 있다.

세 가지를 종합하면 현재 풍류 연구는 용례 파악에 치중하여 의미 맥락을 성공적으로 밝혀내고 있지만 의미 규정의 작업을 엄밀하게 수행하지 못하고 있다. 나아가 풍류의 다양한 의미 맥락을 구분하지 않고 망라하는 경향으로 인해 풍류와 미학의 연관성이 오히려 더 불투명해지는 결과를 낳게 되었다고 할 수 있다.

2.2 의미 맥락의 다양성과 백화점 분류의 한계

민주식은 풍류의 용례 분석과 진晉 나라(280~420) 사인들의 행적을 기록한 『세설신어』의 내용 분석을 통해 풍류가 고전적 형태를 갖추었다가 확산되면서 동아시아 미학의 기초 개념이 되었다고 본다. 그는 동서 비교의 관점에서 그리스가 인간 중심주의적인 미학이 조각으로 꽃을 피웠다면 중국이 기운 중심주의적인 미학이 서예 예술로 꽃을 피웠다며 대

---

11 민주식은 풍류를 서양의 미에 대응하는 개념이라고 파악한 뒤에 "풍류와 미는 과연 합일하는 개념인가 라는 물음이 제기될 수 있다"라고 보았다(1986, 22쪽; 1994, 206쪽). 그는 풍류를 도덕적, 종교적 견지에서 해석할 점도 있고, 미적 감정과 도덕적 감정이 섞인 혼합감정으로 보기 때문이다. 이는 다른 연구자들이 풍류를 당연히 미학의 대상으로 설정하는 것과 다른 민주식만의 장점이다. 민주식은 한국의 미학사, 미학의 주요 개념의 연구에서 지속적으로 문제 제기를 하며 연구를 진행하고 있는 개척자 역할을 하고 있다. 하지만 풍류와 미학의 연관성에 대해 아직 확실한 결론을 보여주지 못하고 있다.

비를 시키고 있다(1986, 21쪽). 이러한 바탕에서 서양의 미에 대응하는 동아시아의 풍류는 도덕, 종교, 문학, 예술, 생활 등 폭넓은 의미 맥락을 가지면서 높은 문학적 성취, 성적 매력, 여유, 자유분방함을 나타낸다 (1994, 194~205쪽). 마지막으로 그는 "풍류의 중심부는 어디까지나 미적 만족이라 할 수 있는 즐거움의 성질을 지닌다."라고 주장했다(1994, 206쪽).

나는 풍류가 다양한 의미 맥락을 가지고 있다는 점에 민주식의 주장에 전적으로 동의한다. 그의 주장을 요약하면 이렇다. 풍류의 다양한 의미 맥락이 어떻게 개별적으로 구분되다가 다시 종합적으로 연관성을 가지며 최종적으로 즐거움이라는 미적 만족으로 귀결된다. 하지만 그의 주장은 부분적으로 타당하고 귀감이 될 만하지만 전체적으로 보면 논증의 과정이 분명하게 드러나지 않는다. 첫째, 풍류가 개별적으로 구분되다가 어떻게 연관성을 가지게 되는지 확실하지 않다. 둘째, 풍류의 다양성과 연관성이 최종적으로 즐거움의 미적 만족으로 귀결되는지도 설득력이 부족하다. 그의 연구는 풍류에 대한 계발적 연구로서 충분하지만 이론적 규명으로서 밝혀야 할 내용이 많이 남아 있다.

신은경도 용례 분석과 해설에 의존하며 풍류를 동아시아 미학의 근원으로 밝히려고 한다. 신은경은 풍류의 의미 맥락을 놀이적 요소, 미적 요소, 자연 친화적 요소, 자유로움의 추구 등 네 갈래로 구분한다(1999, 67~81쪽). 이 중에 신은경은 놀이적 요소와 미적 요소에 주목하여 풍류를 "'미美를 표방하는 놀이 문화'로 규정하여 '놀이성'과 '예술성 또는 심미성審美性'을, 풍류 개념을 구성하는 두 축으로 설정"하고 있다(1999, 68쪽). 신은경은 놀이가 오해를 받을까 봐 '미적으로 노는 것'으로 풍류는 "우주 만물·삼라만상에 접하여 그 본질과 진수를 경험한다고 하는 것을 말하는 것"(1999, 75쪽)이라고 설명했다. 다시 말해서 "모든 현상에 몰입하여 자기를 잊어버리는 이른바 '망아忘我' '몰아沒我'의 경지에 이르러 그 현상 내지는 사물의 본질과 하나가 되는 상태에 이르는 것이 바로

풍류인 것이다."(1999, 76쪽)

신은경은 풍류를 동아시아 미학의 근원으로 보려는 시도는 민주식의 목표와 닮아 있다. 하지만 신은경은 다양한 문헌 조사를 통해 풍류의 다양한 의미 갈래를 밝혀냈지만 그것을 미학으로 연결 짓는 지점에서 성공적인 결과를 보여주지 못하고 있다. 풍류가 "우주 만물·삼라만상에 접하여 그 본질과 진수를 경험한다고 하는 것"이라고 주장할 수 있지만 그것만으로 여러 가지 의문이 제기될 수 있다.

첫째, 우주 만물의 본질과 진수를 파악하는 것이 과연 미학의 풍류에서 해야 할 정신적 활동의 핵심일까 라는 의문이 제기된다. 설사 풍류가 그 활동을 한다고 하더라도 도대체 정신의 어떤 영역이 우주 만물의 본질과 진수를 파악할 수 있는지 논의가 계속되어야 한다. 둘째, 우주 만물의 본질과 진수를 경험하는 것이 어떻게 가능한지 구체적인 설명이 요청된다. 미학으로서 풍류는 "미적으로 노는 것"이라면 어떻게 놀아야 우주 만물의 본질과 진수에 맞닿을 수 있는지 설득이 필요하다.

두 가지 문제는 결국 풍류와 미학의 연결성을 설득적으로 구성하지 않고 선언적 주장에 그치고 있기 때문에 생겨났다고 할 수 있다. 아울러 신은경의 결론을 보면 '풍류風流'를 '천인합일天人合一' '호연지기浩然之氣' '경敬' '심재心齋' '소요유逍遙遊' 등 다른 개념으로 대체하더라도 비슷한 결론에 도달할 수 있다. 풍류를 다양한 맥락에서 종합적으로 다루다 보니 결국 다른 것과 차별성이 없어졌다. 이렇게 보면 풍류가 모든 것을 포괄하는 듯하지만 결국 동양의 다양한 미학 사상과 차별성을 없애는 상태에 이른다고 할 수 있다.

이렇게 보면 풍류와 미학을 연결시키려는 시도는 지금으로서 공功과 과過를 동시에 갖는다고 할 수 있다. 서양의 미美에 대응될 수 있는 개념으로서 풍류風流에 착안한 시도는 학문적 발견이라고 할 수 있다. 그러한 발견을 바탕으로 풍류의 다양한 의미 갈래를 밝힌 노력은 학문적 성과라고 할 수 있다. 이러한 성과를 바탕으로 한국미, 한국 미학의 정립에 커다란 기여를 할 수 있으리라 본다. 하지만 풍류가 도덕 · 종교 · 생활 · 성정 · 미학 등 다양한 영역에 걸쳐 있는 만큼 미학과 독특한 연결 가능성을 밝혀내는 데에 한계가 있다고 할 수 있다.

특히 몇몇 대표적인 연구에서 풍류와 미학의 연관성을 밝혀냈다며 풍류를 통해 무제약적인 주장을 펼치고 있다. 예를 들면 "한국인에게 풍류는 생태적 삶의 방식이며, 인식 방법이자 미적 실천이고, 놀이 정신이기도 하다." 하나씩 말하면 "풍류 공간으로서의 자연은 살아 있는 것으로서 인간과 감응하는 자연이다. 생태적 삶의 양식으로서의 풍류는 자연 속의 삶을 즐기는 삶의 양식이다. 인식방법으로서의 풍류에서는 온갖 종류의 서양의 근대적 이분법을 배제한다."[12]

이 주장을 액면 그대로 받아들이면 우리는 다른 것을 고려하고 검토할 필요 없이 '풍류' 하나만으로 미래를 헤쳐 나갈 수 있는 전가의 보물을 가질 수 있다. 풍류만 있으면 사회와 자연의 모든 문제를 풀어낼 수 있다. 이로써 풍류는 미학의 좁은 영역을 벗어나서 삶의 전 영역에 침투하여 맹활약을 할 수 있고, 복잡한 상황을 풀어낼 수 있는 만능이 된다. 그렇다면 우리는 이렇게 중요한 보물을 모르고 도대체 무엇을 하고 있는 것일까? 이렇게 되면 풍류는 역설적으로 학문의 영역을 벗어나서 현대 사회의 병리 현상을 극복할 수 있는 '신흥 종교'의 영역을 개척하게 된다.

정병훈은 기존의 연구 성과를 망라하여 한국 풍류의 모든 것을 하나로 도표로 보여주는 도식화를 시도하고 있다.

---

12 정병훈, 「포스트모더니즘과 한국의 풍류」, 『민족미학』 10권 1호, 2011, 133쪽 참조.

〈표 1〉 한국 풍류의 전개 양상[13]

	삼국 이전	삼국 중기-통일 신라	고려	조선 초기-중기	조선 후기	조선조 말-일제강점기	현대
풍류의 유형	종교 풍류 시원 풍류	정교 풍류	유풍 풍류	윤리 풍류	미적 풍류 풍자 풍류	유흥 풍류 종교 풍류	嗜好 풍류 생태 풍류
풍류의 목적	접신接神	양기陽氣	유풍遺風	풍아風雅, 절조節操	아취雅趣, 풍자諷刺	방일放逸, 접신接神	신명神命, 생태生態
풍류의 개념	제천의식 산신, 명산대천 제사, 제의 가무 자 연 합일 접신 체험 궁극 체험 초속감 엑스타시 신내림 음주가무 군취상희 群聚相戲 집단신명	음악적 산수 풍류, 산신, 천신의 섬김, 합일 상마도의 相磨道義 상열가락 相悅歌樂 유오산수 遊娛山水 풍월도 신비체험 미적 인간 무애	국가제전 전통문화 하느님, 5악, 명산, 대천, 용신 제전 선풍仙風 상열가락 相悅歌樂 음주가무 종합연행 집단신명	탈속문아 脫俗文雅 문학적 산수풍류 교양, 여기餘技 자연천리궁구 도덕지표 확립 중화질서 치심治心 심미체험 풍아	산수풍류의 생활적 향유, 회화적 산수풍류 문학예술의 향유 성애 유흥 성적 향유, 근대형 풍류 풍자	향락 풍류 취락的醉樂 的 경향 정서 방일 신인합일 神人合一 인내천人乃天 신비체험	인문학적 성숙 멋스러움 자연 교감 탈속 음주가무 문화 체험 성적 향유 퇴폐 향락 호사
사상적 배경	古神敎 산악신앙 신선사상 무교	玄妙之道 유불선습합 미륵신앙 도교	신불습합	유학 예악사상	유학 실학	동학 신학문 대중문화	전통문화 과학문화 인문문화
풍류의 양상	부락제 신맞이행사 제천의식 群聚歌舞 종합예술체	화랑도 接化 群生 명산대 천주유 군집 생활	국가제전 처용가무 제천의식 팔관회 고회高會	계회 시회詩會	시사詩社 활동 가단歌壇활동 서화활동 골동서화 감상비평	잡가, 민요* 판소리, 탈놀이 신극, 무용 동학신앙	놀이 문화예술 난초재배 고서수집 문학 등산
향유 주체	부락공동체	화랑 귀족	귀족	유자儒者 사대부	여항인 중인계층 사대부	전문예인 향인광대 풍류객 동학교도	심미엘리트 예술가 비평가
변화의 계기	부족국가 성립	중국문화 유입	외세 침입	유교이데올 로기 정착	신분제 동요	일제 강점 외세	서구문화

---

13 성병훈, 「풍류의 시대적 전개와 변양」, 『민족미학』 제5집, 2005, 107~109쪽 참조. 원래 표에
서 '민용'을 '민요'로 고쳤다.

	삼국 이전	삼국 중기-통일 신라	고려	조선 초기-중기	조선 후기	조선조 말-일제강점기	현대
미적 체험 원천(향유 대상)	자연	산수	자연, 사회	자연, 인간	인간, 사회	자연, 인간	인간, 예술
미적 범주	자연, 흥	자연, 멋, 흥	자연, 무심, 흥	자연, 한, 멋	자연, 한, 멋, 해학	자연, 한, 해학	흥, 자연, 멋
미적 관념	종교적 영육일체 초절미超絶美	종교적, 도덕적, 미적 선미일체	선禪적, 미적, 청신 준일미	도학적 전아의 미	미적, 풍아, 풍자, 고졸의 미	방일적, 풍자적 방종의 미 종교적	생태적, 유희적, 사호私好의 미
향유 방식	군중가무 형태의 음악, 문화, 무용	유오산수遊娛山水, 가악 향유	선禪 연행예술	한시창작, 시와 악 청담	시작, 시각적 향유, 정악 화전花煎 놀이	시각적, 청각적 감상, 기도와 주문	연행예술 감사, 작품 활동, 축제
풍류 매체	제사, 노래와 춤, 산수착종	도의, 武勇, 음악, 향가	굿, 시, 악가무	시詩, 서書, 화畫	시, 서, 화, 악樂	연행예술 수도	문화예술
풍류 집단	촌락공동체	花郎徒	군신	계회	시사詩社, 사단歌壇	다원화, 동학	전문집단 백수
풍류 공간	소도 산악	신악 신궁 누정	산악 누정 사찰	자연 누대樓臺 별장	풍류방 기방 인공적 문화공간	기방 서양식극장 산악	문화공간 뒷풀이공간 생태계
문화적 영향	신비체험 초월적세계관 현세주의 세계관 인생관의 성립 자연에의 귀의 이념의 발생	풍류의 제도화 신앙적 습속의 제도화 원화제, 팔관회	선풍의 형식화, 공동 체화	유교적 관념의 실천 유교적 세계관의 확장 음미, 재생산, 실현	풍류의 세속화, 일상화 예술의 전문화, 직업화 기층문화의 민속화 연계, 예술장르의 분화	예술의 직업화, 상업화 민속 예술의 상업화 삼신오계사상 부활 원시풍류의 부활	딜레탕트의 양산, 문화산업 관광산업의 활성화 미학, 비평 활성화 생명사상과 생태운동
아이컨	신선 무당	백결 월명사	한림별곡 팔관회	사림파 강호시조	직업예인 기층과 벽癖	유랑예인 최수운	미학자 생태운동가
관계망	샤머니즘	미륵신앙	팔관회	강호시조	풍류방	신무용 인내천	생명사상

정병훈의 작업은 실로 경이롭다고 할 수 있다. 삼국 이전에서부터 현대까지를 모두 7단계로 나누어서 풍류의 유형, 목적, 개념 등이 어떻게 변화되었는지를 일목요연하게 보여주고 있기 때문이다. 이 하나의 도표만을 보면 삼국 시대 이전에서부터 현대에 이르기까지 풍류의 모든 것을 간명하게 파악할 수 있다. 하지만 단계에 따라 분류가 무엇에 근거한 것인지, 개별 단계가 꼭 이러한 특징을 가지고 있는지, 개별 단계가 서로 어떻게 다른지, 어떻게 변화되었는지 속 시원히 알 수가 없다. 정병훈의 연구 성과가 상당히 독창적이지만 설득력이 부족하여 이론적 주장으로 성립되려면 보충해야 할 사항이 적지 않다.

　예컨대 풍류의 유형이 종교 풍류와 시원 풍류 → 정교 풍류 → 유풍 풍류 → 윤리 풍류 → 미적 풍류, 풍자 풍류 → 유흥 풍류, 종교 풍류 → 기호 풍류, 생태 풍류로 변천되고 있다. 이때 종교 풍류, 시원 풍류, 정교 풍류 등이 각각 어떤 특성을 갖는지, 유풍 풍류와 윤리 풍류가 어떻게 다른지, 오늘날 생태 풍류가 과연 있는 것인지 어느 하나가 분명하게 파악되지 않는다. 풍류와 관련해서 분류의 만화경을 그렸지만 그 그림이 설득력을 가지려면 좀 더 의미 전달력을 갖춘 체계적인 설명이 요청된다고 할 수 있다. 이러한 연구 경향이 문제 제기에서 우려하는 현상이다.

　우리는 풍류가 모든 것을 해결해 줄 수 있으리라는 과잉 기대를 가지고 있는지 모르겠다. 풍류가 아무리 대단하다고 하더라도 민족 문화의 개념이자 종교 · 도덕 · 미학 · 음악 등의 여러 영역에 걸쳐 있는 가치를 벗어날 수는 없다. 풍류가 설명해낼 수 있고 사람에게 영향을 줄 수 있는 영역이 그리 많지 않다. 풍류만 있으면 또는 풍류만 알면 모든 것을 다 해결할 수 있다는 희망 사항 방식의 결론은 자제되어야 한다. 따라서 우리는 앞으로 민주식이 이미 지적했던 바와 같이 "'풍류'라는 용어는 단일하게 정의될 수 없는 다양한 이미망을 지닌다"라는 점에서 다시 출발

할 필요가 있다.[14]

여기서 다양한 분야에 걸쳐 있는 '풍류'를 개별적으로 연구하는 전략을 채택하지 않을 수 없다. 앞으로 풍류와 미학의 관련성을 다루려면, 풍류가 미학과 접점을 보일 수 있는 측면에 관심을 좁혀야 한다. 풍류는 결코 학문과 생활 그리고 사회의 모든 문제를 해결할 수 있는 전가의 보도도 아니고 만병 통치약도 아니기 때문이다. 아울러 풍류에 대한 어떠한 주장도 확인과 검증 그리고 재연이 가능한 규칙을 충족시키도록 설득력을 갖춰야 하겠다.

3. 풍류와 미학의 연결 가능성

3.1 군유群遊와 유오遊娛

우리나라의 학계에서 '풍류'에 대해 많은 관심을 가지고 연구를 활발하게 진행하고 있다. 하지만 풍류의 일차 자료를 보면 개념의 의미와 특징을 체계적으로 규정하기보다 인물 품평과 시가 그리고 역사서 등에 다양한 용례가 있을 뿐이다. 그만큼 풍류가 리와 기의 개념처럼 다양한 분야의 사고의 감성을 조직하는 근원 개념으로 작용하지 않았다는 반증인 셈이다. 용례를 분석하며 의미 맥락을 파악할 수 있지만 미학과 관련해서 의미의 내재적 연관성 등을 밝혀내기가 쉽지 않다. 『삼국사기』 진흥왕 37년의 기사에 '풍류'에 대해 최초의 용례가 있는데, 그것은 나름대로 풍부하고 믿을 만한 내용을 전달하고 있다. 이 때문에 대부분의 '풍류' 연구에서도 이 구절의 분석에서부터 논의를 시작하게 된다.

---

14 서지영, 「조선 후기 중인층 풍류 공간의 문화사적 의미: 서구 유럽 '살롱'과의 비교를 통하여」, 『진단학보』 95, 2003, 286쪽 참조.

나는 『삼국사기』 권4 「신라본기」 4 진흥왕 37년 기사를 중심으로 이와 관련된 문헌 자료를 원용하면서 '풍류' 개념의 핵심적인 의미 층위가 무엇인지 밝혀내고자 한다. 이를 바탕으로 '풍류'가 미학과 어떤 연관성을 갖는지 살펴보고자 한다. 먼저 논의를 진행하기에 앞서 '미학'에 대한 정의를 시도해보자. 미학에 대한 정의는 통약이 불가능할 정도로 많지만 이 글에서는 아름다움으로 인해 즐거움을 감성적으로 느끼는 사태의 기제, 과정, 현상, 특성을 밝히는 학으로 규정하고자 한다.[15]

"三十七年春, 始奉源花. 初君臣病無以知人, 欲使類聚群遊, 以觀其行儀. 然後舉而用之, 遂簡美女二人, 一曰南毛, 一曰俊貞. 聚徒三百餘人, 二女爭娟相妬. …… 徒人失和罷散. 其後更取美貌男子, 粧飾之, 名花郎以奉之, 徒衆雲集."[16]

이 구절은 원화와 화랑의 기원을 다루고 있다. 먼저 원화와 화랑이 훌륭한 사람을 찾는 지인知人의 문제를 해결하기 위해 고안되었고 다음으로 특이하게도 원화와 화랑이 모두 미모로 인해 사람들의 관심을 끌었다는 결과를 말하고 있다. 『서경書經』을 보면 고요皐陶와 우禹가 대화하는 중에 고요가 정치에서 지인知人과 안민安民의 중요성을 말했다. 우가 고요의 주장에 동의하면서 다음과 같이 말한 적이 있다.

"사람을 알면 명철하여 사람을 관직에 쓸 수 있고, 백을 편안하게 하면 덕을

---

15 나는 일찍이 우리 학계의 '미학' 개념에 대한 남용을 비판적으로 검토한 적이 있다. 장자가 학적인 인식을 부정하고 있는데, "장자 미학"이 과연 가능할까 라는 도발적인 질문을 던진 적이 있다. 아직 더 체계화를 시도해야지만 동양의 심미 세계를 명명하기 위해 적절한 조어가 필요하다고 생각한다. 신정근, 「장자의 심미세계, 미학美學인가 미유美遊인가?」, 『유교사상문화연구』 제59집, 2015 참조.

16 『삼국사기』 권4 「신라본기」 4 진흥왕 37년 기사. 이하 별도의 출처를 밝히지 않고 원문을 인용하며 논의를 진행하려고 한다. 밑줄은 논점을 부각시키기 위해 필자가 표시한 것이다.

베푸니 많은 백성들이 품에 안길 것이다. 따라서 명철하고 덕을 베풀 수 있다면 환두와 같은 악당을 걱정할 필요가 없다."[17]

과거 등 정형화된 양식으로 사람의 능력을 객관적으로 평가하기 이전에 사람을 파악하는 방법은 중요할 수밖에 없었다. 정치와 행정에서 사람을 잘못 쓰면 그 후과가 심각한 만큼 사람을 살피는 기술이 지혜의 일종으로 간주되었던 것이다. 훗날 공자도 사람을 아는 것이 지혜라고 주장했다.[18] 이는 공자가 『서경』을 학습한 결과로 영향을 받은 부분이라고 할 수 있다. 아울러 공자는 사람을 살피는 관인법觀人法(Man-watching)에도 관심을 두었다. 구체적으로 말해서 공자는 사람이 행위를 하는 소이所以 · 소유所由 · 소안所安 세 부분을 살핀다면 오류가 없으리라고 생각했다.[19]

진흥왕의 고민도 『서경』에서 고요와 우가 제기한 이래로 『논어』에서 공자가 답을 제안하는 맥락과 다를 바가 하나도 없다. 그 해답으로 "유취군유類聚群遊"로 "관기행의觀其行儀"를 제시하고 있다. 이것은 『논어』에서 말한 "함께 하는 사람을 찾아보고, 좇는 방법을 들여다보고, 편안해하는 상태를 살펴본다면 어떻게 정체를 숨길 수 있겠는가?"라는 관인법에 잘 대응한다고 할 수 있다. 진흥왕이 일반적으로 말했다면 공자는 구체적으로 말한 차이가 있다. 조선 후기 정약용도 『상서고훈尙書古訓』에서 경세론의 핵심으로 『서경』의 이 구절에서 포착하고 있다.[20] 지인과

---

17 『서경』「고요모皐陶謨」 "知人則哲, 能官人. 安民則惠, 黎民懷之. 能哲而惠, 何憂乎驩兜?"

18 『논어』「안연」 "樊遲問仁. 子曰: 愛人. 問知. 子曰: 知人. 樊遲未達. 子曰: 擧直錯諸枉, 能使枉者直. 樊遲退, 見子夏曰: 鄕也吾見於夫子而問知, 子曰: '擧直錯諸枉, 能使枉者直', 何謂也? 子夏曰: 富哉言乎! 舜有天下, 選於衆, 擧皐陶, 不仁者遠矣. 湯有天下, 選於衆, 擧伊尹, 不仁者遠矣."

19 『논어』「위정」 "子曰: 視其所以, 觀其所由, 察其所安. 人焉廋哉? 人焉廋哉?"

20 『상서고훈』 "知人以步仁賢爲要務, 安民以薄賦斂爲要旨, 其源頭所發, 非卽此經乎?" 여기서 차경此經은 『서경』「고요모」를 가리킨다. 정약용은 『서경』「대우모」를 심성론, 「고요모」를 경

안민은 치자가 훌륭한 인재를 선발하여 적재적소에 배치하여 백성들의 고통을 덜어서 유학의 가치를 실현하는 핵심적인 방향이라고 할 수 있다.[21]

여기서 『삼국사기』에 나오는 '군유群遊'와 '관행觀行', '미모美貌+장식粧飾'과 '운집雲集' 용어들의 상관성을 검토해볼 만하다. 개별 용어를 서로 종합적으로 살펴보면 화랑과 풍류의 특징이 어떻게 관련이 되는지 살펴볼 수 있기 때문이다. 이 중에 군유는 개인이 아니라 집단으로 움직이며 비교 관찰의 대상이 된다는 특성을 나타낸다. 원화와 화랑의 특성상 당연한 현상이라고 할 수 있다. 하지만 군유는 집단으로 움직인다는 특성 이외에 장소, 방법, 목적 등과 관련해서 아무런 사실을 말하지 않는다. '군유'는 아래의 "유오산수遊娛山水"와 함께 다룰 만하다.

원화와 화랑은 원래 미모에다 장식을 덧보탬으로써 자연적인 아름다움과 사회적인 아름다움을 결합시키고 있다. 이러한 아름다움은 300명과 구름처럼 모인다고 할 정도로 다수의 호응과 자발적인 동조를 끌어내고 있다. 물론 원문에서 다수의 호응과 자발적인 동조가 순전히 미모와 장식의 아름다움에 기인한 반응인지 그 이외에 추가적인 요인에 의한 반응인지 확인할 수는 없다.[22]

다른 요인이 있다고 하더라도 미모와 장식이 짧은 시간에 많은 동조를 이끌어내서 지도력을 발휘할 수 있는 근원으로 간주되고 있는 셈이다. 이렇게 볼 수 있다면 미모가 사람에게 즐거움을 일으키고 나아가 대상에게 가까이 다가가게 만드는 힘으로 작용한다고 할 수 있다.[23] 여기

세론의 측면에서 두 축으로 파악하고 있다.

21 이와 관련해서 백민정, 『정약용의 철학』, 서울: 이학사, 2007, 394~400쪽 참조.

22 『삼국유사』 권3 「탑상塔像」 제4 미륵선화彌勒仙花에 의하면 "인가낭자미염자人家娘子美艶者" 중에 원화를 선발했고, "양가남자유덕행자良家男子有德行者" 중에 화랑을 선발했다. 이를 보면 미모美貌 또는 미염美艶 이외에 덕행德行이 또 하나의 조건으로 추가되고 있다.

23 원화와 화랑이 공통으로 미모를 조건으로 제시하는 점을 주목할 만하다. 무당이 신과 인간을

서 미가 『시경』과 『서경』에 "미차인美且仁"의 형식으로 함께 쓰이는 인仁의 특성과 겹친다는 점과 견주어 살펴볼 만하다.

이 인仁은 후대의 덕성 또는 인성의 맥락이 아니라 씩씩하고 늠름하고 다재다능하여 사람들의 관심을 받을 뿐만 아니라 중심 인물의 특성을 나타내고 있다.[24] 아름다움이 사람의 이목을 집중시키고 함께 공동의 관심사를 갖게 하는 원동력이라는 점에 주목할 만하다. 다만 이 아름다움이 비율과 형식에 맞는 객관적 아름다움인지 다수의 사람이 공통으로 즐겁게 느끼는 주관적 아름다움인지 구분할 수 없다.

이 밖에 이 아름다움이 외면적 형식미에 한정되지 않고 내면적 아름다움을 포함하는 전체미全體美로 연결된다고 풀이하지만 논의의 초점이라고 할 수는 없다. 아울러 위의 구절이 어떤 맥락에서 내면적 아름다움을 포함하고 있는지 확정하기가 쉽지 않다.[25] 왜냐하면 『삼국사기』와 『삼국유사』에서 원화와 화랑의 선발 조건에 미모와 장식 그리고 미염이 반드시 들어가기 때문이다. 물론 다음의 인용문에 보이듯이 화랑이 선발된 뒤에 '도의道義' '가락歌樂' '유오산수遊娛山水'의 과정을 거친다. 따라서 외적인 미모와 장식이 화랑의 유일한 자격이라고 할 수 없지만 초기의 선발 과정에서 그것의 가치를 낮추어볼 필요는 없다.

"或相磨以道義, 或相悅以歌樂, 遊娛山水, 無遠不至, 因此知其人邪正, 擇其善者, 薦之於朝. 故金大門花郎世紀曰: 賢佐忠臣, 徒此而秀. 良將勇卒, 由是而生."(* 밑줄은 필자가 함.)

매개하는 존재이면서 의례를 치를 때 보통 사람과 다르게 화려한 복식과 단장을 한다. 이런 측면에서 원화와 화랑의 '미모'와 '장식'이 무당의 의례성을 닮은 것인지 추측해본다. 후속적인 연구를 통해서 확인해볼 필요가 있다.

24 신정근, 「선비 정신과 풍류 문화의 결합 양상」, 『인문과 예술』 제3호, 2016, 11~12쪽 참조.

25 민주식, 「풍류도의 미학사상」, 『미학』 제11집, 1986, 5~6쪽 참조.

앞에서 살펴보았던 인용문은 주로 인재의 선발과 관련된다. 하지만 이 구절은 화랑이 선발된 뒤의 활동을 말하고 있다. 이는 화랑의 중요한 특성을 알 수 있는 또 하나의 실마리를 제공한다. "상마도의" "상열가락" "유오산수, 무원부지" 등 세 가지는 원래 '미모'와 '장식'을 갖추고 '덕행'이 있는 화랑을 새로운 사람으로 탄생 또는 변모시키는 과정이다. 미모는 원래 갖춘 요소로서 크게 변화시킬 수 없지만 "상열가락" 등 세 가지 활동은 화랑을 새로운 사람으로 탈바꿈시킬 수 있는 시험에 해당된다고 할 수 있다.

이 중에 "상마도의"는 화랑이 무엇을 해야 하고 하지 말아야 하는지 기준을 확립하는 것이다. 이를 통해 어떤 상황에서 가장 올바른 판단을 내릴 수 있게 된다. 따라서 상마도의는 일반 원칙을 정립하고서 실제 상황을 올바르게 해결할 수 있는 실천적 방안을 찾아내는 것이다. 이 과정은 개인이 아니라 집단으로 찾아내야 하기 때문에 '상마相磨'와 '도의道義'를 결합시키고 있다. 이를 통해 화랑은 동료와 공통으로 수련하여 도의를 내 것으로 받아들이게 된다.

"상열가락"은 재탄생의 과정에 음악의 특색이 포함되는 측면을 보여주고 있다. 음악은 『예기』 「악기」에서 말하듯이 사람을 동화시키는 특성을 가지고 있다. 이는 예가 사람을 구별하는 논리로 작용하는 것과 다르다. 이 때문에 악은 사람이 서로 가까워져 점점 친하게 되는 반면에 예는 사람이 서로 거리를 두어 존중하게 된다[同則相親, 異則相敬].[26] 인용문에서 도의와 가락의 관계가 분명하게 언급되어 있지 않지만 예가 도의에 해당된다면 악은 가락에 해당된다고 할 수 있다. 예의 도의를 통해 화랑의 질서와 규율을 익혀 집단의 힘을 배양시키고 다시 음악을 통해 차이를 넘어서 화합하고 동화되는 국면을 이끌어내는 것이다. 화랑은 가락

---

26 『예기』 「악기」 "樂者爲同, 禮者爲異. 同則相親, 異則相敬. 樂勝則流, 禮勝則離. 合情飾貌者, 禮樂之事也. 禮義立, 則貴賤等矣. 樂文同, 則上下和矣."

을 통해 재탄생의 임무에 기계적으로 매몰되지 않고 과정을 즐길 수 있다.

"유오산수, 무원부지"는 앞에서 살펴본 "유취군유類聚群遊"가 고정된 장소나 특정 지역을 순회하는 것이 아니라 어떠한 제한을 받지 않고 일어나는 활동이라는 점을 나타낸다. 동아시아 사상사에서 유遊는 학學의 구별되는 특성을 갖는다.[27] 형식적인 면에서 학學은 특정한 공간에서 일정한 규칙에 따라 선생이 학생에게 지식을 전수하는 형식으로 진행된다.[28] 아울러 학은 기존의 지식 체계에 대한 권위를 인정하고 그것을 수용하는 특성을 갖는다.

반면 유遊는 공간적인 제약성을 벗어나거나 아니면 현실적으로 존재하는 곳에서 만나는 대상에 촉발해서 자유로운 이야기로 진행된다.「인간세人間世」에서 장자는 무용無用의 삶이 갖는 가치를 말하기 위해 숲속을 다니는 장석匠石을 등장시킨다. 이러한 측면은『장자』에서 가장 특징적으로 드러난다. 유遊의 대상으로 끝이 없는 곳의 "무궁無窮", 사해의 바깥의 "사해지외四海之外", 먼지와 때로 가득 찬 세속의 바깥의 "무구지외塵垢之外", 어디에도 있는 않는 곳의 "무하유지향無何有之鄕", 아무런 흔적이 없는 곳의 "무짐無朕" 등이 제시되고 있다.[29] 이러한 세계의 명명은 "끝이 있는 곳", "사해의 안", "먼지와 때로 가득 찬 세속의 안", "어디

---

27 김시천은 학學이 예禮를 익히는 유가의 특성을 나타내는 반면에 유는 격식이 없고 자유로운 장자의 특성을 갖는다고 구별하고 있다. 자유 자체가 학과 유의 결정적 차이가 될 수 없다. 학도 배움의 고통을 지난 뒤에 지식(진리)이 주는 자유로 이어질 수 있다. 학學은 지식에 의한 자유를 말하는 반면 유遊는 지식의 억압에서부터 벗어나는 자유를 말하고 있다. 김시천,「정신과 유희:『장자』의 '유遊'와 삶의 복원」,「도교문화연구」제37집, 2012, 120쪽 참조.

28 이러한 맥락의 학學은 유遊와 의미가 겹친다. 이런 실례로『맹자』「진심」상의 "유어성인지문자난위언遊於聖人之門者難爲言"을 들 수 있다. 물론 이때에 학學은 배우는 행위 자체에 초점이 있다면, 유遊는 수업 이외의 일상적 활동까지 포함한다.

29 공자와 맹자 그리고 장자가 모두 유를 말한다. 하지만 공자와 맹자의 유는 장자의 유와 의미가 다르다. 둘의 차이에 대해 김시천,「정신과 유희:『장자』의 '유遊'와 삶의 복원」,「도교문화연구」제37집, 2012, 118~126쪽 참조.

에나 널려 있는 곳", "수많은 흔적이 있는 곳"의 기표를 부정하는 특성을 갖는다. 장자는 유遊를 통해 사회적 규범의 억압을 초월하려고 하면서 그 힘이 미치지 않는 곳이 실제로 존재한다는 점을 나타내고자 했다. 이 때문인지 장자는 대상을 바꿔가며 끊임없이 옮겨 다니면서 이야기를 나누고 있다.

"유오산수, 무원부지"는 사회적 억압을 초월하여 자유의 세계를 노니는 장자의 유遊와 전면적이 아니라 부분적으로 겹치는 특성을 갖는다. 먼저 비슷한 측면을 살펴보자면 이렇다. "유오산수, 무원부지"와 장자의 '유'는 사람이 원래 살고 있는 일상을 벗어나 멀리 다른 곳으로 떠나는 계기를 가지고 있다. 한 곳에 머물러 있는 것을 유라고 할 수 없기 때문이다. 이는 유遊가 학교라는 특정 공간에서 이루어지는 교육과 다르다는 점을 그대로 나타낸다. 또 유遊가 결코 완전히 떠나는 은隱이 아니라 언젠가 떠난 곳으로 돌아온다는 점도 닮았다.

같은 점 이외에 화랑의 유遊는 장자의 유遊와 다른 점이 있다. 이와 관련해서 먼저 김학성은 노장 또는 도교의 '유'가 무위의 경지나 사람이 없는 곳에서 자신과 나라를 잊고 고요하고 아득하며 황홀한 신비주의를 지향하는 반면에 풍월도는 언제나 나라의 안녕과 수호를 위한 목적을 가진다며 양자를 구분하고 있다.[30] 그는 양자의 차이를 나라 생각을 하느냐의 여부에 두고 있다. 이 주장은 수용할 만하다. 장자의 자유는 국가의 요구에서부터 벗어나는 계기를 포함하고 있기 때문이다.

반면에 그의 주장에서 장자를 황홀한 신비주의로 보는 견해는 타당하지 않다. 장자는 제자와 숲속을 거닐다가 목수 장석匠石이 옹이가 많은 나무를 거들떠보지 않는 상황을 목격했다. 옹이가 많으면 쓸모가 없기 때문이다. 날이 어두워 장자는 숲속에 하룻밤 머물게 되었는데, 장자를

---

30 김학성, 「향가의 희장집단」, 한국고전문학회 편, 『문학과 사회집단』, 서울: 십분냥, 1995, 21쪽 참조.

대접하는 사람이 집에 기르던 거위 중 울지 못하는 거위를 잡았다. 거위는 쓸모없기 때문에 죽게 되었다.

이에 제자들은 쓸모 있음과 쓸모 없음이 모두 완전한 해결책이 되지 못한다며 어떻게 해야 하는지 장자에게 질문했다. 장자는 유용과 무용 모두 한계를 가지므로 그 사이[間]로 나아가겠다는 자각을 했다.[31] 여기서 우리는 장자가 무용과 유용의 문제에 대한 해결책을 끊임없이 모색하고 있는 점을 살펴볼 수 있다. 이렇게 보면 장자의 유는 결코 황홀한 신비주의가 아니라 세계와 어떻게 거리를 두어야 하는가를 풀려는 사건의 성격을 갖는다.

『삼국사기』와 『삼국유사』에서 화랑과 관련된 유의 용례를 살펴보면 화랑과 장자의 차이를 찾을 수 있다. "군오산수遊娛山水, 무원부지無遠不至"는 "유풍악遊楓岳", "유금란遊金蘭", "우유사방優遊四方"처럼 일상을 벗어나 멀리 나가는 형식으로 나타나고 있다. 아울러 화랑의 유는 군사적 정치적 목적이라는 실용적 동기만이 아니라 제사와 제의를 지내는 맥락에서 이루어지고 있다. 아울러 유는 신선이 강림하여 노니는 활동을 가리키기도 한다.[32]

이렇게 보면 『삼국사기』와 『삼국유사』에서 화랑이 일상을 떠나 먼 곳을 다니는데, 이는 화랑이 어느 한 곳이 아니라 두 세계를 넘나드는 특징을 보여주고 있다. 이때 유는 화랑이 두 세계의 경계를 넘나들면서[유蹂] 서로 매개하여 속의 문제를 치유하여[유癒] 사람들을 즐겁게 하는[유愉] 특성을 갖는다. 이것은 화랑이 두 세계를 넘나드는 '사이 존재'로서 이전에 없던 힘을 가지는 성장의 탈바꿈을 이루어내는 계기와 맞물려 있

---

31 『장자』「산목山木」 "明日, 弟子問於莊子曰: 昨日山中之木, 以不材得終其天年. 今主人之雁, 以不材死. 先生將何處? 莊子笑曰: 周將處乎材與不材之間. 材與不材之間, 似之而非也, 故未免乎累."

32 이연숙, 「유遊의 개념에 대한 연구: 한국과 일본의 고대 기록을 중심으로」, 『비교문학』 35권, 2005, 10~19쪽 참조.

다. 화랑은 사람도 아니고 신도 아닌 '비인비신非人非神', 속인도 아니며 승려도 아닌 '비속비승非俗非僧', 속인도 아니고 선인도 아닌 '비속비선非俗非仙'처럼 특별한 힘을 가진 경계에 있는 존재로 탈바꿈하게 된다. 탈바꿈의 과정에 가락(예술)이 수반되면서 의례적 과정으로 진행되었다고 할 수 있다. 이 측면은 조금 뒤 "접화군생接化群生"을 김유신의 사례를 통해 논의하면서 자세하게 다루려고 한다.

이제 유遊가 어떤 맥락에서 즐거움을 느끼게 하는지 살펴보자. 사람은 노동을 통해 일상에 매여 있다. 그리하여 일상의 삶은 구체적인 시공간에 긴박되어 있다. 어떤 목적을 갖는 이동 아니면 일시적인 이동이 가능한 여행이 아니라면 사람은 늘 그곳을 같은 방식으로 드나들 뿐이다. 이로써 사람은 노동의 일상을 벗어나려는 욕망을 갖는다. 화랑이 정치와 군사의 목적으로부터 완전히 벗어날 수 없지만 그들은 현실에 매여 있지 않고 어디로 갈 수 있다.

화랑은 일상인과 달리 공간의 구속성을 벗어나 마음껏 떠돌아다닐 수 있다. 아울러 화랑의 '군유群遊'와 '유오산수遊娛山水'는 일상에서 경험하던 세계와 전혀 다른 새로운 만남(접촉)을 하게 되고, 이를 통해 이전과 다른 존재로 탈바꿈하게 된다. 일상으로부터 자유로운 외유와 외유의 과정을 통해 탈바꿈은 기성의 권위를 일방적으로 수용하는 학學과 다른 즐거움을 가져오는 것이다.

이제 마지막으로 "유오산수, 무원부지"가 "접화군생"으로 이어지는 연결 지점을 살펴보자.

2) 접화接化와 현화玄化

동아시아 개념 중에는 조화와 진화처럼 '화化'와 결합된 복합어가 많다. 진화進化와 개화開化는 18세기 이래로 동아시아 사회가 전근대에서 근대 사회로 이행하는 과정을 설명할 때 빠질 수 없는 키워드이다. 동아시아 사회는 진화를 하지 못해 서구 열강의 침입을 받았고 개화를 해야 살 수 있는 길을 찾을 수 있었다. 근대화와 현대화 그리고 정보화와 세계화는 현재에도 진행 중인 과제이다. 동아시아 각국의 경우 어떤 분야의 현대화가 달성되었다고 해도 어떤 분야의 현대화가 여전히 과제로 남아 있다. 정보화와 세계화는 현재 한창 진행 중인 과제이다. 동아시아 전근대에도 주역의 변화變化, 장자의 조화造化, 곽상郭象(252?~312)의 독화獨化 등도 독특한 의미 맥락을 가지고 있다.

진흥왕 37년 기사 중 최치원의 「난랑비서鸞郎碑序」에 '접화接化'가 나오고, 진흥왕의 영토 확장 등 치적을 새긴 「마운령비문磨雲嶺碑文」에 '현화玄化'가 나온다. 종래 접화와 현화의 개념은 독특한 점이 있지만 제대로 주목을 받지 못하고 '교화敎化' 또는 '감화感化'와 같은 맥락으로 풀이되었다. 이렇게 되면 접화와 현화는 일종의 사회화 맥락을 나타내게 된다. 그 결과 풍류와 화랑의 특성이 제대로 밝혀지지 않은 원인이 되기도 했다.

"崔致遠鸞郎碑序曰: 國有玄妙之道, 曰風流. 設敎之源, 備詳仙史, 實乃包含三敎, 接化群生, 且如入則孝於家, 出則忠於國, 魯司寇之旨也. 處無爲之事, 行不言之敎, 周柱史之宗也. 諸惡莫作, 諸善奉行, 竺乾太子化也."

이 구절의 초점은 세 가지이다. 첫째 '풍류'를 가리키는 '현묘지도'를 어떻게 해석하느냐,[33] 둘째, '현묘지도=풍류'의 등식이 다음에 나오는 '삼교'와 어떤 관계를 갖느냐, 셋째, "접화군생"의 의미를 어떻게 파악하

---

33 의미가 아니라 조어를 기준으로 보면 현묘지도玄妙之道는 『노자』 1장의 "玄之又玄, 衆妙之門"에 기원을 두고 있다고 할 수 있다. 최영성, 「최치원의 풍류 사상 이해와 그 기반: 진흥왕 순수비 및 『역경』의 관괘觀卦·손괘巽卦와 관련하여」, 『한국철학논집』 40, 2014, 11쪽 참조.

느냐이다.[34]

"접화군생"의 해석을 살펴보자. 민주식은 "중생衆生을 교화敎化한다"로 번역한다. 다시 이를 "비록 인간뿐만 아니라 모든 생명 있는 동·식물을 모두 다 주체적으로 접화接化 교화敎化할 수 있다는 의미를 갖는다"라고 부연 설명하고 있다. 그는 이러한 번역의 근거를 제시하지 않는다. 아마 그는 "접화군생"을 최치원의 「난랑비서」의 앞부분에 화랑 제도의 성립을 밝히는 구절과 연관시켜 파악하려고 했기 때문에 이렇게 번역하지 않았을까라고 추측해볼 수 있다. 진흥왕이 "사람이 어떤지 알 수 없다고 고민했고" 이를 해결하기 위해 "유취군유類聚群遊"를 관찰 방법으로 실시했다. 화랑들이 무엇을 하는지 살펴서 인재를 선발했으니 그것이 최종적으로 "접화군생"으로 이어질 것이다. 이런 점에서 "접화군생"을 "중생을 교화한다"로 번역하는 듯하다.[35]

이런 번역과 해석이 완전히 틀렸다고 단정할 수는 없다. 하지만 민주식은 화랑 제도의 본질적 성격이 미적 성격에 있다고 보고, 이를 다시 신라 시대의 미학 사상의 성격, 즉 조화로운 미적 인간의 형성을 지향했던 신라인의 이성을 파악하려는 시도로 확대시키고 있다.(1986, 3쪽) 이러한 목적에 비춰볼 때 "중생 교화"로서 "접화군생"의 의미는 —자신이 차별을 두려고 했던— 종교적인 중생의 구원과 차이가 나지도 않을 뿐만 아니라 미학을 교육적 실천의 수단과 범위로 한정시키게 된다. 그 결과

---

34 두 번째 문제는 다음 기회에 다루고자 한다. 잠정적인 결론을 말한다면, 풍류는 아래에 나오는 유도불의 삼교로 설명될 수 있지만 환원되지 않는 특징을 가지고 있다고 할 수 있다. 문맥을 압축하면 "풍류함삼교風流含三敎"로 되는데, 이는 풍류가 삼교를 포함하는 관계에 있다는 것을 나타낸다.

35 민주식, 「풍류도의 미학 사상」, 『미학』 제11집, 1986, 8~9쪽 참조. 이 구절을 교화의 맥락으로 번역하는 경우가 많다. 한흥섭과 한지훈은 "많은 사람을 접촉하여 교화한다"로 번역했다. 한흥섭, 「풍류도風流道, 한국음악의 철학과 뿌리」, 『인문연구』 제49호, 2005, 299쪽; 한지훈, 『풍류, 그 형이상학적 유혹』, 고양: 소나무, 2015, 37쪽 참조. 최종민은 "모든 생명과 접촉하면 이들을 감화시킨다"로 번역했다. 최종민, 『풍류』, 한국학중앙연구원 편, 『한국민속문화대백과』 23, 1994 참조.

그는 풍류와 미학을 연결시키려고 하는 목적 의식을 충족시키지 못하게
된다. 아울러 진흥왕 37년의 기사를 전체적으로 볼 때 이 번역은 "접화
군생"과 "유오산수"의 연관성을 설명할 수 없다는 점에서 큰 약점을 가
지고 있다.

"접화군생"에서 접은 사전적 풀이에 따르면 가까이하다, 잇다, 닿다,
이어지다, 받다(받아들이다), 모이다, 사귀다, 접붙이다, 흘레하다 등의
뜻을 나타낸다. 접은 서로 떨어져 있던 것이 한쪽이 다른 한쪽에게 다가
가거나 양쪽이 서로 다가가서 공간적으로 함께 있다는 기본적인 뜻을 나
타낸다. 여기서 서로 다가가는 양쪽을 무엇으로 보내느냐에 따라 의미
가 좀더 확정될 수 있다. 나아가 접은 한 번의 만남이 계속 이어지거나
양쪽이 서로에게 침투하는 뜻을 나타낸다. 상호 침투를 나타내는 접接의
과정을 통해 화化가 일어난다. 한쪽이든 양쪽이든 접한 뒤에 접하기 이
전과 다른 변화를 보이는 것이다.

이런 의미 맥락을 고려하면 접화는 앞서 살펴보았던 '군유群遊', '유오
산수遊娛山水'와 긴밀하게 이어질 수밖에 없다. 이 점은 지금까지 포착하
지 못하고 그냥 지나쳤던 부분이다. 사실 이 부분이 화랑과 풍류의 연관
성이 드러날 수 있는 핵심 지점이다. 유遊가 기본적으로 일상과 노동에
머물던 곳을 떠나서 다른 곳으로 자유롭게 옮겨가는 계기를 가지고 있
다. 유 다음에 접이 일어나게 된다. 따라서 먼저 유遊의 활동이 있고 난
뒤에 접接의 현상이 일어나고 화化의 결과가 생겨나는 것이다.

'접화'와 '군유群遊' '유오산수遊娛山水' 세 가지의 연관성은 이렇게 설
명할 수 있다. 군유는 화랑이 집단으로 일상을 떠나는 측면을 나타내고,
유오산수는 떠나는 곳이 산수로 특칭이 되면서 동시에 즐거움을 찾는 측
면을 나타낸다. 접화는 산수에 노니는 군유와 유오산수를 바탕으로 새
로운 접촉을 하고 그 결과로 화가 일어나는 측면을 나타낸다. 세 가지가
밀접하게 연관되면서 화랑이 일상을 벗어나서 즐거움을 느끼면서 출발
과 다른 사람으로 변화하는 탈바꿈을 잘 나타내고 있다.

나는 김유신의 사례를 통해 위의 주장이 타당한가를 살펴보고자 한다. 김유신은 화랑의 일원이었다. 그와 관련된 내용을 분석하면 김유신이 화랑의 활동을 통해 전후로 어떻게 변화되는지를 읽어낼 수 있다. 『삼국사기』 「김유신 열전」을 중심으로 이러한 김유신의 사례 분석을 통해 풍류와 화랑의 연관성을 탐구할 수 있는 실마리를 찾을 수 있다고 생각한다.

나는 먼저 김유신의 행적에 주목해서 "유오산수"와 "접화군생"의 연결 지점을 찾아보려고 한다. 김유신은 15세에 화랑이 되어 용화향도龍華香徒를 이끌었다. 그는 17세(611)에 고구려, 백제, 말갈이 신라를 침범하는 것을 보고 의분이 북받쳐 적을 무찌를 뜻을 품고 중악中嶽의 석굴에 들어가 재계하고 하늘에 맹세했다. 이 석굴행은 군유라는 화랑의 집단적 활동과 달라 보인다. 하지만 이 행적이 순전히 김유신 개인적인 활동인지 동조하는 화랑이 있었는지 기록상으로 분명하지 않다.

이 재계가 효험을 봐서 난승難勝의 노인을 만나 삼국을 아우를 비법을 전수받았다. 또 612년에 외침을 받자 다시 보검을 차고 인박산咽薄山 골짜기에 들어가 향을 사르고 하늘에 고하자 보검이 영험함이 깃드는 일이 일어났다. 김유신은 611년과 612년 연이어 일상을 떠나 중악과 인박산으로 갔는데, 이것은 유오산수에 해당되는 활동이다. 이 활동을 통해 김유신은 난승 노인과 하늘과 만나서 이전과 다른 능력을 가지게 되었다. 즉 삼국을 아우를 비법과 보검을 얻었다. 「김유신열전」에서 김유신의 접화는 비법과 보검이라는 물질적 비물질적 요소를 아우르고 있다.[36]

화랑으로서 김유신은 개인적으로 해결할 수 없는 한계 상황에 이르면

---

36 『삼국사기』는 권41 「열전」 제1~제3까지 김유신을 다룰 정도로 비중을 두고 있다. 김유신은 모두 4차례에 걸쳐서 위기 상황에서 신성한 곳으로 옮겨가는 사례를 보여주고 있다. 『삼국사기』에서 「김유신 열전」의 분량은 김유신의 탁월성에 상응하는 몫이라고 볼 수 있다. 「김유신 열전」의 내용도 김부식이 사실 기술을 중시한다고 했지만 오늘 시각에서 보면 신화적 색채와 영웅주의가 짙게 반영되어 있다. 나는 「김유신 열전」을 바탕으로 김유신이 시대 상황에 따라 다양한 변신 과정을 보여주고 있는데, 이를 극화시킬 수 있다고 생각한다. 긴 호흡으로 미래에 수행해야 할 작업의 목록에 넣어둔다.

머물던 곳을 벗어나 산 속의 석굴과 골짜기로 들어갔다. 머물던 곳에서 떠나는 것은 그 안에서 현재의 문제를 풀 수 있는 해결책을 찾을 수 없다는 한계 상황을 인정하는 것이다. 있던 곳(일상)을 떠나서 이른 곳(산수)에서 김유신은 어떤 존재의 만남이나 어떤 힘의 부여, 즉 낯선 것과 만남을 강하게 바란다. 김유신은 이 만남을 통해 이전의 무기력하고 나약한 존재에서 문제를 해결할 수 있는 힘을 가진 존재로 다시 태어난다. 이러한 탈바꿈을 이룬 끝에 있던 곳으로 돌아와 개인과 공동체가 마주하고 있는 한계 상황을 극복하는 과정을 보여주고 있다.

김유신의 사례를 보면 접화는 알고 있던 사람에서부터 멀어지는 것도 아니고 낯선 자를 기피하는 것도 아니다. 접화는 장소를 끊임없이 넘나들면서 만남을 바라는 환대와 주어진 상황을 해결해야 하는 소명을 기꺼이 떠맡는 것이다. 이 점에서 접화는 공간과 관계로부터 떠나면서 동시에 멀어지는 계기를 가진 장자의 소요유逍遙遊와도 다르고, 독자적으로 변화를 이루며 고립된 상태에 놓인 곽상郭象의 독화獨化와도 다르다고 할 수 있다.

접화군생은 김유신처럼 화랑이 자신에게 주어진 운명을 기꺼이 받아들이고 두 세계를 넘나들고 낯선 것과 만남을 환대하여 그 접촉을 통해 이전과 다른 존재로 거듭나서 문제를 해결하여 결국 다양한 생명을 서로 묶어주는 일련의 과정을 포함한다. 접화군생은 김유신처럼 일상과 산수, 인간과 하늘 또는 신적 존재로 구분되는 두 영역의 사이를 넘나들 수 있는 존재를 필요로 한다. 김유신과 같은 화랑이 사이 존재로서 풍류 활동을 통해 새로운 힘을 기르는 것이다.

이러한 접화군생은 진흥왕의 「마운령비문磨雲嶺碑文」 또는 「마운령신라진흥왕순수비磨雲嶺新羅眞興王巡狩碑」에 나오는 '현화玄化'와 종합적으로 검토해볼 필요가 있다.[37]

---

37 노용필, 『신라진흥왕순수비연구』, 서울: 일조각, 1996 참조. 이 구절의 발견은 이동환, 「한국

夫純風不扇, 則世道乖眞, 玄化不敷, 則邪爲交競. 是以帝王建號, 莫不修己以安百姓. 然朕歷數當躬, 仰紹太祖之基, 纂承王位, 兢身自愼, 恐違乾道.

비문의 '순풍'과 '현화'는 글자로만 보면 순수한 바람과 현묘한 변화를 나타낼 수 있다. 초점은 자연 현상이 아니라 사회적 기풍과 관련이 있다. 순풍과 현화가 제대로 일어나지 않으면 세도世道가 어그러지고 사위邪爲(邪僞)가 다투어 일어난다고 말하고 있기 때문이다.

순풍은 사회의 긍정적 바람을 몰고 올 수 있는 노력과 움직임이라고 할 수 있다. 현화는 사상 서적에 잘 쓰이지 않고 문학 작품에 나타난다. 두 가지 의미 갈래를 보인다. 하나는 성인 또는 천자의 덕이 백성을 상대로 교화를 일으키는 맥락이다. 좌사左思의 「위도부魏都賦」에 "현화소견玄化所甄"이라는 구절이 나온다. 다양한 해석의 가능성이 있으므로 주석을 통해 구절의 의미를 살펴보자. 장선張銑의 주를 보면 현玄은 성인聖人이고 견甄은 이루다고 풀이하고 있다. 이에 따르면 "성인의 교화가 이루어지다"라는 뜻이 된다.[38]

다른 하나는 신묘한 변화를 나타낸다. 당 제국 이조위李朝威의 전기傳奇 소설인 『유의전柳毅傳』에 보면 용왕龍王과 태양도사太陽道士가 각각 물과 불로 신기한 일을 할 수 있다. 용왕龍王은 한 방울의 물로 계곡을 휩쓸 수 있고, 태양도사太陽道士는 등불 하나로 아방궁을 다 불사를 수 있다고 한다. 이러한 신비한 힘을 "현화각이玄化各異"로 묘사했다. 장우학張友鶴의 주에 따르면 현화는 신기한 변화를 가리킨다.[39] 진흥왕 일인

미학사상의 탐구(Ⅲ): 풍류도의 미학사상」, 『한국문학연구』 창간호, 2000의 도움을 받았다. 그는 화랑의 특성을 신교神敎와 불교佛敎의 결합, 즉 신불습합으로 설명하려고 한다.

38 『문선』 「위도부」 "玄化所甄, 國風所稟. 張銑注: 玄, 聖. 甄, 成."

39 『유의전柳毅傳』 "吾君, 龍也. 龍以水爲神, 擧一滴可包涵谷. 道士, 乃人也. 人以火爲神聖, 發一灯可燎阿房. 然而靈用不同, 玄化各異. 張友鶴注: 玄化, 神奇變化." 『유의전』의 전문과

의 역량을 가리킨다면 '현화'는 「위도부」의 맥락에 어울리지만 진흥왕을 포함해서 집단적 사회적 움직임을 가리킨다면 '현화'는 『유의전』의 맥락에 어울린다고 할 수 있다. 여기서 김유신의 사례를 고려하여 『유의전』의 맥락을 따르고자 한다.

방증을 제시한다면 현玄은 『노자』와 『천자문』에서 보이듯 하늘과 관련되거나 신과 같이 존엄한 존재의 작업을 나타낸다. 인용문에서도 현화玄化가 제일 마지막의 건도乾道와 호응되고 있다. 아울러 현玄은 현상(결과)은 있지만 원인을 정확하게 규명할 수 없거나 사람의 인과적 인식을 넘어선 자연과 사회 현상을 가리킨다. 이와 같은 경우 현玄은 정확한 탐구가 금기시되거나 인간의 지성을 넘어서 있기 때문에 언표 불가능하다는 의미를 갖기도 한다.

개념을 고립적으로 독해하면 순수한 바람과 신기한 변화가 진흥왕 시대의 어떤 흐름과 연결되는지 그 맥락이 드러나지 않는다. 조어造語를 보면 앞의 구절에서 나온 현묘지도玄妙之道와 풍류風流는 현화玄化와 순풍純風에 대응될 수 있다. 둘은 각각 공통되는 현玄과 풍風을 포함하고 있기 때문이다. 이 대응 관계에서 한 단계 더 추론하면 현화는 접화군생과 대응한다. 이에 따르면 진흥왕은 의욕적으로 추진했던 풍류도가 활발하게 성행하지 않고 접화군생이 활성화되지 않아 사회의 기풍이 일신되지 않는 점을 안타까워하고 있다. 그 결과 진흥왕은 어떤 상황에서도 굳건하게 작용을 하는 건도乾道와 어긋날까 봐 염려하고 있다.

이렇게 보면 현묘지도와 현화는 김유신의 경우에서 보이듯 초자연적인 현상을 포함하고 있어서 언어로 표현할 수 없지만 공동체가 안고 있는 문제 상황을 풀어서 서로의 생명을 이어가는 변화를 나타낸다고 할

전체 번역은 http://baike.baidu.com/view/137859.htm 참조. 『문선』과 『유의전』의 전래와 수용을 조사한다면, 어느 쪽의 번역이 더 타당한지를 정확하게 판단할 수 있을 것이다. 이 작업은 다음의 기회로 미룬다.

수 있다. 풍류는 접화군생을 이루어내는 현묘지도와 현화의 또 다른 이름이라고 할 수 있다.

접화 또는 현화는 미학과 관련을 맺을 수 있을까? 접화는 군유群遊와 유오산수遊娛山水를 이어 평소 모습을 드러내지 않는 숨은 존재나 특별한 힘과 접촉(만남)을 이룬다. 이때 나는 숨은 존재와 특별한 힘에 비해 한없이 작기에 만남을 기도하게 된다. 나는 거대한 것에 압도되는 놀람과 경외감을 갖게 된다. 이 놀람과 경외감은 나로 하여금 거대한 것으로부터 물러나서 도망치게 하지 않는다. 오히려 나로 하여금 거대한 것으로 더 다가가게 만든다. 압도하는 숭고한 존재이기에 나에게 없는 것을 부여할 수 있기 때문이다.

그래서 '나'는 있던 곳에 머무르지 않고 일상과 노동이 지배하지 않는 깊숙하고 먼 곳으로 옮겨가는 과정이 필요하다. 나는 그 만남에서 이전의 왜소한 존재에서 거대한 존재로 다시 태어난다. 접화는 나와 비교할 수 없는 거룩한 존재나 힘을 만나고 그 과정에서 나의 바람이 다른 것과 뒤섞일 수 없는 순수하고 진실하게 된다. 나는 진실하게 바라는 것 이외에 다른 잉여가 없는 온전한 존재가 된다. 이 때문에 나는 세속과 탈속, 범과 속, 일상과 비일상의 두 세계를 넘나들며 중재하고 질서를 끊임없이 재생하는 '사이 존재'가 된다. 이 과정에서 화랑이 우울한 사람을 유쾌하게 만들고 불안한 세상을 아름다운 터전으로 바꾸게 된다. 따라서 아직 더 많은 연구가 필요하지만 잠정적으로 풍류를 '사이 존재의 미학'으로 부르고자 한다. 이 때문에 사이 존재의 미학이 성립하려면 미모美貌와 장식粧飾은 풍류의 기본 조건이고, 오유娛遊는 풍류의 동태적 활동이고, 접화接化는 풍류의 지향이 되는 것이다.

4. 맺음말

풍류는 원래 민족 사상, 고유 사상의 문맥에서 연구가 진행되었다가 고전 문예를 전공하는 사람에 의해 미학으로 규정되었다. 그 결과로 풍류는 많은 연구자들이 공통으로 관심을 갖는 연구 주제로 부각되었다. "'풍류風流'라고 하는 말은 서양의 미학 혹은 예술론에 대응되는 동아시아 삼국의 고유한 사유방식과 미의식을 드러내기에 적당한 용어인 것이다."[40] 이 주장은 풍류의 위상을 단적으로 보여주는 말이라고 할 수 있다.

우리나라에서 풍류가 미학의 대표 개념으로 알려졌다면 중국의 경우 경계 또는 의경이 미학의 대표 개념으로 널리 알려져 있다. 왕국유(왕궈웨이)王國維는 중국에서 '미학'을 처음으로 사용한 세대이자 미학을 연구한 인물이기도, 서양 미학에 맞서서 중국 미학의 독자성을 수립하려고 했던 인물이기도 하다. 그는 특히 마지막 작업을 하기 위해, 구양수의 『육일시화六一詩話』의 서사 방식을 계승하여 『인간사화人間詞話』를 집필했다.[41] 그는 『인간사화』에서 '경계境界' 또는 '의경意境'을 중국 미학의 독자적 특성을 나타내는 개념으로 부각시키고자 했다.

『인간사회』를 읽어보면 그는 낡은 틀에 새 내용을 담으려고 했던 탓에 '경계'의 의미를 파악하기 아주 힘든 개념으로 만들어버렸다. 이후의 연구로 경계의 의미와 특성이 점점 밝혀지고 있다. 이와 관련해서 별도의 전문적인 논의를 할 예정이지만 경계 또는 의경은 4가지 핵심적인 의미의 계기를 갖는다. 첫째, 예술 작품을 감상하고 나서 의미와 감동이 잔상, 잔영, 여흥, 여운 등처럼 일정 기간 지속되어야 한다. 좋은 영화가

---

40 신은경, 『풍류: 동아시아 미학의 근원』, 서울: 보고사, 1999, 15쪽 참조.

41 허문환, 김규선 옮김, 『역대시화』 3, 소명출판, 2013; 왕국유(왕궈웨이), 류창교 옮김, 『세상의 노래 비평 인간사화』, 서울: 소명출판, 2004 참조.

끝난 뒤에 자리에서 일어나지 못하고 영화를 음미하듯이 예술 공연이 끝나더라도 감동이 지속되어야 한다. 공자가 제 나라에서 순 임금의 소韶 음악을 듣고 3개월 동안 고기 맛을 몰랐다고 했는데, 이 3개월도 감동이 지속되는 시간이라고 할 수 있다.

둘째, 예술 작품과 공연을 관람 중이거나 관람이 끝나더라도 감동이 지속되는 것에 그치지 않고 작품을 매개로 다른 경험·기억·사건·작품을 연상시키는 작용을 활발히 일으킨다. 영화를 보다가 자신의 유년 시절을 떠올리며 영화의 진행에서 잠시 빠져나오는 듯한 체험을 하게 된다. 잘 찍은 사진을 보고 있노라면 네모 너머의 상황이 연상이 되어 상상의 나래를 펼치게 된다. 음악을 듣다보면 밑도 끝도 없는 세상으로 이끌려가는 환상을 느끼기도 한다.

셋째, 이러한 상상과 환상의 상태에 있으면 현실로 돌아오거나 예술 작품의 감상으로 돌아오지 못하고 새로운 상상의 세계에서 유영을 하게 된다. 음악과 영화가 끝나고 끝난 줄을 모르고 그 자리에 멍한 듯 앉아 있다. 누군가 어깨를 치면 그때서야 공연이 끝난 줄 알며 현실로 돌아오게 된다. 바로 이러한 특성 때문에 경계와 의경의 '경' 자는 경景이 아니라 경境 자여야 한다. 전자는 아름다운 광경에 초점이 있다. 후자여야 감상자가 한 세계에서 다른 세계로 옮겨 다니는 계기를 포착할 수 있다.

넷째, 사람이 이처럼 감동, 상상, 유영의 세 가지 계기를 경험하게 된다면 사람과 예술의 간격이 사라지게 된다. 예술이 삶의 일부로 자리하게 된다. 이로써 삶은 이해 관계에 의해 철저하게 계산되고 평가되는 경쟁의 장이 아니라 감동과 즐거움을 낳는 유쾌한 무대가 될 수 있다.

요약하면 경계는 감동을 통해 무한한 상상력을 발휘하여 무관한 사태를 매개하여 그 안에서 정화되고 고양된 즐거움을 주는 지평이다. 경계가 앞으로 중국 미학 나아가 동아시아 미학의 독특성을 드러내는 개념으로 받쳐지려면 더 많은 연구를 필요로 한다. 나는 이 지점에서 풍류와 경계가 만날 수 있다고 생각한다.

풍류는 한·중·일 중에서 특히 한국 종교, 문예, 미학, 철학에서 관심을 쏟는 주제이다. '풍류'가 '경계'와 함께 동아시아 미학을 대표하는 개념이 되려면 경계에 대한 연구만큼 많은 작업을 필요로 하다. 문제 제기에서 지적했듯이 우선 '풍류'와 관련된 믿을 만한 자료집이 나와야겠다. 나아가 용례 파악을 넘어서서 풍류 개념의 의미를 구성하는 핵심적 계기의 내재적 연관성을 엄밀하게 밝히는 연구가 진행되었으면 좋겠다.

이 과정에는 과잉 기대와 희망 사항 그리고 상상력의 억제가 필요하다. 아무리 빛나는 목적이 저 앞에 있다고 희망 사항을 학문적 연구와 동일시할 수는 없기 때문이다. 그리고 풍류가 동아시아 사상사의 흐름 중 유교·불교·도교·신도神道 중 어느 쪽과 친연성을 갖는지 배당하는 작업의 의무에서 벗어나면 좋겠다. 풍류가 동아시아 미학을 대표한다면 당연히 다양한 사상과 의미 갈래를 포함할 수밖에 없다. 풍류의 다양한 의미 계기를 해체해서 조립하는 것은 엄밀한 분석에 도움이 되지만 환원해서 배당하는 것은 풍류의 종합성을 해치는 길이기 때문이다.

풍류와 미학의 연관성을 좀 더 엄밀하게 정립하려면 보완하고 숙고해야 할 사항이 많다. 중국 고전에 나오는 풍風의 의미, 유협의 『문심조룡』에 나오는 풍골風骨, 그리고 『삼국사기』와 『삼국유사』 이후에 나오는 풍류의 의미 등 두루 살펴봐야 한다. 그리고 풍류가 현대 미학의 맥락에서 어떻게 재해석될 수 있는지도 검토해봐야 한다. 긴 출발을 위해 작은 한 걸음을 내딛었을 뿐이다. 아울러 앞으로 풍류의 연구가 희망 사항을 밝히듯 민족의 고유성을 강조하기만 할 것이 아니라 좀 더 엄밀한 지평 위에서 학문적 요구를 충족시키는 방향으로 진행되었으면 좋겠다.

제7장

예술 인문학의 길:
인문학 위기 담론에서
자생력 담론으로

요약문

　　오늘날 우리는 인문학과 관련된 두 가지 현상을 만나고 있다. 주로 인문학의 성과를 생산하는 대학에서는 '인문학 위기론'을 펼치고, 인문학의 성과를 향유하는 일반 사회에서는 '인문학 호황론'을 말하고 있다. 같은 대상에 대한 상반된 반응은 분명 모순으로 보이지만 사실이다. 이에 대해 인문학 종사자들은 인문학을 보호할 수 있는 제도적 장치와 인문학이 고사되지 않는 재정적 지원을 요구하고 있다. 이런 상황에서 "어떻게 하면 인문학이 살아날 수 있을까?"라는 고민을 하지 않을 수가 없다. 이 글에서는 인문학이 외부의 지원에만 의존하지 않고 자생력을 가질 수 있는 길을 예술 인문학의 관점에서 검토해보고자 한다. 인문학은 예술 인문학의 길을 통해 외부의 지원에서 독자적 생존의 길을 모색했던 과정에서 시사를 받을 수 있다고 생각한다.

키워드: 인문학, 자생력, 예술, 위기론, 예술 인문학

1. 문제 제기

오늘날 우리는 인문학과 관련된 두 가지 현상을 만나고 있다. 주로 인문학의 성과를 생산하는 대학에서는 '인문학 위기론'을 펼치고, 인문학의 성과를 향유하는 일반 사회에서는 '인문학 호황론'을 말하고 있다. 같은 대상에 대한 상반된 반응은 분명 모순으로 보이지만 명백한 사실이다. 오늘날 흔히 목격할 수 있는 인문학의 두 얼굴이라고 할 수 있다. 두 얼굴을 하나로 합치면 위기가 극복될 수 있으리라는 행복한 상상을 해본다. 즉 "일반 사회의 인문학 호황이 대학으로 불어닥치면 위기가 극복될 수 있을 것이다." 두 현상을 화학적으로 결합한다면 현실에서 일어날 수 있는 일이다. 하지만 현실에서 그런 일이 일어나지 않고 있다.

일반 시민은 강연과 책 등을 통해 인문학의 성과에 접하게 된다. 강연은 말로 진행되고, 책은 문자로 기술되어 있다. 최근 정부, 공공기관, 지방자치단체, 기업 등 수많은 단체가 인문학 강연을 경쟁적으로 마련하고 있다. 우리는 놀라운 변화가 있을 때 '단군 이래'라는 수식어를 흔히 쓴다. 우리가 이 표현을 빌린다면 교육기관이 아닌 곳에서 단군 이래 최다의 인문학 강연이 실시되고 있다고 할 수 있다. 우리나라는 대기업이 주체가 되는 성장 중심과 수출 주도의 경제 정책을 펼쳐왔다. 국가 경제가 전체적으로 성장하면 고용이 증대되고 고용이 증대되면 국내 경기가 활성화되고 가계의 살림살이가 나아진다는 것이다. 아울러 정부가 대기업의 주력 업종을 밀어주면 그 성과가 서서히 다른 분야로 확산된다는 것이다. 하지만 요즘 '고용 없는 성장jobless growth'이 장기화되고 있고, 낙수 효과Trickle-Down Effect나 윗목-아랫목 논리가 모두 먹혀들지 않은 지 오래되었다.

이러한 경제 현상은 인문학에도 적용될 수 있다. 사회가 전반적으로 인문학에 대해 이전과 달리 분명히 호의적인 반응을 보이고 있다. 이러한 반응이 늘어난다면 인문학 강좌의 참여자가 계속 증대될 것이고, 참여자가 증대되면 도서의 구입이 늘어날 것이고, 도서의 구입이 늘어나면 전업 인문학 작가가 많이 등장할 것이고, 작가가 늘어나면 대학의 인문학과 인기가 높아질 것이고, 인문학과 인기가 높아지면 대학은 인문학과 정원을 줄이지 않을 것이고 인문학과 정원이 줄어들지 않으면 대학과 사회에서 인문학의 입지가 약해지지 않을 것이다. 하지만 인문학 호황은 긍정적인 변화로 이어지지 않았다.

출판 시장에서는 시詩가 팔리지 않은 지 오래되었고 소설도 팔리지 않는다고 한다. 정치와 스포츠의 큰 행사가 있어서 문학 작품이 팔리지 않는 것이 아니라 만족적으로 팔리지 않고 있다. 불황의 심각성이 얼마나 엄중한지 출판사의 구조 조정과 직원의 해고 소식이 연이어 들려온다.[1] 대학은 인문학과를 통폐합하기에 바쁘다.[2] 철학과 사학 등은 구조 조정의 대상에 늘 단골 항목에 들어가고 있다. 그렇다면 인문학의 호황도 경제 현상과 마찬가지로 낙수 효과가 전혀 없고 '확산 없는 열풍'이 불고 있을 뿐이다.

그간 인문학계도 가만히 있지 않았다. 자성의 목소리와 함께 지원을 호소하는 성명서를 발표했다. 그리하여 '인문학 위기 선언'의 5년 주기설이 나올 정도이다.[3] 성명서와 선언은 현재의 실상을 널리 알려서, 공동체가 해당 문제를 함께 풀어보자는 공론화의 과정이다. 공론화의 과정이 아직도 진행 중인지 인문학의 위기 현상을 풀 실마리가 나오기보다 그 상태가 날로 심화되고 있다.

이제 인문학계 외부의 지원과 제도 개선을 바라는 목소리만으로 인문

---

1   임지선, 「대형 출판사들, 봄은 '해고의 계절'?」, 『한겨레신문』, 2014.04.04일자 기사.
2   이진희, 「철학·불문과 사라지고 의약·예체능 계열 득세」, 『한국일보』 2012.07.24일자 기사.
3   이선민, 「'인문학 위기 선언' 5년 주기설」, 『조선일보』 2012.11.09일자 기사.

학의 위기를 극복할 수 있는 단계를 넘어선 것이다. 인문학 종사자의 처우 개선을 위해 '강사법'이 발효되지만 정작 강사가 교단에서 추방되는 결과를 낳고 있다. 제도를 만들 때 생각하지 못했던 변수가 생겨나게 되었다. 그래서 시행도 하지 않은 강사법의 개정을 요구하는 목소리가 나오고 있다. 이처럼 외부의 지원과 제도 개선은 결코 만능책이 될 수가 없다. 인문학계가 내부적으로 소생할 수 있는 길을 찾아내야 할 때이다. 따라서 이 글에서는 인문학의 자생력에서 인문학의 위기를 극복할 수 있는 길을 모색해보고자 한다. 이 길을 찾기 위해 예술이 후원에 의존한 재생산 체제를 극복하여 자생력을 추구했던 선례를 참조하려고 한다. 이것이 바로 예술 인문학의 길이다. 마지막으로 이 글의 연구 방향과 관련해서 제한을 두고 싶다. 이 글은 순수 학술적인 논의가 아니라 인문학이 공동체와 상호 작용하며 자생력을 갖는 길을 찾고자 하는 이론적 실천적 논의를 다루려고 한다.

2. 인문학 위기의 실상과 그 원인

2.1 학과의 폐과와 통폐합 대 수요자 중심의 대학 교육

인문학계는 다양한 측면에서 '인문학 위기'를 체감하고 있다. 특히 학령 인구의 급격한 감소나 인구 절벽의 현상이 가시화되면서 그 위기의 강도가 더해지고 있다. 인문학의 위기는 입학과 졸업 전 과정에서 나타나고 있다. 학부제 실시 이후에 대학 2학년생이 인문학 전공을 선호하지 않는다. 졸업하고 난 뒤에도 취업에 애로를 겪는다. 이러한 문제는 학부 과정 학생만이 아니라 석사와 박사 과정을 마치고 학위를 취득한 경우에도 그대로 나타난다.

입학과 졸업에 나타난 인문학 위기는 학문 공동체의 문제이기도 하면서 개인의 문제이기도 하다. 입학을 고려할 때 취업률을 검토하므로 인문학과의 취업률이 낮다면 입학률도 낮아지는 연쇄 반응을 낳게 된다. 취업의 경우 인문계 졸업자 중에 취업에 성공하는 사례도 있지만 전공분야에 따라 취업의 난이도가 조금씩 다르다. 바로 이러한 측면 때문에 '인문학 위기'라고 말하더라도 외부에서는 '인문학계 전체'의 문제가 아니라 '인문학계 일부'의 문제로 바라보는 것이다. 아울러 정부의 지원도 결국 인문학계의 일부를 대상으로 하는 정책을 펼치게 된다.

하지만 인문학과의 폐과와 통폐합은 결코 일부 전공의 문제로 한정할 수 없는 심각한 현상이라고 할 수 있다. 먼저 폐과와 통폐합의 실상을 알아보자. 예컨대 한국대학교육연구소가 1999년 대비 2011년 계열별 학과 현황을 분석한 자료에 따르면, 철학·윤리학은 102개에서 77개로 25개가, 독어독문학은 78개에서 65개로 14개가, 불어불문학은 71개에서 55개로 16개가 전국 4년제 대학에서 사라졌다.[4] 특히 대전지역은 대전대, 목원대, 배재대에서 철학과, 국어국문과, 프랑스어문화과, 독일어문화과, 미술·음악과가 구조 조정의 대상이 되면서 인문학과의 공동화 현상이 나타나고 있다.[5]

인문학과의 정원 축소, 통폐합과 폐과는 다른 현상과 비교할 수 없는 근본적인 의미를 갖는다. 대학의 학과는 학문의 지속적 연구와 후속 세대의 양성을 위한 물적 제도적 인적 토대이자 기지이다. 학과가 있으므로 신입생이 지원을 하고, 그렇게 배출된 인원이 사회에 나가 해당 학문의 발전에 이바지할 수 있다. 또 학과가 있으므로 박사 취득자 강의를 통해 학적 연구를 진전시킬 수 있다.

그러한 토대와 기지가 없어진다면 사라지는 것이 한두 가지가 아니

---

4   이진희, 「철학·불문과 사라지고 의약·예체능 계열 득세」, 『한국일보』 2012.07.24일자 기사.
5   한승동, 「인문학, 대전에서 길을 잃다」, 『디트 NEWS 24』 2013.05.29일자 기사.

다. 학생들에게 인문학 교육을 실시할 수 있는 여건이 사라진다. 인문학과가 폐과되더라도 교양학부 또는 교양 과정으로 일부 강의를 대체할 수 있다고 말할 것이다. 물론 가능한 일이다. 하지만 교양학부 또는 교양 과정은 이름에 걸맞게 '교양'에 충실할 수밖에 없으므로 인문학의 학과에서 개설하던 다양한 전공의 교육 과정을 실시할 수가 없다.

수업은 박사 학위를 받은 강사와 전임 교원이 자신이 장기간 연구해 온 결실을 공유하는 기회의 장이다. 학과가 사라지면 당장 교육을 담당하던 교강사가 수업할 기회를 갖지 못하게 되고, 새로운 교강사의 진입이 불가능해진다. 특히 대학의 교원은 다른 취업의 가능성이 절대적으로 부족한 상황에서 장기간의 연구를 통해 박사 학위를 받은 인재가 갈수 있는 안정적인 활동 공간이다.

반대로 인기 없는 인문대학의 학과가 사라지게 되면 학교로서는 운영비가 절감되고 취업률의 평가지표가 상승하고 다른 인기 학문의 강좌수를 확대할 수 있을 것이다. 하지만 인문학의 입장에서 보면 상실감과 박탈감이 극에 달할 수밖에 없다. 학생들이 다양한 인문학을 체계적으로 배울 교육 기회가 없어지고, 신임 교원의 임용이 불가능해지고, 교강사가 자신의 연구 성과를 공유할 기회가 없어지게 된다. 이러한 현상이 한 대학에 그치지 않고 여러 대학으로 확대된다면, 초중고 학생들이 감히 인문학을 전공하려고 시도하지 않을 것이다. 그 결과는 최종적으로 지금 존재하는 인문학계의 토대가 나날이 축소되고 언젠가 소멸할지 모른다는 공포감을 낳게 된다. 과도한 불안감의 발로라고 할 수는 없다.

물론 대학과 정부 등 어느 누구도 인문학의 중요성을 부정하지 않는다. 오히려 인문학의 중요성을 역설한다. 그러한 수사적 표현에도 불구하고 왜 인문학은 학문으로서 존폐의 기로에 서는 구조 조정의 대상이 되는 것일까? 이를 뒷받침하는 논리가 '수요자 중심의 교육'이다. 여기서 수요자는 학생만이 아니라 학부모를 포함하고 수요자 중심은 취업 위주를 가리키는 말이다.[6] 대학이 진리 탐구를 목적으로 하는 상아탑의 세계라고 하지만 현실 세계에 있는 만큼 수요자의 의견을 고려해야 한다는 논리이다.

1995년 교육 개혁부터 학교와 교원을 공급자, 학생·학부모·기업을 수요자로 구분하고서 대학 교육이 수요자의 요구로 전환되어야 한다는 목소리가 제기되었다. 당시 기사를 보면 불어교육학과를 우수한 성적으로 졸업했지만 교사 임용에 실패한 사례를 들며 이를 공급자 위주 교육이 빚어낸 '사기'라고 말하고 있다.[7] 사기라는 평가는 쉽게 할 수 있지만 실패의 책임은 어떻게 되는 것일까? 이에 대한 논의까지 이루어져야 사기의 행각이 제대로 멈춰질 수 있다.

특히 대학 평가에서 취업률이 중요한 비중을 차지하면 수요자 중심의 교육은 한층 더 기세를 올렸다. 학과의 선택과 학과의 우수성 평가에서 수요자 중심의 교육은 취업률의 강화로 이어졌다. 그 결과 "학과를 나와도 취업이 되지 않으면 배워서 무슨 소용이 있느냐?"라는 말이 유행하기 시작했다.

사실 수요자 중심의 교육은 학습 방식의 향상, 학과의 운영, 교과목의 편성, 교육 여건의 개선 등에서 순기능을 유도할 수 있다. 예컨대 수요자 중심의 교육은, 교강사가 강의하니까 학생은 무조건 들어야 하는 것이 아니라 들을 수 있도록 강의하는 수업 방식의 변화를 낳을 수 있다. 간단히 말하면 "있으니까 듣는 것"에서 "들으니까 있는 것"이라는 인식의 변화를 가져올 수 있다.

---

6   수요자를 넓게 해석한다면 취업에만 도움되는 것이 아니라 취업 이후의 삶과 관련해서 도움이 되는 것일 수도 있다. 후자의 경우라면 수요자 중심은 취업에만 한정되지 않고 취업 이후의 행복한 삶, 인간다운 삶을 설계하는 지혜와 관련이 될 수 있다. 그렇다면 수요자 중심은 취업에 도움이 되는 실용 위주의 교육이 아니라 취업 이후의 인문적 지혜로 이어질 수가 없다.

7   「대학 수요需要 위주로 개혁할 때」, 『동아일보』 1996.3.12일자 기사; 「교원공급구조 '수요자 중심' 전환」『한겨레신문』 1995.6.6일자 기사 참조.

하지만 수요자 중심의 교육이 현실에서 취업률 제고 또는 취업률의 절대화가 이루어지면서 여러 가지 부작용을 낳기 시작했다. 취업률에 도움이 되지 않으면 강의를 개설하지 않아도 되고 그런 강의를 개설하는 학과도 없어도 된다는 실용 교육 위주의 논리가 생겨나게 되었다. 아울러 대학은 지성의 전당이라기보다 직업 교육의 센터가 되었다. 즉 대학 교육과 직업 전문 교육의 차이가 없어졌다. 또 대학 교육의 부실화를 우려하는 목소리가 높아지면서 기초 교양과 소양 교육을 담당하는 '학부대학' 또는 '기초교양교육원'의 설립이 유행을 타게 되었다.

이렇게 본다면 수요자 중심의 교육은 현실에서 교육 기법의 다양화 등 순기능을 하기도 했지만 취업률의 절대화로 대학 교육의 부실을 가져왔다. 이제 우리는 진지하게 물을 때가 되었다. "수요자 중심의 교육"에서 수요자는 과연 실체가 있는 대상일까 아니면 어디에도 있지 않는 혜택을 본다고 가정하는 가상 괴물일까? 수요자가 학생과 학부모를 넘어 고용주를 우회적으로 가리킨다면 교육 자체의 정의를 되묻지 않을 수가 없다. 또 도대체 누가 수요자 중심의 교육에 만족하는 것일까? 나는 이 물음에 대한 정확한 대답을 요구한다. 교육을 수요와 공급으로 양분하여 어느 쪽에 중심을 둘 것인가가 아니라 전인 교육의 논의처럼 인간 중심의 교육에서 출발할 수도 있기 때문이다.

이러한 물음에 대한 일반적인 연구 조사 없이 "수요자 중심의 교육"의 목소리만 울려 퍼진다면, 결국 수요자와 공급자 모두, 즉 모든 사람에게 피해를 주는 불행한 사태를 피할 수 없을 것이다. 사람이 스스로 보편자의 자리에서 내려와서 사회적 역할에만 국한되면 삶의 의미가 줄어들 수밖에 없다. 비용 절감의 단기적인 효과를 위해 학문의 기초 토대를 허무는 근본적인 결과를 방치한다면, 교육의 총체적 부실과 '수퍼 갑질'과 같은 차가운 인간의 양산이라는 소탐대실小貪大失의 결과가 생겨날 것이다

차가운 기능과 효율 그리고 성과 중심으로만 사고하면 자기 자신만이

아니라 사회를 비판적으로 바라보는 시선을 잃게 된다. 그렇게 되면 사람은 자신에게 요구하는 의무와 기능에 충실하게 적응할 수 있지만 자신이 스스로 요구하고 욕망하는 권리와 기획하는 의미에 둔감할 수 있다. 후자에 비중을 둘 때 차가운 인간은 수요자 중심의 만능이 아니라 인문교육의 시행을 통해 따뜻한 인간으로 바뀔 수 있다.

2.2 인문학적 '사유'의 상실 대 양적 위주의 논문 평가

지금 한국 대학은 늘 대외적인 평가를 받고 있는 중이다. 중앙일보를 비롯한 국내 대학 평가와 THE(Times Higher Education)에서 발표하는 세계 대학 평가의 상위 순위를 받기 위해 열심히 노력하고 있기 때문이다.[8] 개별 평가 기관의 평가가 공개되고 나면 해당 대학은 자신의 순위가 대학의 질적 우수성을 보증하는 기준으로 광고를 한다. 대학 안에 해당 기관의 순위를 적시한 플래카드를 내걸기도 하고 신문 광고에 대학 광고를 내며 다른 내용보다 평가 기관의 순위를 핵심 정보로 제시한다.

순위는 지금 대학의 특성을 나타내는 어떠한 정보보다 압도적 지위를 차지하고 있다. 이렇게 여러 기관의 대학 평가가 사회적 파급력을 끼치다 보니 대학은 교육 여건 등을 평가 기관의 평가 항목에 맞추기 위해 불철주야 노력을 했다. 예컨대 중앙일보 대학 평가에서 교육 여건의 지표에서 학생 1인당 교수 확보율은 다소나마 교수 충원의 확충을 가능하게 했다는 점에 긍정적인 역할을 했다. 하지만 국제화 지표에서 영어 강좌 비율과 교수연구 지표에서 국내외 학술지 논문 편수의 평가는 현재 대학 사회를 병들게 하는 원인으로 지목되고 있다.[9]

---

8   신정근 외, 「현행 학문 평가의 문제점과 대안 모색」, 2012년 한국철학회 추계학술대회 〈학문 평가와 학문발전〉(2012.11.17), 93, 95쪽 참조.

9   신정근 외, 「현행 학문 평가의 문제점과 대안 모색」, 2012년 한국철학회 추계학술대회 〈학문 평가와 학문발전〉(2012.11.17), 94쪽 참조.

인문학 강좌에서 일정 비율로 영어를 비롯하여 외국어로 강의가 이루어져야 한다. 그렇다 보니 국제어 강좌로 불리는 영어 강의가 증가하는 일로에 있다. 세계화의 시대 여건을 고려해서 '대학의 영어 강의'가 불가피하다는 의견이 많다. 그리고 영어 강의가 어렵기는 하지만 만족도가 높다는 여론 조사 결과가 있다.[10] 하지만 어떠한 기관의 조사에서도 모든 학문 영역에 대한 일반적인 영어 강의를 지지하는 경우는 없다. 대부분 영어 등 외국어로 강의를 진행했을 때 효과를 거둘 수 있는 과목과 그렇지 않은 과목을 구분해야 한다는 목소리가 높다. 그런데도 국제어 강좌의 숫자가 대학 평가에 직접 영향을 미치다 보니 대학은 국제어 강좌 수를 의무적으로 개설하고 또 강좌 수 늘리기 경쟁에 빠져들고 있다.

연구 역량의 평가에서도 학술지 논문의 편수가 중요한 지표로 작용하고 있다. 국내 학술지 논문 1편이 100~150이고, 국제 학술지 논문 1편이 300점이지만 저술은 200점으로 책정된다.[11] 상황이 이렇다 보니 인문대학을 비롯하여 여타 대학의 교원들은 책보다는 논문을 선호한다. 실제로 통계를 보면 인문사회계열 전임 교원 1인당 국내 논문 수는 2007년 0.73편에서 2011년 0.81편으로 증가 추세를 보이고, 국외 논문수도 2007년 0.03편에서 2011년 0.04편으로 증가 추세를 보이고 있다.[12] 또 다른 통계를 보면 최근 5년간 4년제 대학 전임 교원의 "논문 실적은 2008년 50,293편에서 2012년 66,745편으로 32.7% 증가했다." 국제 전문 학술지의 경우 "2012년 게재 건수가 전년에 비해 16.6% 증

10 조수정, 「영어 강의를 향한 단소리 쓴소리」(http://www.i-bait.com/read.php?catald=NLC008001&num=3265) 2010.4.6일자 기사 참조.
11 신정근 외, 「현행 학문 평가의 문제점과 대안 모색」, 2012년 한국철학회 추계학술대회 〈학문 평가와 학문발전〉(2012.11.17), 97~98쪽 참조.
12 김봉억, 「사회와 괴리된 인문학계, '논문주의' 벗어나자」, 『교수신문』 2012.11.19일자 기사 참조.

가했다."[13]

특히 신임 교원은 재임용, 승진, 정년 보장 등의 터널을 통과해야 하므로 논문 쓰기에 대한 중압감을 상상 이상으로 느낀다. "고등학생에게 '대학 가서 놀아라!'라고 하더니, 대학 오니 취업 때문에 놀지 못하겠다"라고 말하는 대학생의 자조적인 말처럼 "박사학위를 한 뒤 '교수 되고 나서 한숨을 돌리라!'라고 하더니, 대학교수 되니 한숨을 내쉰다"라고 말한다. 이렇게 인문사회 계열의 교원과 박사가 논문의 생산에 목을 매다 보니 "논문 편수에 죽고 산다"라는 '논문주의' 또는 '논문기계'라는 신조어가 생겨날 정도이다. 일상적인 대화가 "이번에 논문 몇 편 썼어?"라며 상호 확인과 자기 점검의 틀에 갇히고 있다. 그 결과 논문 '생산' 이외에 관심을 두면 '철없는 연구자'라는 소리를 듣기 십상이다.

논문 위주의 평가에 대한 비판의 목소리가 높다. 인문학은 학문의 특성상 긴 호흡으로 장기적인 연구를 해야 하는데, 논문을 강조하니 학문의 특성과 평가 방식이 어울리지 않는다. 이공계에 적합한 논문 위주의 평가를 학문 일반으로 확대하다 보니 인문학계는 남의 옷을 입고 춤을 추는 꼴이다. 저술 위주의 평가, 동료 평가 등 정성적 평가의 도입 등이 일찍부터 논의되었지만, 평가의 신뢰성이란 기준에 가로막혀 변화를 이루지 못하고 있다.

국내외 평가 기관의 평가에 따르면 한국 대학의 평가 순위가 부침을 보이지 있지만 전체적으로 보면 한국 대학의 순위는 높아지고 있다. 이전에 대학 평가에 신경 쓰지 않던 대학이 순위 경쟁에 몰입하면서 많은 대학이 순위권에 새롭게 진입했고, 기존에 순위권에 진입한 대학은 순위를 높여가고 있기 때문이다.

이러한 상황에서 우리는 다음의 질문을 던지지 않을 수가 없다. 영어

---

13 한국연구재단, 『2013 대학연구활동 실태조사 분석보고서』(자료실 〉 조사 분석 보고서), 77쪽
참조.

를 비롯한 국제어 강좌가 인문학의 학적 발전을 이룩하고, 논문 편수의 양적 증대가 연구 역량의 증대에 기여했는가? 숫자 자체로만 보면 분명 "그렇다"라고 말할 수 있다. 하지만 인문학에 종사하는 사람들은 현행 연구 성과가 "논문을 위한 논문", "사회와 괴리된 학문" 등 인문학의 본령으로부터 멀어지고 있다고 자평한다.

최근 '인문학'은 상담, 힐링, 치유therapy, 통찰, 응용 등의 어휘와 결합되어 널리 쓰이고 있다.[14] 인문학은 사람들이 겪고 있는 문제 상황을 풀어가는 길을 제시하고 문제로 인한 고통을 치유할 수 있다고 본다. 또 인문학은 앞으로 만날 미래 상황의 정체를 꿰뚫을 수 있는 안목을 길러 줄 수 있다고 생각한다. 이러한 효용성은 결국 인문학이 사람의 생각하기와 관련이 있기 때문이다. 문제는 상담과 치유의 생각이 능동적이라기보다 수동적이라는 데에 있다. 즉 상담의 상황은 '내'가 다른 사람의 생각을 통해 나의 생각을 만나게 되는 길이다.

인문학적 사고는 그 어떠한 전제로부터 영향을 받지 않고 독립적으로 진행하는 자유로운 과정이다. 자유로운 사고의 과정을 통해 우리는 사람이 실현할 수 있는 높은 탁월함arete, 자신을 둘러싼 요구의 근거를 묻고 따지는 비판critic, 지금보다 더 나은 미래를 설계하는 기획project의 용기를 발휘하게 된다.

이러한 측면에서 후한시대 자연과 인간의 비인과적 설명인 천인감응설天人感應說을 부정하고 기성의 권위에 질문조차 못하던 시대를 비판한 왕충의 말에 귀를 기울일 만하다.

"세상의 유학자들은 스승을 믿고 옛것을 옳게 여기길 좋아한다. 성현이 한 말은 모두 잘못이 없다고 생각해서 오로지 배우고 익히려고 할 뿐 따지고 물을

14 농서양의 인문학 기원과 전개에 대해 위행복 외, 『인문학분야 학술성과 평가의 표준모델에 관한 연구』, 한국연구재단 정책연구과제(2014.1.20), 1~6쪽 참조.

줄 모른다. 성현이 붓을 움직여서 글을 지을 때 마음 씀씀이가 아무리 세세해도 아직 모두 사실과 들어맞는다고 할 수 없다. 하물며 급하게 쏟아낸 말이 어찌 모두 옳다고 하겠는가? …… 바로 파악되지 않으면 마땅히 물어서 밝히고, 제대로 이해되지 않으면 마땅히 따져서 끝까지 파헤쳐라!"[15]

지금 시점에서도 왕충의 말대로 실현되고 있는지 자신이 없을 정도이다. 왕충은 당시 모든 가치의 근원으로 간주되는 성인의 존재와 그 성인의 저작을 액면 그대로 무턱대고 믿지 말고 설명이 미흡하면 충분할 때까지 질문하고 이해되지 않으면 이해될 때까지 파헤치라고 요구하고 있다. 후한 시대에 성인의 권위를 부정하는 왕충의 용기를 높이 사지 않을수가 없다.

우리는 왕충의 말대로 묻고 따지기를 그만두고 있다. 묻는 대신에 말문을 닫고 따지는 대신에 정보를 외우고 있다. 인문학 종사자들은 각자 생존의 문제에 내몰려 있고 지금 자신의 상황을 안정화시키기 위해 상황에 투항하고 있다. 스스로 독립적 사고를 하는 존재가 아니라 개인의 생존을 매개로 학교 발전의 논리를 충실히 이행하는 순응하는 예속적 존재가 되고 있다. 나아가 논문 편수가 평가 기관의 지표에 얼마나 영향을 주는지 스스로 계산하는 관료 역할을 하고 있다.

2.3 '수입 학문'의 흥행 대 '한국적 모델'의 경시

동아시아 전근대는 '경사자집經史子集'의 대분류와 그 하위 분류에 따라 학문의 틀을 구성했다. 이러한 분류에 따른 결정판이 18세기 후

---

15 『논형論衡』「문공問孔」"世儒學者, 好信師而是古, 以爲賢聖所言皆無非, 專精講習, 不知難問. 夫賢聖下筆造文, 用意詳審, 尚未可謂盡得實, 況倉卒吐言, 安能皆是? …… 不能輒形(粉), 宜問以發之, 不能盡解, 宜難以極之."

반에 완성된 『사고전서四庫全書』이다. 『사고전서』는 3천 5백여 종, 8만 권의 책을 수록할 정도로 방대한 규모를 자랑했다.[16] 지금 우리는 더 이상 경사자집의 분류를 따르지 않는다. 대신 오늘날 학문은 근대의 분과 학문 체계에 따르고 있다. 중국도 중화민국中華民國 시대에 서양의 분과 학문 체계를 수용하여 학문장의 변화를 일구어냈다. 그 결실은 1989년 5백 책, 1,126종으로 된 『민국 총서民國叢書』의 간행으로 나타났다. 『민국 총서』는 동아시아 근대의 학문장이 경사자집의 사부四部 분류에서 근대의 분과 학문 분류로 전환되는 사실을 보여주는 결과물이다.

이렇게 보면 동아시아의 근대 학문장은 기존 '사부' 체제의 확장이나 변용이 아니라 근대 분과 학문 체제에 의해 대체로 그 모습을 나타낸 것이다. 학문장의 교체에 발맞춰서 개별 학문도 동아시아의 근대로 수용 또는 수입되었다. '사부' 체제에 '경학經學'은 사상 문화의 텍스트와 학문 연구에 해당된다. 하지만 근대의 학문장에서 사상 문화는 경학이 아니라 Philosophy의 역어로서 '철학哲學'의 이름으로 연구되었다.[17] 또 문학文學은 사상 문화만이 아니라 문학, 예술을 넘나드는 포괄적 개념이었지만 지금 literature의 역어로서 한정된 영역을 가리킨다. 그 결과 철학은 서양 철학의 약칭이고, 문학은 서양 문학의 약칭으로 사용되었다. 이러한 현상은 기존의 학문장이 새로운 학문장으로 교체되면서 일어난 왜곡 현상이라고 할 수 있다.

수입으로 시작된 근대의 학문장은 1970~80년대 민족주의의 흥기에 따라 '동양'의 수식어를 붙인 학문장이 형성되기 시작했다. 전통 학문의 사상 문화에 대한 연구는 '철학'이 아니라 '동양 철학'의 이름으로 불리

---

16 켄트 가이, 양휘웅 옮김, 『사고전서』, 파주: 생각의나무, 2009 참조.

17 김성근, 「메이지 일본에서 '철학'이라는 용어의 탄생과 정착: 니시 아마네西周의 '유학'과 'philosophy'를 중심으로」, 『동서철학연구』 59, 2011, 367~386쪽 참조.

었다. 철학은 서양 철학의 약칭이므로 동양은 홀로 그 이름을 참칭할 수 없었다. 그때부터 외부로부터 이식된 수입 학문과 옛 고전의 뜻풀이에 매몰된 상태를 벗어나는 목소리가 높았다. 하지만 지금도 그 목소리는 작아지지 않고 있다.

2014년 4월에 우리철학연구소가 창립기념 학회를 열며 개소식 취지를 제시하며 '수입 철학'과 '훈고학'에 머무는 문제 상황을 강하게 비판했다.

> "근대 전환기 철학이란 개념이 한국 사회에 소개된 이래 100여 년 동안 한국의 철학계는 외적은 많은 발전을 하였다. …… 이른바 '서양 철학' 전공자 가운데 상당수는 서양의 이론을 무비판적으로 수입하고 소개하는 데 치중하였고, 이른바 '동양 철학' 전공자 가운데 상당수는 한문으로 된 원전을 맹목적으로 숭상하였다. 그들은 비주체적인 자세로 철학 활동을 하였기에 그들의 철학은 대부분 건조한 수입 철학으로 전락하거나, 아니면 복고적인 훈고학의 울타리를 벗어나지 못했다."[18]

인문학 중 철학계는 100여 년에 걸쳐 외적 성장을 했다는 데에 이의를 제기하는 사람은 없다. 산업 기술계가 선진국을 모방하는 단계를 벗어나 첨단 산업에서 세계 수위를 유지하는 단계로 나아가고 있지만, 철학계는 여전히 수입의 모방 단계를 벗어나지 못하고 있다. 실로 자조적인 평가라고 하지 않을 수가 없다.

수입 철학과 훈고학은 결국 공통의 통약성을 지니지 못하기 때문에 다른 분야와 소통하지 못하는 극단적인 폐쇄성을 보이고 있다. 물론 학

---

18 홍윤기, 「서양 철학 수입 후 철학 수요의 폭증과 철학교육의 몰락」, 대동철학회·조선대학교 인문학연구원 주최, 〈우리철학 어떻게 할 것인가?: 수입 철학과 훈고학을 넘어서〉(2014.5. 24), 15쪽 재인용.

문 분야마다 성과물을 내는 방식이 다르다. 자연과학은 실험을 통해 법칙을 정립한다. 예술은 창작을 통해 작품을 공연, 전시한다. 인문학은 사유와 텍스트 분석을 통해 이론을 언어화시킨다. 전문가들은 각자 자신 분야의 성과물을 수용하거나 소통할 수 있는 능력을 갖추고 있다. 하지만 하나의 학문 분야가 고도로 전문화되면서 같은 분야에서조차도 다른 연구자의 성과를 암호처럼 받아들이는 경우도 있다. 예컨대 형이상학 전공자는 수리 철학과 언어 철학의 글을 수학의 공식처럼 여기고, 수리 철학 전공자는 형이상학의 글을 소설처럼 여긴다.

이러한 현상은 철학에만 국한되지 않고 역사와 어문학에서도 나타난다. 역사학도 전공 분야가 다르면 다른 연구자의 성과를 주문처럼 어려워한다. 현대 연구자는 고대의 연구 성과를 어려워하고, 고대 연구자는 현대의 연구 성과를 읽어내기 힘들어한다. 어학과 문학의 연구자들은 상대의 성과를 깎아내리는 경향이 있다.

학문의 전문화가 해당 전공 분야의 심화를 가져왔다. 예컨대 역사학과의 다양한 전공이 사학과로 통합되어 있는 경우보다 국사학, 서양 사학, 동양 사학 등으로 구분되어 있으면 해당 분야의 연구가 세분화될 수 있다.(서울대학교의 사례) 또 동양 철학이 유학, 한국 철학과 중국 철학의 동양 철학으로 나뉘어져 있으면 각각의 분야가 새로운 연구 주제를 확장할 수가 있다.(성균관대학교 유학대학의 사례)

하지만 학문의 전문화와 세분화가 장점을 가짐에도 불구하고 피할 수 없는 단점을 보이고 있다. 앞서 지적했듯이 철학에서 동양과 서양의 전공자만 아니라 동서양의 연구 영역을 달리하는 전공자들은 다른 영역의 전공자 성과에 접근하기가 쉽지 않다. 다른 분야의 진입을 막는 장벽을 만들어낸 셈이다. 이러한 학문 단위 내외부의 소통 불가능성으로 인해 최근 '통섭'이나 '간학문'의 요구가 드높아지고 있다.

우리의 인문학이 수입에 의존하고 내부 소통이 안 되는 상황은 의외의 사례에서 확인할 수 있다. 마이클 샌델의 『정의란 무엇인가?』가 출간

된 지 11개월 만에 100만 부 판매를 돌파해 화제가 되었다.[19] 이 책의 가치와 흥행 요인을 둘러싸고 말이 많았다. 하지만 샌델은 첫 주제로 옳은 일 하기를 다루고 2004년 여름 허리케인 찰리가 플로리다 지역을 휩쓸고 간 뒤 가격폭리 논쟁을 다루었다. 어떤 주유소가 평소 2달러에 팔던 얼음주머니를 10달러에 팔고, 어떤 상점은 평소 250달러 하던 발전기를 2,000달러에 팔았다. 샌델은 정의를 이렇게 구체적인 상황에서 시작해서 끌어가고 있다.[20]

우리 사회도 정의와 공정에 대한 깊은 관심을 가지고 있다. 하지만 우리는 정의가 구체적인 상황과 어떻게 밀접하게 연관되고 또 그것이 삶의 전체나 공동체의 운영과 어떻게 밀접하게 상관되는지를 충분하게 다루지 못했다. 2014년 12월에 일어난 '땅콩 회항' 사건은 정의와 평등이 구체적인 현장에서 얼마나 철저하게 무시되고 있는지를 여실히 보여준 사례이다. 그 이후에도 갑질로 불리는 폭행 사건이 수없이 많이 반복되고 있다. 위디스크 회장은 직원을 상대로 무차별 폭행을 행사했다. 많은 사람들이 "어떻게 그런 일이 일어날 수 있느냐?"라고 분개하고 있다.

하지만 그 사건은 결국 부정의와 불평등이 우리의 삶과 현장에 깊이 뿌리박혀 있다는 것을 보여주는 것이다. 분개와 흥분이 아니라 평소부터 우리의 삶과 현장에 깃든 부정의와 불평등을 의제화하고 공론화시켰다면 2014년 땅콩 회항과 같은 기도는 줄어들었을 것이다. 결국 우리는 철학(인문학)을 수입한 것에 그치지 않고 자신의 문제를 의제화하지 못하는 것이다. 이로 인해 한국적 특성을 지닌 학문의 창출, 즉 한국적 모델이 나올 수 없었던 것이다.

땅콩 회항 사건은 인문학이 나아갈 방향을 어느 정도 제시한다고 할 수 있다. 인문학이 추상적인 보편 담론에만 머무르지 않고 보편이 현실

---

19 권은중, 「'정의란 무엇인가' 100만부 돌파」, 2011.4.16일자 기사 참조.

20 마이클 샌델, 이창신 옮김, 『정의란 무엇인가』, 파주: 김영사, 2010; 2011 134쇄, 13쪽 참조.

에서 만나는 구체적 현실을 다룬다면 오늘날의 시민과 소통할 수 있는 창구를 갖게 된다. 창구가 마련되면 제2의 샌델이 나올 가능성이 생긴다. 즉 한국의 구체적 현실을 텍스트화하는 작업을 수행해야 한다. 아울러 정의가 있는 자원을 배분하는 문제만이 아니라 고통을 분담하는 주제와 관련해서 논의를 진행할 필요가 있다.

예컨대 명절의 제사는 부가가치를 창출하는 경제 행위가 아니다. 제사 의식을 치르려면 누군가 전을 굽는 등 일을 하지 않을 수가 없다. 이러한 고통이 당연히 '여성'이 하는 것이 아니라 공정하게 분담할 수 있는 방식으로 배분되어야 한다. 이처럼 인문학이 보편의 원칙을 현실에 그대로 적용하는 것이 아니라 우리의 문맥에 맞게 검증하고 재이론화하는 방향으로 나아간다면 인문학과 현실을 접목할 수 있는 길이 생길 것이다.

3. 후원받는 예술과 자생력을 가진 예술

3.1 후원받는 예술

예술은 인문학적 사유가 싹트기 이전부터 '주술적 사고'의 형태로서 세계의 비밀에 관여해왔다. 예술은 세계의 비밀에 접근하는 길이기도 하고 그 비밀을 사람들에게 표현하는 길이기도 했다. 예컨대 동굴의 벽에 그린 그림, 다수의 사람이 무기 들고 춤을 추는 군무群舞, 다산을 상징하는 풍만한 여체의 조각, 실용과 제사에 사용하는 다양한 공예의 그릇, 천상의 비밀을 읽어내는 예언 등 원시 예술에 늘 주목받는 경우가 있다.

아울러 한자의 초기 형태를 담고 있는 은나라 갑골문甲骨文은 사람이 알 수 없는 영역을 거북의 껍질이 갈라지는 문양에 의존하는 형식이다.

문양은 신의 뜻으로 간주된다. 따라서 갑골문자는 신의 뜻을 드러내는 선으로 된 문자 예술이라고 할 수 있다. 물론 오늘날의 시각에서 보면 거북 껍질의 균열은 초자연적 존재의 의지와 메시지가 아니라 물리 화학적 작용에 지나지 않는다. 하지만 당시 '균열'로 나타나는 무늬는 바로 그 다름 때문에 자연적인 현상이 아니라 초자연적인 현상으로 간주되었다.

여기서 인문과 예술의 결합이 생겨난다. 무늬가 선으로 신의 뜻으로 드러내기에 예술에 가깝지만 무늬에서 신의 뜻을 읽어내서 문자로 기록하기에 인문학에 가깝다. 이처럼 무늬와 의미가 결합해야 갑골문은 사람에게 의미 있는 문자로 다가온다. 무늬와 의미의 상관성은 인문학과 예술의 유기적 결합으로 드러났다. 이렇게 보면 갑골문은 예술 인문학의 가장 이른 형태라고 할 수 있다. 이렇게 보면 원시 시대나 역사 시대의 초기에 예술은 인류의 초기 사회에서 세계의 비밀을 풀어내는 진리이자 그 진리의 재연이었다. 또한 예술과 권력은 불가분의 일체적 관계를 유지했다.

사람이 신적 존재에 의존할지라도 자신이 가진 지적 능력을 발휘하여 자연 현상을 설명하려고 시작하면서 인문학이 중요한 역할을 맡기 시작했다. 공자의 『논어』나 플라톤의 『국가』는 인문학의 시작을 알리는 문헌이라고 할 수 있다. 공자는 철학(인문학)과 예술이 상보적인 관계로 보았다. 반면 플라톤은 철학(인문학)과 예술을 모순적인 관계로 규정하여 예술가를 이상 국가에서 추방해야 한다고 주장했다. 물론 플라톤도 예술 중 언어를 다루는 시인이 세계의 진리에 접근할 수 있다는 점을 부인하지는 않았다.

방금 말했듯이 공자는 자신이 주장하는 핵심 가치를 나열하면서 "예술의 세계에 노닌다"라고 말했다.[21] 그는 자신의 말에 충실하게 움직였

---

21 『논어』「술이」 "子曰: 志於道, 據於德, 依於仁, 遊於藝."

다. 공자는 개인적으로 음악의 세계에 심취해서 일상의 생활을 중단할
정도였고[22] 정치와 일상의 장에서 예악을 생활화시키고자 했다.[23] 공자
의 이러한 사고는 음악 예술과 관련해서 『예기』 「악기」로 이어졌다. 예악
등의 예술은 사람의 마음에 직접적으로 영향을 주고 감정의 조절과 계발
그리고 함양을 이끌었다. 이 때문에 예술은 학문만이 아니라 일상과 정
치에서 빼놓을 수 없는 필수적인 요소로 간주되었다.[24]

　예술이 지닌 이러한 긍정적인 기능에도 불구하고 공자에 이어 활동한
묵자墨子는 음악을 비롯한 예술에 대한 극히 부정적인 태도를 드러냈다.
물론 묵자는 다양한 악기가 내는 소리와 그 화음을 싫어하지 않는다. 다
만 그는 음악을 비롯한 예술이 유지되려면 왕실 또는 정부로부터 막대한
지원을 받아야 한다는 사실에 주목했다. 당시 일반 백성들은 "배고파도
못 먹고, 추워도 못 입고, 힘들어도 쉬지 못하는"[25] 상황에 있는데, 정부
와 왕실이 음악을 비롯한 예술을 유지하기 위해 막대한 비용을 쓰고 있
었다. 묵자는 한정된 자원을 적절하게 사용하는 것이 합당하다는 기준
에서 지금 현재 음악을 비롯한 예술 행위를 중지해야 한다고 보았다.[26]

　예술의 입장에서 보면 묵자는 예술의 가치를 모르는 사람으로 간주될
수 있다. 하지만 정치의 입장에서 보면 묵자의 주장은 일리가 있다. 자
원이 무한하다면 묵자도 예술을 사치와 낭비의 요인으로 보지 않을 것

---

22 『논어』 「술이」 "子在齊聞韶, 三月不知肉味, 曰: "不圖爲樂之至於斯也.""
23 『논어』 「양화」 "子之武城, 聞弦歌之聲. 夫子莞爾而笑曰: 割雞焉用牛刀? 子游對曰: 昔者偃
也聞諸夫子曰: '君子學道則愛人, 小人學道則易使也.' 子曰: 二三者! 偃之言是也. 前言戲
之耳."
24 『예기』 「악기樂記」 "禮節民心, 樂和民聲, 政以行之, 刑以防之."
25 『묵자』 「비악非樂」 "民有三患: 飢者不得食, 寒者不得衣, 勞者不得息."
26 『묵자』 「비악」 "是故子墨子之所以非樂者, 非以大鍾 · 鳴鼓 · 琴瑟 · 竽笙之聲, 以爲不樂也.
非以刻鏤 · (華)文章之色, 以爲不美也. 非以犓豢 · 煎炙之味, 以爲不甘也. 非以高台 · 厚
榭 · 邃野之居, 以爲不安也. 雖身知其安也, 口知其甘也, 目知其美也, 耳知其樂也. 然上考
之, 不中聖王之事; 下度之, 不中萬民之利, 是故子墨子曰: 爲樂, 非也."

이다. 자원이 유한한 상황에서 소수의 예술보다 다수의 생계를 우선시해야 한다는 주장이 가능하기 때문이다. 사실 학문의 생존과 정치 권력의 연계는 예술에만 한정되지 않는다. 한 제국의 수립 이후에 경학經學은 문헌의 연구와 교육을 위한 박사관博士館 제도에 편입되기 위해 불꽃튀는 경쟁을 벌였다. 박사관에 편입되면 오늘날 하나의 학과가 생기는 것처럼 하나의 텍스트가 연구될 수 있는 물적 기반을 가지게 된다. 특히 『춘추』의 경우 초기 금문의 『공양전公羊傳』이 우세를 점했지만 점차 세를 넓히는 고문의 『좌씨전左氏傳』의 도전을 뿌리치기 위해 서로 주도권 경쟁을 치열하게 벌였다.[27] 훗날 학술사에서 이를 이록利錄을 건 투쟁이라고 불렀다.

아울러 과거제科擧制가 시행된 이후로 참다운 학문과 과거를 위한 학문을 구분하는 논의가 지속적으로 생겨났다. 주희(1130~1200)는 북송이래로 서서히 세를 얻어가던 유학 부흥의 프로젝트를 종합한 사상가이다. 그는 보통 순위에 과거에 합격한 뒤 짧은 중앙 관직을 보고 지방 관직을 지냈다가 대부분 사록관祠祿官을 지내며 자유로운 시간을 가질 수 있었다. 사록관은 명목상으로 도관道觀(도교 사원)의 관리를 책임졌지만 실제로 임지에 부임하지 않아도 봉급을 받을 수 있는 송나라의 관리 우대 제도였다.[28] 별도의 산업 기반이 없을 경우 과거는 불가피하게 응시하지만 자유로운 학문의 연마를 불가능하게 하는 제도이기도 했다. 이것은 동아시아의 학문이 '학술-관리의 결합'이라는 독특한 특성을 낳게 만들었다.[29]

---

27 이와 관련해서 김동민, 『춘추 논쟁』, 파주: 글항아리, 2014, 220~318쪽 참조.

28 미우라 쿠니오三浦國雄, 김영식·이승연 옮김, 『인간 주자』, 파주: 창작과비평사, 1996, 95~97쪽 참조.

29 한영우는 조선 시대 과거 급제의 출신을 분석하여 낮은 신분이 태조와 태종대 사이가 40~50%, 연산군과 선조대 사이가 15~20%, 순조와 고종대 50~60%를 차지한다고 밝히고 있다. 한영우, 『과거, 출세의 사다리(태조~선조)』, 서울: 지식산업사, 2013, 20~21쪽 참조.

이렇게 보면 동아시아의 경우 예술과 학문은 모두 정치 또는 현실 권력과 결합된 관계를 유지하고 있었다. 따라서 그것과 분리 또는 그것으로부터 독립은 북풍한설北風寒雪로 나아가는 고통을 감내하지 않을 수가 없었다. 아울러 권력과 관계에 따라 특정 예술과 학문이 부침할 수 있는 불안한 학문장의 특성을 드러내고 있었다.[30]

3.2 자생력을 가진 예술

동양과 서양을 막론하고 17세기까지 예술의 최대 후원자 또는 그룹은 왕실과 귀족들이었다. 중국의 경우 사마천은 『사기』 「골계滑稽 열전」에서 궁실에서 우스꽝스럽고 재미있는 말로 사태의 진상을 알아차리게 하거나 지도자를 각성하게 하는 희곡인의 모습을 보이고 있다. 『시경』의 국풍國風 이후로 당시唐詩에 보이는 서정시가 나오기까지 운문은 궁정 생활의 기물, 사랑, 이별 등을 주제로 읊었다. 그림은 산수화가 등장하기 이전에 궁정의 도화원圖畫院에서 화가를 양성하고 국가 대사를 기록으로 남기게 했다. 궁정과 관청은 제사, 연희, 사신 등 행사의 수요가 많았기 때문에 음악과 공연을 주로 주최하고 후원하는 기관이었다. 지금도 남아 있는 많은 예술이 궁정에서 기록하고 관리하던 예술이다. 궁중 정재물才는 남아 있는 전통 예술의 주류이다.

18세기에 이르러 유럽에서 궁정 예술이 정체 상태에 이르고 전체적으로 부르주아적 주관주의로 대체되었다. 특히 영국에서 문화적 평준화 과정이 나타났고 그 결과로 새로운 정규적 독자층이 형성되었다. 이 독

50%가 되면 권문 세족이 과거 합격자를 많이 내는 시기이고, 20%가 되면 다양한 출신이 과거에 합격하는 시기이다. 이렇게 보면 과거가 출신으로부터 상대적으로 자유로운 시기와 전적으로 의존하는 시기로 구분해볼 수 있다.

30 부침의 불안을 극심한 혼동으로 이해할 필요로 없다. 학문장이 결국 다른 세력으로 교체되므로 학문—권력의 결합이 단절되지는 않는다.

자층은 정기적으로 책을 읽고 사게 되자 일정한 수의 작가들이 왕족과 귀족의 개인적 은덕에 의존하지 않고 생계를 꾸려나갈 수 있게 되었다. 그리고 18세기까지 음악은 왕후나 교회 또는 시의회의 위촉을 받아 작곡되었고, 궁정의 연회를 흥겹게 하거나 예배 의식을 경건한 분위기를 자아내거나 공적인 행사를 빛나게 하는 목적으로 연주되었다.

작곡가는 궁정 음악가, 교회 음악가, 시의회 전속 음악가 중에 하나일 수밖에 없었다. 18세기 이후 공개 음악회에 모인 청중은 음악적 훈련이 덜 되어 있고, 연주를 들을 때마다 입장료를 지불했다. 그들은 "항상 다시 정복되고 항상 새로 만족시켜야 하는 청중"이었고, "교회나 무도회나 시의 경축 행사 혹은 궁정 연주회의 사교적인 모임에서 늘 그랬던 것과 같은 식의 그러한 일체의 다른 목적이 없이 모인 청중"이었다.[31]

조선 시대도 전기와 후기를 경계로 문화 예술의 향유가 꽤나 다른 특징을 보여준다. 조선 전기는 직업적인 예술 집단 이외에 사대부가 정도가 자기 생산—자기 소비적 음악을 향유했다. 음악을 연주하는 사람과 그 연주를 듣고 즐기는 사람이 동일했다. 이 때문에 음악을 비롯한 활동은 일종 여기餘技 이상을 넘어설 수 없었다. 조선 후기에 이르면 사대부 이외에 중간 계층, 여항인 등이 시조, 음악, 장서, 골동품 등의 다양한 분야에서 활동했다. 아울러 예술도 전기의 수신과 도덕적 색채를 벗어나 향락주의의 특성을 보였다.[32]

이러한 변화 중 박제가朴齊家의 골동품과 서화에 대한 애호가 자못 특별한 의미를 갖는다고 할 수 있다.

"어떤 사람은 '골동과 서화가 많으면 풍부하지만 민생에 도움이 되지 않으니

---

31 아르놀트 하우저, 염무웅·반성완 옮김, (개정판)『문학과 예술의 사회사 3』, 파주: 창작과비평사, 2002 10쇄, 13, 64, 106쪽 참조.

32 강명관, 『조선시대 문학예술의 생성공간』, 서울: 소명출판, 1999 참조.

모두 태워 버린다고 하더라도 무슨 손해가 있겠는가?'라고 말했다. 그 말은 얼핏 들으면 분명해 보이지만 사실 타당하지 않다. 청산과 백운이 모두 먹는 것이겠느냐만 사람들이 그것을 좋아한다. 만약 민생과 관련이 없다고 그것에 대해 까막눈이 되어 좋아할 줄 모른다면, 그런 부류의 사람이 과연 어떻겠는가?"[33]

박제가가 춘추전국 시대의 묵자를 알고 있었던 것처럼 그의 '비악'에 대한 주장을 정면으로 반박하고 있다. 박제가는 골동과 서화가 당장 먹고 사는 문제나 실용과 관련이 없다고 하더라도, 그 자체로 가치를 가지고 있다는 점을 밝히고 있다. 짧은 말로 박제가의 예술관을 다 알 수는 없지만 적어도 그는 실용에 예속되지 않는 예술의 독자적 가치, 예술의 자율성을 주장했다고 할 수 있다.

그리고 조선 후기에는 사대부를 비롯한 중간 계층이 궁정이 아닌 제3의 장소, 즉 풍류방風流房 또는 율방律房에서 속사를 떠난 운치 있는 삶을 누렸다. 특히 음악 애호가들이 가곡歌曲이나 가사歌詞에 뛰어난 가객歌客과 거문고를 연주하는 금객琴客을 모아서 소그룹 또는 동호인끼리 음악 예술을 즐겼다.[34] 박제가와 풍류방의 음악 애호가들은 유럽의 18세기와 같은 예술의 자유 공간을 창출하여 끊임없이 확충하지는 못했다. 하지만 이러한 예술의 향유는 분명 조선 전기와 다른 양상이라고 할 수 있다.

유럽의 18세기, 조선 후기, 명나라 중기[35]는 상공인과 서민이 사회 문

---

33 『북학의北學議』「고동서화古董書畵」 "或云: 富則富矣, 而無益於生民, 盡焚志, 有何虧闕? 其言似確而實未然, 夫靑山白雲, 必皆喫著而仁愛之也, 若以其無關於生民, 而冥頑不知好 之, 則其人果何如哉?"

34 조유회, 「조선 후기 실학자의 음악관 연구: 홍대용과 이규경을 중심으로」, 성균관대학교 예술 철학 박사악위논문, 2009 참조.

35 데라다 다카노부寺田貴信, 서인범·송정수 옮김, 『중국의 역사(대명제국)』, 서울: 혜안, 2006

화의 한 축으로 성장하면서 정치로부터 예술의 자립성을 획득해가는 분기점이라고 할 수 있다. 이렇게 획득된 예술의 자립성도 시대의 조건과 주체의 역량에 따라 부침이 달랐다. 과거의 궁궐과 같은 상징적 공간이 없어지고 아파트가 거주 공간의 중심이 되면서 조경 또는 원림의 공간이 축소되었다. 반면 '생태 도시'의 요구가 증대하면서 공원, 광장, 거리 등 공공 영역의 조경이 새롭게 주목을 받고 있다. 사진과 영상은 광학 기술의 발전에 따라 예술의 새로운 장르로 진입했고, 현대에서 대중적으로 널리 사랑을 받는 분야가 되었다. 문학은 오래된 영광의 명성을 유지하고 있지만 종이 텍스트의 위상이 낮아지자 "시도 읽지 않고 소설도 읽지 않는" 상황에 내몰리고 있다.

예술의 장르마다 차이가 있지만 예술은 대중화를 통해 전근대나 근대와 또 다른 관객과 만날 수 있는 공유 지점을 찾아냈고, 상업화를 통해 다른 영역에 의존하지 않는 자립적 기반을 갖출 수 있게 되었다. 이지점은 바로 위기에 처한 인문학이 기회를 만들 수 있는 조건이기도 하다. 물론 아직도 예술계는 정부 등 외부의 지원에 의존해야 대규모 행사를 치를 수 있다고 생각한다. 그럼에도 불구하고 예술은 정부, 귀족 등 특권층이 아니라 일반 대중으로 시선을 돌려서 의존하지 않고 자립할 수 있는 기반을 수립하고자 했다.

4. 인문학의 자생력 확보

4.1 '우리 인문학'의 길

인문학계는 작금의 위기 상황을 실감하고 있다. 인문학계는 간간히

참조.

위기 극복을 위한 자성과 선언의 목소리를 내놓았다. 1996년 11월 국공립대 인문대 학자들이 제주에 모여서 '인문학 제주 선언'을 발표했다. 2001년에는 국공립대 인문대학 협의회가 인문학 기반의 붕괴를 걱정하는 '2001 인문학 선언'을 내놓았다. 그리고 2006년 9월에 고려대 문과대 교수들이 '인문학 선언문'을 내놓자, 80여 대학의 인문대 학장들이 '오늘의 인문학을 위한 우리의 제언' 선언서를 발표했다. 가장 최근으로는 2012년 10월 26일 문학·사학·철학 분야의 27개 학회가 연합하여 한국 인문학 총연합회(약칭 인문총) 창립 대회를 열며 '인문학 선언문'을 발표했다.

각종 선언의 주기를 살펴보면 묘하게 5~6년마다 반복되는 경향이 있다. 그래서 이선민은 '인문학 위기 선언'의 5년 주기설을 내놓았다.[36] 이에 따르면 2016~7년에 인문학 위기 선언이 한 차례 더 나오리라고 예상할 수 있다. 위기 선언이 반복된다는 것은 20여 년의 시간 경과에도 불구하고 인문학의 학문 여건이 나아지지 않고 있다는 반증이다.

이러한 현상에만 주목하면 우리는 "인문학계가 대학 안에서 사회의 기대와 열망을 제대로 살리지 못하고 있다"라는 비판의 목소리가 나올 만하다. 결국 인문학자들이 '게으르다'는 말이 된다. '게으르다'라는 혐의는 두 가지 측면에서 제기될 수 있다. 첫째, 인문학계가 위기를 초래한 원인 중의 하나라고 한다면, 자기반성을 철저히 하지 않았다는 점에서 게으르다고 할 수 있다. 둘째, 위기 극복을 위해 외부 지원에만 의존할 뿐 스스로 돌파구를 찾으려고 노력하지 않았다는 점에서 게으르다고 할 수 있다.

인문학계는 그 사이에 활로를 찾기 위한 다양한 노력을 경주해왔다. 느리기는 하지만 결코 게으르다고 할 수 없다. 인문학이 사회에서 호황을 누리는 새로운 공간을 발판으로 법인화와 협동조합의 결성을 시도하

---

36 이선민, 「'인문학 위기 선언' 5년 주기설」, 『조선일보』 2012.11.09일자 기사.

고 있다. 인문학 협동조합은 2013년 10월 정식 조합을 결성하여 자율적 연구를 진행하고 또 인문학 대중화(사회화)를 위한 강좌 개설 등을 실행하고 있다. 사)선비정신과 풍류문화연구소는 2011년 설립되어 인문 강연과 예술 공연(전시)을 결합하는 활동을 전개해오고 있다.[37] 이러한 대응은 아직 대학, 정부 출연 기관과 같은 안정적 운영과 체계적인 조직을 갖추고 있지 못하다. 하지만 인문학 위기를 돌파할 수 있는 '연합적 대응'의 양상으로 주목할 만하다.

그리고 철학을 비롯하여 인문학계는 수입학과 훈고학의 한계를 벗어나기 위한 이론적 대응과 실천적 모색을 해오고 있다. 홍윤기는 사상 수용의 일반 패턴을 제시하며 서양 철학의 '장기적' 수입 단계를 벗어날 수 있는 실천적 지침을 제안하고 있다. 1단계는 사상 인지와 원초적 비중 평가이고, 2단계는 사상 개괄과 수용자 관심 촉발이고, 3단계는 응답적 논평이고, 4단계는 체계적 사상 교육을 통한 원전 대면이고, 5단계는 수용의 원시적 양상으로 조류의 추종이고, 6단계는 담론 자체 생산으로서 수용의 완성이다.[38] 이 진단에 따르면 우리는 분야마다 차이가 있겠지만 5단계까지 이르렀지만 아직 6단계에 이르지 못한 셈이다.

김상봉은 학계에 널리 퍼진 '우리 철학의 부재' 또는 '한국 철학의 부재'에 대해 도발적인 문제 제기를 내놓았다.[39] 그는 철학이 텍스트의 연구와 교육이 아니라 "철학적 사유의 활동을 통해 열리는 새로운 세계관"을 주체적으로 형성하는 과정으로 바라본다(66쪽). 이 전제에 따르면 우

---

37 천정환 · 최병구, 「신자유주의 대학체제하의 학문(장)의 변형, 그리고 '협동적' 대응」, 성균관대학교 인문학연구원 주최, 〈식민화하는 대학, 대항하는 인문학〉(2014.11.7.), 43~45쪽 참조.

38 홍윤기, 「서양 철학 수입 후 철학수요의 폭증과 철학교육의 몰락」, 대동철학회 · 조선대학교 인문학연구원 주최, 〈우리철학 어떻게 할 것인가?: 수입 철학과 훈고학을 넘어서〉(2014.5.24.), 35~36쪽 참조.

39 김상봉, 「20세기 한국 철학의 좌표계: '우리 철학 어떻게 할 것인가'라는 물음에 대한 대답」, 대동철학회 · 조선대학교 인문학연구원 주최, 〈우리 철학 어떻게 할 것인가?: 수입 철학과 훈고학을 넘어서〉(2014.5.24.), 65~93쪽 참조.

리 철학이 부재한 것이 아니라 동학에서 처음으로 철학이 출현했다고 본다(68쪽). 왜냐하면 동학에서 제기되어서 함석헌 등 근현대의 몇몇 사상가들은 "한국 철학의 근원적 체험"을 전승해오고 있고, "이 체험의 본질은 자기의 정신 세계를 가차 없이 해체하는 절대적인 타자성과 그 앞에서 한없이 무기력한 자기 자신에 대한 자각"이다(71쪽). 지금 시점에서 남북 분단은 내가 저항할 수 없는 힘으로 나를 침탈하고 파괴하는 적대적 타자이다. 따라서 '우리 철학'은 세계사적 의미를 가지고 있는 남북 분단의 상황을 통일로 나아가는 길을 찾아내는 것과 맞물려 있다.

우리 철학의 부재를 아쉬워하고 자초하는 분위기 속에서 이처럼 다양한 시도들이 우리 철학의 '형성形成', 즉 모습의 드러남을 향해 이루어지고 있다.[40] 인문학계는 5년 주기로 선언서만을 발표하지 않고 '우리 철학' 또는 '우리 학문의 길'[41]을 모색해오고 있다. 아직 그 성과가 뚜렷하지 않아 학계 내부에 충분히 공유되지 않고 학계 외부로 널리 알려지지 않았을 뿐이다. 여기서 우리는 우리 학문을 향한 움직임이 있지만 학계 내외부에서 공유되지 못한 점에 주목할 만하다. 지금의 작업이 학계 내외부의 공감할 수 있는 한계가 있을 수 있기 때문이다. 이런 측면에서 우리는 인문학 내부의 작업과 그 성과를 바탕으로 또 다른 길을 찾아보지 않을 수 없다.

4.2 인문과 예술의 연대

철학을 비롯한 인문학은 100여 년 수입의 역사를 통해 우리 학문의

---

40 이규성은 '우리 철학의 부재'를 한탄하는 상황에서 의미 있는 성과를 내놓았다. 이것은 한국현대철학의 재구성을 위한 출발점이 될 만하다. 이규성, 『한국현대철학사론: 세계상실과 자유의 이념』, 서울: 이화여자대학교 출판부, 2012 참조.

41 조동일은 일찍부터 국문학에서 출발하여 '우리 학문'의 고민에서 각성에 이르는 길을 모색한 적이 있다. 조동일, 『우리 학문의 길』, 서울: 지식산업사, 1993 참조.

길을 모색해왔지만 아직 자생력을 가지지 못한 셈이다. 어찌 보면 이것이 인문학의 진정한 위기라고 할 수 있다. 정부가 인문학에 지원을 하지 않는다거나 대학이 인문학을 보호하는 제도적 장치를 마련하지 않는다는 것은 부수적인 일이라고 할 수 있다.

생명체가 생로병사의 과정을 거치고 산업이 명멸의 절차를 겪는 것처럼 학문도 탄생과 죽음의 과정을 거치지 않을 수가 없다. 그런 점에서 인문학의 외부 요인이 불리하다고 해서 위기가 닥쳐오는 것이 아니라 인문학의 내부 요인이 생명력을 가지지 못한 것이 진짜 위기라고 할 수 있다.

인문학이 자생력을 가지려면 자체 내의 힘을 가져야 하겠지만 먼저 다른 분야, 예컨대 예술이 자생력을 획득하는 과정에서 살펴볼 만하다. 특히 예술은 그 속성상 인문학과 '진리'에 다가가는 공통점을 가지고 있기 때문이다. 요즘 분과 학문의 체계가 전문화되면서도 분야별로 소통의 불가능성에 대한 비판의 목소리가 높다. 그에 상응해서 학문과 전공 사이의 칸막이를 없애서 상이한 전공과 학문이 만나는 교류의 장에 대한 요구도 높아지고 있다. 그래서 '간학문' '다학문' '초학문' '통섭' '융복합'이 사회와 산업계의 현안이기도 하고 학술계에서도 현안이다. '학문의 통합성' 또는 '통합 학문'에 대한 주문이라고 할 수 있다.

분과 학문보다 통합 학문이 자연과 사회의 현상 그리고 개인과 공동체의 삶을 해명하고 전망을 제시하는 데에 친화적이다. 예컨대 사람은 직업·전공·생업·관심·취미·건강이 다르지만 실존적 문제를 만나게 되면 '나'라는 존재 전체로서 생각한다. 의학과 병원에서 몸은 전공별로 분류되지만 몸의 생명은 전체로서 유지된다. 이때 우리는 분석·연구·통계 등을 위해 자연, 사회, 인간 등을 분야별로 접근하지만 그 성과는 결국 부분의 총합인 전체를 설명하는 데에 기여한다.

이렇게 보면 학문의 통합성과 분과의 전문성은 교차하는 특성을 갖지 나란히 평행으로 움직이지 않는다. 특정 시대에 하나의 학문 통합성이 전체성을 획득하면 분야별로 전문성을 심화시키고, 그 전문성이 종합되면서 새로운 통합성을 획득하는 것이다. 이러한 통합성의 교체는 토마스 쿤이 과학 혁명을 설명하기 위해 사용한 패러다임과도 유사하다.

인문학은 기본적으로 언어와 문자를 매개로 진리를 인식하고 의미를 표현할 수 있다. 언어는 한 번에 한 자만을 말할 수밖에 없다. 이는 그림이 한 장으로 사진이 한 컷으로 영화가 한 장면으로 전체를 나타낼 수 있는 것에 비해 근원적으로 불리하다. 인문학의 언어와 문자는 일정한 분량을 다 읽지 않으면 전체로 나아갈 수가 없다. 이것은 다른 어떤 것보다 언어와 문자에 바탕을 둔 인문학이 예술에 비해 열세에 놓일 수밖에 없는 이유를 나타난다.

아울러 인문학의 텍스트는 과거에 종이를 중심으로 하는 물질성을 갖는다. 하지만 현대 사회에서 텍스트는 종이의 물질성만이 아니라 전자, 영상, 통신 등 다양한 확장성을 갖는다. 이때 인문학은 나무와 비단 등을 대체했던 첨단 매체로서 종이는 다른 방식과 연대하지 않을 수가 없다. 여기서 인문학은 언어와 문자 그리고 종이에만 고집하지 않고 소리, 영상, 전자, 통신을 활용하는 예술과 만나지 않을 수 없다. 결국 인문학은 예술과 만남을 통해 학문 내외부의 사람과 소통하고 공유할 수 있는 새로운 길을 찾게 된다. 이것이 바로 예술 인문학의 길이라고 할 수 있다.

현대인은 분절음을 알파벳으로 바꾸는 딱딱한 언어와 문자만이 아니라 소리, 색채 등을 편집하는 부드러운 영상, 이미지의 홍수 속에 살고 있다. 이전에 진리는 난해한 문자의 퍼즐을 맞추는 작업을 통해 그 모습을 드러냈지만 지금 문자 퍼즐만이 아니라 이미지의 편집으로 밝혀질 수 있다. 예컨대 음악은 음과 화성으로, 회화는 선과 색채 그리고 구도로, 영상은 이미지의 조합으로 표현의 주제를 짧은 순간에 전체적으로 구성, 연상, 체험, 공감하게 만든다. 이 과정은 인문학이 언어와 문자를 통해 많은 시간에 걸쳐서 고통스럽게 이해, 공감하는 것과 구별된다. 사실

예술과 인문은 '쉽다'와 '어렵다'는 난이도를 구분할 수 없지만 전체를 드러내는 속도에서 엄청난 차이를 보인다.

최근 독립 영화로서 의외의 흥행을 보이고 있는 영화 〈님아, 그 강을 건너지 마오〉는 86분의 상영시간 안에 사람으로 하여금 죽음, 안사술, 가족애, 사후 세계 등을 생각하게 만든다. 언어와 문자도 이미지를 환기시키고 의미를 실어 나르지만 86분의 짧은 시간 안에 엄청난 제약을 받을 수밖에 없다. 예술은 짧은 시간 안에 진리를 '확' '갑자기' '와락' 껴안게 만든다. 인문은 긴 시간에 걸쳐 진리와 씨름하며 생각하고서 구성하게 된다. 피카소의 〈게르니카〉(1937)는 사상자의 통계, 전전과 전후의 국제 정세, 전쟁 당사자들의 역사적 관계 등에 대한 지루한 언어의 진술과 문자의 서술이 없어도 '전쟁의 참상'을 '말해준다'. 그림에 언어와 문자가 없어도 색채와 구성의 일그러짐이 생각을 하도록 만들기 때문이다.

그래서 인문학은 자기 스스로 또는 과학과 연계해서 밝혀진 진리를 언어와 문자로 표현해야 한다는 중압감에서 벗어나야 한다. 언어와 문자가 변용이 불가능한 고체에 머무르지 않고 흐물흐물한 색채로, 높낮이를 가진 소리로, 동정의 몸짓으로, 이미지의 조합으로 확장된다면, 진리는 그 전체의 상을 '와락' 드러낼 수 있다. 이렇게 인문과 예술이 연대한다면, 인문은 그 성과를 언어나 문자에 낯선 사람들에게도 '저항감'을 줄이며 살며시 다가갈 수 있다. 따라서 인문과 예술의 연대는 인문학이 당면한 위기를 극복할 수 있는 길이 되는 것이다.

5. 맺음말

인문학은 사회에서 단군 이래 최대로 인기를 누리고 있다. 이러한 인기에도 불구하고 대학을 중심으로 인문학의 위기를 외치는 목소리가 작아지지 않는다. 그간 정부가 인문학 위기 현상에 대해 손을 놓고 있었다고 할 수 없다. 교육부는 한국연구재단(구 한국학술진흥재단)을 통해 특성화(CK), 두뇌한국(BK), 인문한국(HK) 사업을 필두로 각종 프로젝트를 발주하여 전임, 시간강사, 석박사 과정생 등 인문학 연구자의 교육과 연구 활동을 지원해왔다.[42] 아울러 박근혜 정부는 문화 융성과 인문 정신을 국정의 핵심 과제로 설정하고서, 2014년 8월 초에 교육부와 문체부가 '인문정신문화 진흥 7대 중점과제'를 발표했다.[43] 이 과제를 검토하면 정부는 모두 시민이 생애 주기별로 인문 정신에 흠뻑 젖을 수 있는 기회를 제공하고자 물적 인적 자원을 제공하려고 하고 있다.

정부의 이러한 정책 방향과 지원이 과연 인문학 위기의 우려를 완전히 잠재울 수 있을까? 나는 "없다"고 생각한다. 알다시피 정부의 지원 방침과 대학의 제도 개선은 어제 오늘의 일이 아니다. 1996년 이래 다양한 지원이 있었지만 인문학 위기의 목소리가 사라진 적이 없다. 따라서 우리는 인문학의 위기가 정부와 대학의 지원과 제도로 극복될 수 없다는 사실을 인정하지 않을 수 없다. 나는 지원과 제도가 이루어지는 바탕 위에서 인문학이 자생력을 회복해야 한다고 생각했다. 자생력을 가지지 못하면 아무리 많은 지원이 이루어지고 완전한 제도가 마련된다고 하더라도 위기는 사라지지 않을 것이다.

인문학의 자생력을 확보하려면 예술이 걸어왔던 길에서 해답의 실마리를 찾을 수 있다.[44] 예술이 전근대에 왕실과 귀족의 후원을 받아서 명

---

42 두뇌한국(BK) 플러스 사업과 관련해서 한국연구재단의 해당 홈페이지(https://bkplus.nrf.re.kr/index.jsp), 인문한국 사업과 관련해서 한국연구재단의 해당 홈페이지(http://hk.nrf.re.kr/CmsHome/MainDefault.aspx) 참조.

43 교육부 홈페이지 「인문정신문화 진흥 보고회」 자료 참조.(2014.08.06일자 게재)

44 인문학, 특히 철학은 근대 과학의 등장으로 인해 위기를 맞이했다. 그 뒤에도 과학은 과학주의 또는 과학 만능주의 또는 과학주의의 폐해를 낳기는 했지만 성장의 속도를 더 높이고 있다. 이런 점에서 인문학은 과학과 같아질 수는 없지만 과학과 연대해야 한다. 따라서 최근 우리 사회의 인문학 열풍도 과학과 연계되지 않는다면 그냥 좋은 이야기의 강연에 그칠 수 있

맥을 유지했지만 근대에 이르러 대중성을 획득하면서 다양한 형식을 개척했다. 아울러 현대 사회에 예술은 소리의 음악, 선과 색체의 회화, 이미지의 영상 등 언어와 문자에 의존하는 인문학의 한계를 보완할 수 있다. 인문과 예술의 결합은 서로의 장점을 살리는 시너지 효과를 거둘 수 있다. 이런 측면에서 인문학은 예술의 길을 참조하고 예술과 결합함으로써 자생력을 획득할 수 있는 것이다. 이 자생력은 현재의 '인문학 호황'의 좋은 조건과 결합될 때 현실적 기반을 창출할 수 있다. 이 길은 외부 기관의 지원에만 목매는 인문학 위기 탈출의 해법과 분명히 다르다고 할 수 있다.

다. 그것은 인문학 열풍이 식는 원인이 될 수 있다.

▌1차 원전 자료

『역경』

『시경』

『서경』

『공양전』

『곡량전』

『좌씨전』

『국어』

『논어』

『묵자』

『맹자』

『노자』

『장자』

『예기』

정재서 옮김, 『산해경』, 서울: 민음사, 1996.

굴원 · 송옥, 권용호 옮김, 『초사』, 파주: 글항아리, 2015.

유향, 『설원說苑』

동중서, 『춘추번로春秋繁露』

유안, 『회남자淮南子』

한영, 임동석 옮김, 『한시외전: 31편의 중국 고사와 함께 읽는 시경』, 예문서원, 2000.

공융 외, 문승용 옮김, 『건안칠자 시선』, 서울: 지만지, 2010.

왕충, 『논형論衡』

왕필, 『왕필집王弼集』

혜강, 은상(인샹)殷翔 · 곽전지(궈취안즈)郭全芝 注, 『혜강집주嵇康集注』, 合肥: 黃山書社, 1986.

혜강, 한흥섭 옮김, 『성무애락론』, 서울: 책세상, 2002.

혜강, 한흥섭 옮김, 『혜강집』, 서울: 소명출판, 2006.

완적, 심규호 옮김, 『완적집』, 서울; 동문선, 2012.

유협劉勰, 주진보(저우전푸)周振甫, 『문심조룡금주文心雕龍今注』, 北京: 中華書局,

1986; 2011 14쇄.

유협, 성기옥 옮김, 『문심조룡』, 서울: 지만지클래식, 2010.

사공도, 안대회 옮김, 『궁극의 시학: 스물네 개의 시적 풍경』, 문학동네, 2013.

종영鍾嶸, 『시품詩品』

교연, 『시식詩式』

유의경, 『세설신어』

사혁, 『고화품록古畵品錄』

배형, 정범진 · 김낙철 편역, 『신선과 도사 이야기－전기傳奇』, 서울: 까치, 1999.

김부식, 이강래 옮김, 『삼국사기』 1~2, 파주: 한길사, 1998; 2010 7쇄.

일연, 리상호 옮김, 『북역 삼국유사』, 서울: 신서원, 1960; 1990 중판.

사회과학원 고전연구실 편찬, 『북역 고려사』, 서울: 신서원, 1991.

김종서 외, 『고려사』

주돈이, 『통서通書』

정자, 『이정집二程集』

장재, 『장재집張載集』

주희 편, 『근사록近思錄』

주희, 『시경집전詩經集傳』

서경덕, 『화담집花潭集』

정도전, 『불씨잡변』

정도전, 정병철 옮김, 『삼봉집』 전4권, 파주: 한국학술정보, 2009.

정도전, 한영우 옮김, 『조선경국전』, 서울: 올재클래식스, 2014.

『세종실록』

이이, 『율곡전서栗谷全書』

이이, 안외순 옮김, 『동호문답』, 서울: 책세상, 2005.

이이, 정재훈 옮김, 『동호문답: 조선의 군주론, 왕도정치를 말하다』, 파주: 아카넷,
　　2014.

유몽인, 『어우야담』

채제공, 『번암집樊巖集』

정조, 『홍재전서弘齋全書』

정약용, 『여유당전서與猶堂全書』 『상서고훈尙書古訓』

박지원, 『열하일기熱河日記』

박지원, 『연암집燕巖集』

박제가, 『북학의北學議』

유재건, 실시학사 고전문학연구회 옮김, 『이향견문록里鄕見聞錄』, 파주: 글항아리,
　　2008.

유희재, 윤호진 · 허권수 옮김, 『역주 예개』, 서울: 소명출판, 2010.

왕국유(왕궈웨이), 류창교 옮김, 『세상의 노래 비평 인간사화』, 소명출판, 2004.

신채호, 『단재신채호전집』, 서울: 형설출판사, 1972; 1987 개정 4쇄.

허문환, 김규선 옮김, 『역대시화』, 소명출판, 2013.

채중덕(차이중더)蔡仲德 注譯, 『중국미악미학사中國音樂美學史 자료주역資料注譯』, 北京: 人民音樂出版社, 2004.

아리스토텔레스, 『니코마코스 윤리학』

칸트, 백종현 옮김, 『판단력비판』, 파주: 아카넷, 2009.

▌2차 연구 자료

강명관, 『조선시대 문학예술의 생성공간』, 서울: 소명출판, 1999.

계승범, 『우리가 아는 선비는 없다: 조선을 지배한 엘리트, 선비의 두 얼굴』, 고양: 위즈덤하우스, 2011.

공의(콩이)孔毅, 정용선 옮김, 『죽림칠현과 위진명사』, 서울: 인간의기쁨, 2014.

과욱, 「한 · 중 우국시의 전통과 작품세계 비교 연구: 이덕일의 「우국가」와 문천상의 「정기가」를 중심으로」, 대구대학교 국어국문과 석사학위논문, 2013.

국사편찬위원회 편, 『그림에게 물은 사대부의 생활과 풍류』, 두산동아, 2007.

권기석, 「『이향견문록』 수록 인물의 사회 계층적 위상과 신분 관념」, 『조선시대사학보』 제72집, 2015.

권은중, 「'정의란 무엇인가' 100만부 돌파」, 2011.4.16일자 기사 참조.

금장태, 『한국유학의 탐구』, 서울: 서울대학교 출판부, 1999.

금장태, 『한국의 선비와 선비정신』, 서울: 서울대학교출판부, 2000; 2001 3쇄.

김광명, 「바움카르텐과 칸트에 있어 '에스테틱'의 의미」, 『칸트연구』 5, 1999.

김기현, 『선비 사유와 삶의 지평』, 서울: 민음사, 2009; 2011 3쇄.

김동민, 『춘추논쟁: 중국 최초의 대일통 제국을 탄생시킨 사유의 격돌』, 파주: 글항아리, 2014.

김봉억, 「사회와 괴리된 인문학계, '논문주의' 벗어나자」, 『교수신문』 2012.11.19일자 기사 참조.

김상봉, 『학벌사회』, 파주: 한길사, 2004.

김상봉, 「20세기 한국철학의 좌표계—'우리 철학 어떻게 할 것인가'라는 물음에 대한 대답」, 대동철학회 · 조선대학교 인문학연구원 주최, 〈우리철학 어떻게 할 것인가?—수입철학과 훈고학을 넘어서〉(2014.5.24.).

김성근, 「메이지 일본에서 '철학'이라는 용어의 탄생과 정착; 니시 아마네西周의 '유학'과 'philosophy'를 중심으로」, 『동서철학연구』 59, 2011.

김수현, 「바움가르텐」, 미학대계간행회 편, 『미학의 역사』, 서울: 서울대학교 출판부, 2007; 3쇄 2008.

김시천, 「정신과 유희: 『장자』의 '유遊'와 삶의 복원」, 『도교문화연구』 제37집, 2012.

김영건, 「도가 철학과 칸트의 심미성」, 『철학논집』 제20집, 2010.

김용심, 「문체반정文體反正, 나는 이렇게 본다」, 파주: 보리, 2012.

김태준, 「화랑도와 풍류정신」, 『한국문학연구』 제18집, 1995.

김학성, 「향가와 화랑집단」, 한국고전문학회 편, 『문학과 사회집단』, 서울: 집문당, 1995.

김향은, 「조선시대 아동교육서를 통해 본 전통 아동교육 원리」, 『민족문화연구』 39권, 2003.

나성, 「중국철학 연구에 관한 구미학계의 최근 추세 및 그 방법론 연구 : 중국 고대 철학에 대한 세 가지 시각」, 『대동철학회지』 3, 1999.

노용필, 『신라진흥왕순수비연구』, 서울: 일조각, 1996.

나종면, 『선비를 따라 산을 오르다』, 파주: 이담, 2010.

노신(루쉰), 조관희 옮김, 『중국소설사략』, 파주: 살림, 1998.

노용필, 『신라진흥왕순수비연구』, 서울: 일조각, 1996.

니토베 이나조新渡戶稻造, 심우성 옮김, 『무사도란 무엇인가: 일본정신의 뿌리』, 서울: 동문선, 2002.

데라다 다카노부寺田貴信, 서인범 · 송정수 옮김, 『중국의 역사(대명제국)』, 서울: 혜안, 2006.

도나미 마모루礪波護, 임대희 · 허부문 옮김, 『풍도의 길』, 고양: 소나무, 2003.

두위(두웨이)杜衛, 「혜강과 한슬릭의 미학사상 비교嵇康與漢斯立克音樂美學思想比較」, 『학술월간學術月刊』, 1990年 第9期.

람지객(란즈커)藍知客, 박찬철 옮김, 『참모의 진심, 살아남은 자의 비밀』 고양: 위즈 덤하우스, 2017.

류창교, 『왕국유 평전』, 경산: 영남대학교 출판부, 2005.

마소호(마사오후)馬小虎, 『위진 이전 개체 '자아'의 발전魏晉以前個體'自我'的演變』, 北京: 中國人民大學出版社, 2004.

마이클 샌델, 이창신 옮김, 『정의란 무엇인가』, 파주: 김영사, 2010; 2011 134쇄.

미우라 쿠니오三浦國雄, 김영식 · 이승연 옮김, 『인간주자』, 파주: 창작과비평사, 1996.

문경연, 「식민지 근대와 '취미' 개념의 형성」, 『개념과 소통』 제7호, 2011.

민주식, 「풍류도의 미학사상」, 『미학』 제11집, 1986.

민주식, 「동양미학의 기초개념으로서의 풍류」, 『민족문화연구』 제15집, 1994.

민주식, 「한국적 '미'의 범주에 관한 고찰」, 『미학』 제19집, 1994.

민주식, 「풍류(風流) 사상의 미학적 의의」, 『미학예술학연구』 11권, 2000.

민주식, 「니시 아마네西周의 서구 미학의 이해와 수용: '미학aesthetics'의 번역어를 중심으로」, 『일본연구』 15, 2011.

박낙규, 「육조시대 예술론의 특징 고찰」, 『미학』 제11집, 1986.

박낙규, 「고대 중국의 유가와 도가 악론樂論의 기본 관점」상·중, 『낭만음악』 제4권 제2호(통권14호), 1992; 『낭만음악』 제5권 제2호(통권 18호), 1993.

박노자, 「근대 일본의 치명적 발명품, 무사도」, 『한겨레21』 제838호, 2010.12.01일자 기사.

박석, 『송대의 신유학자들은 文學을 어떻게 보았는가』, 서울: 역락, 2005.

박소정, 「〈함지〉 악론의 번역과 주석: 장자 악론을 위한 기초 작업으로서」, 『동방학』 6, 2000.

박소정, 「혜강과 완적의 음악론: 성무애락론과 악론을 중심으로」, 『도교문화연구』 제18집, 2003.

백민정, 『정약용의 철학』, 서울: 이학사, 2007.

서복관(쉬푸관)徐復觀, 『중국 예술 정신』, 서울: 동문선, 1990; 2000 재판.

서복관(쉬푸관)徐復觀, 김철운·유성선 외 옮김, 『중국 경학사의 기초』, 춘천: 강원대학교 출판부, 2007.

서지영, 「조선후기 중인층 풍류공간의 문화사적 의미−서구 유럽 '살롱'과의 비교를 통하여」, 『진단학보』 95, 2003.

손태호, 『「장자」「제물론」의 '천뢰天籟' 해석 고찰」, 『동서철학연구』 제51호, 2009.

손효(순샤오)孫曉, 김경호 옮김, 『한대 경학의 발전과 사회 변화』, 서울: 성균관대학교 출판부, 2015.

송영배, 『동서 철학의 충돌과 융합』, 서울: 사회평론, 2012.

송종원, 「인식론적 방법으로서의 '상상력'에 대한 시론: 『장자 텍스트에 드러난 '상상력'의 역할에 대하여」, 『철학과 문화』 제21집, 2010.

스즈키 슈지鈴木修次, 「풍류고風流考」, 『중국문학과 일본문학中國文學と日本文學』, 東京: 東京書籍株式會社, 1987.

시라카와 시즈카白川靜, 『자통字統』, 東京: 平凡社, 1984.

신병주, 「조선시대의 선비 정신과 선비 학자들의 활동: 15세기 선비들을 중심으로」, 『남명학연구논총』 제13집, 2004.

신나경, 「서구근대미학의 수용에서 '미적 범주론'의 양상과 의미: 한국과 일본의 초창기 미학을 중심으로」, 『동양예술』 제31호, 2016.

신은경, 『풍류: 동아시아 미학의 근원』, 서울: 보고사, 1999; 2006 4쇄.

신성근, 『둥둥서의 전론』, 시술내릭교 칠힉괴 힉부즐입논믄, 1900.

신정근, 「구원자로서 철인哲人과 유비추리의 성인聖人」, 『철학논구』 25집, 1997.

신정근, 「홍대용과 경험 중심의 인식론적 리기관의 재생」, 『철학사상』 13, 2001.

신정근, 「도덕원칙으로 서恕 요청의 필연성」, 『동양철학』 제21집, 2004.

신정근, 『동중서: 중화주의의 개막』, 파주: 태학사, 2004.

신정근, 『사람다움의 발견』, 서울: 이학사, 2005.

신정근, 「기氣 철학자들의 우연성에 대한 성찰」, 『동양철학연구』 52, 2007.

신정근, 「혜강의 '성무애락론'에 내재된 음악철학의 쟁점」, 『유교사상문화연구』 제32
집, 2008.

신정근, 『공자씨의 유쾌한 논어』, 파주: 사계절, 2009; 2011 3쇄.

신정근, 『중용 극단의 시대를 넘어 균형의 시대로』, 파주: 사계절, 2010.

신정근 외, 「현행 학문 평가의 문제점과 대안모색」, 2012년 한국철학회 추계학술대
회 〈학문평가와 학문발전〉(2012.11.17.).

신정근, 『사람다움이란 무엇인가』, 파주: 글항아리, 2011.

신정근, 『신정근교수의 동양고전이 뭐길래?』, 서울: 동아시아, 2012.

신정근, 『철학사의 전환: 동아시아적 사유의 전개와 그 터닝포인트』, 파주: 글항아
리, 2012.

신정근, 「인문학의 육성을 위한 세 가지 제안: 재수강, 영어 선택, 보안관의 조합」,
『철학과현실』 통권94호(2012년 가을).

신정근, 「도덕적 완성에 이르는 네 가지의 길: 추월追越/推越론 정립을 위한 시론」,
『동양철학』 37, 2012.

신정근, 「계찰季札, 잊힌 춘추 시대의 최고 음악 비평가」, 사)인문예술연구소 웹진
『오늘의 선비: 동양고전의 마당』(http://www.ssp21.or.kr/) 2013.06.17
일자 업데이트.

신정근, 「인문(인권) 유학으로서 21세기 동아시아학의 성립 가능성 모색: 儒術·聖
學·道學·中華學·國學의 궤적과 함께」, 『대동문화연구』 81권, 2013.

신정근, 「인문학의 위기 극복의 길」, 『인문과 예술』 창간호, 2014.

신정근, 『맹자와 장자, 희망을 세우고 변신을 꿈꾸다』, 서울: 성균관대학교출판부,
2014.

신정근, 『공자의 숲, 논어의 그늘』, 서울: 성균관대학교 출판부, 2015.

신정근, 「장자의 심미 세계, 미학美學인가 미유美遊인가?」, 『유교사상문화연구』 제59
집, 2015.

신정근, 「한국 풍류와 미학의 연관성」, 『동양철학』 제43집, 2015.

_____ , 「불순한 프레임 설정과 17년 체제의 준비」, 사)인문예술연구소 웹진 『오늘의
선비: 동양고전의 마당』(http:// www.ssp21.or.kr) 2016.12.19일자 업
데이트.

신정원, 「장자 인식론의 미학적 사유: 장자와 칸트의 대상 인식을 중심으로」, 『인문

과학』66, 2017.

신창호, 『경敬이란 무엇인가』, 파주: 글항아리, 2019.

아르놀트 하우저, 염무웅·반성완 옮김, (개정판)『문학과 예술의 사회사3』, 파주: 창작과비평사, 2002 10쇄.

악남(웨난)岳南, 이익희 옮김, 『마왕퇴의 귀부인』 전2권, 서울: 일빛, 2001.

안대회, 『선비답게 산다는 것』, 서울: 푸른역사, 2007; 2011 10쇄.

안영길, 「조선후기 위항인의 풍류활동 연구」, 『한자한문교육』 제19집, 2007.

안외순, 「맹자의 겸선兼善, 출사出仕, 정치 참여」, 『동양고전연구』 45, 2011.

양종국, 『송대사대부사회연구』, 삼지원, 1996.

오병남, 「근대 미학 성립의 배경에 관한 연구」, 『미학』 제5권 1호, 1978.

오전루(우잔레이)吳戰壘, 유병례 옮김, 『중국시학의 이해』, 파주: 태학사, 2003.

왕개(왕카이)王凱 신정근 외 2인 옮김, 『소요유, 장자의 미학』, 서울: 성균관대학교 출판부, 2013.

왕국유(왕궈웨이)王國維, 「근래 학술계를 논하다論近年之學術界」, 『정암문집靜庵文集』, 瀋陽: 遼寧敎育出版社, 1997.

왕효의(왕사오의)王曉毅, 『혜강 평전嵇康評傳: 한위풍골漢魏風骨盡 죽림유한장竹林遺恨長』, 南寧: 廣西敎育出版社, 1994; 1995 2쇄.

위행복 외, 「인문학분야 학술성과 평가의 표준모델에 관한 연구」, 한국연구재단 정책연구과제(2014.1.20.)

윤내현, 『상주사』, 서울: 민음사, 1984; 1985 2쇄.

이경구 외, 『한국의 근현대, 개념으로 읽다』, 서울: 푸른역사, 2016.

이경희, 「혜강과 한슬릭의 음악미학 비교 고찰」, 『한국음악사학보』 제29집, 2002.

이규성, 『한국현대철학사론: 세계상실과 자유의 이념』, 서울: 이화여자대학교 출판부, 2012.

이동환, 「한국미학사상의 탐구(Ⅱ)-삼국중기~통일신라중기(1)-산수풍류」, 『민족문화연구』 제32호, 1999.

이동환, 「한국미학사상의 탐구(Ⅲ): 풍류도의 미학사상」, 『한국문학연구』 창간호, 2000.

이동환, 「선비 정신의 개념과 전개」, 『대동문화연구』 제38집, 2001.

이선민, 「'인문학 위기 선언' 5년 주기설」, 『조선일보』 2012.11.09일자 기사.

이성규 편역, 『사마천 사기: 중국 고대사회의 형성』, 서울: 서울대학교 출판부, 1987.

이승원, 「소설 읽어 준 사람, 이렇게 살해됐다 [서평] 이승원 쓴 〈사라진 직업의 역사〉」(2912.06.25일자 기사).

이연숙, 「'유遊'의 개념에 대한 연구: 한국과 일본의 고대 기록을 중심으로」, 『비교문학』35권, 2005.

이영(리링)李零, 황종원 옮김, 『논어, 세 번 찢다[원제: 論語縱橫讀]』, 파주: 글항아
리, 2011.

이영(리링), 김갑수 옮김, 『집 잃은 개[원제: 喪家狗: 我讀論語]』 전2권, 파주: 글항
아리, 2012.

이장희, 「선비의 본의와 선비정신」, 『남명학』 제14집, 2009.

이종성, 「소요와 노닒 또는 걸림 없는 자유—장자 '소요유'의 부정정신과 자유의식을
중심으로」, 『동서철학연구』 제37호, 2013.

이진희, 「철학·불문과 사라지고 의약·예체능 계열 득세」, 『한국일보』 2012.07.24
일자 기사.

이택용, 『중국 고대의 운명론: 삶의 우연성에 대한 대응』, 서울: 문사철, 2014.

이택후(리쩌허우)李澤厚, 윤수영 옮김, 『미의 역정』, 서울: 동문선, 1994.

이택후(리쩌허우), 권호 옮김, 『화하미학』, 서울: 동문선, 1990; 1999 3쇄.

이창환, 「바움가르텐 미학 사상의 재평가」, 『미학연구』 창간호, 1995.

이한, 『논쟁으로 본 조선』, 파주: 청아출판사, 2014; 2쇄 2015.

이황직, 『군자들의 행진: 유교인의 건국운동과 민주화운동』, 파주: 아카넷, 2017.

임종진, 『증점, 그는 누구인가』, 서울: 역락, 2014.

임지선, 「대형 출판사들, 봄은 '해고의 계절'?」, 『한겨레신문』, 2014.4.4일자 기사.

임태홍, 「한중일 삼국의 '사士' 개념 비교 고찰」, 『동양철학연구』 제65집, 2011.

장계군(장취췬)章啓群, 『백년중국미학사략百年中國美學史略』, 北京: 北京大學出版社,
2005.

장계군(장취췬), 신정근 외 2 옮김, 『중국현대미학사』, 서울: 성균관대학교 출판부,
2013.

장법(장파)張法, 『중국미학사中國美學史』(제2판), 成都: 四川人民出版社, 2006.

장진성, 「조선후기 회화의 문화적 호기심好奇心」, 『미술사논단』 제32호, 2011.6

정민, 「동아시아 미학체계 수립의 가능성 탐색—『풍류』(신은경 저, 보고사, 1999)에
대한 서평」, 『고전문학연구』 제17집, 2000.

정병호, 『『이향견문록』을 통해 본 조선 시대 여항인閭巷人의 형상」, 『동방한문학』 제
12집, 1996.

정병훈, 「풍류의 시대적 전개와 변양」, 『민족미학』 제5집, 2005.

정병훈, 「포스트모더니즘과 한국의 풍류」, 『민족미학』 10권 1호, 2011.

정석태, 「퇴계退溪 이황李滉 이야기의 서사화 양상: 단양의 기생 두향杜香과 풍기의
대장장이 배순裵純 관련 이야기를 중심으로」, 『전북사학』 제37호, 2010.

정세근 외, 『위진 현학』, 서울: 예문서원, 2001.

정순목, 「장자의 예술철학 서설 (5): 예기 「악기」와 〈함지악론〉의 음악철학 비교」,

『한국음악사학보』 제8집, 1992.

정순목, 『퇴계 평전』, 서울: 지식산업사, 2001.

정아림(청야린)程亞林, 「음악자유형식론音樂自由形式論: 성무애락론신탐聲無哀樂論新探」, 『문예이론연구文藝理論研究』1991年 第2期.

정옥자, 『조선후기 조선 중화사상 연구』, 서울: 일지사, 1998.

정옥자, 『우리가 정말 알아야 할 우리 선비』, 서울: 현암사, 2002; 2006 6쇄.

조검민(자오지엔민)趙劍敏, 곽복선 옮김, 『죽림칠현, 빼어난 속물들』, 서울: 푸른역사, 2007.

조기빈(자오지빈)趙紀彬, 『곤지록困知錄』, 『『논어』와『묵자』의 '물物' 자의 간단한 해석 『論語』『墨子』'物'字簡釋』, 北京: 中華書局, 1963; 1982 2쇄.

조동일, 『우리학문의 길』, 서울: 지식산업사, 1993.

조민환, 『중국 철학과 예술정신』, 서울: 예문서원, 1997.

조선대학교 인문학연구원 우리철학연구소, 「선비정신과 풍류사상」, 2015년 정기학술대회 발표 자료집.

조송식, 『산수화의 미학』, 파주: 아카넷, 2015.

조수정, 「영어 강의를 향한 단소리 쓴소리」(http://www.i-bait.com/read.php?cataId=NLC008001&num=326 5) 2010.4.6일자 기사.

조유회, 「조선후기 실학자의 음악관 연구: 洪大容과 李圭景을 중심으로」, 성균관대학교 예술철학 박사학위논문, 2009.

조지훈, 『돌의 미학』, 파주: 나남, 2010; 2011 2쇄.

진정염(천정옌)陳正炎·임기담(린치탄)林其錟, 이성규 옮김, 『중국대동사상연구』, 서울: 지식산업사, 1990.

채원배(차이위안페이)蔡元培, 「미육으로 종교를 대신하자以美育代宗敎」, 文藝美學叢書編輯委員會 編, 『蔡元培美學文選』, 北京: 北京大學出版社, 1983.

채중덕(차이중더)蔡仲德, (修訂版)『중국음악미학사中國音樂美學史』, 北京: 人民音樂出版社, 2003; 2005 2쇄.

천정환·최병구, 「신자유주의 대학체제 하의 학문(장)의 변형, 그리고 '협동적' 대응」, 성균관대학교 인문학연구원 주최, 〈식민화하는 대학, 대항하는 인문학〉(2014.11.7.).

최미랑, 「[알아보니] '48세 이황과 19세 두향이 사랑을 했다' … 기러야 할 서사라고?」, 『경향신문』 2019.01.05일자 기사.

최봉영, 『조선시대 유교문화』, 사계절, 1997, 2002 4쇄.

최영성, 「최치원의 풍류사상 이해와 그 기반: 진흥왕 순수비 및『주역』관괘觀卦·손괘巽卦와 관련하여」, 『한국철학논집』40, 2014.

최종민, 「풍류」, 한국학중앙연구원 편, 『한국민족문화대백과』23, 1994.

켄트 가이, 양휘웅 옮김, 『사고전서』, 파주: 생각의나무, 2009.

타타르키비츠, 손효주 옮김, 『미학의 기본 개념사』, 미술문화, 1999, 2009 3쇄.

포진원(푸전위안)浦震元, 신정근 외 2 옮김, 『의경, 동아시아 미학의 거울』, 서울: 성
　　균관대학교 출판부, 2013.

하선규, 「칸트」, 미학대계간행회 편, 『미학의 역사』, 서울: 서울대학교 출판부,
　　2007; 2008 3쇄.

한국고전문학회 편, 『문학과 사회집단』, 서울: 집문당, 1995.

한국연구재단, 『2013 대학연구활동 실태조사 분석보고서』(자료실 〉 조사분석보고
　　서).

한국음악 지각인지학회, 『음악의 지각과 인지 Ⅰ』, 파주: 음악세계, 2005.

한숭동, 「인문학, 대전에서 길을 잃다」, 『디트 NEWS 24』 2013.05.29일자 기사.

한영우, 『한국선비지성사』, 서울: 지식산업사, 2010.

한영우, 『과거, 출세의 사다리(태조~선조)』, 서울: 지식산업사, 2013.

한지훈, 『풍류, 그 형이상학적 유혹』, 고양: 소나무, 2015.

한흥섭, 「혜강의 성무애락론 연구」, 홍익대학교 박사학위논문, 1995.

한흥섭, 『중국 도가의 음악 사상』, 서울: 서광사, 1997.

한흥섭, 『우리 음악의 멋 풍류도』, 서울: 책세상, 2003; 2006 2쇄.

한흥섭, 「풍류도風流道, 한국음악의 철학과 뿌리」, 『인문연구』 제49호, 2005.

한흥섭, 「풍류도의 어원」, 『신라학연구』 8권, 2004.

한흥섭, 『공자, 불륜을 노래하다』, 서울: 사문난적, 2011.

허문환, 김규선 옮김, 『역대시화』 3, 서울: 소명출판, 2013.

허유선, 「칸트 미학에서 취미판단의 주관적 보편성과 공통감」, 『칸트연구』 제22집,
　　2008.

홍윤기, 「서양철학 수입 후 철학수요의 폭증과 철학교육의 몰락」, 대동철학회 · 조선
　　대학교 인문학연구원 주최, 〈우리철학 어떻게 할 것인가?: 수입 철학과 훈
　　고학을 넘어서〉(2014.5.24.)

황흥도(황싱타오)黃興濤, 「'미학' 개념과 서양 미학의 중국 최초의 전파'美學'一詞及西
　　方美學在中國的最早傳播」, 『문사지식文史知識』 2000年 第1期.

동중서의 천론

요약문

동중서는 한 제국 초기에 유가의 입장에서 제자백가의 사상을 종합한 사상가이다. 특히 그는 공자의 사상에다 음양가의 기와 음양 그리고 『공양전』의 역사 기술법을 종합하여 한 제국의 시대적 요구에 책무를 다하려고 했다. 동중서는 제자백가가 비교적 사상적으로 자유롭게 활약하던 공간과 달리 절대 권력을 가진 제국의 질서를 맞이했다. 제국 질서에서 황제는 지상에서 견줄 수 없는 절대 권력을 소유하여 자신의 욕망을 실현할 수 있는 제도적 물적 기반을 소유하고 있었다. 이러한 황제 권력은 늘 개인적 자질과 성향에 따라 부패와 타락할 수 있는 가능성을 가지고 있었다. 이에 동중서는 무소불위의 황제 권력을 통제하고 관리하기 위해 천의 역할에 주목했다. 공자 이래로 천은 유가 사상에서 전면에 등장하지 않고 배후에 가려져 있다 동중서에 이르러 전면에 부각되었다. 천은 제국 질서의 근원으로 자리하고서 황제 권력이 부패와 타락으로 나아가는 길을 예방할 수 있었다. 이것이 바로 황제 권력의 선기능을 할 때 자연과 사회에 좋은 징조가 일어나게 하지만 악기능을 할 때 자연과 사회에 나쁜 징조로서 재이災異를 일어나게 한다. 하지만 재이도 황제 권력을 심판하는 측면보다 선기능으로 돌아가게 유도하는 작용에 초점이 있다. 이 때문에 동중서는 제국 질서가 기본적으로 사랑의 인仁에 뿌리를 두고 있음을 밝히고 있다.

키워드: 동중서, 천, 기, 동류상동, 재이설, 공양전

1. 서론

유학(유교)은 중국 역사를 통해서 지배적인 철학의 위치를 누려왔다. 중국 사람들은 유학을 기반으로 해서 정치·제도·경제·문화 등 제 분야의 성격과 특성을 확립했다. 여기서 유의해야 할 점은 유학이라는 틀 안에서 철학과 행위 규범의 지배적인 흐름을 포착할 수 있을까라는 것이다. 다시 말해서 유학 내부에 있어서 시대별 차이점을 밝혀내지 않고 여러 가지 철학적 특성을 유학이라는 틀에 포섭할 수 있느냐라는 문제이다.

이러한 문제를 제기하는 것은 한漢 왕조(BC 220~AD 220) 나아가 선진에서부터 송宋에 이르는 기간 동안에 있어서 유학에 대한 평가 문제와 관련이 있기 때문이다. 예컨대 노사광(라오쓰광)勞思光은 유학3기설을 내세우며 한 제국 시대의 유학에 대해서 극단적인 부정에로 연결되기도 한다. 반면 이택후(리쩌허우)李澤厚는 유학4기설을 내세우며 한당 유학의 적극적 가치를 인정하고 있다.[1] 그러나 본고에서는 유학의 공통분모를 찾는 것이 아니라, 동중서董仲舒(BC 198~106)의 철학의 성격을 밝히는 데에 한정된다.

진秦 제국(BC 221~207)에서 한 제국 초기까지의 지배적인 철학을 약술하고 문제를 제기하고자 한다. 일반적으로 법가 이론은 진 제국의 중국 통일(BC 221)의 이념적인 기초로 지적된다. 진 제국의 사상 통일 정

---

[1] 유학을 도덕 가치의 내적 자각으로 파악하는 노사광(라오쓰광)勞思光에 있어서, 한 왕조에 있어서 유학은 심성론 중심의 철학이 우주론 중심의 철학으로 전개되었기 때문에 유학의 몰락이라고 평가한다. 정인재 옮김, 『중국철학사』(한당편), 탐구당, 1988 참조. Ⅱ 이택후(리쩌허우)는 자신의 기본적 논점을 여러 저작에 몇 차례 되풀이하는 경향이 있다. 노승현 옮김, 『학설』, 들녘, 2005 참조. 'Ⅱ' 표시 이전은 1988년 학사학위 논문을 쓸 당시의 주석이고, 이후는 현재 집필 과정에서 보충한 부분이다. 내용은 거의 대부분 학위논문을 쓸 당시의 원고를 유지하면서 용어, 단락 구분, 어색한 문장을 수정하고 최근 연구 경향 등을 보완했다. 요약문은 당시 없었던 형식이라 이번에 보충했다.

책의 일환으로 행해졌던 분서焚書(BC 213)와 갱유坑儒(BC 212)는 법가 이론의 지위를 공고하게 했을 뿐만 아니라 그 이후의 사상의 흐름에 커다란 영향을 미쳤다. 그것은 민간에서 진의 연대기, 복서, 농업 기술서, 의약서 등을 제외한 제자백가諸子百家의 수많은 서적의 소멸로 나타났다.

한 제국에 있어서 학문의 성격을 훈고학訓詁學과 자연 철학의 경향에 원인이 되었던 것이다. 또한 한 제국 초기에는 진 제국의 형刑과 법法에 의한 가혹한 통치에 대한 반발로 무위자연無爲自然을 중시하는 황로 사상을 낳았다. 그런데도 국가 제도의 정비와 중앙 집권을 토대로 한 제국帝國의 수립에 법가 이론이 광범위하게 온존하고 있었다. 이러한 성격으로 인해 한 제국의 유자들은 후대로부터 겉으로 유자인 체하지만 실상 법가였다는 외유내법外儒內法이라는 평가를 받게 되었다.[2]

한 제국 초기에 이르러, 무제武帝(BC 141~87)에 이르러서 동중서의 건의에 의해서 유학에 따라 사상의 통일 작업이 이루어진다.[3]

---

2 이러한 경향은 조정에서 군주의 신하에 대한 처세에서 나타나는데, 동중서의 경우에도 그대로 적용된다. 예를 들면 『춘추번로』 「왕도王道」에서 나타난다. 『춘추번로』의 저본은 뢰염원(라이옌위안)賴炎元 註譯, 『춘추번로 금주금역春秋繁露今註今譯』, 臺灣商務印書館, 1984, 1987 2판; 소여蘇興 撰, 종철(중쩌)鍾哲 點校, 『춘추번로 의증春秋繁露義證』(國學基本叢書本, 新編諸子集成本 등)으로 한다. Ⅱ 나는 박사학위논문을 쓴 뒤에 국내에서 드물게 동중서 단행본을 냈다. 신정근, 『동중서: 중화주의의 개막』, 태학사, 2004. 그 뒤에 최근의 주석서와 연구 성과를 반영해서 국내 최초로 번역서를 출간했다. 신정근, 『동중서의 춘추번로: 춘추-역사 해석학』, 태학사, 2006 참조.

3 종래 무제가 동중서의 건의에 따라 유학을 국교國敎로 채택하였다고 한다. 이것은 거의 통설처럼 알려져 있다. 무제의 유학 정책이나 당시 관료의 구성, 실제 정치에서 혹리酷吏의 활용 등을 고려해보면, 통설은 수정 내지 보완되어야 한다. 무제설의 대안으로 원제元帝 이후에라야 유학이 사상의 지배적인 지위를 차지했다고 보는 학설도 있다. Ⅱ (후쿠이 시게마사福井重雅, 『한대유교의 역사적 연구: 유교의 국교화를 둘러싼 정설의 재검토漢代儒教の史的研究: 儒教の官學化をめぐる定說の再檢討』, 汲古書院, 2005.) 하지만 무제는 한 초에 주류 사상이었던 황로도가黃老道家의 위세에 균열을 가하면서 미약하지만 '유학의 국교화'로 볼 만한 기초를 제공했다고 할 수 있다. 그리고 와타나베 요시히로渡邊義浩는 1) 사상 내용으로서 체제유교의 성립, 2) 제도적인 유교 일존 체제의 확립, 3) 유교의 중앙·지방 관료층으로의 침투와 수용, 4) 유교적 지배의 성립이라는 4가지 지표를 제시하며 유교의 국교화를 후한 시대

"한 제국이 새로이 건설되어, 진 왕조가 학문의 자유를 봉쇄했던 뒤를 계승했다. 경제景帝(BC 157~141)와 무제의 치세 기간에 동중서는 『공양 춘추公羊春秋』를 배우고, 음양가의 이론을 새롭게 해석함을 통해서 유자 가운데서 조종이 되었다."[4]

여기서 『공양 춘추』는 『춘추』에 대한 『공양전公羊傳』 『곡량전穀梁傳』 『좌씨전左氏傳』 등 세 가지 주석서 중의 한 가지인 『춘추 공양전』을 가리킨다. 음양은 전국 시대에 널리 성행하여 당시에는 이미 사상계의 빼놓을 수 없는 지위를 차지했던 음양가의 자연 철학을 말하는 것이다. 위의 내용을 통해서 우리는 그의 학문적 특징을 알 수 있다. 그는 유학의 경전의 하나인 『춘추』(『춘추 공양전』)와 음양가의 이론을 종합적으로 공부해서 유학자의 으뜸이 되었다. 이로써 유학은 지금까지 부족하다고 여겨지던 자연학을 보강하게 된 것이다. 유학과 음양의 결합은 근대 서양 학문의 도입 이전까지 진리로 널리 받아들여졌다. 이 점은 그의 철학의 성격을 나타내는 하나의 단면이라고 할 수 있다.

그의 철학이 상이한 두 가지 성격을 지니면서 어떻게 유자라고 불릴 수 있을까라는 물음이 생겨날 수 있다. 이 점은 동중서의 저작으로 알려진 『춘추번로春秋繁露』와 『한서漢書』에 기록되어 있는 「천인삼책天人三策」에서도 그대로 나타나고 있다. 이로 인해서 본고에서 다루는 천天에 대한 성격 규정이 다양하게 나타난다. 즉 음양의 이론에 의한 자연주의 경향과 도덕적 성격에 대한 상이한 주장이다.

예를 들면, 동중서에 있어서 천의 성격을 주재主宰, 인격人格, 의지意志적인 요소에 의해 주재지천과 자연지천(물질)으로 나누는 주장이 있

노 삽고 있나. 김용진 옮김, 『후인 유교국가의 성립』, 동과서, 2011 참고.

4 『한서』 「오행지」 "漢興, 承秦滅學之後, 景武之世, 董仲舒治公羊春秋, 始推陰陽, 爲儒者宗."

다.[5] 또한 양자의 관계에 대해서 상이한 주장이 있다. 동중서에 있어서 천의 성격을 양분할 때, 양자와의 관계는 유학의 주재지천을 물질적 성격을 지닌 자연지천이 가교 역할을 한다는 것이다.[6] 또 주재지천과 물질지천을 떼어서 생각될 수 없다고 주장하면서, 천의 성격을 구분하기도 한다.[7]

그러나 유학에 공통적으로 지적될 수 있는 존재의 세계와 가치의 세계의 미분리 상태에서 두 가지 범주로 나눌 수 없다고 생각한다. 이것은 존재의 세계에서 가치의 세계에로의 도덕적 명제가 도출될 수 없다는 것이 아니다. 가치와 사실에 대한 미분리에서 세계를 파악하는 것 자체가 가능하지 않다는 점이다. 따라서 사실 세계를 어떻게 가치 세계로 파악하느냐는 과정과 내용에 대한 분석이 될 것이다. 이를 위해서 동중서의 철학에 있어서 천을 중심으로 해서 파악할 것이다. 이러한 논리적인 분석의 과정에서 천에 내재된 가치와 인사人事와 관련을 살펴볼 것이다. 인간에 있어서 도덕적인 행위가 나올 수밖에 없음도 밝히고자 한다. 이에 앞서서 이러한 천의 성격을 뒷받침하는 두 가지 계기를 2장과 3장에서 다루고자 한다. 2장에서는 세계 내지 우주를 파악하는 한 방법으로서 '동류상동설同類相動說'로 대표되는 유비類比에 의한 추론을 다루고, 3장에서는 기氣에 의해서 나타나는 음양과 오행 그리고 재이災異를 다룰 것이다.

5　진려계(천리구이)陳麗桂, 「동중서의 천론董仲舒의 天論」, 『孔孟學報』 27, 1974; 이수미(리슈메이)李秀美, 「천인합일사상天人合一思想」, 『東吳大學哲學系傳習錄』 第1期, 1982.1.

6　진려계(천리구이)陳麗桂, 「동중서의 천론董仲舒의 天論」, 『孔孟學報』 27, 1974 참조.

7　정인재, 「유교의 천관과 그리스도교의 하느님: 동중서 천관을 중심으로」, 한국가톨릭문화연구원 제3차 심포지움 참조.

2. 세계(우주)를 파악하는 방법으로서의 '동류상동同類相動'설

천의 성격 내지 천-인의 관계를 밝히기 앞서서 인간이 천을 어떠한 방법으로 알 수 있느냐라는 점이 선행되어야 한다. 왜냐하면 천이 가치를 담지하고 그것이 자연과 사회에 드러난다 해도, 인간이 파악할 수 없으면 무가치한 것이기 때문이다. 동중서에 있어서 천을 알 수 있는 방법은 '동류상동'이다. 그는 구체적이고 경험적인 역사적 사실을 토대로 일반 법칙의 수립으로서 춘추를 해석하고, 세계의 파악에서도 그대로 적용된다.

"노魯 나라 사람의 사정이 이것과 같음으로써 역시 타국 사람의 사정이 이와 같음을 안다. 타국의 사정이 이와 같음을 앎으로써 천하 모든 국가의 사정이 이와 같음을 안다. 이것은 사물의 유사성을 연결해서 사물 간의 관계를 연결할 수 있는 것이다. 그러므로 천하가 지리적으로 비록 광대하고 시간적으로 과거와 현재가 장구하다 하더라도 이러한 방법을 통해서 추리를 해서 규정할 수 있다."[8]

역사상 왕조의 흥망성쇠에서 하나의 원인의 파악을 통해서 모든 국가의 흥망성쇠의 원인을 알 수 있다는 것이다. 이것은 역사서라는 춘추에 있어서 왕조의 흥망성쇠를 파악하려는 노력에서 나왔다고 할 수 있다. 이것은 사물事物[9]의 서로 닮은 점을 연결시킴으로 해서 다른 사물을 추

---

8 『춘추번로』「정화」(이하 편명으로 약칭함) "以魯人之若是也, 亦知他國之皆若是也, 以他國之皆若是, 亦知天下之皆若是也, 此之謂連而貫之', 故天下雖大, 古今雖久, 以是定矣."

9 사물은 사事와 물物의 합성어로 물질이나 대상에만 한정되는 개념이 아니다. 그것은 물질과 대상만이 아니라 사회와 자연에서 일어나는 사태를 포괄하는 개념이나. 아울러 눌物을 하나의 사태 안에서 파악하려는 사유를 나타내기도 한다.

리하는 것이다. 이것은 역사적 사실에 대한 파악이지만, 동중서에 있어
서는 세계(우주)를 파악하는 하나의 방법으로도 적용 여부를 살펴보자.

"지금 평지에 물을 끌어다 댄다면, 물은 마른 곳을 피하고, 젖은 곳을 따라 흐
른다. 가지런하게 쌓아 놓은 땔감 위에다 불을 붙이면 불은 젖은 데서는 타
지 않고 마른 곳에서 잘 탄다. 세상의 모든 사물은 서로 다른 것과는 멀리 떨
어지려고 하면서 서로 같은 것끼리는 친화력을 가진다. 그러므로 기氣가 같
으면 동일한 곳에 모이고 소리가 서로 같으면 반응을 하는 것을 보면, 그러한
판단에 대한 징험은 명백하다. ······ 도덕적으로 칭찬받을 만한 일은 칭찬받
을 만한 종류를 야기하고, 나쁜 행위는 나쁜 종류를 초래한다. 같은 종류끼리
반응하는 경우는 말이 울면 그것에 반응하는 것과 같다."[10]

종류가 같은 것끼리 상응相應하는 영역은 동물과 음악(자연의 음향까
지 포함)에만 한정되는 것이 아니라, 인간의 도덕적인 영역에도 적용되
는 것을 알 수 있다. 결국 자연 현상과 사회 현상에 걸쳐서 나타나는 것
이다. 여기 주의해야 할 점은 말이나 소리에서는 그 자체가 가지고 있는
류類의 본질에서 비롯되는 반면에 선善과 악惡의 경우는 어떻게 이해를
해야 하느냐는 점이다. 선과 악이 인간의 행위 규범에만 적용되는 것이
아니라, 가치의 담지자인 천의 운행이 그대로 왜곡 없이 잘 발현되느냐
의 여부에 따라 결정되는 것이다.
　다시 말해서 '동류상동' 또는 '동류상응'은 농경 사회에서 필요 불가결
한 물과 불의 영역에 기나 소리의 추상적인 것에서 가치 실현의 우주에
까지 적용된다. 다시 천-인의 관계에서 본다면, 양자간의 류類적 특성

---

10 「동류상동」 "今平地注水, 去燥就濕, 均薪施火, 去濕就燥. 百物去其所與異, 而從其所與同.
　故氣同則會, 聲比則應, 其驗皦然也. ······ 美事召美類, 惡事召惡類, 類之相應而起也, 如
　馬鳴則馬應之."

의 확보는 본질적으로 가치 실재의 측면과 가치 실현의 측면에서 이루어지는 것이다. 다른 면에서 류적 특성의 확보는 기에 의한 만물의 동질성에서 이루어진다. 그것은 여기서 다루지 않고 3장에서 다루기로 한다.

천-인간의 동류 관계는 수數라는 측면(계기)에서 보장된다. 이러한 동류상동은 "사람이 도저히 알 수 없는 신기한 작용이 아니라 사물의 수에 있어서 동일한 면이 있기"[11] 때문이다. 여기서 수의 측면에서 유추는 인간의 생체 구조와 천수天數의 유추에 의해서 이루어진다.

"사람을 낳고 기르는 것은 사람이 할 수 있는 것이 아니라, 사람을 낳고 기르는 것은 천이다. …… 사람의 신체는 천수를 본떠서 이루어진 것이고, 사람의 혈기血氣는 천지天志를 본떠서 인仁이 된 것이고, 사람의 덕행은 천리天理를 본떠서 의義로 된 것이고, 사람의 호오好惡는 천의 일기 상태의 따뜻함과 싸늘함을 본떠서 된 것이고, 사람의 희로喜怒는 천의 차가움과 더움(계절)을 본떠서 만들어진 것이다."[12]

위에서와 같이 인간은 형체를 막론하고 천에 말미암은 것이다. 인간의 형체는 천수와 어떻게 닮았는지를 구체적으로 살펴보자. 여기에 앞서 천수와 인간의 신체 구조와 연관시켜서 유추하는 이유를 알아보자.

"천수의 미묘함을 탐구하는 것은 사람의 신체 구조에서 찾는 것보다 나은 것이 없다."[13]

---

11 「동류상동」"非有神, 其數然也."
12 「위인자천爲人者天」"爲生不能爲人, 爲人者, 天也. …… 人之形體, 化天數而成. 人之血氣, 化天志而仁. 人之德行, 化天理而義. 人之好惡, 化天之暖淸. 人之喜怒, 化天之寒暑."
13 「관제상천官制象天」"求天數之微, 莫若於人."

천수의 내용은 1년의 나눔이다. 즉 1년은 4계절, 12개월, 360일을 그 내용으로 한다. 이것이 사람의 신체 구조와 유사하다는 점에서 천수와 인간의 신체 구조를 연결시킨다.

"천은 1년의 수로서 사람의 신체를 탄생시킨다. 작은 뼈마디가 360으로 이루어진 것은 1년의 일수와 비슷하고, 큰 뼈마디가 12인 것은 월수와 닮았다. 사람 몸 안에 오장이 있는 것은 오행의 수를 닮았고, 신체에 사지가 있는 것은 사시의 수를 닮았다."[14]

신체의 기거동작과 생김새를 천과 비유하는 곳도 있다. 천수를 사시와 오행을 통해서 인체와 연관시키고 있다. 이러한 천수와 인간의 신체 구조의 유사성은 '인핍천수人偪天數'로 명명된다. 여기서 천수는 우주를 구성하는 요소와 연관성 속에서 천수의 작용을 밝혀보자.

"천의 대수는 십十에서 완성된다. 하늘과 땅 사이에 있는 모든 사물은 십十에 의해서 완전히 열거될 수 있고, 모든 사물의 생장의 주기도 십十에 이르러서 완성된다. 십十은 천수의 완전수이다."[15]

그는 우주의 중요한 요소로서 천 · 지 · 음 · 양 · 목 · 화 · 토 · 금 · 수와 사람을 열거한다.[16] 그러면서 이 열 가지는 천에서 인까지(에서 끝나는)의 십十에 의해서 우주 만물을 포괄하는 것으로 설명된다. 또 그는 농경

---

14 「인핍천수人偪天數」 "天以終歲之數, 成人之身, 故小節三百六十六, 副日數也. 大節十二分, 副月數也. 內有五臟, 副五行數也. 外有四肢, 副四時數也."

15 「음양존비陰陽尊卑」 "天之大數畢於十, 旬天地之間, 十而畢擧, 旬生長之功, 十而畢成. 十者, 天數之所止也."

16 「천지음양天地陰陽」 "天 · 地 · 陰 · 陽 · 木 · 火 · 土 · 金 · 水, 九. 與人而十者, 天之數畢也."

사회에서 봄에 씨를 뿌리고 여름에 성장하고 가을에 결실을 맺어 겨울에 저장하는 주기가 십十에서 완성된다고 한다. 천-인간을 포함하는 우주의 기본 요소와 사람의 생산 활동이 다 십十에서 근원을 둠을 해명함으로써 천수의 의미를 밝힌다. 천수는 자연이나 사회에 있어서 하나의 사물이 처음에서 끝까지의 주기를 나타낸 것으로 완전과 완성을 의미한다.

이상을 통해서 인간은 '동류상동'에 의해서 세계를 파악할 수 있음을 알아보았다. 그것을 특히 천과 인 사이에는 천수라는 매개 개념을 통해서 동류의 확보가 가능함을 고찰했다. 동중서가 '동류상동'에서 사용하고 있는 방법은 유추법이라고 할 수 있다.[17] 유추analogical inference는 사물 사이에 몇 개의 서로 일치하는 유사성을 근거해서 하나의 특수한 사물로부터 다른 특수한 사물로 추리를 미치게 하는 것이다. 일반적으로 말하자면 〈A는 a, b, c, d이거나 e이다. B는 a, b, c, d이다. 그러므로 B도 e이다.〉라는 형식으로 이루어진다.

동중서의 천은 4시, 12개월, 360일과 밤과 낮으로 이루어져 있다. 인간은 사지, 12마디, 360개의 소절로 신체가 구성되어 있다. 그러므로 인간의 신체에도 밤, 낮과 유사한 눈을 감음과 뜸의 작용이 있게 된다. 이것은 인간 이외의 사물을 인간의 성질이나 행위를 본떠 관찰하고 실험하는 의인화擬人化(Anthropomorphism)이다. 유추에서 도출되는 결론이 의인화에 의해 보충되어진다고 하더라도 사물과 사물과의 필연성은 보장되지 못하고 개연성을 가질 뿐이다. 천이 가지고 있는 가치가 인사에 반드시 적용된다는 관계가 성립되지 않는다. 또한 동중서에 있어서 유추는 관찰과 실험에 의해 뒷받침되는 것이 아니기 때문에 자연 과학에서의 방법과는 구별되어진다.

---

17 이에 대한 상세한 설명은 이종계(리쭝구이)李宗桂, 「상사이론, 협동학과 동중서의 철학 방법 相似理論, 協同學與董仲舒的哲學方法」, 『哲學研究』, 1986.9.

이제까지의 논증을 통해서 '천인동류'설을 밝혀냈고 일종의 유추에 의해 인간은 천의 가치를 파악할 수 있게 되었다. 위에서도 지적했듯이 유추에 의한 '동류상동'설로서 천-인 관계에서 상응을 개연성의 차원에서밖에 확보할 수 있다. 여기서 인사의 경우에 천의 가치의 완전한 실현이 어렵게 되는 것이다. 이것은 천의 성격에 대한 규명과 함께 우주 만물의 동질성을 보장하는 기의 작용에 의해서 뒷받침될 수 있다. 그래서 다음 장에서 기를 중심으로 한 음양과 오행의 개념과 천인 관계에서 직접적인 관계反應로서의 재이설을 살펴보자.

3. 세계의 동질성: 기氣

'동류상동'은 동류의 관계에서 발생하는 세계宇宙에 대한 파악의 한 방법이다. 이것은 사회 현상과 자연 현상에서 발생하는 사물에 대해서 연관 관계를 완전히 설명해낼 수는 없다. 앞에서 보았던 미사美事와 악사惡事의 관계를 분석해보자. 하나의 미사 내지 악사의 발생이 시간적으로나 공간적으로 상응 관계를 유추하기 어려운 경우가 있다. 만약 군주가 미사와 악사를 행했을지라도 선류善類나 악류惡類의 사물이 시간적으로나 공간적으로 간격이 멀 경우에, 이것의 상응 관계를 밝힌다는 것은 어려운 작업임에 틀림없다. 이에 대한 근거가 제시되어야 하는데, 기를 중심으로 한 작용의 양태를 고찰하고자 한다.

> "천지 사이에는 음기와 양기가 있는데 그것이 항상 사람을 흠뻑 적시고 있는 것은 마치 물이 물고기를 적시고 있는 것과 같다. 그러나 기가 물과 다른 까닭은 육안으로 볼 수 없다는 점이다."[18]

---

18 「천지음양」 "天地之間, 有陰陽之氣, 常漸人者, 若水常漸魚也, 所以異於水者, 可見與不可

이것은 음양의 기가 천지에 편재해 있다는 것이다. 인간의 구체적인 생활 영역뿐만 아니라 인간 개별자조차도 기에 의해 둘러싸여 있으므로 영향을 받는다.

"천과 지 사이에 있는 기는, 합쳐 있을 때는 '일一'의 상태에 있고, 작용의 양태에 따라 둘로 나누면 음양이 되고, 넷으로 나누면 춘하추동의 사시가 되고, 다섯으로 나누면 오행(수 · 화 · 목 · 금 · 토)이 된다."[19]

기가 우주의 운행의 대표적인 양상으로서 음양과 사시 그리고 오행으로 구별된다. 이것은 기에 의해서 우주 만물의 동질성이 확보되어짐과 동시에 그것에 의해 전개되는 양상에 대한 명칭일 뿐 각자가 전혀 별개의 사물이 아닌 것이다. 사시는 음양과 오행이 설명되어질 때 매개되어지는 개념이기 때문에 별도의 항을 달지 않는다.

3.1 음양陰陽

기의 한 양상으로 음양이 사회와 자연 현상에 나타나며, 기능과 상호관계를 살펴보자.

"하늘과 땅 사이에 있어서 변하지 않는 것은 한 번 음하고 한 번 양이 작용한다."[20]

이러한 작용은 사시와 연관되어 있는 작용이다. 음과 양은 각각 1년

見耳."

19 「오행상생五行相生」"天地之氣, 合而爲一, 分爲陰陽, 判爲四時, 列爲五行."

20 「음양의陰陽義」"天地之常, 一陰一陽."

중 6개월을 관장하면서 서로 번갈아서 작용을 한다. 즉 봄과 여름에는 양기가 우세해서 만물의 생성과 화육의 작용이 나타난다. 음양이 인간과는 어떤 관계를 갖는지 살펴보자.

> "천에는 음양이 있고 사람에게도 또한 음양이 있다. 천지에 음기가 일어나 작용을 하면 사람에게도 음기가 하늘의 음기에 상응해서 작용을 한다. 이것을 볼 때 음양의 끊임없는 작용의 이치는 한결같다."[21]

인간에게도 역시 기(음양)에 의해서 우주 만물 내지 천과 동질성이 확보된다. 위에서 음기의 작용만이 아니라 양기의 작용 또한 천과 인 사이에 일어난다. Ⅱ장에서 보았던 동류 상응이 기에 의해서 천-인에 매개되어지고 있음을 알 수 있다. 여기서 류類로서의 인간에게만 음기와 양기가 작용되는 것은 아니다. 음양은 남녀에게도 적용된다. "하늘과 땅 사이의 음과 양은 남녀에 해당된다. 사람에 있어서 남녀는 음양에 작용된다. 음양은 또한 남녀라고 부를 수 있고, 남녀는 또한 음양이라고 부를 수 있다."[22]라고 한다. 이렇게 인륜 관계에도 적용되는 음양은 사시와 관련해서 어떠한 기능을 수행하는지를 보자.

> "천의 운행 질서는 양기를 내어서 따뜻한 성질로서 봄과 여름에 만물 생성하거나 생장하게 하고, 가을과 겨울에 음기를 내어서 서늘함으로 만물을 결실 맺거나 저장하게 한다. 이렇기 때문에 따뜻한 성질이 없으면 만물을 생장시킬 수 없고, 서늘한 성질이 없으면 만물을 결실 맺게 하여 저장하게 할 수가

---

21 「동류상동」 "天有陰陽, 人亦有陰陽, 天地之陰氣起, 而人之陰氣應之而起. …… 其道一也." 게다가 「여천지위如天之爲」에도 비슷한 내용이 보인다. "陰陽之氣在上, 天亦在人."

22 「순천지도循天之道」 "天地之陰陽當男女, 人之男女當陰陽, 陰陽亦可以謂男女, 男女亦可以謂陰陽."

없다. 이것이 1년에 의해서 완성되는 기의 기능이다."[23]

음양이 사시와의 관련선상에서 생장·양육·결실·저장의 주기로 그 기능이 파악되고 있다. 음양의 대표적인 성질로서 따뜻함[난暖]과 서늘함[량凉]이 지적되고 있다. 이것은 사시의 일기日氣에서 도출해낸 성질이다. 이것은 유추에 의해서 인간의 감정과 상응 관계로 파악되고 있다.

"사람에게 희·로·애·락의 네 가지 감정은 천에 있어서 춘·하·추·동이 있다는 것과 같다. 희·로·애·락이 적절하게 때에 맞게 발하려고 하는 것은 천이 춘·하·추·동이 적절하게 때에 따라 번갈아 나타나는 것과 같다."[24]

음양은 시時에 따라 배당되기 때문에 태양·소양·태음·소음으로 나뉜다. 또한 사시와 음양 그리고 인간의 대표적인 네 가지 감정의 상응 관계는, 군주가 통치를 할 때 음양–사시의 관계처럼 인간의 감정도 때에 맞게 나타나게 되도록 강제되어진다. 이러한 사시와의 연관성을 가진 음양의 작용 가운데 생성과 생장의 과정이 중시된다. 다시 말하자면 만물과 농작물의 사시에 따른 변화 과정을 생성과 소멸의 과정으로 파악되지 않는다는 것이다. 음의 작용에 의해 나타나는 현상은 부차적이면서 양의 과정의 보조자로서 자리매김하게 된다. 이것은 인사에 있어서 특히 정치의 영역에 있어서 음과 양의 관계에 대한 양존음비陽尊陰卑설로 나타난다. 여기에서 잠시 춘春의 작용이 강조되는 측면을 살펴보

---

23 「난욱상다暖燠常多」 "天之道, 出陽爲暖以生之, 出陰爲淸以成之. 是故非薰也, 不能有育, 非漢也, 不能有熟, 歲之精也."

24 「여천지위」 "人有喜怒哀樂, 猶天之有春夏秋冬也. 喜怒哀樂之至其時而欲發也, 若春夏秋冬之至其時而欲出也. 皆天氣之然也."

고 난 뒤, 양존음비설을 살펴보자. 이것은 동중서에 있어서 '원元'의 의미와 『춘추공양전』의 서법의 하나인 "모공원년춘왕정월공즉위某公元年春王正月公卽位."에 의해서 나타난다. 이때 '원'의 의미는 큰 시작[대시大始]과 '원原으로 규정된다.[25] 이것은 천의 작용을 무한한 생생불이生生不已의 과정으로 파악한다. 이와 달리 인사에서 전개되는 수많은 사물의 인위적인 중단 사태가 빈번하게 일어난다. 다시 음양의 기능을 살피면서 정치적으로 어떤 원리가 도출되는지를 보자.

> "음은 사시에 따라 방위를 4번 옮기고, 양은 항상 실질적인 작용을 하는 위치에 처한다. 이것은 천이 양을 친하게 여기는 것을 나타내는 것이고 음을 소원하게 여기며 덕정德政을 통해서 통치를 하는 것을 좋아하고 통치의 수단을 형형에 의존하는 것을 싫어하는 것이 아니리요! 천의 뜻은 항상 음을 형식적인 자리에 있게 하고 그 자체의 작용을 작게 해서 양의 작용을 돕게 한다. 그러므로 형은 덕의 보조적인 역할을 하게 되고 음도 양의 보조적인 역할을 수행한다."[26]

여기서 사시에 있어서 춘의 새로운 해석을 통해서 그는 정치의 원리의 도출을 이끌어낸다. 이것은 음양의 가치론적인 해석을 통해서 양존음비설과 임덕원형任德遠刑설로 귀결된 것이다. 기의 양상으로서 음양 개념 자체에 있어서도 천의 가치가 인사의 영역에 그대로 적용되는 것이다. 다음에는 음양 상호간의 관계를 살펴보자.

> "무릇 사물에는 반드시 상대하는 짝이 있다. 상대적인 짝으로 반드시 위가 있

---

25 이에 대한 상세한 것은 「옥영玉英」, 「중정重政」 「이단二端」과 「천인삼책」에도 보인다.
26 「천변재인天辨在人」 "陰終歲四移, 而陽常居實, 非親陽而疏陰, 任德而遠刑與! 天之志, 常置陰空處, 稍取之以爲助. 故刑者, 德之輔. 陰者, 陽之助也. 陽者, 歲之主也."

으면 반드시 아래가 있다. 반드시 왼쪽이 있으면 반드시 오른쪽이 있다. 반드시 앞이 있으면 반드시 뒤가 있다. 반드시 겉이 있으면 반드시 안이 있다. 아름다움이 있으면 반드시 추함이 있다. 순조로움이 있으면 반드시 거스름이 있다. 기쁨이 있으면 반드시 성냄이 있다. 추위가 있으면 반드시 더위가 있다. 낮이 있으면 반드시 밤이 있다. 이처럼 사태에는 모두 짝이 있는 것이다. 음은 양의 짝이다."[27]

이와 같이 사물의 관계는 상대되는 합合으로 파악된다. 앞에서 보았듯이 음은 양에 보조적인 역할을 할지라도 양에 상대되는 합인 것이다.

"천의 변하지 않는 이치는 서로 성질이 반대되는 사물은 한꺼번에 일어나지 않는다. 이러한 성질을 '일一'이라고 한다. '일'에 의해서 지배적인 작용이 나타나지 두 가지가 동시에 작용하지 않는 것이 천의 운행이다. 음양은 서로 상반되는 것이어서 어떤 것이 나타나면 어떤 것이 들어가고, 어떤 것이 오른쪽으로 가면 어떤 것은 왼쪽으로 간다. …… 상반되는 사물은 서로 동시에 운행하지만 방향이 다르다. 동지나 하지에 북방과 남방에서 서로 만나 일장일소一長一消를 번갈아 하는 것은 이것은 규칙이다."[28]

음양이 일 년에 6개월을 지배하지만, 각자가 양의 우세에 의해 야기되는 것이다. 춘·하에는 양의 작용이 우세하다고 해서 음이 소멸해서 완전히 없어지는 것이 아니라, 양과 방향을 달리하면서 작용하는 잠복의 형태로 나타나는 것이다. 결국 음양은 대립對立에 의해서 상호 극복

---

27 「기의基義」 "凡物必有合. 合必有上, 必有下. 必有左, 必有右, 必有前, 必有後. 必有表, 必有裏. 有美, 必有惡. 有順, 必有逆. 有喜, 必有怒. 有寒, 必有暑. 有晝, 必有夜. 此皆其合也. 陰者, 陽之合."

28 「천도무이天道無二」 "天之常道, 相反之物也, 不得兩起, 故謂之一. 一而不二, 天之行也. 陰與陽, 相反之物也, 故或出或入, 或右或左. …… 並行而不同路, 交會而各代理, 此其文與!"

의 관계가 아니라 조화의 관계로 되는 것이다. 음양의 조화된 상태가 기의 완전한 가치가 실현된 것이다. 그래서 양자의 관계는 상반相反 · 상순相順 · 상손익相損益 · 상기제相旣濟 · 상보相報 · 상협相俠 · 상수相輸로 표현된다.[29] 여기서 알 수 있는 것은 전체의 양의 과정에서 변화가 없고 음양이 서로 전이의 부정으로 인해서, 사회적으로 보면 고정적이고 신분 질서의 고착화로 나타난다.

3.2 오행五行

음양과 오행의 관계를 밝히면서 오행을 살펴보고자 한다. 이것에 대해서 동중서는 상세한 설명을 하고 있지 않다. 음양과 오행이 그 기원을 달리하는 데에서 오는 것일 수도 있다. 그러나 사시를 매개로 해서 음양과 오행의 관계가 나타나기 때문에 그것을 통해서 살펴보고자 한다.

"금 · 목 · 수 · 화가 각기 관장하는 임무를 수행할 때 음양과 함께 서로 협력해서 공업을 이룬다. 실제로는 오행이 음양에 의해서 규정되는 것이 아니라, 음양이 오행(토행은 제외)의 각각에 따라서 일어나 각자의 임무를 완성하도록 돕는다. 예를 들어 소양少陽이 목행으로 말미암아 일어나 춘의 생성의 작용을 돕는다. …… 음이 비록 수와 더불어 기를 합쳐서 겨울의 작용을 되게 하지만, 실제로 음은 수와 다르다. 그러므로 물은 홀로 독립적으로 사물의 기능을 더 하지 못하게 하지만, 음은 수의 작용을 도울지라도 그것에 간여하지 않는다."[30]

---

29 이들은 모두 「음양종시陰陽終始」에 나오는 개념들이다.

30 「천변재인」 "如金木水火各奉其主, 以從陰陽, 相與一力而幷功, 其實非獨陰陽也, 然而陰陽因之以起, 助其所主. 故少陽因木而起, 助春之生也. …… 陰雖與水幷氣而合冬, 其實不同, 故水獨有喪, 而陰不與焉."

음양과 오행의 관계에서 토행이 빠졌지만, 오행은 음양의 운행을 가능케 하는 원인이다. 음양은 사시에 따라 오행의 역할을 완성하는 데에 도움을 주는 기능에 한정된다.

오행을 구성하는 요소를 보면 목·화·토·금·수이다.[31] 여기에서 오행의 행의 의미는 도덕적인 행위이다. 개별적으로 다른 덕행으로 규정되기 때문에 오행이라고 불리는 것이다. 오행은 또한 관직에 적용되어 오관五官의 형태로 된다. 서로의 관계는 인접한 것끼리 서로 낳는 것으로 되고 한 칸 건너서 상극相剋인 것이다.[32] 오행도 역시 사시와 관련되어 어떤 역할을 수행하는지를 상생설을 먼저 살펴보자.

"목은 화를 낳고 화는 토를 낳고 토가 금을 낳고 금이 수를 낳는다. 수는 동을 관장하고 금은 추를 관장하고 토는 계하를 관장하고 화는 하를 관장하고 목은 춘을 관장한다. 춘은 생을 임무로 하고 하는 장을 임무로 하고 계하는 양을 임무로 하고 추는 수를 임무로 하고 동은 장을 임무로 한다."[33]

위와 같이 오행은 사시에 배당되면서 각 계절마다 각각의 행이 행해야 할 임무가 있다. 이것은 음양에서 살펴본 바와 같다. 다음은 관직의 배당과 인사의 영역에서 어떻게 나타나는지를 살펴보자.

"동의 방위는 목에 속하는데 농경의 근본이 되고, 사농司農의 공직자는 인을 숭상하고, 경학에 정통한 사람을 관직에 나아가게 하고, 군주를 제왕의 이치로 나아가도록 하고, 군주의 도덕적으로 선한 행위를 모범을 삼고, 군주의 과

---

31 이것은 「오행대五行對」와 「오행지의五行之義」에 나온다.
32 「오행상생五行相生」: "行者, 行也, 其行不同, 故謂之五行. 五行者, 五官也, 比相生而間相勝也."
33 『오행대五行對』: "木生火, 火生土, 土生金, 金生水. 水爲冬, 金爲秋, 土爲季夏, 火爲夏, 木爲春. 春主生, 夏主長, 季夏主養, 秋主收, 冬主藏."

오를 바르게 하고, 규거에 입각해서 사람을 다스리고, 매우 온화한 태도로 은혜를 사람들에게 베풀고, 지형의 비옥도를 알아서 농사를 개선시키고, 올바른 법칙을 제정하고, 토질에 적합한 정도에 따라 제도를 세운 역사적인 인물은 소공召公이다. ⋯⋯ 사마司馬는 군정을 관장하고, 군대는 오곡을 먹는다. 사마가 조정에 있으니 화가 된다. 그러므로 목이 화를 낳는다."³⁴

「오행상생」 이하에서는 화·토·금·수에 있어서 위와 같은 형식으로 설명하고 있다. 앞에서 오행을 도덕적인 행위라고 했는데 여기서 오행을 오상五常에 연관시키고 있다. 관직과 인사에 있어서 구체적으로 실현했던 인물이 열거된다. 또한 정치에 있어서 구체적인 행위에 대해 설명하고 있다.

"목은 사농인데 사농이 나쁜 행위를 저지르고, 나쁜 사람들과 어울려 붕당을 만들어 서로 친하게 지내면서 군주의 총명을 가리고 어진 선비를 물러나 은거하게 만들고, 공경公卿의 지위를 제멋대로 뺏고, 사람을 사치한 곳으로 이끌고 ⋯⋯ 사람들이 군주의 명령을 따라 복종하지 않게 되면 사도司徒로 하여금 그들 모두 머리를 죽여서, 사람들을 올바른 데로 이끈다. 그러므로 승목勝木이라고 한다."³⁵

다음에도 역시 다른 경우를 「오행상승」에서 설명하고 있다. 이와 같이 동중서에 있어서 오행 순환의 규칙으로서 상생, 상승이 평등한 차원에서 성립되는 입장이다. 상생설과 상승설을 통해서 보면, 오행 상호간의

---

34 「오행상생五行相生」: "東方者木, 農之本, 司農尙仁, 進經術之士, 道之以帝王之路, 將順其美, 匡捄其惡, 執規而生, 至溫潤下, 知地形肥磽美惡, 立事生, 則因地之宜, 召公是也. ⋯⋯ 司馬實穀, 司馬, 本朝也, 本朝者, 火也, 故曰木生火."

35 「오행상승五行相勝」: "木者, 司農也, 司農爲姦, 朋黨比周, 以蔽主明, 退匿賢士, 絶滅公卿, 敎民奢侈. ⋯⋯ 不順如叛, 則命司徒誅其率, 正矣, 故曰金勝木."

관계를 규정하는 것이 다섯 가지의 물질 자체에서 연역하는 것이 아니라, 도리어 오행의 표상으로 하는 관직에서 또 일찍이 이러한 관직에서 임무를 수행했던 역사적 인물에서 찾고 있다.[36] 이것은 오행의 개념조차도 천에 의해 보장된 가치를 실현하는 것으로 파악되어지는 것이다. 특히 주목할 점은 오행 가운데에서 토행을 중시하고 있다.

"토는 방위에 있어서 중앙에 위치하며, 그것을 천윤天潤이라 부른다. 토행은 천을 섬기는 역할을 하고, 그 덕은 왕성하고 아름다워서 일시의 행으로 규정할 수 없다. 그러므로 토행을 사시와 관계시킬 때 토는 사시를 모두 관장하고 있다. 금·목·수·화는 비록 자기의 직책을 수행하지만 토에 의하지 않고서는 임무(가치)를 완성할 수 없다."[37]

토는 오행 가운데에서 오행이 제 임무(가치)를 실현할 수 있는 원인이 되는 것이다. 이러한 오행은 토에 의해서 임무를 완성하게 되는 것이다. 오행은 앞에서 오상으로 귀결된다고 했듯이 인륜人倫에 있어서 도덕으로 나타난다. 즉 오행은 ―상생설에 있어서― 순서상 전자가 후자를 낳는 관계로 부자의 수수 관계로 유추된다. 물론 오행 자체도 또한 효자, 충신의 도덕적인 행위로 해석된다.[38] 토행의 역할은 토의 본성에서 연역되는 것이 아니라 가치론적으로 해석되어진 토인 것이다. 어떻게 토가 도덕적인 행위에 있어서 효자나 충신의 행위로 유추될 수 있을까? 이것은 동씨가 하간헌왕河間獻王(경제의 아들) 사이에서 『효경』의 "부효夫孝, 천지경天之經, 지지의地之義."의 물음에 대한 설명을 통해서 엿볼 수 있다.

---

36 시계자와 도시오重澤俊郎, 『주한사상연구周漢思想研究』, 東京: 弘文堂書房, 1943, 248.
37 「오행지의五行之義」: "土居中央, 爲之天潤, 土者, 天之股肱也, 其德茂美, 不可名以一時之事, 故五行而四時者, 土兼之也, 金木水火雖各職, 不因土, 方不立."
38 위와 같은 곳.

"토가 구름을 내어서 비를 내리게 하고, 기를 일으켜 바람을 만든다. 일기에 나타나는 풍우는 모두 지의 작용이지만, 지는 그 행위의 공명을 자기 것으로 하지 않고, 반드시 천에 돌린다. 그것은 마치 천명을 따라서 만들어진 것과 같아서 '천풍천우天風天雨'라고 하지 '지풍지우地風地雨'라고 하지 않는다. 실제로 힘써 일하는 것은 지에 있지만 공명을 천에 돌리는 것은 지극한 의가 있지 않으면 그 누가 할 수 있으리요? 그러므로 아랫사람이 윗사람을 섬기기를 지가 천을 섬기는 것과 같다. 그러므로 대충大忠이라 한다."[39]

3.3 재이설災異說

음양과 오행이 각각 조화로운 상태에 있을 때 임무(가치)가 최고로 발휘된다. 이와 반대로 오행과 음양이 조화롭지 않는 상태에서 어떤 현상이 일어나게 될까? 그것은 동중서에 있어서 재이설 혹은 천견설天譴說이다. 앞에서 음양이나 오행이 모두 인사에 있어서 정치적인 원리가 됨을 살펴보았다. 재이의 발생 원인은 모두 국가의 실정에서 비롯한다고 주장한다.[40] 이것은 기에 의해서 인간을 포함한 우주 만물의 동질성이 확보됨과 동시에 천-인이 서로 감응하는 관계임을 볼 때 명백하다. 구체적으로는 무제가 동중서에게 재이 발생의 원인을 물을 때 그의 답을 살펴보자.

"도덕적으로 타락해서 말세에 이르면 음탕한 짓거리와 도덕적 감화력이 쇠퇴하게 되어 사물事物을 제대로 다스릴 수 없게 된다. 제후들은 배반을 일삼고 도둑이나 양민과 땅을 두고 다투게 된다. 군주가 덕정을 시행할 수 없어 형벌

---

39 「오행대五行對」"地出雲爲雨, 起氣爲風, 風雨者, 地之所爲, 地不敢有其功名, 必上之於天, 命若從天氣者, 故曰天風天雨也, 莫曰地風地雨也. 勤勞在地, 名一歸於天, 非至有義, 其孰能行此. 故下事上, 如地事天也, 可謂大忠矣."

40 「필인차의必仁且義」"凡災異之本, 盡生於國家之失."

刑罰에 의존하게 된다. 그러나 세상의 기강이 무너진 뒤라 형벌의 적용 또한 사리에 맞지 않게 되면 사기邪氣가 생긴다. 사기는 피지배자들에게 날로 쌓이게 되고 원한과 악담이 통치자에게로 향하게 된다. 그래서 상하가 화목한 상태가 깨어지면 음양陰陽의 작용作用이 제멋대로 뒤죽박죽 섞이게 되어 재앙이 생긴다. 이것이 재이가 생기는 까닭이다."[41]

그럼 재이가 나타나는 과정을 살펴보자.

"천지天地의 사물에는 예사스럽지 않은 이변이 있는데, 이를 이異라고 하고, 규모가 작은 것을 재災라고 한다. 재가 항상 먼저 나타난 뒤에 이가 뒤따르는데, 재해災害는 천天의 견책이고, 이는 천이 사람으로 하여금 두렵게 만드는 것이다."[42]

재이설은 군주君主의 실정에서 비롯해서 왕을 올바르게 정치를 행하게 하는 외적 강제력이다. 국가가 실정을 행할 경우 처음에 재災를 내어 경고를 하더라도 그것을 알지 못하면 그보다 무거운 이異를 내어 군주를 두려워하게 만든다는 것이다. 왜 재이가 발생하는지를 살펴보았는데, 이제 재이가 발생하는 기氣의 역할을 살펴보자.

첫 번째는 앞의 예문에서 보았듯이 음양이 사시四時 또는 임덕원형任德遠刑의 원리를 어김으로써 발생하는 것이다. 이것은 재이가 음양과 관련해서 나타나는 현상이다.

두 번째는 오사五事를 중심으로 하는 재이설이다. 여기서 오사는 『상

---

41 『한서』「동중서전」 "及至後世, 淫佚衰微, 不能統理群生, 諸侯背畔, 殘賊良民以爭壤土, 廢德政而任刑罰. 刑罰不中, 則生邪氣. 邪氣積於下, 怨惡畜於上, 上下不和, 則陰陽繆盭而妖孼生矣. 此災異所緣而起也."

42 『필인차의』 "大地之物, 有不常之變者, 謂之異. 小者謂之災. 災常先至, 而異乃隨之. 災者, 天之譴也. 異者, 天之威也."

서』「홍범」에 나타나지만, 그곳에서는 오행五行과 오사가 관계가 없다. 동중서에 있어서 오사와 오행이 결합되고, 군주가 오사를 제대로 실행하지 못하면 재이가 발생한다. 오사는 사람이 천으로부터 부여받은 것이고, 왕이 세상을 다스리며 닦아야 할 규칙으로 위치를 차지한다.[43] 「오행오사五行五事」를 살펴보면, 시視·언言·모貌·청聽·사思가 제대로 되지 않으면 오행이 제 역할을 수행하지 못하고, 이로 인해서 부조화 사태가 발생한다.

또 하나는 오행과 관련된 재이설이다. 이것은 사시와 관련되어 규정된 임무(가치)를 잘 수행하느냐 못하느냐에 따라서 발생하는 것이다. 이러한 재이災異를 어떻게 극복하는지 알아보자.

위에 세 가지 부류를 통해 보았듯이 질서를 위치 지우는 방향에 반해서 행위를 하면 재이가 발생했다. 재이 발생의 원인에서 이미 극복 방법이 들어 있다. "오행의 이변이 나타나면, 마땅히 그것을 덕정德政으로서 구제하고 덕정을 천하 사람들에게 시행하면 허물이 없어진다."라고 한다.[44] 오행과 관련되지만 나머지 두 경우도 원인에 대한 반대 방향으로 행위를 하면 재이는 저절로 제거된다. 또 하나의 방법은 『춘추』의 이단二端에 의한 방법이다. 위의 방법은 사후에 대처하는 방안이지만 이것은 사전 또는 작은 기미가 보일 때 귀미중시貴微重始, 신종추효愼終推效의 방법으로 극복하는 것이다.[45]

유추에 의한 동류상동설同類相動說의 개연성을 기에 의한 동질성 확보를 통해서 보강했다. 그리고 기의 작용 양태인 음양과 오행이 사시와 매개해서 살펴봄으로써 전체를 파악하도록 한다. 그럼에도 불구하고 기에 의한 동류상동설은 한계를 가질 수밖에 없다. 왜냐하면 만약 통상적인

---

43 「오행상승」 참조.
44 「오행변구五行變救」 "五行變至, 當救之以德, 施之於天下, 則咎除."
45 「이단二端」 참조.

상동의 패턴을 벗어나는 근본적인 사회 현상 —상업의 발달로 인한 농업의 쇠퇴와 농민 기의— 이 일어나서 어떻게 대처해야 하는가라는 방안을 검토할 때, 동류상동설과 기만으로는 합기적合氣的인 대응을 충분히 해명할 수 없기 때문이다.

"천은 봄에만 사람을 낳고 가을에만 죽이는 작용을 하지 않는다. 마땅히 살아야 할 것은 살리고 죽어야 할 것은 죽인다. 그래서 사물을 죽이고 살리는 작용은 사시의 주기를 기다리지 않는다. 군주가 세상을 다스릴 때, 어찌 사시의 순환을 유보시키고 또 사시의 주기를 기다리겠는가?"[46]

이것은 천이 필요한 이유이다. 음양과 오행에 의해서만 우주 운행이 자연스럽게 일어나는 것이 아니라, 그렇게 되도록 시키는 사지연使之然[47]하는 존재가 있어서 그렇게 되는 것이다. 이때 사지연使之然하는 존재가 다름이 아니라 바로 천天인 것이다.

4. 세계 질서와 가치의 근원 – 천天

3장에서 우주 만물의 동질성이 보장되는 것을 살펴보았다. 기의 양태에 따라 달리 나타나는 음양 · 사시 · 오행이 자연과 사회 현상에 포괄적으로 나타나는 것을 보았다. 음양과 오행이 가치론적 해석은 천과 밀접한 관련을 가지고 있고, 그것은 천의 성격 규정과 밀접한 연관을 갖는다.

---

46 「여천지위如天之爲」"天非以春生人, 以秋殺人也, 當生者曰生, 當死者曰死, 非殺物之義待四時也, 而人之所治也, 變取久留當行之理, 而必待四時也."

47 「동류상동」참조.

"이렇기 때문에 천지의 정기를 추구하고 음양의 유별 운동을 통해서 질서를 거스르는 측면과 따르는 측면의 추이를 기술한다면 그것은 어느 곳에 적용되지 않겠는가? 그것은 상하·대소·강약·현불현·선악에도 적용된다. 악은 모두 음이고 양은 선이다. 양은 덕이고, 음은 형이다. 형은 덕에 상반되는 것이지만, 덕에 따르는 것이다. 또 권權 —상常과 경經에 상대해서 임시방편을 가리킴— 이 본질적으로 권임을 벗어날 수 없고 모두 다 상도常道에 의거해서 사물을 이루는 것이다. 이 때문에 양은 정도를 따라서 운행하는 것이고 음은 정도를 거슬려서 운행하는 것이다."[48]

사회적인 신분, 물질적 기반, 사회적 영향력, 도덕 함양의 정도 등 음양의 가치 판단은 적용된다. 여기서 질서의 방향으로 잘 따름[순順]과 거스름[역逆]의 매개 작용에 의해 음양은 선악의 가치 판단의 개념이 도출된다. 또한 제반 사회적 관계가 음양과 같은 이치로 임무를 가지면서 서로의 성격을 침해하지 않는다. 그것이 정치 영역에도 그대로 적용된다. 따라서 음양은 도덕적인 의미를 지닐 뿐만 아니라 인륜人倫에도 투영된다. 먼저 음양의 인륜에 적용되는 것을 살펴보고 어떠한 도덕적인 내용을 가지는지를 알아보자.

"대저 임금은 양이고 신하는 음이다. 어버이는 양이고 자식은 음이다. 남편은 양이고 아내는 음이다."[49]

여기서 사회적 신분은 아무리 비천하다고 할지라도 장부는 모두 양

---

48 「음양존비」 "故推天地之情, 運陰陽之類, 以別順逆之理, 安所加以不在? 在上下, 在大小, 在强弱, 在賢不肖, 在善惡, 惡之屬盡爲陰, 善之屬盡爲陽, 陽爲德, 陰爲刑, 刑反德而順於德, 亦權之類也, 雖曰權, 皆在權成. 是故陽行於順, 陰行於逆."
49 「기의基義」 "君爲陽, 臣爲陰, 父爲陽, 子爲陰, 夫爲陽, 妻爲陰."

이 되고 여자는 아무리 지위가 높다고 하더라도 음이 된다. 양陽 중에서도 서로의 역할에 따라 음이 생긴다. 음 중에서도 또 서로의 역할에 따라 음과 양의 구분이 생기는 것이다. 이렇게 보면 기본적으로 신분 지위가 높은 사람은 모두 낮은 사람의 양이 되고, 신분 지위가 낮은 사람은 모두 음이 된다. 이처럼 음과 양의 개념은 신분 관계에 따라 고착화되고 고정화되는 것이다.

이 관계에서 군주는 희로애락을 올바르게 조절해서 각 계절에 맞는 정치를 실행해야 한다. 이것이 사시의 기가 사랑[애愛]·엄격함[엄嚴]·즐거움[락樂]·슬픔[애哀]으로서의 임무를 완성하는 것과 일치하게 된다. 결론적으로 말해서 사시의 운행은 어버이와 자식의 도가 되고, 천지의 뜻은 군주와 신하의 의리가 되고, 음양의 이치는 성인의 법이 되는 것이다.

다음으로 인륜에서 유추된 음양, 사시의 운행은 개별자로서의 사람에게 어떻게 도덕이 부여되는지를 살피면서 천의 성격을 규명해보자. 그러한 작업의 일환으로 동중서에 있어서 심성론을 살펴보자.

4.1 인성론: 성미선性未善

동중서는 그 당시 성에 대해서 의견이 분분한 것이 성에 대한 규정이 서로 다르기 때문이라고 지적했다. 그러면서 "성은 모두 다 질質(소질 또는 바탕)이다."라고 전제했다.

"성은 때어날 때의 자연스러운 바탕과 같은 것이다."[50]

---

50 「심찰명호深察名號」 "如其生之自然之資, 謂之性."

"성은 타고난 바탕의 소박한 것이다."[51]

"질박한 것을 성이라 한다."[52]

"성은 의존하는 바 없이 일어나 작용하는 것이고 그 자체로 가지고 있는 것이다."[53]

결국 성은 왕교王敎의 외부적인 간여가 있기 이전의 상태이다. 이러한 성 개념 규정을 통해서 "신체는 천을 본떠서 된 것이다. 천에는 두 가지의 다른 음양의 작용이 있는데, 신체에도 두 가지 다른 탐貪·인仁의 성이 있다."라고 지적했다.[54] 여기에서 위와 마찬가지로 —이미 음양이 인륜에 있어서 가치 개념이었듯이— 탐과 인은 상대되는 짝으로서, 천과 그 작용으로서 음양의 관계에 의해서 유추된다.

동중서는 유명한 세 가지 비유에 의해서 자신의 심성론을 전개했다. 예를 들면 성을 벼에다 비유하고 선善을 쌀에다 비유한다. 쌀은 벼에서 나오지만 벼 자체가 완전히 쌀과는 동일하다고 할 수 없다. 선도 성 가운데에서 나오는 것은 사실이지만 성은 아직 완전히 선이라고 할 수는 없다. 그렇다면 우리는 성을 선으로 이끌기 위해서 어떻게 해야 하는가? 왕교를 통해서 가능하다고 한다. 선과 미米는 사람이 천의 생육을 본받아서 구체적인 사물에 실현시킨 것이지, 천이 독립적으로 작용하는 영역에 있는 것이 아니다. 천의 작용이 미치는 범위는 천성天性이라고 할 수 있지만 그 밖의 영역은 인사人事라고 할 수 있다. 선으로 나아가는 과

---

51 「실성實性」"性者, 天質之樸也. 善者, 王敎之化也."
52 「한서」「동중서전」"質樸之謂性."
53 「실성」"性者, 宜知名矣, 無所待而起生, 而所自有也."
54 「심찰명호」"身之名取諸天, 天兩, 有陰陽之施, 身亦兩, 有貪仁之性."

정에서 인사는 왕이 철저하게 주관한다. 그의 적극적인 교화를 거칠 때 선이 가능해지는 것이다.

또 다른 한 가지는 심의 자율적인 능력에 의해서도 가능해진다.

"사람의 성에 있는 많은 악의 요소를 억제해서 밖으로 드러나지 못하게 하는 것은 심이다."[55]

"심은 기를 제어하는 것이다."[56]

위에서와 같이 심의 작용에 의해 성의 탐욕스런 요소가 억제될 수 있다. 여기서 민은 군주에 의해서 반드시 교화를 받아야 하는데, 그 근거는 무엇일까? 민의 호칭이 '어둡다'라는 명瞑에 어원을 두고 있는데, 이는 동중서의 다른 두 번째 비유를 통해서 설명되고 있다. "성은 눈과 닮은 점이 있다. 사람이 어두운 곳에 누워서 잠을 자면, 잠을 깨고 난 다음에야 무엇을 볼 수 있다. 잠에서 깨기 이전에는 볼 수 있는 바탕은 있지만 본다고 말할 수는 없다. 그러므로 만민의 성은 원래 바탕으로 있지만 깨어 있지 않는 것이다. 민은 왕의 교화를 받은 다음에야 비로소 선하게 된다"는 것이다. 사람에게는 "선의 바탕은 있지만 아직 선이라고 할 수 없다[善有質而未可謂善]."는 심성론으로 귀결된다.

이러한 입장에 서서 동중서는 맹자의 성선설을 성이선性已善으로 파악해서 신랄하게 비판했다. 첫 번째로는 사람의 성이 선이라고 하면, 민의 호칭이 명瞑에 기원을 두고 있다는 것과 모순된다. 이것은 춘추학의 정명주의의 입장에서 볼 때, 명의 의미를 제대로 알지 못하는 데에서 생기는 오류이다.

---

55 위와 같은 곳 "柙衆惡於內, 弗使得發於外著, 心也. 故心之爲名, 柙也.
56 「순천지위循天之爲」 "心, 氣之君也."

두 번째는 천성과 인사는 구분되어 인사는 왕의 교화에 의해서 천의 가치를 실현하도록 해야 한다. 성선이라고 한다면 왕의 역할을 부정하게 된다는 것이다. 아울러 하늘이 군주에게 천명을 준 계기 또한 부정되는 것이다.

세 번째는 맹자가 사람의 바탕을 금수(동물)의 차원으로 끌어 내렸다는 점이다. 동중서는 사람의 인성을 교화에 의해서 성인聖人의 경지까지 끌어올리려고 한다는 점에서 성미선性未善이라는 것이다.[57]

4.2 왕의 위치: 천인天人의 중개자

다음으로 천과 인사의 영역에서 왕이 차지하는 위치를 살펴보자. 왕이 실현해야 할 가치는 바로 천이 가지고 있는 가치의 내용이다. 이러한 과정을 거쳐서 천의 성이 밝혀질 것이다. 앞에서 보았듯이 사람을 성장·육성시키는 주체는 사람이 아니라 천이다. 여기서 천이 사람을 생육시킨다는 점을 분석해보자. 그 당시에 사회 경제의 핵심 기반은 농업이다. 농경 사회는 천의 작용이라 간주되는 일기 상태에 결정적으로 영향을 받는다. 농경 사회에 있어서 사시는 바로 농작물의 생성[성成]·발육[장長]·추수[수收]·보관[장藏]의 과정이다. 이와 같이 인간의 사회적인 생활은 천의 운행에 의해 규정된다.

여기서 천은 인간 생성의 기원 문제와도 관련이 있다. 즉 아버지의 존재에 의해서 자식의 존재가 보장된다. 아버지의 존재는 '아버지의 아버지'의 존재에 의해서 보장된다. 이러한 과정을 무한 소급하게 되면 최초의 아버지라는 관념이 생겨나게 된다. 이 최초의 아버지는 만물이 천의 존재에 의해서 규정되는 것과 유사한 맥락에 있다. 결국 시원 또는 근원으로서의 천과 최초의 아버지는 유사성을 통해서 중복되게 된다. 이로

---

57 이상의 심성론은 『춘추번로』「심찰명호」, 「실성」과 「천인삼책」에 집중적으로 나온다.

인해 천에 대해 아버지라는 관념을 갖게 되었다고 할 수 있다.

> "아버지는 아들의 천이고, 아버지의 아버지는 아버지의 천이다. 천이 존재하
> 지 않으면서 아들이 존재하는 경우는 일찍이 없었다. 천은 만물의 조상이고
> 만물은 천이 아니면 생겨날 수 없다."[58]

여기서 주의해야 할 점은 천이 무에서 유를 창조했다는 것이 아니다.
왜냐하면 사물 속에서 개별자가 문제시된다고 하더라도 개별자는 천에
의해 담보된 가치를 실현하는 것으로 파악된다. 이러한 사유는 천의 운
행이 끊임없는 생성의 과정으로 파악되는 반면, 인간에게 인위적인 단
절을 반성하는 데에서 나온 것이다. 춘추전국 시대와 그 이후 통일 제국
을 위한 장구한 기간 동안 전쟁은 자원만이 아니라 생명을 극단적으로
파괴했다. 이것은 춘추 시대에서 반복적으로 제기된 경현중민敬賢重民과
반전의 입장에서 한층 분명하게 드러난다. 전쟁을 민을 해치는 상민傷民
이나 민을 죽이는 살민殺民으로 파악하거나 민을 괴롭히는 고민苦民이나
민에게 해를 끼치는 해민害民으로 규정하고서, 이러한 정치 형태를 춘추
필법春秋筆法에 따라 준엄하게 비판하는 데에서도 잘 드러난다.[59] 인사
의 정책면에서는 중민重民 의식으로, 천에 대해서는 제천 의식으로 드러
났던 것이다.

제천 의식의 주재는 왕의 책임 아래에 수행되었다. 옛날에 글자를 만
드는 사람이 三삼 자를 그은 다음에 그 가운데를 위아래로 그어서 연결
시킨 것이 왕王 자의 기원이다. 여기서 삼획三劃은 각각 천天 · 지地 · 인
人을 가리킨다. 왕의 상징적인 의미는 하늘과 대지 그리고 사람을 하나

---

58 「순명順命」 "父者, 子之天也. 天者, 父之天也. 無天而生, 未之有也. 天者, 萬物之祖, 萬物
非天不生, 獨陰不生, 獨陽不生, 陰陽與天地參然後生."

59 이 용어들은 「죽림竹林」에 쓰이고 있다.

로 관통하는 도리를 깨달아서 통치의 모델로 삼는다는 것이다.[60] 왕의 임무는 구체적으로 무엇으로 규정될까? 하늘은 만물을 생성하고 대지는 만물을 배양하고 성인 왕[61]은 사람을 교화시킨다.[62] 이에 의해서 삼자의 임무가 규정되고 있다.

이러한 왕(천자)의 역할은 무엇에 의해서 보장되는 것일까? 그것은 천자의 명칭과 천자가 천에서 명령을 받았다는 사실(믿음)에서 보장된다.

"오직 천자는 천에서 명령을 받았고, 천하의 사람들은 천자에게서 명령을 받는다."[63]

"덕德이 천지와 필적할 만한 것은, 즉 천이 그를 도와서 아들로 여기는데 그를 천자라고 한다."[64]

이것은 왕을 천의 아들로 간주해서 아버지 천의 뜻을 실현하도록 규정하는 것이다. 이처럼 천 그리고 왕과 민 사이의 계층적 질서가 생겨나는 것이다. 즉 민의 위치를 억제하고 군주의 지위를 신장시키고 있다. 군주의 위치를 억제시키고 하늘의 위치를 신장시키는 것이다.[65]

왕이 인사에서 천의를 실현하는 방법은 삼통설三統說과 사법설四法說이다. 왕은 두 가지 이론에 의해서 개제改制, 즉 사회 운영과 역사 교체

---

60 「왕도통삼王道通三」"古之造文者, 三畫而連其中, 謂之王. 三畫者, 天地與人也, 而連其中者, 通其道也, 取天地與人之中以爲貫, 而參通之, 非王者孰能當是."

61 동중서는 성聖과 왕王을 혼용한다. 그러나 왕王이 추구해서 도달해야 할 단계로서 성聖과 일치될 때 성왕聖王이 출현하게 된다.

62 「위인자천爲人者天」"天生之, 地載之, 聖人敎之."

63 「위인자천」"唯天子受命於天, 天下受命於天子, 一國則受命於君."

64 「순명」"故德侔天地者, 皇天右而子之, 號稱天子."

65 「옥배玉杯」"故屈民而伸君, 屈君而伸天, 春秋之大義也."

의 시스템 변화를 수행해야 했다. 정치에 있어서 군주는 권력의 기원을 천에 두고서 인사를 덕정으로 운영해야 했다. 여기서 천은 가치가 내재되어 있을 뿐만 아니라 가치 실현을 보장하는 이중 역할을 하고 있다.

4.3 천의 두 가지 역할: 보증자와 심판자

군주 지위는 천명에 의해서 무조건적으로 보장되지 않는다. 그것은 덕정 실현을 요구하고 또 그 결과에 책임을 지는 것에 의해서 보장될 수 있다.

"대저 천이 민을 생육하는 것은 왕을 위한 것이 아니다. 천이 왕을 세운 것은 민을 위한 것이다. 그러므로 군주의 덕이 백성을 안락하게 하면 천이 그에게 지위를 계속 보장해준다. 만약 그의 악이 백성에게 해를 끼친다면, 지위를 빼앗는다."[66]

천은 천자에게 보증자이면서 심판자라는 두 얼굴을 보이고 있다. 이것은 천자에게 모순으로 보일 수 있다. 천은 천자가 왕 개인을 위한 자리가 민을 위해 존재하는 자리라는 테제를 통해서 인사의 질서가 최종적으로 어디에 있는지를 보여주고 있다.

이 테제는 막대한 영토와 막대한 부를 소유한 군주로 하여금 천하를 개인의 사적 소유물이 아니라는 점을 주지시키는 데에 초점이 있다. 왕이 잘못을 하게 되면, 왕 한 사람에게 한정되는 것이 아니라 왕의 통치 아래에 있는 만민이 엄청난 손실을 겪고 피해를 당할 수밖에 없다. 따라서 천이 왕에 천명을 부여했다고 하더라도 그것은 고정불변하지 않다는

---

66 「요순불전이탕무불전살堯舜不擅移湯武不專殺」 "且天之生民, 非爲王也, 而天立王, 以爲民也, 故其德足以安樂民者, 天予之, 其惡足以賊害民者, 天奪之."

것이다. 즉 왕이 하기에 따라 천명이 지속될 수 있고 중단될 수 있다. 중단된다면 한 왕조가 끝나고 다른 왕조가 시작될 수 있는 것이다. 사실상 새로운 왕의 등장에 의해 왕조 교체를 인정한 것이라고 할 수 있다. 이것은 유학에서 제기된 공천하公天下 의식, 즉 천하는 공유물이라는 사고의 반영이라고 할 수 있다.

이제까지 인사의 영역에서 왕의 위치를 살펴보았다. 그가 실현해야할 가치는 무엇이며 천이 담지하고 있는 가치의 내용은 무엇일까? 물론천의 성격도 동류상동설同類相動說과 음양·사시·오행의 연관선상에서밝혀질 것이다.

"천은 항상 만물을 더 나은 상태로 끌어 올리는 것을 자신의 뜻(의지)으로 삼고, 만물을 육성하는 것을 자신의 일로 삼는다. 봄[춘春]·여름[하夏]·가을[추秋]·겨울[동冬]은 모두 다 천의 쓰임이다. 왕자도 또한 천하의 사람을 이롭게 하는 것을 자신의 뜻으로 삼아야 한다. 통치의 기간에 사람을 안락(평안)하게 만드는 것을 자신의 일로 삼는다. 좋아함[호好]·미워함[오惡]·기쁨[희喜]·성냄[노怒]이 모두 다 그의 작용이다."[67]

천과 왕의 존재 목적은 결국 사람을 포함해서 만물을 더 나은 상태로이끌려는 것이다. 그것은 종種이 가지고 있는 본성을 최고도로 실현하는 것을 말할 뿐만 아니라 가치 세계의 완전한 구현을 목적으로 하는 것이라고 할 수 있다. 이때에 최고도의 가치 실현은 무엇을 가리키는 것일까? 동중서는 그것을 인仁의 개념으로 표현하고 있다.

"왕자는 천의 작용을 본받는다. 천시를 본받아서 때에 맞는 정령을 시행하고,

---

67 「왕도통삼王道通三」 "天常以愛利爲意, 以養長爲事, 春秋冬夏皆其用也. 王者亦常以愛利天下爲意, 以安樂一世爲事, 好惡喜怒皆其用也."

천명을 본받아서 사람을 위무하고, 천수를 본받아서 제때에 일을 수행하고, 천지를 본받아서 인으로 돌아간다. 인이 가장 잘 발현된 것이 천이다. 천은 곧 인이다. 천은 만물을 생육하고 또 만물을 조화롭게 성장시키고, 또 만물을 배양하여 완성시킨다. 그러한 작용은 끊임없이 일어나서, 주기가 끝나면 다시 시작된다. 모든 행위 자체는 인간에게 좌우되지만, 천의 뜻을 주의 깊게 관찰하면 그것 하나하나가 모두 무한한 인임을 알 수 있다."[68]

"천지는 인이다. 그것의 도는 의이다. 인주가 된 사람은 생사여탈권을 합당하게 행사해서 사시의 운행과 똑같이 해야 한다. 관직을 세우고 관리를 임용할 때 능력에 따라 해서 오행의 운행과 똑같이 해야 한다."[69]

정치는 우주 운행을 본받아서 인사의 영역을 올바르게 집행해야 한다. 구체적으로 말해서 정치는 사시와 오행의 운행이 건너뛰지도 두 번 되풀이되지 않고 한 번씩 번갈아 가면서 진행하면 서로가 서로에게 끊임없이 참여하는 과정을 모델로 삼아야 한다. 왕자는 정치 영역에서 구성원들이 각자 자신의 임무를 제대로 수행하느냐에 따라 생사여탈권을 행사해야 한다. 또 왕자는 구체적으로 관직을 세워서 관리를 임용할 때도 조화로운 질서를 유지하고 있는 천을 본받아야 한다는 것이다. 이러한 것이 최대한 또는 최고조로 실현되는 것을 인仁이라고 하는 것이다. 여기서 주목해야 할 점은 정치 영역에서 천의의 실현이자 최고의 가치인 인이 의義와 함께 병칭되고 있는 것이다.

---

68 「왕도통삼」 "是故王者唯天之施, 施其時而成之, 法其命而循之諸人, 法其數而以起事, 治其道而以出法, 治其志而歸之於仁. 仁之美者在於天, 天仁也, 天覆育萬物, 旣化而生之, 有養而成之, 事功無已, 終而復始, 凡擧歸之以奉人, 察於天之意, 無窮極之仁也."

69 「천지음양」 "天志仁, 其道也義, 爲人主者, 予奪生殺, 各當其義, 若四時, 列官置吏, 必以其能, 若五行."

"『춘추』에 있어서 대상으로 삼는 것은 타인과 자기이다. 그래서 타인과 자기를 다스리는 방법(원리, 가치)은 인과 의에 달려 있다. 인으로써 타인을 이롭게 하고, 의로써 자기를 바르게 한다. …… 인의 원칙은 타인을 사랑하는 데 있지 자기를 사랑하는 데에 있지 않다. 의의 원칙은 나를 바르게 하는 데에 있지 타인을 바르게 하는 데에 있지 않다."[70]

결국 통치 영역의 관계는 타인과 자기로 집약된다. 이때 요구되는 도덕적 가치가 인과 의이다. 인의 내용은 타인에 대한 안安 · 애愛로 파악되고, 의의 내용은 자기를 정正하는 것으로 나타난다. 여기서 안과 애는 타인이 도덕적 가치를 최대한으로 실현하도록 하기 위해서 필연적으로 요구되는 덕목이다. 또 그것은 그러한 가치를 실현하기 위한 사회적 여건을 조성하도록 지배 집단의 관심을 환기시키는 덕목이다.

그 뒤에 왕의 교화 과정을 거쳐서 인은 "천하의 모든 사람이 사람마다 사군자士君子의 도덕적인 행위를 수행할 수 있도록 하는"[71] 것까지 상승된다. 의는 사람, 특히 군주가 권력을 타인의 교정에 골몰할 것이 아니라 자의적인 권력 행사를 늘 반성하면서 자기 교정에 초점을 두어야 한다는 것을 가리킨다.

5. 결론

동중서는 음양 이론에 바탕을 둔 자연 철학자의 특성과 공양 유학자의 특성을 동시에 가지고 있다. 이러한 복합성은 그의 철학적 특성을 해

---

70 「인의법仁義法」 "春秋之所治, 人與我也. 所以治人與我者, 仁與義也. 以仁安人, 以義正我. …… 仁之法在愛人, 不在愛我. 義之法在正我, 不在正人."
71 「유서兪序」 "天下之人, 人有士君子之行."

명하는 데에 중요한 관건이 된다. 이 글에서는 이러한 복합성을 천의 성격 규명에 초점을 두고 논의를 진행해왔다.

음양 오행설이 동중서 철학으로 흘러들어 왔다고 해서 그의 철학 체계에 무슨 문제가 생기는 것은 아니다. 왜냐하면 그가 말하는 음양설은 공양 유학의 가치를 한층 분명하게 나타낼 수 있기 때문이다. 가치의 세계와 존재의 세계가 분리되지 않은 상태에서 음양론을 자연철학의 맥락으로만 파악한다면 그것은 물론 잘못이다. 또한 인간은 천으로부터 발생의 기원을 찾을 수 있고, 기에 의해서 우주 만물의 동질성을 확보할 수 있기 때문이다.

천은 음양·사시·오행의 계기를 통해서 자기 운동(작용)을 분절시키면서 끊임없이 생성·발육·추수·보관의 과정을 되풀이하고 있다. 이 과정은 음양·사시·오행의 상호 관계에 의해서 진행된다. 진행 과정은 서로 대립하면서 투쟁하고 극복하는 것이 아니라 서로의 역할(가치)을 침범하지 않은 채 조화로운 관계를 지속하고 있다. 반면 인사 영역에서는 정상 상황이라면 유추 논리에 바탕을 둔 음양 등의 동류상동同類相動 또는 동류상응同類相應이 일어나지만 이상 상황이라면 상응 관계가 작동하지 않으면서 인위적인 단절이 일어난다.

춘추전국 시대와 통일 제국의 수립을 위한 역사는 바로 지속적인 파괴와 살상이 일어난 과정이었다. 파괴는 인류가 축적한 자원을 소모적으로 제거하는 것이고 살상은 개별적 생명체가 가진 잠재력(바탕)을 발휘하지 못하게 중도에서 소멸시키는 것이었다. 파괴와 살상이 중지되지 않고 지속된다면 인류는 지금까지 이룩해온 문화를 한 걸음도 더 진척시키지 못한 채 오히려 무한 퇴보의 길로 접어들 수도 있었다.

소농 경제에 바탕을 농경 사회는 간단없는 생성에서 보관이라는 생生 → 장長 → 수收 → 장藏의 패턴이 주기적으로 되풀이되어야만 삶의 기반이 안정되고 증식될 수 있었다. 안정과 증식이야말로 하늘이 사람에게 예시하며 요구하는 바람직한 활동이자 가치였다. 그 활동과 가치의 총체는 인仁, 즉 근원적 사랑이었다. 이 근원적 사랑은 바로 춘추전국 시대와 한 제국 등장 이전의 통일 전쟁 시기에 만연했던 파괴와 살상의 전면적인 대체이나 완전한 부정이었다. 이처럼 하늘은 무한한 재생[인仁]이야말로 인간과 인간, 인간과 자연, 인간과 하늘의 관계를 총체적으로 회복할 핵심 가치로 보았던 것이다. 그 과정에서 사람, 특히 왕(천자)은 천(하늘)이 보여주는 패턴을 모범으로 삼아서 인사 영역에서 적용하고 확대시켜야만 개인과 공동체를 구원할 수 있었다.

이러한 맥락에서 보면 천은 인간이 실현해야 할 가치를 예시하고 있으면서 동시에 자연 세계에 완전히 실현시키고 있다. 아울러 천은 왕(천자)을 자신의 대리인으로 삼아 그 가치를 인사 영역에서 확대 적용시키고자 했다. 이때 천과 천자는 영원한 파트너가 아니라 천자의 행사에 따라 언제나 심판자와 죄인의 관계로 전환될 수도 있다.

이러한 천의 권능으로 인해 사람은 하늘에 제사 지내는 제천祭天, 하늘의 힘을 무서워하는 외천畏天, 하늘을 우러러 받드는 경천敬天, 하늘의 작용을 돕는 짝이 되는 배천配天, 하늘과 파트너가 될 수 있는 우천偶天 의식을 갖는다. 사람은 하늘을 두려워하고 우러러 받들면서 제사를 지내기도 하면서 하늘의 의지에 보조를 맞추어서 세계 질서의 안정을 위한 공동 책임을 나누어 짊어졌다. 이렇게 보면 하늘과 사람은 권능에 따른 위격의 차이를 전제하지만 서로 분리되지 않고 연속되어 있다. 천은 사람으로 하여금 연속성을 유지하도록 강제와 심판 그리고 사랑과 보증이라는 채찍과 당근을 병용했다.

이렇게 볼 때 동중서의 천은 끊임없는 생성의 과정을 되풀이하여 우주의 질서 상태를 최대한과 최고조로 끌어올리고자 했다. 이를 위해서 천은 사람이 실현해야 할 가치를 자연 영역에서 완전히 실현시키고 또 인사 영역에서 예시하여 천인동조天人同調, 천인공조天人共助를 이루고자 했다. 이때 천인의 동조와 공조를 가시화 또는 구체화시키기 위해서 동중서는 동류상응同類相應의 이론을 내놓았다. 또 동류의 상응을 구체화 또는 패턴화시키기 위해서 동중서는 기를 우주 만물의 동질성으로 보았다.

참고문헌

▌원전

賴炎元 註譯, 『春秋繁露今註今譯』, 臺灣商務印書館, 1984; 1987 2판.
程榮 校, 『春秋繁露』, 漢魏叢書本, 新興書局.
凌曙 注, 『春秋繁露』, 國學基本叢書本, 臺灣商務印書館.
蘇輿 撰, 鍾哲 點校, 『春秋繁露義證』(國學基本叢書本, 新編諸子集成本 등)
鍾肇鵬 主編, 于首奎 · 周桂鈿 校釋, 『春秋繁露校釋』, 濟南: 山東友誼書社, 1994.(*)
신정근 옮김, 『동중서의 춘추번로: 춘추−역사 해석학』, 파주: 태학사, 2006.(*)
히하라 구니오日原利國 註譯, 『春秋繁露(1~5장)』 明德出版社, 1977.

▌저서

노사광(라오쓰광)勞思光, 정인재 옮김, 『중국철학사』(한당편), 탐구당, 1987.
이위태(리웨이타)李威態, 『董仲舒與西漢學術』, 文士哲出版社, 1978.
이택후(리쩌허우)李澤厚, 노승현 옮김, 『학설』, 들녘, 2005.(*)
서복관(쉬푸관)徐復觀, 『兩漢思想史 2』, 臺灣學生書局, 1976.
시게자와 도시오重澤俊郎, 『周漢思想研究』, 東京: 弘文堂書房, 1943.
신정근, 『동중서: 중화주의의 개막』, 태학사, 2004.(*)
와타나베 요시히로渡邊義浩, 김용천 옮김, 『후한 유교국가의 성립』, 동과서, 2011.(*)
정일동, 『한초의 정치와 황노사상』, 백산자료원, 1997.(*)
후쿠이 시게마사福井重雅, 『漢代儒教の史的研究−儒教の官學化をめぐる定說の再檢討』, 汲古書院, 2005.(*)

▌논문

송영배, 「동중서의 역사철학」, 『철학』 23, 1985 봄호.

안제순, 「동중서의 인간 이해」, 『동양철학연구』 3, 1982.

이종계(리쭝구이)李宗桂, 「상사이론, 협동학과 동중서의 철학방법相似理論, 協同學與董仲舒的哲學方法」, 『哲學硏究』, 1986.9.

이수미(리슈메이)李秀美, 「천인합일사상天人合一思想」, 『東吳大學哲學系傳習錄』 第1期, 1982.1.

정인재, 「유교의 천관과 그리스도교의 하느님: 동중서 천관을 중심으로」, 한국가톨릭문화연구원 제3차 심포지움 주제 논문 요지, 1987.

진려계(천리구이)陳麗桂, 「동중서의 천론董仲舒的天論」, 『孔孟學報』 27, 1974.

황중(황중)黃中, 「유가의 천도관儒家的天道觀」, 『孔孟月刊』 제5기, 1962.

김동민, 「한대 춘추공양학의 성립과 전개에 관한 연구」, 성균관대학교 박사학위논문, 2005.(*)

김봉건, 「동중서 천인감응 사상 연구」, 동아대학교 박사학위논문, 1991.(*)

박동인, 「동중서 유술독존의 정치철학적 의미」, 고려대학교 박사학위논문, 2010.(*)

이연승, 「동중서춘추학의 연구董仲舒春秋學之研究」, 臺北: 國立臺灣大學 박사학위논문, 1999.(*)

이연승, 「동중서 연구사의 검토와 새로운 방향모색」, 『대동문화연구』 35, 1999.(*)

[(*)는 책의 집필 과정에 보충한 참고문헌임]

동아시아 예술과 미학의 여정

초판 1쇄 인쇄 2018년 12월 28일
초판 1쇄 발행 2018년 12월 31일

지은이 신정근
펴낸이 정규상
펴낸곳 성균관대학교 출판부

등록 1975년 5월 21일 제1975-9호
주소 03063 서울특별시 종로구 성균관로 25-2
대표전화 02)760-1253~4
팩스밀리 02)762-7452
홈페이지 press.skku.edu

ISBN 979-11-5550-324-9 94150
978-89-7986-493-9 (세트)

잘못된 책은 구입한 곳에서 교환해 드립니다.